Barbara Holland-Cunz

# Die alte neue Frauenfrage



Suhrkamp

edition suhrkamp 2335
Erste Auflage 2003

Originalausgabe

Satz: Jung Crossmedia, Lahnau
Druck: Nomos Verlagsgesellschaft, Baden-Baden
Umschlag gestaltet nach einem Konzept
von Willy Fleckhaus: Rolf Staudt
Printed in Germany
ISBN 3-518-12335-1

1 2 3 4 5 6 – 08 07 06 05 04 03

## *Inhalt*


Einleitung ..... 7

*Erster Teil: Das Gleichheitsversprechen*
*Eine politische Ideengeschichte*
*des modernen Feminismus*

1.1. Gleichheitskonzepte im 19. und 20. Jahrhundert ..... 17
Mary Wollstonecraft (1759-1797) ..... 18
Olympe de Gouges (1748/55-1793) ..... 24
Flora Tristan (1803-1844) ..... 25
Claire Démar (1800-1833) ..... 28
Louise Otto-Peters (1819-1895) ..... 29
Declaration of sentiments (1848) ..... 32
John Stuart Mill (1806-1873), Harriet Taylor Mill (1807-1858), Helen Taylor (1831-1907) ..... 34
Bittere Kritik ..... 40
Helene Lange (1848-1930) ..... 43
Gertrud Bäumer (1873-1954) ..... 46
Helene Stöcker (1869-1943) ..... 49
Hedwig Dohm (1831/33-1919) ..... 55
Lily Braun (1865-1916) ..... 60
Frauenbewegung und Arbeiter(innen)bewegung ..... 64
August Bebel (1840-1913) ..... 66
Clara Zetkin (1857-1933) ..... 69
Strategische Abgrenzungen ..... 73
Emma Goldman (1869-1940) ..... 82
Feminismus und Nationalsozialismus ..... 86
Simone de Beauvoir (1908-1986) ..... 96
*Das andere Geschlecht* heute ..... 108

1.2. Leidenschaft für das demokratische Versprechen der Gleichheit ..... 112

1.3. Das gebrochene Versprechen der Gleichheit ..... 116

1.4. Natur und Gesellschaft – ungleiche Gleichheiten ..... 122

*Zweiter Teil: Die Freiheitsrevolte*
*Neue Fragen und Herausforderungen für den zeitgenössischen Feminismus*

2.1. Die Erneuerung der Gleichheit durch die Freiheit .... 133

2.2. Der neue Feminismus von 1963 bis heute ........... 139
Die sechziger Jahre: ein neuer Anfang .............. 139
Die siebziger Jahre: Körperpolitik und Selbsterfahrung 143
Die achtziger Jahre: das kurze ökologische Jahrzehnt . 147
1989 – deutsch-deutsche Frauenbewegung .......... 152
Die neunziger Jahre: Gleichstellungspolitiken, Antirassismus und Internationalismus ............ 155
Der aktuelle Blick von außen: Antifeminismus ...... 161
Der aktuelle Blick nach innen: Zerfallende Öffentlichkeit, entpolitisierte Theorie ...................... 164
Skeptisches Fazit ............................... 170

2.3. Demokratische Politik im 21. Jahrhundert – feministisch betrachtet ......................... 174
Privatheit, Öffentlichkeit, Partizipation ........... 174
»outsiders within« .............................. 180
Angemessene Repräsentation, neue Gleichheitshoffnungen ................................. 184
Partizipation und Repräsentation in der Europäischen Union ........................................ 187
Globalisierung und globalisierte Geschlechterverhältnisse ..................................... 193
Verstaatlichte Frauenpolitik, bedrängter Nationalstaat 210
Lokalisiert: Alltag der Geschlechterverhältnisse .... 217

2.4. Transnationalisierung – Perspektiven feministischer Theorie und Politik ............................ 226

2.5. Die alte neue Frauenfrage – Resümee ............ 247

*Literatur* ......................................... 256

*Dritter Teil: Bibliographie*
*Eine kommentierte Auswahl wichtiger Arbeiten* *273*
*Unter Mitarbeit von Maren Kolkhorst und Lea Rosenberg*

»Aber gab es denn jemals eine Herrschaft, welche denen, die im Besitz derselben waren, nicht natürlich erschien?«

John Stuart Mill, Harriet Taylor Mill, Helen Taylor 1869 (Mill u. a. 1991, 23)

# Einleitung

Sicher fragt sich die eine oder der andere, ob »die Frauenfrage« heute überhaupt noch eine relevante Frage ist... so vieles scheint doch in den vergangenen Jahrzehnten besser geworden zu sein. Immerhin sind etwa ein Drittel aller Bundestagsabgeordneten Frauen, und Gleichstellungsbeauftragte sorgen überall in der Republik für eine gerechtere Einstellungspraxis. Die Neue Frauenbewegung tritt in der politischen Öffentlichkeit kaum mehr in Erscheinung, feministische Anliegen scheinen sich erledigt zu haben. Viele junge Frauen und Männer hoffen deshalb auf ein Ende der langweiligen, lästigen Politisierung des Geschlechterverhältnisses.

Sie müssen leider enttäuscht werden. Solange ein Parlament nicht widerspiegelt, dass mehr als die Hälfte der Bevölkerung Frauen sind, solange die Leitungspositionen in Politik, Verwaltung, Wirtschaft, Wissenschaft, Medien und Kultur zu einem nur geringen Prozentsatz von Frauen besetzt sind, solange es noch Staaten auf der Erde gibt, in denen Frauen weder wählen dürfen noch gewählt werden können, *solange Armut, Gewalt und Ausbeutung für viele Frauen weltweit tägliche Realität sind*, so lange hat sich »die Frauenfrage« nicht erledigt. Je mehr Frauen und Männer sich aber *jetzt* für die Gleichheit engagieren, desto schneller wird sich die Frage tatsächlich erledigen. Im momentanen, augenscheinlich guten Tempo wird es nach Angaben der Vereinten Nationen noch bis zur *Mitte dieses Jahrtausends* dauern, bis Frauen in den Führungspositionen der Wirtschaft gleichberechtigt vertreten sein werden (vgl. Seager 1998, 70). Wer also die Vorstellung, noch exakt bis zum Jahr 2490 mit »der Frauenfrage« befasst zu sein, für ziemlich unerträglich hält, sollte sich heute engagieren. Denn von alleine, gleichsam automatisch, werden Freiheit, Gleichheit und Geschwisterlichkeit nicht Wirklichkeit werden – das belegen die frauenpolitischen Erfahrungen der vergangenen zwei Jahrhunderte. Es wäre schön, wenn das viel beschworene Millennium einen symbolischen Neuanfang für die Auseinandersetzung mit »der Frauenfrage« darstellen würde.

Vielleicht ist es ein gutes Zeichen, dass das Jahr 2000 in der wissenschaftlichen Publizistik ein auffälliges Phänomen hervorgebracht hat: In einer bislang nicht gekannten Anzahl sind deutschsprachige Einführungen in die feministische Theorie und Forschung erschienen. Die Soziologinnen Regina Becker-Schmidt und Gudrun-Axeli Knapp (2000) konzentrieren sich auf die Theoriedebatten und legen einen Schwerpunkt ihrer Darstellung auf die Frage der Konstruktion und Dekonstruktion von Geschlecht. Ebenfalls aus soziologischer Sicht beschreiben Andrea Bührmann, Angelika Diezinger und Sigrid Metz-Göckel (2000) die Themenfelder *Arbeit, Sozialisation, Sexualität*; in diesem Lehrbuch sind zahlreiche Auszüge aus älteren Texten kommentiert versammelt. Ganz ähnlich gehen Kathrin Braun, Gesine Fuchs, Christiane Lemke und Katrin Töns (2000) in ihrer Darstellung der Politikwissenschaft vor; auch ihr Studienbuch mit einer Auswahl zentraler Aufsätze ist lesenswert. Christina von Braun und Inge Stephan (2000) wählen einen anderen Weg: Sie bieten in dem von ihnen herausgegebenen Sammelband einen Überblick über *Gender-Studien* in insgesamt 17 Disziplinen, Teildisziplinen oder Fächergruppen. Auch Angelika Cottmann, Beate Kortendiek und Ulrike Schildmann (2000) präsentieren einen breit angelegten Einblick in 13 Fächer bzw. Themenfelder. Im Jahr 2001 schließlich folgt die kommentierte Textsammlung von Sabine Hark (2001) zur soziologischen feministischen Theorie, ebenfalls als Lehrbuch konzipiert. Nimmt man/frau diese beeindruckende Sammlung als Indiz, stehen dem Feminismus gute Zeiten bevor.

Meine politikwissenschaftlich orientierte Überblicksdarstellung ist dagegen anders angelegt, denn nach dem Konzept der Reihe soll der Text nicht nur einführen, sondern in die Zukunft weiterführen. Die Darstellung besteht deshalb aus zwei großen Teilen, von denen der erste – Das Gleichheitsversprechen – einen ideengeschichtlichen Überblick über die noch immer aktuellen alten Fragen gibt, während der zweite – Die Freiheitsrevolte – auf dem Hintergrund des derzeitigen Forschungsstandes die neuen

Herausforderungen an feministische Theorie/Politik im Zeitalter der Globalisierung diskutiert. Der ideenhistorische und politische Kontext des ersten Teils ist durch den Ausgangspunkt Französische Revolution bestimmt, der Kontext des zweiten Teils durch den Ausgangspunkt der Studentenbewegung. Es handelt sich also nicht um eine Einführung im klassischen Sinne des Wortes, sondern um den Versuch, für ein produktives Forschungsfeld der Sozialwissenschaften einige Orientierungen zu geben.

Im ersten, langen Kapitel zur politischen Ideengeschichte des Feminismus im 19. und 20. Jahrhundert (1.1.) lege ich den inhaltlichen Schwerpunkt auf die Frage der Gleichheit, da ich das Gleichheitsideal für die verbindende Perspektive aller politiktheoretischen Quellentexte des modernen Feminismus halte. Die Betrachtung ausgewählter klassischer Texte entlang der Frage der Gleichheit bedeutet aber nicht, dass im Gang durch die feministische »Klassik« keine anderen Themen verhandelt würden. Inhalte und Formen der Äußerungen der politischen TheoretikerInnen geben Anlass, sich mit der Geschlechterdifferenz, mit Solidarität zwischen Frauen und scharfen Abgrenzungen zwischen ihnen, mit dem Verhältnis von Reform und Revolution, mit Bündnisfragen oder dem Verhältnis feministischer und nationalsozialistischer Denkfiguren zu befassen. So durchzieht die (im Wesentlichen) chronologisch angelegte politische Ideengeschichte der letzten 200 Jahre die Diskussion von Themen, die jenseits der jeweils gerade dargestellten TheoretikerIn für den Feminismus als politische Theorie/Praxis insgesamt bedeutsam sind.

Der historische Blick auf »die Frauenfrage« ist einer der politischen Theorie und Ideengeschichte, *nicht* einer der Praxisgeschichte. Dies hat zwei Gründe: zum einen meine eigenen wissenschaftlichen Interessen, die seit vielen Jahren auf dem Gebiet der Politischen Theorie liegen, zum anderen die bereits vorhandenen praxisgeschichtlichen Standardwerke zur deutschen Frauenbewegung. LeserInnen, die sich über konkrete Ereignisse aus 200 Jahren Frauenbewegungspolitik informieren wollen, seien hier auf die wichtigen Arbeiten von Rosemarie Nave-Herz (1997), Ute Gerhard (1990b), Florence Hervé (2001) und Herrad Schenk (1992) verwiesen. Die Quellenbände, die von Anne Conrad/Kerstin Michalik (1999) und Elke Frederiksen (1994) herausgegeben wurden, präsentieren gleichfalls eine Fülle von Material zur Frauen(bewegungs)geschichte. Zuletzt erschienen ist zudem die umfangreiche Arbeit von Karen Offen (2000) über *European Feminisms 1700-1950*, eine sehr lebendige historische Analyse quer durch zweieinhalb Jahrhunderte und viele europäische Länder.

Das Kapitel zur politischen Ideengeschichte des modernen Feminismus lässt sich nach der Auswahl der Werke bzw. der TheoretikerInnen sicher strittig diskutieren. Dies gilt v. a. für meine begrenzte Auswahl von »KlassikerInnen« aus den Flügeln der Alten deutschen Frauenbewegung. Ich habe mich entschieden, die Texte aus der Perspektive der politischen Theoretikerin auszuwählen und zu kommentieren – dies ist eine andere Sichtweise als die Perspektive, die Frauengeschichts- und Frauenbewegungsgeschichtsdarstellungen einnehmen müssen und erzeugt andere Schwerpunktsetzungen. Ich habe mich außerdem entschieden, klassische Texte aus mehreren Ländern heranzuziehen, um der Internationalität der »Frauenfrage« wenigstens halbwegs gerecht zu werden. Ich will nicht bestreiten, dass die Auswahl auch von subjektiven Momenten und politiktheoretischen Sympathien strukturiert ist. Sie beansprucht nicht, eine Gesamtdarstellung der politischen Ideengeschichte des Feminismus zu sein, doch beansprucht sie, eine exemplarische und repräsentative Darstellung des Feldes zu geben.

Den Gleichheits-bezogenen Durchgang durch die feministische politische Ideengeschichte beschließen drei Skizzen, die sich, ausgehend von Michael Walzer mit der politischen Leidenschaft (1.2.), ausgehend von Hannah Arendt mit der Verbindlichkeit politischer Versprechen (1.3.) und ausgehend von den vorgestellten Quellentexten, mit der komplizierten Relation von Natur und Gesellschaft im Gleichheitsbegriff (1.4.) befassen. Diese Skizzen stellen einen Rahmen für die ideengeschichtliche Betrachtung dar und bieten, so hoffe ich, einige Anhaltspunkte für Deutungen des ideenhistorischen Gangs. Für theoretisch orientierte LeserInnen könnte es deshalb interessant sein, sich mit diesen drei Abschnitten *vor* dem ideengeschichtlichen Durchgang (1.1.) zu befassen.

Der zweite große Teil meiner Darstellung, der unter dem Begriff der Freiheit steht, präsentiert den neuen Feminismus seit den sechziger Jahren des 20. Jahrhunderts. Die Freiheitsrevolte Studentenbewegung prägt als Startpunkt auch die Perspektive der Neuen Frauenbewegung; der Perspektiven*wechsel* von der Gleichheit zur Freiheit (2.1.), den ich hier als erkenntnisleitende

Konstruktion einführe, bildet deshalb den Ausgangspunkt des zweiten Teils. Der folgende Abschnitt bietet einen ausführlichen Einblick in die Geschichte der Neuen Frauenbewegung (2.2.). Auch hier geht es wiederum nicht um eine Praxis- bzw. Ereignisgeschichte, sondern – im Unterschied zur Personen-bezogenen Darstellung des ersten Teils – um die Diskussion der wichtigsten Anliegen, Probleme, Konflikte und Fragen, die Feministinnen seit 1963 bewegen. Dass die politischen Anliegen keineswegs so neu sind, lässt sich unschwer feststellen; die Thematisierungsweisen und politischen Formen unterscheiden sich jedoch deutlich vom älteren Feminismus.

Der Schwerpunkt des anschließenden Abschnitts (2.3.) liegt auf den aktuellen politischen und politiktheoretischen Fragen: Fragen demokratischer Politik im 21. Jahrhundert (Öffentlichkeit, Partizipation und Repräsentation, Gleichstellung), v. a. Fragen im Zusammenhang der Globalisierung, schließlich auch Fragen, die sich im Kontext aktueller Arbeits- und Lebensverhältnisse von Frauen stellen. Dieser Abschnitt ist der Schnittpunkt zwischen der Diskussion der alten und der Betrachtung der neuen »Frauenfragen«. Auch der zweite Teil schließt mit einem skizzenhaften Abschnitt (2.4.), der sich den Chancen einer Transnationalisierung der Demokratie widmet. Bei diesem zukunftsträchtigen Anliegen sehe ich bedeutenden Diskussionsbedarf unter Feministinnen. Im Resümee (2.5.) betrachte ich abschließend die Kontinuitäten sowie die Akzentverschiebungen und Brüche zwischen den alten und neuen Anliegen des Feminismus. Neben Globalisierung und Transnationalisierung sollte es in Zukunft auch um feministische Antworten auf die neuen Biopolitiken gehen.

Meine Sicht auf die Neue Frauenbewegung, auf Gleichstellungspolitik und auf die aktuellen politischen und theoretischen Fragen ist sowohl durch die eigene politische Praxis in autonomer und institutioneller feministischer Politik seit Ende der siebziger Jahre als auch durch meine politikwissenschaftliche und -theoretische Arbeit geprägt. Die politisch engagierte Feministin ist sich mit der Politikwissenschaftlerin nicht immer einig. Darstellung und Diskussion geben dem wissenschaftlichen Blick den Vorrang; dadurch fällt die Bewertung feministischer Politik häufig skeptischer/kritischer aus, als es der politisch-praktischen Feministin lieb ist. Der skeptische wissenschaftliche Blick und der kritische Blick einer an der Gleichheit orientierten politischen Theorie können jedoch nicht verbergen, dass ich hier nicht über »irgendeinen« politikwissenschaftlichen Gegenstand schreibe, sondern über meine politische Heimat, die seit mehr als 20 Jahren aufregt, anregt, Identifikation stiftet oder verärgert ... Eine wichtige thematische Auslassung lässt sich damit auch erklären: Die postmoderne feministische Theorie kommt in meiner Darstellung zu kurz. Die weitgehende politische Abstinenz postmoderner Theorieansätze scheint mir in Zeiten der Globalisierung und weltweiten Neustrukturierung der Ungleichheit problematisch zu sein.

Der Perspektivenwechsel von der Gleichheit (erster Teil) zur Freiheit (zweiter Teil) markiert die Unterschiede zwischen Alter und Neuer Frauenbewegung. Dass jedoch sowohl Gleichheit als auch Freiheit uneingelöste politische Versprechen sind, verweist auf die starken Kontinuitäten zwischen alten und neuen »Frauenfragen«. An welchen Punkten die alten Fragen veraltet und die neuen wirklich neu sind, durchzieht als Fragestellung den gesamten Text. Schließlich ist es kein Zufall, dass das Thema Demokratie in beiden Textteilen einen nicht unbedeutenden Raum einnimmt. Dies ist nicht (nur) meiner eigenen Theorieorientierung geschuldet, da ich mich seit Jahren mit demokratietheoretischen und -politischen Fragen befasse. Die Auseinandersetzung mit der »demokratischen Frage« (Rödel/Frankenberg/Dubiel 1989) legt der »Gegenstand« feministische Theorie/Politik vielmehr selbst unmittelbar nahe. Die Frauenbewegung, Alte wie Neue, hierzulande wie überall auf der Welt, ist eine der bedeutendsten sozialen Bewegungen zur Demokratisierung demokratischer ebenso wie noch nicht demokratischer Gesellschaften.

Im dritten Teil schließlich, der kommentierten Auswahlbibliographie, werden neben den zentralen Themenfeldern des Textes auch Felder berücksichtigt, die in der inhaltlichen Darstellung durch meine gesetzten Prioritäten zu kurz kommen, wie etwa ein nicht unbeträchtlicher Teil der eher soziologischen Themenfelder und vor allem die Sex-Gender-Debatte der feministischen Theorie. Interessierte LeserInnen finden in der Bibliographie weiterführende Hinweise oder können direkt auf die oben genannten Einführungen zurückgreifen, die zu einem guten Teil von Soziologinnen stammen.

Auf einen Punkt möchte ich an dieser Stelle noch hinweisen. Ich benutze in meiner Darstellung fast durchgängig geschlechtsneutrale Begriffe, spreche deshalb meist von AkteurInnen, TheoretikerInnen, AktivistInnen. Da meine Darstellung mit einem ausführlichen Kapitel zur feministischen politischen Theorie beginnt, in der auch Männer wie John Stuart Mill oder August Bebel eine wichtige Rolle spielen, lag diese Schreibweise von Anfang an auf der Hand. Zum Zweiten überzeugt mich Sandra Hardings Argument, dass Feministinnen nicht antirassistisches Denken für sich beanspruchen können, »aber gleichzeitig die Fähigkeit von Männern unterschätzen, sich auf feministisches Denken einzulassen« (Harding 1994, 294). Selbstverständlich benutze ich das Wort Feministin(nen) ausschließlich in der weiblichen Form – alles andere erschiene mir sprachlich so absurd, wie manch anderen geschlechtsneutrale Formulierungen bis heute erscheinen.

Abschließend habe ich noch die immer erfreuliche Pflicht, einigen Frauen und Männern Danke schön zu sagen.

Den Studierenden meines Seminars »Feministische Politische Theorie vor der Neuen Frauenbewegung« im Sommersemester 2000 danke ich für die anregenden Diskussionen, die meine Interpretation der klassischen Texte deutlich beflügelt haben; insbesondere möchte ich hier Stephanie Haas und Andreas Vasilache nennen.

Für wertvolle inhaltliche Hinweise und/oder Literaturangaben zum Text danke ich Margit Göttert, Ursula Hornung, Felix Brümmer, Lea Rosenberg, Maren Kolkhorst, Uta Ruppert und Tanja Berg.

Die Datengrundlage für die kommentierte Bibliographie, die knapp 400 Titel aus dem Bereich der sozialwissenschaftlichen Frauen- und Geschlechterforschung umfasst, haben Maren Kolkhorst und Lea Rosenberg in vorbildlicher Weise gelegt. Sie haben mit Sorgfalt und großem Engagement meine Literaturlisten ausgewertet und systematisiert und zusätzlich Literatur recherchiert. Die Zusammenarbeit hat mir außerdem viel Freude gemacht: Danke schön für die gute Arbeit!

Andrea Herrmann hat auch diesmal mit Ruhe, Übersicht und Fachfrauenblick die gesamte Formatierung der Vor- sowie der Endfassung des Manuskripts vorgenommen. Lieben Dank!

Besonders herzlich danke ich denen, die das Manuskript in seiner ersten Fassung vollständig gelesen und gründlich kommentiert haben: Tanja Berg, Ursula Hornung, Christine Kruse, Uta Ruppert und Rainer Schmalz-Bruns. Das positive Feedback hat mich sehr gefreut – und die vielen guten Ideen, wichtigen Verbesserungsvorschläge und konstruktiven Kritiken habe ich so weit als möglich in die Endfassung eingearbeitet. Aufgrund zeitlicher Restriktionen, vielleicht aber auch aufgrund mangelnden Vermögens bleiben einige der gestellten Fragen offen; ich verspreche sie nicht zu vergessen! Ganz herzlichen Dank!

Auch dem Reihenherausgeber Josef Esser danke ich für wichtige fachliche Anregungen und Ratschläge zur ersten Manuskriptfassung.

Last not least danke ich Erich Weiß, der mit viel Geduld und Ermutigung einmal mehr ein Buch mit mir durchgestanden hat: Merci!

Gießen/Frankfurt am Main, September 2001

*Barbara Holland-Cunz*

*Erster Teil*

# Das Gleichheitsversprechen

*Eine politische Ideengeschichte des modernen Feminismus*

## 1.1. Gleichheitskonzepte im 19. und 20. Jahrhundert

Die politische Ideengeschichte, die in diesem Kapitel erzählt wird, folgt grob den chronologischen Linien. Sie ist zugleich ein Versuch, anhand ausgewählter ProtagonistInnen und wichtiger Texte das breite Feld frauenpolitisch relevanter Strömungen zwischen dem Ende des 18. und der Mitte des 20. Jahrhunderts darzustellen. Die wechselseitigen Verbindungen und thematischen Überschneidungen, aber auch die scharfen Abgrenzungen voneinander werden zur Sprache kommen.

Die exemplarisch vorzustellenden politischen TheoretikerInnen kommen aus den Debatten bzw. Kontexten der Französischen Revolution (Wollstonecraft und de Gouges), aus dem utopischen Sozialismus (Tristan und Démar), der Revolution von 1848 (Otto), aus dem gemäßigten Flügel (Lange und Bäumer) sowie dem radikalen Flügel (Stöcker, bedingt Dohm) der Alten Frauenbewegung in Deutschland, repräsentieren den feministischen Sozialismus (Bebel und Braun), Kommunismus (Zetkin) und Anarchismus (Goldman) sowie den klassischen Liberalismus (Mill/Mill/Taylor, Declaration of sentiments) und schließlich den Existenzialismus (Beauvoir). Die AutorInnen leben und schreiben in Deutschland, Frankreich, Großbritannien und den USA und vertreten das Spektrum der im 19. und 20. Jahrhundert für die Gleichheit engagierten emanzipatorischen Strömungen und Bewegungen.

Das Strukturmuster der Interpretation folgt der Frage, wie die »KlassikerInnen« die Gleichheit verstehen: als egalitäres Konzept oder im Sinne einer Differenz zwischen Frauen und Männern und welche politischen Konsequenzen daraus jeweils gezogen werden. Die konkrete Auswahl derjenigen, die zur Sprache kommen, richtet sich sowohl nach dem politischen Einfluss als auch der Konsequenz des theoretischen Entwurfs. Wie ich einleitend schon sagte, beansprucht meine Darstellung nicht, ein Gesamtbild zu sein, denn aus allen Strömungen werden maximal zwei ProtagonistInnen vorgestellt. Die Auswahl bietet jedoch einen repräsentativen Überblick über die wichtigsten Anliegen, Kontroversen und Thematisierungsweisen des Diskussionsfeldes. Der orientierende Überblick wird durch Zwischenabschnitte zu wichtigen strategischen und politischen Fragen konkretisiert.

## Mary Wollstonecraft (1759-1797)

»[S]chwache Männer berauschen sich an jeglicher Macht, und der Machtmißbrauch beweist, daß eine Gesellschaft um so tugendhafter und glücklicher ist, je stärker sie die Gleichheit fördert«, schreibt Mary Wollstonecraft (1999, 18) im Jahre 1792, drei Jahre nach der Erklärung der Menschen- und Bürgerrechte durch die französischen Revolutionäre. Die damals 23-jährige Wollstonecraft, Erzieherin, Übersetzerin und v. a. Publizistin, hatte kurz zuvor dem politischen Theoretiker Edmund Burke in seinen konservativen Überlegungen zur Französischen Revolution widersprochen – und damit ihren späteren Mann, den Utopisten William Godwin (1993, 227, 235, 259ff.), auf sich aufmerksam gemacht (zur Biographie vgl. Godwin 1993). Wollstonecrafts wichtigste Schrift, *Ein Plädoyer für die Rechte der Frau*, gehört bis heute zu den zentralen Texten feministischer politischer Theorie und lässt an politischer Deutlichkeit, wie der angeführte Satz zeigt, nichts zu wünschen übrig.

Wollstonecrafts Gleichheitsvorstellung basiert auf einem Menschenbild, das unter Verweis auf »Rechte und Pflichten des Menschen« so formuliert wird: Den Menschen zeichnet die Vernunft vor dem Tier aus, mit ihrer Hilfe kann er sich Tugend und Wissen erwerben (vgl. Wollstonecraft 1999, 13). Wollstonecraft (1999, 14) stellt jedoch fest, dass die Vernunft häufiger zur »Rechtfertigung als zur Überwindung« von Vorurteilen genutzt werde, »die meisten Menschen schrecken aus einer Art intellektueller Feigheit vor dieser Aufgabe zurück oder nehmen sie nur halbherzig in Angriff« (ebd.). Wollstonecrafts Anliegen muss es deshalb sein, den richtigen vom falschen, d. h. feigen oder halbherzigen Vernunftgebrauch zu unterscheiden und in diesem Sinne v. a. die Tatsachen des Geschlechterverhältnisses zu klären.

Mit heute ungewohnt scharfen Worten wird die gesellschaftliche Situation von Frauen am Ausgang des 18. Jahrhunderts beschrieben. Immer wieder spricht Wollstonecraft von der Tyrannei und Despotie der Männer und dem sklavischen Dasein von

Frauen. Mit einer strategisch klugen Frage wendet sich Wollstonecraft (1999, 35) implizit an das männliche Geschlecht: »Läßt sich das Herz eines tugendhaften Mannes wirklich nur durch Affektiertheit gewinnen?« Geziertheit, Unwissenheit und Armseligkeit der Frauen spiegeln nur die Armseligkeit der männlichen Bedürfnisse nach der blind gehorchenden Geliebten. Die »Fügsamkeit und dazu die Anhänglichkeit eines Cockerspaniels als Kardinaltugenden des weiblichen Geschlechts« (Wollstonecraft 1999, 42), die selbst gelehrte Männer von Frauen erwarten, entmenschlichen beide Geschlechter. Selbstbewusst formuliert Wollstonecraft ihre Position:

»Als Philosophin ärgere ich mich über die scheinbar so einleuchtenden Attribute, mit denen Männer ihre Schmähungen mildern, und als Moralistin frage ich mich nach der Bedeutung solch widersprüchlicher Begriffe wie ›anmutiger Fehler der Natur‹ [...], liebenswürdige Schwäche usw.« (ebd.).

Die Philosophin und Moralistin kann sich mit solch intellektuellem Machtmissbrauch nicht abfinden. »Freundschaft« heißt das Gegenkonzept, das Wollstonecraft (1999, 35ff.) für Paare wie für die Gesellschaft empfiehlt, um der wechselseitigen Entwürdigung zu entkommen. Bildung und Würde für Frauen werden ihr Dasein als Sklavinnen, Haustiere oder Spielzeuge der Männer beenden. »Freiheit ist die Mutter aller Tugend« (Wollstonecraft 1999, 46) und wird deshalb auch die Frauen zu vernünftigen, intellektuell mutigen, nichtaffektierten Menschen machen können. Eine geradezu klassische Verbindung von Vernunft und Freiheit zeichnet die Aufklärerin Wollstonecraft aus.

Ein asketisches Verständnis von Rationalität wird immer dort deutlich, wo Wollstonecraft die Relation zwischen Vernunft und Leidenschaft beschreibt: »Wozu wurde uns die Leidenschaft gegeben? Damit der Mensch durch ihre Bekämpfung ein Maß an Wissen erwirbt, das den Tieren versagt bleibt« (Wollstonecraft 1999, 13). Die Bekämpfung, nicht die Integration leidenschaftlicher Anteile sichert menschliche Rationalität und gesellschaftliche Ordnung. So rät Wollstonecraft:

»Eheleute mit Kindern [...] sollten sich nicht mehr leidenschaftlich lieben, das heißt, sie sollten nicht in den Gefühlen schwelgen, die geneigt sind, die gesellschaftliche Ordnung zu stören und Gedankenkräfte zu binden, die an anderer Stelle benötigt werden« (Wollstonecraft 1999, 37). Und: »Wer sein Leben damit verschwendet, dem Vergnügen nachzujagen, darf sich nicht darüber beklagen, daß er weder Weisheit noch Achtung erwirbt« (Wollstonecraft 1999, 38).

Im Kampf um Tugend und Wissen steht Wollstonecraft stets auf Seiten der Selbstbeherrschung, der Selbst-Herrschaft durch Geist und Verstand. Vielleicht muss sich die feministische Moralistin von männlichen Zuschreibungen an weibliche Emotionalität distanzieren, um ihren eigenen Überlegungen Nachdruck zu verleihen.

Die Gleichheit spielt in Wollstonecrafts Konzeption eine wichtige, allerdings nicht ganz unproblematische Rolle. Wollstonecraft (1999, 49) geht von der physischen Überlegenheit der Männer aus: »Auch wenn man solche Auffassungen nicht von mir erwartet, muß ich um der Wahrheit willen sagen, daß die überlegene Körperkraft des Mannes ihm eine natürliche Überlegenheit gegenüber der Frau verleiht.« Wenn in Betracht gezogen wird, dass Wollstonecraft (1999, 48) zugleich behauptet, »große Geistesgaben« und überlegene Körperkraft seien miteinander korreliert, stellt sich heutigen LeserInnen die Frage nach den Chancen von Frauen, die Höhe des männlichen Menschseins überhaupt erreichen zu können.

Das ist jedoch *nicht* die in dieser Schrift eingenommene Perspektive. Beide Geschlechter werden einer scharfen Kritik unterzogen. Während Frauen Sklavinnen der Männer sind, sind diese Sklaven ihrer Lust und damit höchst »unvollkommen« (Wollstonecraft 1999, 59) und keineswegs auf der Höhe ihrer geistigen, körperlichen und moralischen Potenziale. Solange Frauen keine Möglichkeiten der Verwirklichung ihrer Fähigkeiten erhalten und sich nicht mit Männern messen können, ist der Ausgang des Wettstreits um menschliche Vervollkommnung unentschieden. Für Wollstonecraft ist noch nicht ausgemacht, »wie weit die natürliche Überlegenheit des Mannes reicht« (Wollstonecraft 1999, 112). Männer haben die Welt als Ort des Regiments »brutale[r] Macht« (Wollstonecraft 1999, 47) eingerichtet und sich Gefährtinnen geschaffen, die dumm, tugendlos und fügsam sind. Die auffällige Bitterkeit, mit der Wollstonecraft Frauen ihrer Zeit charakterisiert, fällt auch auf die Männer, nicht allein auf Frauen zurück. Männer sind die »Konstrukteure« dieser fast unerträglichen weiblichen Menschen. Gleichheit ist zwischen diesen, der Lust und Vergnügung versklavten »Konstrukteuren« und ihren einfältigen, künstlichen Geschöpfen, nicht vorstellbar. Gleichheit im Sinne der Auslöschung aller Unterschiede der Geschlechter an Orten, »wo keine Liebe im Spiel ist« (Wollstonecraft 1999, 71), setzt einen veränderten, richtigen Vernunftgebrauch bei Frauen *und Männern* voraus. Gleichheit ist ohne Vernunft undenkbar.

Die Kritik der Leidenschaft hat für Wollstonecraft damit offensichtlich eine doppelte Funktion: Zum einen dient sie der Abgrenzung gegen traditionelle Zuschreibungen an soziale Weiblichkeit, zum anderen zielt die Kritik auf die Lust als eine Motivation zur Unterdrückung. »Ohne die Grundsätze der Vernunft werden sie [Männer und Frauen] weder tugendhaft noch frei sein können« (Wollstonecraft 1999, 88). Auch Freiheit ist, wie gesagt, ohne Vernunft nicht denkbar. Tugend schließlich nimmt in Wollstonecrafts Überlegungen die Rolle eines Ideals ein, das sowohl persönlich wie gesellschaftlich eine Zivilisiertheit der gesellschaftlichen Beziehungen garantieren kann – durchaus heutigen Vorstellungen von BürgerInnentugend vergleichbar. Tugend und Despotie/Sklaverei sind unvereinbar, deshalb ist Tugend ohne Freiheit undenkbar (vgl. u. a. Wollstonecraft 1999, 265). Die letzte Relation in diesem Viereck, die Relation zwischen Tugend und Gleichheit, weist zurück auf die eingangs zitierte Behauptung: Je stärker die Gleichheit, desto größer die Tugend.

Die enge Verbindung, die Mary Wollstonecraft zwischen *Vernunft, Freiheit, Gleichheit und Tugend* stiftet, erinnert an den politischen Theoretiker Jean-Jacques Rousseau, gerade auch in der Betonung der natürlichen Ungleichheit als Fundament einer radikaldemokratischen Forderung nach Gleichheit. Obgleich Rousseaus Sexismus einer ausführlichen Kritik unterzogen wird (vgl. u. a. Wollstonecraft 1999, 101-122), arbeitet Wollstonecraft doch immer wieder mit/gegen Rousseaus politische Theorie. Sie bildet einen, wenn auch kritikwürdigen Bezugspunkt für die eigenen Argumente; die Philosophin und Moralistin setzt sich mit ihresgleichen auseinander. Ziel aller Argumente ist der Beweis, dass sich eine Gesellschaft der Ungleichheit letztlich gegen die menschliche Natur, gegen das Glück aller und damit ausdrücklich auch gegen die Interessen derjenigen richtet, die hier zu profitieren glauben: die Konstrukteure der Ungleichheit. Sie haben sich eine Welt »hündischer« Fügsamkeit statt einer Welt von Anerkennung, Austausch, Anteilnahme und Verstehen geschaffen.

Bis heute sind Wollstonecrafts Empörung und Unverständnis angesichts dieser Wahl durch die Zeilen zu spüren.

In ihrer Auseinandersetzung mit den Bedingungen gesellschaftlicher Gleichheit unter der Voraussetzung natürlicher Ungleichheit billigt Wollstonecraft Frauen nur zögerlich Überlegenheiten zu. Zu ihnen gehören Keuschheit und Anstand (vgl. Wollstonecraft 1999, 166), doch werden selbst diese in einer Welt, die sich mehr um öffentliche Meinung als um echte Tugend kümmert, häufig nicht angemessen ausgebildet. Tugend und Glück für die ganze Menschheit lassen sich deshalb nur dann realisieren, »wenn das Handeln beider Geschlechter von demselben Prinzip geleitet« wird (Wollstonecraft 1999, 239). Die Betonung der Differenz zwischen den Geschlechtern hat bei Wollstonecraft v. a. die Funktion, die schlechte Einrichtung der Gesellschaft zu dokumentieren und Argumente für ihre Überwindung zu liefern. Wollstonecraft legt eine relationale Analyse vor, die Analyse eines Herrschafts*verhältnisses*, in das beide Geschlechter mit unterschiedlichen Verantwortlichkeiten und Folgen verstrickt sind, in dem die Rollen Despot und Sklavin ermittelt werden können, ohne jedoch in dieser Hierarchie das männlich herrschende Böse und das beherrschte weibliche Gute darzustellen.

»Die Tyrannei des Mannes ist nach meiner festen Überzeugung der Ursprung der meisten Torheiten der Frau«, tröstet Wollstonecraft (1999, 268) ihre LeserInnen gegen Ende des Textes. Wollstonecraft geht zugleich an *keiner* Stelle ihrer Überlegungen davon aus, dass Sklavinnen besonders geeignet seien, kluge und tugendsame Menschen zu werden. Wollstonecraft hat mit dieser scharfen Kritik an Männern *und Frauen* vor 200 Jahren einen Maßstab gesetzt, dem bis heute nur wenige feministische TheoretikerInnen gewachsen sind. Simone de Beauvoir gehört zu den wenigen.

Wollstonecraft (ebd.) folgt der vertragstheoretischen Linie der politischen Theorie, wenn sie erklärt: »Will man den Gesellschaftsvertrag also wirklich auf eine gerechte Basis stellen und die aufklärerischen Prinzipien verbreiten, die das Schicksal des Menschen verbessern können, dann muß sich auch die Tugend der Frauen auf Wissen gründen.« Der Rekurs auf *Gerechtigkeit* im Kontext des neuzeitlichen Ideals vom Gesellschaftsvertrag ist bemerkenswert: Im Gegensatz zum Gleichheitsbegriff, der sich sowohl »natürlich« als auch »gesellschaftlich« füllen lässt und im

Text zwischen beiden Bedeutungen hin- und herschwankt, ruft der Begriff der Gerechtigkeit einen moralischen Maßstab auf, der in dieser für das Geschlechterverhältnis zentralen »Unklarheit« weniger diffus oder zwiespältig interpretiert werden kann. Gegen Ende des Textes argumentiert Wollstonecraft immer stärker mit dem Gerechtigkeits-, nicht mit dem Gleichheitsbegriff: »Wie also können Frauen gerecht und großmütig werden, solange sie die Sklavinnen der Ungerechtigkeit sind?«, ruft Wollstonecraft (1999, 262) aus. Gleiche Erziehung ist gesellschaftlich notwendig, beide Geschlechter müssen sich verbessern und frei werden, »sonst fällt die Ungerechtigkeit, der die eine Hälfte der Menschheit unterworfen ist, auf die Unterdrücker zurück« (Wollstonecraft 1999, 242).

Dieser Gedanke ist das vielleicht stärkste Argument, das ins philosophische Feld geführt wird, beschreibt er doch die vielfach belegte These, dass Unterdrückung die UnterdrückerInnen selbst nicht unberührt lässt. Die Vorstellung, die Welt sei zum eigenen Vorteil recht günstig eingerichtet, entpuppt sich als Illusion, wenn eine Moralistin wie Wollstonecraft Glück und Zufriedenheit statt schneller Befriedigung zum relevanten Maßstab erhebt. Es wäre leichtfertig, dies zu einem rein taktischen Argument zu erheben, das die Herrschenden dazu verführen soll, ihre bequeme Situation zugunsten von Freiheit, Gleichheit, Gerechtigkeit und echter Freundschaft aufzugeben. Wollstonecrafts Text strahlt nichts von einer taktischen Argumentation aus, er ist ein Appell an die menschenrechtliche Vernunft, wie sie die Französische Revolution ausgerufen, aber nur unvollständig verwirklicht hat. Das Gleichheitsversprechen der Revolution wird als Betrug entlarvt.

Den revolutionären Idealen entsprechend, ist die »Natur des Menschen« der letzte Bezugspunkt einer solch klassischen Position der Moderne. »Weise ist die Gesellschaft zu nennen, deren Verfassung sich auf die Natur des Menschen gründet« (Wollstonecraft 1999, 14), auf seine/ihre durch das Menschsein erlangten *unveräußerlichen natürlichen Rechte*, die gesellschaftsverträglich zur Geltung gebracht werden müssen. Die wenigsten europäischen Nationen können diese »Zivilisiertheit« für sich beanspruchen, es dominieren »die goldenen Ketten der Sklaverei« und »das häßliche Antlitz der Unwissenheit« (vgl. ebd.). Die Natur des Menschen wird für Wollstonecraft in der despotischen Gesellschaft der Männer missachtet, der existierende Gesellschaftsvertrag steht auf einer entsprechend unangemessenen, ungerechten, zweifelhaften Basis.

Wollstonecrafts Theoriekonstruktion, mit der freien, vernünftigen Natur des Menschen gegen die vermeintliche Natürlichkeit der Geschlechterverhältnisse zu argumentieren und mit der natürlichen Ungleichheit auf die Ungerechtigkeit gesellschaftlicher Ungleichheiten zu verweisen, offenbart eine komplexe Form des feministischen Arguments. Weder die natürlichen noch die gesellschaftlichen Voraussetzungen männlicher und weiblicher Existenz werden geleugnet oder positiv stilisiert. Natürliche Ungleichheiten müssen durch gesellschaftliche Gerechtigkeit ausgeglichen werden, weil die »Natur« zugleich das Fundament allgemeiner menschlicher Freiheit ist. Die dominante Perspektive bei Mary Wollstonecraft ist deshalb eine gesellschaftliche Moral der natürlichen Rechte auf Freiheit und volle Entfaltung der Persönlichkeit.

»Was hätte sie noch alles denken und schreiben können, wenn sie nicht viel zu früh, mit 38 Jahren, im Kindbett gestorben wäre!«, schreibt Barbara Sichtermann (1999, 278) gut 200 Jahre später im Nachwort der deutschen Neuübersetzung des Werkes. Die Tochter, nach deren Geburt Mary Wollstonecraft mit nur 38 Jahren stirbt, ist die spätere Mary Shelley, Autorin des *Frankenstein* (Shelley 1988), des wohl bekanntesten wissenschaftskritischen Romans der Moderne.

## Olympe de Gouges (1748/55-1793)

Fast zeitgleich, ein Jahr vor dem Erscheinen von Wollstonecrafts Schrift, äußert sich 1791 eine französische politische Theoretikerin, Dichterin, Dramatikerin und Aktivistin der Revolution vergleichbar engagiert und scharf zum Geschlechterverhältnis. Olympe de Gouges hat mit ihrer »Erklärung der Rechte der Frau und Bürgerin« (vgl. – auch zur unklaren und strittigen Biographie – Schröder/Sauter 1977, Gerhard 1987 und Gerhard 1990a, 49-72) einen für die feministische Theorie geradezu legendären Text verfasst, der, gemeinsam mit der Menschenrechtserklärung von 1789, den Beginn des modernen Zeitalters markiert. Der Text *beginnt* mit der Frage nach Gerechtigkeit: »Mann, bist du fähig, gerecht zu sein?« (Olympe de Gouges zit. n. Gerhard 1987, 145).

Auch de Gouges spricht in deutlichen Worten von Unterdrückung, »selbstherrliche[r] Macht«, »tyrannische[r] Herrschaft«, Despotie und einer männlichen Haltung, die »blind, von den Wissenschaften aufgeblasen und degeneriert« ist (ebd.). Die Anmaßung männlicher Herrschaft, ausgerechnet »in diesem Jahrhundert der Aufklärung und des Scharfsinns« (ebd.), wird zornig beschrieben.

Im Unterschied zu Mary Wollstonecraft beruft sich Olympe de Gouges unmittelbar auf die Natur als Ort der Gleichheit: »Überall findest du sie [die Geschlechter] ohne Unterschied zusammen, überall arbeiten sie in einer harmonischen Gemeinschaft an diesem unsterblichen Meisterwerk« (ebd.). Die gesamte nichtmenschliche Ordnung der Natur – Pflanzen, Tiere, Elemente, natürliche Kreisläufe – dient als Beleg gegen die Tyrannei des Mannes, der sich »aus der Ausnahme ein Prinzip zurechtgeschneidert« (ebd.) hat, um »despotisch über ein Geschlecht [zu] befehlen, das alle intellektuellen Fähigkeiten besitzt« (ebd.). Während bei Wollstonecraft aus der natürlichen Ungleichheit der Anspruch auf gesellschaftliche Gleichheit erwächst, entspringt bei de Gouges aus der natürlichen Gleichheit eine bedingte Überlegenheit der Frauen, die die widerrechtlich herrschenden Männer zumindest »an Schönheit wie Mut im Ertragen der Mutterschaft« übertreffen (Olympe de Gouges zit. n. Gerhard 1987, 146). Bis auf die Freiheit einer offenen Vaterschaftszuschreibung in Artikel XI (vgl. Gerhard 1987, 148), als Konventionen-kritisches Programm im Rahmen der freien Meinungsäußerung angeführt, zieht de Gouges aus der weiblichen Überlegenheit in Mut und Schönheit jedoch nicht den Schluss besonderer Rechte. Sonderrechte für Frauen werden in Artikel VII (vgl. Gerhard 1987, 147) ausdrücklich abgelehnt. Alle staatlichen und bürgerInnenschaftlichen Aufgaben und Funktionen sieht de Gouges in gemeinsamer Verantwortlichkeit beider Geschlechter. Das Bild der natürlichen Zusammenarbeit bleibt auch gesellschaftlich präsent.

## Flora Tristan (1803-1844)

Eine zweite wichtige französische politische Theoretikerin, Flora Tristan, knüpft ein halbes Jahrhundert später ausdrücklich an die Ideale und den Elan der RevolutionärInnen von 1789 an. Lebenslang reist Tristan viel und weit, verfasst u. a. Reiseberichte und engagiert sich v. a. in der französischen Arbeiterbewegung (zur Biographie vgl. Marco 1988 und Tristan 1983, 1985, 1987).

»Im Prinzip ist das organische Gesetz, das die französische Gesellschaft seit der Erklärung der Menschenrechte von 1791 [...] regiert, der höchste Ausdruck der Gerechtigkeit und der Gleichheit, denn jenes Gesetz ist eine feierliche Anerkennung der Heiligkeit des Prinzips der absoluten Gleichheit, nicht nur jener Gleichheit vor Gott, die Jesus verlangte, sondern auch der *lebenden Gleichheit*, die im Namen des Geistes und des Fleisches vor der Menschheit praktiziert wird«,

schreibt Tristan (1988, 97) 1843 in ihrem Hauptwerk *Arbeiterunion*. Die solidarische Organisierung von ArbeiterInnen, Tristans zentrales Anliegen, ist Ausdruck einer praktizierten, lebendigen Gleichheit. Tristan, die mit 22 Jahren, in der Zeit der Geburt ihrer Tochter Aline (der Mutter Paul Gauguins), Wollstonecrafts Schrift liest (vgl. Tristan 1988, 188), argumentiert nicht weniger scharf als de Gouges und Wollstonecraft, doch bereits mit einer deutlichen Orientierung nicht nur an der Frauen-, sondern auch an der Arbeiterfrage. Das Recht auf Arbeit und die Organisierung der Arbeit sind Tristans Forderungen an die ArbeiterInnenschaft (vgl. Tristan 1988, 99), der sie, modern ausgedrückt, ein praktisches Handbuch für dieses Projekt vorlegt.

Im Kapitel »Weshalb ich auf die Frauen zu sprechen komme« (Tristan 1988, 113-132) richtet sich Tristan direkt an die Arbeiter als »meine Brüder, für die ich in Liebe arbeite« (Tristan 1988, 113) und führt ihnen ihre und der Frauen Lage vor Augen. Fast wortgleich mit Wollstonecraft beschreibt Tristan »die Frau« aufgrund ihrer mangelnden Bildungsmöglichkeiten als »eine *nette Puppe* und eine Sklavin für die *Unterhaltung* und *Bedienung ihres Herrn*« (Tristan 1988, 117). Aus Verzweiflung über Ungerechtigkeit wird Zorn und schließlich Härte und eigene Ungerechtigkeit, argumentiert Tristan (1988, 119), um ihre Forderungen nach Gleichheit und Anerkennung für Frauen plausibel zu machen. Dass die »Frauen des Volkes« meist »hart, böse und manchmal brutal« sind, hat die schlecht eingerichtete Gesellschaft zu verantworten, denn Härte entspricht nicht der »sanften, guten, sensiblen und großherzigen Natur der Frau« (Tristan 1988, 120). Insbesondere das Elend der ArbeiterInnenschaft Mitte des 19. Jahrhunderts lässt die natürliche Güte verkommen: »Man müßte ein auf die Erde niedergestiegener Engel sein, wenn man nicht gereizt wäre, wenn man in einer solchen Lage nicht roh und böse würde« (Tristan 1988, 124). Eine gute, wohlwollende und gebildete Frau dagegen kann »das Herz des Mannes« erfreuen, »nichts ist schöner und süßer« (Tristan 1988, 127).

Eine enge Verbindung zwischen Freiheit, Glück und der Realisierung der Rechte von Frauen stiftet Tristan, indem sie darauf verweist, dass *»alle Übel dieser Welt«* (Tristan 1988, 126) aus der Verachtung dieser Rechte und mangelnder Erziehung/Bildung herrühren. Tristan fordert daher ihre »Brüder« auf, in wohlverstandenem *Eigeninteresse*, »nicht im Namen der *Überlegenheit der Frau* (wie man nicht versäumen wird, mich zu beschuldigen)« (Tristan 1988, 130), für die Rechte der Frauen einzutreten. »Es ist also eure Aufgabe, Arbeiter, die ihr *Opfer* der *realen Ungleichheit* und der Ungerechtigkeit seid, auf Erden endlich das Reich der Gerechtigkeit und *absoluten Gleichheit* zwischen Mann und Frau zu errichten« (ebd.). Tristan argumentiert immer wieder mit einem ungewöhnlich starken Begriff der Gleichheit: Sie füllt ihn abwechselnd mit Absolutheit, Heiligkeit, Lebendigkeit und v. a. mit Gerechtigkeit. Nur ein ausreichender proletarischer Gerechtigkeitssinn kann absolute Gleichheit zwischen den Geschlechtern und damit die Einheit des Menschengeschlechts schaffen (vgl. Tristan 1988, 132).

Dieser ausdrücklich absolute Begriff der Gleichheit kollidiert allerdings mit den Bildern von den natürlich sanften Frauen und den starken Männern *»mit nackten Armen«* (Tristan 1988, 131) und führt zur Forderung einer für Jungen und Mädchen unterschiedlichen Ausbildung (vgl. Tristan 1988, 132). Dass Tristan sich gegen die mögliche Unterstellung einer Überlegenheit der Frauen verwahrt, passt wiederum in das Konzept von natürlich ungleichen, aber gesellschaftlich gleichen Menschen mit unveräußerlichen natürlichen Rechten. Bei Tristan ist keines der beiden Geschlechter dem anderen überlegen; wie bei de Gouges geht es um das Ende der ungerechten Gesellschaft und um die Verwirklichung einer harmonischen Zusammenarbeit.

## Claire Démar (1800-1833)

Solch freundlich-versöhnliche Töne werden bei Claire Démar, Tristans ebenfalls utopisch-sozialistisch orientierter Landsfrau, genau ein Jahrzehnt zuvor nicht angeschlagen (zur Biographie vgl. die spärlichen Informationen in Alemann u. a. 1981). Démar steht, wie Tristan, eher skeptisch am Rande der phasenweise sektenförmig organisierten utopischen SozialistInnen; Démar lehnt insbesondere den Mutterschaftskult der Saint-SimonistInnen strikt ab (vgl. Kleinau 1987, 58). Der utopische Sozialismus jener Zeit ist eine praktisch-politische und theoretische Strömung, die sich in Frankreich v. a. auf Charles Fourier und Claude-Henri de Saint-Simon beruft. Beide Theoretiker malen, mit unterschiedlichen Schwerpunkten, eine ausbeutungsfreie Zukunft aus, die bereits Konturen sozialistischer Ideale erkennen lässt (Rolle der Arbeit in der neuen Gesellschaft, vergesellschaftet organisierte Ökonomie). Fourier ist zugleich radikal in seinen Gedanken zur Gleichheit der Geschlechter und in der Sinnenfreude seiner Utopie. Die AnhängerInnen des utopischen Sozialismus leben zeitweise in gemeinschaftlichen (familiären) Zusammenhängen, um ihre utopischen Ideale beispielhaft zu verwirklichen.

In »Meine Moral der Zukunft«, 1833 posthum erschienen, argumentiert Démar (1981b, 213), wie sie selbst zu Recht sagt, »offen, schroff und irritierend« für die Freiheit der Frauen in Fragen von Liebe und Mutterschaft. Ihre Vorstellungen von Gleichheit formuliert Démar besonders deutlich im ebenfalls 1833 erschienenen »Appell einer Frau an das Volk über die Emanzipation der Frau«:

> »Volk, Gott hat den Mann als Stärkeren erschaffen! Aber doch nicht, damit er die Frau unterdrückt, die sein Geschöpf ist wie du! Volk, Gott hat dir zwar die Kraft und die Energie gegeben, aber die Frau hat er mit Anmut und der Kraft, zu überzeugen, ausgestattet. Volk, deine Kraft soll sie schützen und ihr gegen jede Ausbeutung zu Hilfe eilen. Frauen, eure Anmut und eure Liebe soll dafür den Mann belohnen, ihn besänftigen und ihn ehren« (Démar 1981a, 198).

Aus dieser Verbindung von Ungleichen entsteht die »freie und würdevolle Liebe zwischen Gleichen« (ebd.), die sich stark von der juristisch vorgegebenen Realität unterscheidet. Denn Démar (1981a, 191) zufolge enthält der Code Civil (Napoleons Zivilgesetzbuch von 1804) mit seiner Gehorsamsverpflichtung für Ehefrauen eine illegale Vertragsklausel. Claire Démar findet hier deutlichere Worte als Mary Wollstonecraft, die nur vom ungerechten Gesellschaftsvertrag spricht.

Démars Gleichheitsvorstellung basiert auf der natürlichen Differenz der Geschlechter, wie sie auch Flora Tristan zehn Jahre später ausmalt: hier die sanften Frauen, dort die starken Männer. Gleichheit meint deshalb Liebe und Begegnung zwischen von Natur/Gott gewollt Ungleichen, die durch ungerechte Gesetze und elende Lebensbedingungen an der Verwirklichung ihrer *wechselseitigen Anerkennung als gesellschaftlich gleichwertige Andere* gehindert werden. Die Gesellschaft ihrer Zeit sieht Démar, wie die anderen TheoretikerInnen auch, durch Unterwerfung, Sklaverei und Unwissenheit der Frauen gekennzeichnet.

»Kann sie etwa all die Verlogenheit in den Worten eines Mannes erkennen, die ganze Korruption seines Denkens, das er in mehr oder weniger geistreiche Metaphern kleidet, all die Fäulnis seines Körpers, die er mit einer Hülle aus dicken Stoffen und schwerem Tuch überdeckt?« (1981a, 195/196)

Doch auch Démar (1981a, 197) plädiert letztlich für »Einigkeit im Wollen, Einigkeit in der Liebe, Einigkeit im Handeln!«, die Härte ihrer Texte lässt allerdings die Idee der Harmonie, anders als bei Tristan, nicht vor den Augen ihrer LeserInnen entstehen. Die Bilder sind von Wut und Bitterkeit geprägt, und man/frau ist versucht, Démars Selbstmord im Jahre 1833 in solchen Zeilen widergespiegelt zu sehen.

## Louise Otto-Peters (1819-1895)

Die Bitterkeit, die Démar gegen die herrschenden Männer richtet, richtet eine andere Theoretikerin in der Mitte des 19. Jahrhunderts auch gegen ihr eigenes Geschlecht: die Meißenerin Louise Otto-Peters, Journalistin, Schriftstellerin, politische Theoretikerin und eine der Gründerinnen der deutschen Frauenbewegung. Wie Démar lebt Otto (wenigstens zu Beginn ihrer politischen und publizistischen Tätigkeit) in revolutionären Zeiten, und wie Démar, jedoch viel systematischer als diese, schreibt Otto in einer Frauenzeitung: in der 1849 gegründeten eigenen Zeitschrift *Frauen-Zeitung* (vgl., auch zur Biographie, Gerhard u. a. 1979).

Während Tristan und Démar Revolutionärinnen des Jahres 1830, der Pariser Julirevolution, sind, ist Otto eine echte 48erin. Doch während sie der 1848er-Revolution die politische Treue hält, ärgert sich Otto über viele der in der Revolution aktiven Frauen. In einem ausführlichen Artikel, »Die Demokratinnen« überschrieben, der in der *Frauen-Zeitung* 1850 in vier Folgen erscheint, kommentiert Otto ihre »Genossinnen« »mit unparteiischem Auge« (Louise Otto zit. n. Gerhard u. a. 1979, 201). Otto ordnet die »Genossinnen« in vier Kategorien ein:

»1) Die *Forcierten* oder *Gemachten*, die, in Äußerlichkeiten sich gefallend, vor allen Dingen Aufsehen erregen wollen. 2) Die *Isolierten* oder *Zurückgezogenen*, das offenbare Gegenstück von jenen, wirken sie doch nur da, wo sie sicher sind, nicht bemerkt zu werden. 3) Die *Frivolen* oder *Unsittlichen*, welche teils die Demokratie zum Deckmantel eines wüsten Lebens brauchen möchten, teils sogar meinen, zu solchem Leben als Demokratinnen berechtigt zu sein. 4) Die *Enthusiasmierten* oder *Begeisterten*, die dem Geiste, der sie treibt, folgen [...]« (ebd.).

Kaum eine demokratisch gesinnte »Genossin« findet vor den Augen Ottos Gnade. Während die erste Gruppe die Gleichheit mit der Aufhebung des Geschlechtsunterschieds verwechselt und in ihrem Verhalten unnatürlich ist, charakterisiert Otto die zweite Gruppe als scheu, abhängig von Urteilen und Vorurteilen, Ausreden gegen das Engagement erfindend; die Gruppe der Frivolen schließlich verwechselt Freiheit mit Frechheit und missbraucht die Demokratie für ihr »wüste[s] Leben« (vgl. Gerhard u. a. 1979, 202, 205, 206, 210). Nur die letzte Gruppe entspricht Ottos Bild der Revolution, denn die »Begeisterten« engagieren sich für die Demokratie in angemessenen Maßen und Formen, um das »erhabene Ziel« näher rücken zu sehen, das Otto mit religiösen Begriffen umschreibt (Louise Otto zit. n. Gerhard u. a. 1979, 212). Mit denen, »welche das Wort ›Frauen-Emanzipation‹ in Misskredit gebracht haben, indem sie das Weib zur Karikatur des Mannes herabwürdigten« (Louise Otto zit. n. Gerhard u. a. 1979, 39), will Otto politisch nichts zu tun haben, wie sie als erstes im Programm ihrer Zeitung verkündet.

Ob engagierte Barrikaden-Kämpferin oder folgsame Tochter – fast keine kann es dieser Demokratin recht machen, die, wenn es um allgemeine Fragen der Demokratie/Revolution geht, durchaus zeitübliche Vorstellungen wie die unteilbare Freiheit oder die

Notwendigkeit politischer Assoziationen formuliert (vgl. Gerhard u. a. 1979, 40f., 59-61). Der Text über die »Genossinnen« ist sexistisch und von einem subtilen Frauenhass durchzogen, einem Hass, der sich auf jene Frauen richtet, die nicht Ottos traditionellen Vorstellungen weiblicher Sittsamkeit entsprechen. Bezeichnend ist die Konzeption von Gleichheit, die Ottos Anwürfen zugrunde liegt. Die »Arbeiter« ansprechend schreibt sie:

»Aber, wie die Natur zwei verschiedene Geschlechter schuf, so hat sie denselben für diese Verschiedenheit auch verschiedene Wirkungskreise und körperliche Fähigkeiten zugewiesen. Ihr werdet also nicht meinen, daß mir es einfallen könnte, für die Frauen das ganz Gleiche zu fordern wie für die Männer. So wenig, wie eine Frau zur Besetzung eines Staatsamtes sich eignen würde, so wenig wird sie sich auch eignen, ein Schlossermeister oder Schmied zu werden« (Louise Otto zit. n. Gerhard u. a. 1979, 58).

Die weitreichenden Einschränkungen, die Otto hier am revolutionären Ideal der Gleichheit vornimmt, führen zur Ablehnung eines nicht unbeträchtlichen Teils der politischen Aktivitäten von Frauen in der Revolution. Würde man/frau Ottos Äußerungen in *heutigen* Begriffen werten, so wären Angst vor Militanz und Homophobie die offensichtlichsten Merkmale des Textes.

Die geschlechter- und demokratiepolitische Brisanz der Äußerungen Ottos wird aber selbst dann offenkundig, wenn man/frau sich vergegenwärtigt, dass die 1848er-Revolution auch radikaldemokratische Konzepte (vgl. u.a. die Jubiläums-Dokumentationen von Grab 1998 und Speck 1998) und unangepasste Frauen wie Mathilde Franziska Anneke hervorgebracht hat (vgl. Anneke 1982). Mitnichten vertritt Otto eine Position, die zur damaligen Zeit *nur so* denkbar gewesen wäre und allein aus heutiger Sicht problematisch erscheint. Verglichen mit Olympe de Gouges und Mary Wollstonecraft oder den französischen Revolutionärinnen zwischen 1830 und 1848 (vgl. u.a. auch Grubitzsch/Lagpacan 1980), verglichen auch mit dem frauenbewussten politischen Utopisten Charles Fourier (1966), stellt sich das Gleichheitskonzept Ottos als eine *Zurücknahme bereits formulierter Forderungen* nach gleicher politischer Teilhabe und freier Entfaltung der Lebenschancen von Frauen dar (vgl. dagegen die Einleitung von Gerhard u. a. 1979, 7-30). Radikale Gleichheitsvorstellungen mit der unnatürlichen Aufhebung des Geschlechtsunterschieds und diese mit dem Barrikadenkampf zu assoziieren oder ein selbstbestimmtes Leben unter das Urteil »Frechheit statt Freiheit« zu stellen, offenbart nicht nur ein mangelndes Verständnis der politischen Atmosphäre der Jahre 1848/1849, sondern offene Feindschaft gegen nichtbürgerliche Frauen. Für Otto sind Freiheit und Gleichheit nicht nur zwischen Männern und Frauen politische Streitpunkte, sondern auch unter Frauen; nicht jedes Ideal von Freiheit und Gleichheit ist Otto gleichermaßen willkommen. Dass sie zu den Gründerinnen der ersten deutschen Frauenbewegung gehört, sei in diesem Zusammenhang noch einmal ausdrücklich angemerkt.

## Declaration of sentiments (1848)

Während Louise Otto vor der Publikation ihrer *Frauen-Zeitung* steht, versammeln sich im Juli 1848 in Seneca Falls (New York) amerikanische Frauen, einberufen von Lucretia Mott (1793-1880) und Elizabeth Cady Stanton (1815-1902), und verabschieden das berühmte Gründungsdokument des US-amerikanischen Feminismus: die »Declaration of sentiments« (vgl. Lange 1927, 43-45; zur Geschichte vgl. Flexner 1978, insbesondere 122ff.). Unter der klassischen Formel der Unabhängigkeitserklärung »We hold these truths to be self-evident« führt die Deklaration entsprechend weiter aus, »daß alle Männer und Frauen gleich geschaffen sind, daß sie von ihrem Schöpfer mit gewissen unveräußerlichen Rechten begabt sind; daß zu diesen Leben, Freiheit und das Streben nach Glück gehören [...]« (»Declaration of sentiments«, zit. n. Lange 1927, 43). Klassisch geht es weiter in der Argumentation: Regierungen erhalten ihre Rechtmäßigkeit aus der Zustimmung der Regierten und verlieren ihre Rechtmäßigkeit erst durch »eine lange Reihe von Mißbräuchen und Übergriffen«, die die schlimme Absicht eines »absoluten Despotismus« verraten (ebd.).

Genau dies ist bei den Männern gegenüber den Frauen der Fall: Ihnen wird das Stimmrecht vorenthalten, sie müssen sich Gesetzen beugen, die sie nicht mitgestalten können; Frauen leiden unter Ehegesetz und Scheidungsrecht ebenso wie durch das Eigentumsrecht und die Monopolisierung wichtiger Berufe durch Männer (vgl. Lange 1927, 44). Bildung, Reichtum und Auszeichnungschancen werden Frauen vorenthalten, ihr Selbstvertrauen und ihre Selbstachtung werden zerstört (vgl. Lange 1927, 45). »Tyrannei«, »gänzliche Knechtung« und »soziale und religiöse Erniedrigung« lassen die Frauen »sich beleidigt, unterdrückt und in betrügerischer Weise ihrer heiligsten Rechte beraubt fühlen« (»Declaration of sentiments«, zit. n. Lange 1927, 44, 45). Als »Bürger der Vereinigten Staaten« verlangen die versammelten Frauen, sofort in ihre »Rechte und Privilegien« eingesetzt zu werden (»Declaration of sentiments«, zit. n. Lange 1927, 45). Der Text endet mit Vorschlägen zu politischen Aktivitäten, die »dieses große Werk« befördern können (ebd.).

Die »Declaration of sentiments« ist, in exakt der gleichen Weise wie de Gouges' Text, ein politisches Dokument, das sich ausdrücklich und sprachlich genau an einem zentralen patriarchalen Gründungstext orientiert und damit seine eigene Bedeutung sichtbar reklamiert. In Seneca Falls verlangen *Staatsbürgerinnen* selbstbewusst die ihnen zustehenden unveräußerlichen *Rechte*, die aus der Gleichheit aller Menschen entspringen. Die Orientierung der Gründerväter an der neuzeitlichen Vertragstheorie wird wiederholt und gegen die Ungerechtigkeit des Ausschlusses und der Entwürdigung gewendet. Nicht zufällig beginnt der beschreibende Abschnitt des Textes deshalb mit dem »unveräußerlichen Anspruch auf das politische Stimmrecht« (»Declaration of sentiments«, zit. n. Lange 1927, 44), eine Forderung, die sich in der deutschen Frauenbewegung erst allmählich durchsetzen wird. Die US-Amerikanerinnen erkennen, dass das Wahlrecht die politische und moralische Basis und der Ursprung aller weiteren Rechte ist: Ohne dieses fundamentale Recht sind Freiheit und Gleichheit undenkbar und alle anderen Forderungen letztlich Makulatur.

Im direkten Vergleich zwischen den Texten, die in den Vereinigten Staaten und in Deutschland in der Mitte des 19. Jahrhunderts entstehen, wird der Abstand zwischen den demokratischen BürgerInnentraditionen und den Politisierungschancen in beiden Ländern offensichtlich. Während sich Otto mit ihren ungeliebten »Schwestern« in feindlichen Bildern abmüht, wenden die in Seneca Falls versammelten Frauen ihre politische Wut mit unmissverständlichen Worten gegen die patriarchale Herrschaft. Eine göttliche Anmaßung gar wird den Männern vorgeworfen: »Er hat sich das Vorrecht Jehovahs selbst angemaßt, indem er für sich das Recht in Anspruch nimmt, ihre Lebenssphäre zu bestimmen« (»Declaration of sentiments«, zit. n. Lange 1927, 45). Klarsichtig sieht der Text entsprechende Schwierigkeiten voraus, die unveräußerlichen Rechte gegen gottgleiche Anmaßung einzuklagen: »Mißdeutungen, Mißverständnisse und Lächerlichkeit« (ebd.) werden in künftige politische Auseinandersetzungen realistisch einkalkuliert. Statt, wie Otto, *andere* Frauen der Lächerlichkeit preiszugeben, wagen die in Seneca Falls Versammelten die *eigene* Lächerlichkeit. Sie sehen damit die typischen politischen Kosten voraus, die Feministinnen in den vergangenen zwei Jahrhunderten für ihr gerechtes Engagement immer haben bezahlen müssen.

Das *Wagnis der Lächerlichkeit* gehört, so könnte man/frau im Rückblick sagen, zum Ausweis der radikalen Feministin, die angesichts der zur Natur erklärten patriarchalen Herrschaft stets damit rechnen muss, dass ihren rechtmäßigen Forderungen mit Zynismus, satirischer Verzerrung oder dem Vorwurf der Hysterie begegnet wird. Wendet eine, wie Otto, diese bösen Entgegnungen gegen das eigene Geschlecht und gegen politische Aktionsformen von Frauen, ist zu vermuten, dass sie sich auf Kosten anderer Frauen den Herrschenden genehm machen will. Wie nicht wenige Frauen – bis heute – fürchtet sich Otto offensichtlich davor, selbst lächerlich gemacht zu werden, eine Furcht, die sich keine Feministin ernsthaft leisten kann, will sie sich nicht in ihrem Engagement von vornherein selbst beschränken. So angemessen eine Kritik an den »sklavischen« *Lebensgewohnheiten* von Unterdrückten ist, so unangemessen ist die Verunglimpfung der *Politik* engagierter, unkonventioneller »Genossinnen«. Das amerikanische Dokument hebt sich von solchen Quellentexten ab: Nicht oft in der Geschichte der letzten zwei Jahrhunderte ist die männliche Herrschaft über Frauen und ihr Anspruch auf Gleichheit mit vergleichbar zornig-würdevollen Worten angesprochen worden.

## John Stuart Mill (1806-1873)
## Harriet Taylor Mill (1807-1858)
## Helen Taylor (1831-1907)

Zwei lange Jahrzehnte nach Seneca Falls und drei Jahre nach Louise Ottos Schrift *Das Recht der Frauen auf Erwerb* (Otto 1866) erscheint im Jahre 1869, ebenfalls im englischsprachigen

Raum, eines der wichtigsten Werke der feministischen Theorie des 19. Jahrhunderts. Der Text *Die Hörigkeit der Frau* (Mill u. a. 1991) wurde lange dem klassischen Liberalismus-Theoretiker John Stuart Mill alleine zugeschrieben, obgleich das Werk bzw. die gemeinsame AutorInnenschaft einigen Interpreten bis heute eher peinlich ist (vgl. ebenso Beyer 1997, 338). Tatsächlich hat es Mill 1861 mit seiner Frau Harriet Taylor Mill und deren Tochter Helen Taylor gemeinsam verfasst und den wesentlichen Anteil, den beide an seinen Arbeiten haben, immer vorbildlich fair, ja geradezu emphatisch beschrieben (zur Publikations- und Rezeptionsgeschichte des Textes sowie zu den Biographien der drei AutorInnen vgl. ausführlich Schröder 1991).

Den politiktheoretischen und politischen Überzeugungen der AutorInnen entsprechend, zentriert sich der Text um das Ideal der Freiheit: »Welcher Bürger eines freien Landes würde Anerbietungen Gehör schenken, die ihm für den Verzicht auf die Freiheit die beste, geschickteste Regierung in Aussicht stellten?«, fragen, rein rhetorisch, Mill/Mill/Taylor (1991, 159), um den politischen Wert des Freiheitsideals zu betonen. Wo jedoch keine Chance auf Freiheit besteht, wird Macht zu einem verführerischen Ersatzziel:

> »Die Liebe zur Macht und die Liebe zur Freiheit sind in einem ewigen Widerstreit. Wo die wenigste Freiheit ist, da ist die Leidenschaft für die Macht am brennendsten und gewissenlosesten. Der Wunsch, Macht über andere zu besitzen, kann erst dann aufhören, eine entsittlichende Wirkung auf die Menschheit auszuüben, wenn jeder Mensch persönlich imstande sein wird, ihrer entbehren zu können, und das kann nur geschehen, wo die Achtung vor der Freiheit jedes andern in seinen persönlichen Angelegenheiten ein feststehender Grundsatz ist« (Mill u. a. 1991, 161).

Analog der Relation zwischen Macht, Glück und Gleichheit, die Wollstonecraft in dem eingangs angeführten Zitat entwirft, formulieren Mill/Mill/Taylor eine Korrelation zwischen Macht und Freiheit. Die einfache Formel lautet: Freiheit und Gleichheit verhindern Machtmissbrauch und garantieren gesellschaftliches Glück; die Abwesenheit von Freiheit und Gleichheit provoziert Machtrausch, Machtmissbrauch, Liebe zur und brennende Leidenschaft für Macht, Gewissenlosigkeit. Diese allgemeine Formel wenden Mill/Mill/Taylor auch auf die Lage von Frauen an. Jedes menschliche Wesen, das unter Bedingungen der Unfreiheit leben muss, setzt sich »einer gar zu großen Versuchung aus, andere seinen Zwecken dienstbar zu machen« (Mill u. a. 1991, 160) und sich in deren Angelegenheiten einzumischen (vgl. ebd.). »Daher kommt dann die Leidenschaft der Frauen für persönliche Schönheit, Kleiderpracht und äußern Glanz und alle die Übel, die daraus in Gestalt von Luxus und sozialer Unsittlichkeit entstehen« (Mill u. a. 1991, 160f.). Wie andere politische TheoretikerInnen des 19. Jahrhunderts sind auch Mill/Mill/Taylor davon überzeugt, dass die unangenehmen, oberflächlichen, egozentrischen, unsittlichen Züge, die Frauen zeigen, in ihrer gesellschaftlichen Lage und nicht in ihren natürlichen Anlagen begründet sind.

Die Schärfe, mit der die drei TheoretikerInnen das Geschlechterverhältnis ihrer Zeit analysieren, steht der Schärfe Wollstonecrafts oder de Gouges' in nichts nach. Mill, Mill und Taylor (1991, 11, 28, 50, 52, 54, 57, 58, 59, 61, 72) sprechen von der »Knechtschaft« der Frauen und dem anmaßenden Verlangen der Männer nach freiwilliger, liebender Sklaverei, sprechen von »Despotismus«, Leibeigenschaft, Tyrannei, Absolutismus und »absoluter Gewalt«, »Brutalität und Selbstsucht«, von »gesetzliche[r] Hörigkeit« und immer wieder von der Sklaverei. Für die liberalen DenkerInnen ist die Tatsache, dass ihre moderne Welt die Geburtsvorrechte abgeschafft hat, doch Frauen qua Geburt Rechte verweigert, ein beispiellos anachronistisches Relikt vordemokratischer Zeiten (vgl. Mill u. a. 1991, 30-36). Mit Bezug auf die Abschaffung der »Sklaverei der Neger« argumentieren die Mills (1991, 131): »Die Ehe ist die einzige wirkliche Leibeigenschaft, die unser Gesetz kennt. Es gibt keine Sklaven mehr außer den Herrinnen jedes Hauses.« Die Abschaffung dieser gesetzlich verbrieften Unterwerfung ist deshalb eine zentrale Forderung des Textes, eine Forderung übrigens, der John Stuart Mill freiwillig in einer Eheerklärung gegenüber Harriet Taylor nachgekommen ist (vgl. Schröder 1991, 180f.). Hannelore Schröder (1991, 185) kommentiert Mills antipatriarchale Haltung voller Anerkennung: »Mill war nicht allein ein radikaldemokratischer feministischer Denker; er lebte seine Theorie.« Damit steht Mill in der gesamten politischen Ideengeschichte ziemlich alleine da und lässt das politische Herz jeder feministischen Theoretikerin höher schlagen...

Im Rahmen ihrer scharfen Gesellschaftskritik formulieren Mill/Mill/Taylor auch einen Gedanken, den die Neue Frauenbewegung sehr viel später als strategisches Problem feministischer

Politisierung und Solidarisierung neu aufwerfen wird: »Die Unterdrückten leben jede unter den Augen und man könnte beinahe sagen in den Händen ihres Herrn, in engerer Gemeinschaft mit ihm als mit irgendeinem ihrer Mitgeschöpfe, ohne jegliches Mittel, sich gegen ihn zu verbünden« (Mill u. a. 1991, 21 f.). Die Chancen für einen erfolgreichen Kampf stehen also nicht sehr gut. Zudem verlangen die Herren von dieser unterdrückten Klasse nicht nur »bloße Dienstbarkeit« und Gehorsam, »sondern auch Zuneigung« (Mill u. a. 1991, 28), die durch langjährige Erziehung gesichert wird. Liebe und Gewalt ketten demnach diese besonders unglückliche Klasse von Unterdrückten in doppelter Weise an ihre Herren. Für die Mills grenzt es an ein Wunder, dass es dennoch Protest gegeben hat (vgl. Mill u. a. 1991, 22).

Die liberale Emphase für die Freiheit bildet nicht nur die Basis der Gesellschaftskritik, sondern begründet auch das Gleichheitsverständnis der drei AutorInnen, das unter dem »Prinzip gleicher Gerechtigkeit« (Mill u. a. 1991, 14) steht. Ausdrücklich *leugnen* sie, »daß irgend jemand die Natur der beiden Geschlechter kennen kann, solange dieselben in ihren jetzigen Beziehungen zueinander verharren« (Mill u. a. 1991, 38).

> »Was man aber jetzt die Natur der Frauen nennt, ist etwas durch und durch künstlich Erzeugtes. [...] Bei keiner andern Klasse von Abhängigen, das darf man dreist behaupten, ist der Charakter der Unterdrückten durch die Beziehung zu ihren Gebietern so gänzlich seiner ursprünglichen Anlage entfremdet worden« (Mill u. a. 1991, 38 f.).

So sind nur unzulängliche »Mutmaßungen« möglich, um »eine der schwierigsten« Fragen, die es gibt, die Frage nach den »natürlichen Unterschieden« zwischen den Geschlechtern, zu beantworten (Mill u. a. 1991, 41, 40). Die drei AutorInnen setzen, ganz ihrer liberalen Überzeugung gemäß, u. a. auf die »Freiheit der Konkurrenz« auf dem Arbeitsmarkt (Mill u.a. 1991, 47); hier könnte sich zeigen, welche jeweiligen Fähigkeiten und Neigungen die beiden Geschlechter haben oder entwickeln werden.

Es ist nur folgerichtig, dass entsprechend auf die viel beschworenen weiblichen Tugenden, wie etwa die Aufopferung für die Familie, »wenig Gewicht« gelegt wird, denn in einer Gesellschaft der Gleichen wird eine »gute Frau [...] nicht selbstverleugnender sein als ein guter Mann« (Mill u. a. 1991, 71). Die typische Bewertung der Moral beider Geschlechter, bei der gewöhnlich Frauen höher eingeschätzt werden als Männer, kommentieren die Mills mit bitterem Hohn:

»Man erklärt sie [die Frauen] für besser als die Männer – ein leeres Kompliment, das jeder Frau von Geist ein bitteres Lächeln entlocken muß, da es kein anderes Verhältnis im Leben gibt, wo es hergebrachte, für recht und naturgemäß gehaltene Ordnung ist, daß diejenigen, welche man für die Besseren erklärt, den Schlechteren gehorchen müssen« (Mill u.a. 1991, 125).

Der reale Gehalt klassischer Tugend-Zuschreibungen wird deutlich: Sie sind billige Kompensationen für Ungleichheit, durchsichtige Verschleierungen von Herrschaft und beinhalten allenfalls einen wahren Kern: »Es ist der sittlichen Natur weniger schädlich, unterdrückt zu werden, [...] als [...] Willkürherrschaft selbst ausüben zu dürfen« (Mill u.a. 1991, 126). Gewaltausübung hat »einen entsittlichenden Einfluß« (ebd.), und nur so ist der Mythos weiblicher Tugend letztlich erklärbar. Die Abschaffung der Gewaltherrschaft wird beide Geschlechter gleich tugendhaft machen.

Dass nun »die Zeit für die Moralität der Gerechtigkeit gekommen ist« (Mill u.a. 1991, 73), kann allerdings nicht darüber hinwegtäuschen, dass sich auch in den heute noch bewegenden Argumentationen der Mills einige ihrem radikalen Gleichheitsdenken nicht angemessene Aussagen finden lassen, die sich auf das Feld der geschlechtsspezifischen Arbeitsteilung beziehen. Unter der ausdrücklichen Voraussetzung gerechter Ehegesetze, die die Haussklaverei abschaffen und auch eine Scheidung zulassen, wird in dieser sonst so kompromisslosen Schrift am Dasein der Hausfrau festgehalten. Erwerbsarbeit der Männer und Hausarbeit der Frauen wird als »die gewöhnliche Einrichtung« beschrieben und für »die richtigste Teilung der Arbeit« (Mill u.a. 1991, 80) gehalten.

Realitätsnah bemerken die AutorInnen, dass andere mögliche Pflichten Frauen selten von der Haus- und Erziehungsarbeit befreien; diese Pflichten verhindern nur, den häuslichen »in geeigneter Weise gerecht zu werden« (ebd.). Im Anschluss an dieses die realen Verhältnisse durchaus richtig beschreibende Argument malen Mill/Mill/Taylor die drohende Verwahrlosung eines so organisierten Haushalts in schillernden Farben aus und legen – zumindest verheirateten – Frauen die Wahl für die Hausarbeit als verdienstvolle und notwendige Tätigkeit nahe (vgl. Mill u.a. 1991, 80f.). Sie setzen die Entscheidung des Mannes »für irgendeine Wissenschaft oder ein Gewerbe als seinen Lebensberuf« mit der Entscheidung der Frau zur Heirat und damit zwangsläufig für »die Führung der Wirtschaft und die Pflege und Erziehung einer Familie« (Mill u.a. 1991, 81) gleich. Die Problematik ihrer eigenen Überlegungen erkennend, räumen die Mills ein, dass so dem »größeren Teile der verheirateten Frauen [...] es nach diesem Prinzip praktisch verwehrt« wäre (ebd.), außerhäuslichen Beschäftigungen systematisch nachzugehen und besondere Fähigkeiten zu entfalten. Mill/Mill/Taylor plädieren deshalb für den »größte[n] Spielraum« individueller Gestaltung »allgemeiner Regeln« (ebd.): Die konkrete Arbeitsteilung innerhalb einer Ehe kann persönlich ausgehandelt und organisiert werden; man/frau kann hier auf die »Einmischung der Gesetze« (Mill u.a. 1991, 82) verzichten.

Angesichts des Tenors der gesamten Schrift ist diese Textstelle enttäuschend, sie ist inkonsistent, wenn auch in der liberalen Logik wenig überraschend. Im Unterschied zu den gegen Ende des 19. Jahrhunderts immer lauter werdenden sozialistisch-feministischen Stimmen setzen Mill/Mill/Taylor auf eine rein individualistische Lösung des zentralen Problems der geschlechtshierarchischen Arbeitsteilung. Die hier vorgeschlagene Lösung ist nicht Sache der (sozialistischen) Gesellschaft, sondern der persönlichen Verständigung jenseits staatlicher Einmischung und gesetzlicher Regulierung. Während sozialistische TheoretikerInnen in der zweiten Hälfte des 19. Jahrhunderts zunehmend die Frage der Verantwortlichkeit für die Reproduktion (d.h. in feministischer Theorie: Haus- und Familienarbeit, Kindererziehung und Bezug auf den Partner; oft auch für Fortpflanzung verwendet) als eine der Kernfragen der Frauenbefreiung erkennen, leugnen die Mills die Tragweite des Problems und durchkreuzen mit ihrem Festhalten an der traditionellen Arbeitsteilung die Chancen auf freie Entfaltung der »weiblichen« Persönlichkeit. Die Mill'sche Lösung heißt *nicht* Vergesellschaftung der Reproduktion; dies entspräche nicht dem liberalen Credo von der vor staatlichen Eingriffen geschützten Sphäre der Privatheit. Die Mill'sche Lösung heißt Anerkennung der Bedeutung der Reproduktionsarbeit als dem »ungleich größeren Teil der körperlichen und geistigen Anstrengungen« (Mill u.a. 1991, 80). Diese Lösung ist sowohl differenzfeministischen wie konservativen Positionen verwandt und weicht vom genuin liberalen Ideal gleicher Chancen auf gesellschaftliche Teilhabe in bedeutendem Maße ab. Hausarbeit wird immer dort mit großem Lob aufgewertet, wo sie Frauen exklusiv zugeschrieben wird oder verordnet werden soll.

Dass eine Position, die sich explizit zur »vollkommenen Gleichheit« (Mill u. a. 1991, 5) bekennt, an solch entscheidender Stelle versagt, kann wohlmeinend mit der Zeitgebundenheit politischer Theorie begründet werden. Denn die Lösung der Reproduktionsfrage drängt sich den engagierten TheoretikerInnen erst *allmählich* im Laufe des 19. Jahrhunderts auf, auch wenn der radikale Utopist Fourier die Frage bereits zu Beginn des Jahrhunderts aufwirft. Erst Frauen- und Arbeiterbewegung jedoch wenden sich – im Laufe ihrer Entwicklung – der Reproduktionsfrage systematisch zu. Der strukturelle Konservatismus nicht unbedeutender Teile der ersten deutschen Frauenbewegung hat u. a. in der politisch motivierten Aufwertung von Hausarbeit, Mutterschaft und sozialer Weiblichkeit seine Ursache. Die ausdrücklich positive Stilisierung aller Facetten der patriarchalen Lebensrealität von Frauen bildet ein Gegenprogramm bzw. Gegenbild zu den scharfen Kritiken der ersten Hälfte des 19. Jahrhunderts.

## Bittere Kritik

Wie sind im Rückblick diejenigen TheoretikerInnen zu bewerten, die, wie beispielsweise Wollstonecraft oder auch die Mills, ihr Plädoyer für gleiche Rechte und Chancen für Frauen mit einer scharfen Kritik, ja stellenweise mit Polemik gegen die Lebensgewohnheiten und »Eigenschaften« von Frauen verbinden? Dass das Freiheitsdefizit zur Machtanmaßung verführen kann, die sich in kleinlichem, oberflächlichem Egozentrismus äußert, bemängeln nicht nur Mill/Mill/Taylor, und dass männliche Herrschaft ihren Gegenpart in weiblicher Unterwerfung findet, kritisiert nicht nur Wollstonecraft. Despot und Sklavin erscheinen in den frühen Texten häufig als die zwei Seiten der gleichen herrschaftlichen Medaille. Die gesellschaftliche Konstruktion der Ungleichheit wird durchgängig mit harten, unzweideutigen Begriffen wie Tyrannei, Sklaverei oder Despotismus angeprangert, konkrete Männer werden als deren Profiteure unmissverständlich deutlich benannt, doch zugleich werden Frauen nicht aus einer zumindest anteiligen Verantwortung für die Ungleichheitskonstruktionen entlassen. Beschrieben wird keine eindeutige Täter-Opfer-Beziehung, skizziert wird ein Herrschaftsverhältnis, in dem zwei verantwortlich Handelnde benannt werden können.

Betrachtet man/frau die unterschiedlichen Bedeutungsebenen, die in dieser Argumentationsfigur eingeschlossen sind, so lassen sich mindestens vier herausdestillieren: die analytisch-selbstkritische, die selbst-ermutigende, die strategisch-appellative und die utopische Bedeutungsebene. Den analytischen Gehalt der gesamten Argumentationsfigur habe ich mit dem Stichwort der *relationalen* Herrschaftsbestimmung bereits angesprochen, die darin verborgene Selbstkritik von Frauen als Teil der herrschaftlichen Relation ist offensichtlich. Aus der analytisch-selbstkritischen Perspektive ergibt sich, nur auf den ersten Blick paradox, aber zugleich die Chance einer Selbst-Ermutigung. Sind Frauen in patriarchale Herrschaftsverhältnisse *aktiv* verstrickt, können Frauen auf die aktive Beseitigung von Herrschaft hoffen, denn sie sind dann nicht nur Opfer ihrer Despoten. Als »Mittäterinnen« (Christina Thürmer-Rohr 1987) am Herrschaftsverhältnis können Frauen sich selbst als Handelnde in seiner Überwindung vorstellen. Die strategisch-appellative Ebene der Argumentationsfigur richtet sich an das männliche Gegenüber: Direkt oder indirekt wird dem Despoten das Unglück der Unterwerfungsbeziehung nahe gebracht, die Mängel und Defizite betont und schließlich, in einer utopischen Wendung, der Zustand veränderter Geschlechterbeziehungen als positive Vision ausgemalt.

Auf dieser vierten Ebene der Argumentationsfigur sind Begeisterung und Nachdrücklichkeit der AutorInnen groß. Die Mills (1991, 130) etwa schreiben von einer »sozialen Revolution« und erwarten von der realisierten Gleichheit eine »Verdopplung der dem Dienst der Menschheit zu Gebote stehenden Summe der Intelligenz« (Mill u.a. 1991, 136). Der »große Zuwachs zur intellektuellen Kraft des Menschengeschlechtes« (Mill u.a. 1991, 137) verbindet sich mit einem großen Zuwachs an öffentlicher Tugend und privatem Glück (vgl. Mill u.a. 1991, 138-157). Der »unaussprechliche Gewinn an besonderer Glückseligkeit für die befreite Hälfte der Menschheit« (Mill u.a. 1991, 157) wird sich im Glück einer innigen Beziehung zwischen Gleichen spiegeln und so der männlichen Hälfte der Menschheit ebenfalls bislang ungekanntes

Glück bescheren. »Die wahre Tugend der Menschen besteht darin, daß sie geschickt sind, auf der Stufe der Gleichheit miteinander zu leben«, formulieren Mill/Mill/Taylor (1991, 74) die Essenz ihrer Utopie, die eine der Gerechtigkeit ist (vgl. ebd.).

Angesichts solch schöner Worte geraten die polemischen Bilder von den dummen, ungebildeten, engstirnigen, konventionellen, egozentrischen, oberflächlichen, kleinlichen, unsittlichen, dienstbeflissenen, unterwürfigen Frauen fast in Vergessenheit. Ich möchte jedoch noch einmal auf diese Bilder zurückkommen. Unterzieht man/frau ihre Schärfe genauer Betrachtung, so verbirgt sich hinter den vier vernünftigen und plausiblen Dimensionen der Argumentationsfigur – Analyse, Ermutigung, Appell, Utopie – vielleicht doch mehr als nur eine gelungene feministische politische Reflexion: Das Verborgene, so ließe sich vermuten, ist ein *verschleierter Selbsthass*. An Louise Ottos offen sexistischen und homophoben Urteilen über demokratische Genossinnen wird besonders offensichtlich, dass der eigene Maßstab in Politik und Verhalten leicht verabsolutiert wird; doch ist auch Mary Wollstonecrafts Cockerspaniel, obgleich ein kritischer Begriff, wenig tauglich und ziemlich würdelos. Die TheoretikerInnen klammern sich selbst aus den hässlichen Bildern aus, das Urteil trifft, auch grammatikalisch, nur die Geschlechtsgenossinnen. Auf ihnen ruht ein kalter, unerbittlicher, *bitterer* Blick.

Der Unterschied zwischen diesem verächtlichen, gar hasserfüllten Blick auf die Andere und der eigenen Arbeit als aufgeklärte politische Theoretikerin und Aktivistin ist augenfällig. Die von den eigenen Lebenserfahrungen ablenkende Sichtweise dokumentiert einen Hass, der nur als verschobener, vermittelter Selbsthass sinnvoll gedeutet werden kann – als der Selbsthass einer Unterdrückten, die sich ihrer gesellschaftlichen Lage scharf bewusst ist, ihr jedoch nur verbal entrinnen kann. Statt den Blick auf die eigene politisch-soziale Lage zu richten, werden andere Frauen zu verzerrten Spiegelbildern der Sklaverei. Als Stellvertreterinnen repräsentieren diese Anderen das Ganze des eigenen Geschlechts. Und so wie Frauen zu dummen Sklavinnen erklärt werden, erscheinen Männer fast immer in der Rolle schrecklicher Despoten. Ohnmacht verwandeln die AutorInnen in Hass, Verzweiflung in Zorn und fehlende Gerechtigkeit in Empörung. Hass und Selbsthass geben so rückblickend Einblick in die *starken* Gefühle, die die TheoretikerInnen bewegt haben müssen, zumal der Zeitpunkt der politischen Lösung der »Frauenfrage« für sie gar nicht absehbar gewesen sein kann. Der *Schmerz* über das Versprechen der Gleichheit, dass die Französische Revolution der ganzen Menschheit gegeben, für einen großen Teil aber nie eingelöst hat, wird in diesen drastischen Bildern bearbeitet. Das gebrochene Versprechen der Gleichheit ist die Wurzel des Hasses auf die Defizite der eigenen Lage.

## Helene Lange (1848-1930)

Doch nicht alle frühen TheoretikerInnen wählen solche bitteren Bilder, um die Lage ihres Geschlechts zu schildern. Die TheoretikerInnen der Hochphase der ersten Frauenbewegung in Deutschland unterscheiden sich von den TheoretikerInnen der ersten Hälfte des 19. Jahrhunderts v. a. durch eine starke positive Stilisierung des weiblichen »Geschlechtscharakters«. Obgleich auch in der Frauenbewegung, wie bei Otto angelegt, der Blick auf andere Frauen oft genug beißend ist, wird damit nicht das weibliche Geschlecht als ganzes charakterisiert. Die bitteren Blicke auf unkonventionelles Verhalten einzelner Gruppen »anderer« Frauen dienen vielmehr gerade dem Beweis des Gegenteils: der Beschreibung des eigentlich Weiblichen, das als würdige, natürliche Ergänzung des Männlichen betrachtet wird. Die *idealtypische* Struktur der feministischen Argumentation ist also zeitlich deutlich unterschieden: In der ersten Hälfte des 19. Jahrhunderts dominiert eher der gleichheitsbezogene Blick, in dem »weiblichkeitsbesessene« Abweichungen den schlechten Zustand der Gesellschaft dokumentieren; in der zweiten Jahrhunderthälfte erklären Verweise auf »männlichkeitsbesessene« Abweichungen im Verhalten von Frauen die differenzfeministische These vom besonderen Wert sozialer Weiblichkeit.

Die Lehrerin und Lehrerinnenausbilderin Helene Lange gehört zu den zentralen AktivistInnen jener Zeit, der zweiten Hälfte des vorletzten Jahrhunderts; sie wird dem gemäßigten Flügel der Alten Frauenbewegung in Deutschland zugerechnet (zur Biographie vgl. Gerhard 1990b, 145 f.). In einem 1927 erschienenen Quellenheft mit feministischen Originaltexten kommentiert Lange einige der bislang dargestellten politischen TheoretikerInnen unter dem Titel *Die Anfänge der Frauenbewegung* (Lange

1927). Lange (1927, 3) charakterisiert die »Frauenstimmen« zu Recht »durchweg erst als Echo der französischen Revolution«, doch bescheinigt sie sowohl de Gouges als auch Wollstonecraft keine größere Wirkung (vgl. Lange 1927, 3f.). Scharf grenzt sich Lange von der US-amerikanischen Frauenbewegung ab. Die Erklärung von Seneca Falls beruhe »auf der für unser historisches Denken unverständlichen Voraussetzung, daß die soziale Lage der Frau auf einen bewußten, boshaften und durch die ganze geschichtliche Entwicklung hindurchgeführten tyrannischen Unterdrückungswillen des Mannes zurückzuführen sei« (Lange 1927, 4).

Die geringe Bedeutung der Erklärung der Amerikanerinnen in Deutschland begründet Lange ausgerechnet mit dem »deutsche[n] Geist«, der zu jener Zeit »ganz inneren Problemen zugewandt war: der Entwicklung der Persönlichkeitsidee« (ebd.). Nicht die Gleichheit, wie in den französischen und amerikanischen politischen Zusammenhängen, sondern die »*Differenziertheit* der Geschlechter« (Lange 1927, 5) habe hierzulande im Vordergrund gestanden. Dieses andere Verständnis des »Geschlechterproblems«, so Lange, »war durchaus nicht unfruchtbar für die spätere Entwicklung der deutschen Frauenbewegung« (ebd.), es hat ihre »*seelischen* Voraussetzungen« (ebd.) geprägt. Angesichts dieser einführenden Worte kann es heutige LeserInnen kaum verwundern, dass den Schriften Ottos der mit Abstand größte Raum in dieser Quellensammlung gewidmet wird. Die Diskrepanz zwischen den deutschen und den US-amerikanischen Feministinnen spiegelt sich im ganzen Buch: hier das genehme deutsche Frauenbild, dort die harte Kritik am Mann. Lange ist Otto nicht nur geographisch sehr viel näher als den Frauen von Seneca Falls.

Mehr als ein Jahrzehnt davor äußert sich Lange (1914) in einer ihrer zahlreichen Publikationen ausführlicher über *Die Frauenbewegung in ihren modernen Problemen.* Auch in diesem Text dominiert nicht der Anspruch auf Gleichheit, sondern die positive Stilisierung der Differenz der Geschlechter: »Wie der Mann als Staatsangehöriger für Erhaltung, Förderung und Verteidigung seines Landes eintreten muß, so hat die Frau als Staatsangehörige für Behagen, Ordnung und Ausschmückung im Staate Sorge zu tragen« (Lange 1914, 113). Frauen müssen sich der »Mechanisierung und Schematisierung«, der Vergesellschaftung der Kultur und der Verstaatlichung, der »Gefahr der Lebensentfremdung«

und »Entseelung« des modernen Lebens stellen (Lange 1914, 112, 111, 113). In der öffentlichen und privaten Sphäre sollen sowohl die männlichen als auch die weiblichen Besonderheiten in einer gemeinsamen, »organischen« Arbeitsteilung/Anstrengung zur Geltung kommen (vgl. Lange 1914, 113, 118). Das Frauenstimmrecht setzt deshalb »das Mutter- und Hausfraueninteresse in politische Macht um«, und »die selbständige Staatsbürgerin« ist »die Vertreterin des *Mütterlichen* in der Gesetzgebung« (Lange 1914, 124). Lange fährt fort: »Vielleicht kann man geradezu sagen: die große Bestimmung, die allerletzte und zentralste Mission des weiblichen Staatsbürgertums ist es, jenen Grundsatz zur Geltung zu bringen, den Ruskin in das Wort faßt: ›Es gibt keinen größeren Reichtum als das *Leben*‹« (ebd.).

Die »Ausschmückung« des Staates mit den Tugenden des »Mütterlichen« als die »allerletzte und zentralste Mission« – es fällt schwer, solche feministischen Thesen mit neutraler Sachlichkeit zu präsentieren und Inhalte und Gestus dieser Worte aus ihrer Zeitgebundenheit zu rechtfertigen. Der Unterschied zu anderen Ländern, zu anderen sozialen Bewegungen und anderen politischen Strömungen jener Zeit ist *zu drastisch*, um die Problematik der »organischen« differenzfeministischen Position Langes weginterpretieren zu können (vgl. exemplarisch für die kritischen Debatten um die organisierte Mütterlichkeit der Alten Frauenbewegung die aktuellen Arbeiten von Ann Taylor Allen 2000 und Heidemarie Wawrzyn 2000). Helene Langes unermüdliches lebenslanges Engagement in Fragen der Mädchen- und Frauenbildung und ihre zahlreichen Leitungspositionen in der Alten Frauenbewegung (vgl. Gerhard 1990b, 145 f.) können nicht darüber hinwegtäuschen, dass Lange politisch keine der avancierten Positionen des 19. Jahrhunderts vertritt. In diesem Sinne wird auch in jenem Text wieder die deutsche Frauenbewegung in einen Gegensatz zur US-amerikanischen Bewegung gestellt. Letztere beharrt, so Lange, »unerschüttert auf dem Prinzip der Gerechtigkeit«, eine Haltung, der Lange (1914, 116) zwar »eine große Kraft«, aber auch mit einigem Nachdruck »Einfachheit« und »Naivetät« bescheinigt.

Stellt man/frau die Entwicklung der gesamten politischen Ideengeschichte des 19. Jahrhunderts in Rechnung, geht die Gegenüberstellung von »naiver« Gerechtigkeitsphilosophie und der »zentralsten« Mütterlichkeits-Mission schon damals nicht zugunsten Langes aus. Wie sehr ihre politische Haltung zum Reaktionären tendiert, lässt sich aus einem Text ablesen, der nicht zu Beginn, sondern zum Ende des Ersten Weltkriegs geschrieben ist. Im November des Jahres 1918 können wir bei Lange vom Schmerz der Niederlage, der Größe und Heldenhaftigkeit des deutschen Volkes, das »Übermenschliches« im Krieg geleistet habe, vom »Trommelfeuer der Demütigungen« und von der brennenden »Sorge um den Schutz unserer nationalen Würde« lesen (Lange 1928, 230). Nationalistisches Pathos, Kriegseuphorie und -rechtfertigung sowie offene Feindlichkeit gegenüber anderen Staaten durchziehen den Text in einer Weise, dass eine feministische Identifikation mit seiner Autorin schwer fallen muss.

## Gertrud Bäumer (1873-1954)

Diese Mischung aus nationalistischem und differenzfeministischem Pathos findet sich in ganz ähnlicher Art auch bei einer anderen zentralen Aktivistin des gemäßigten Flügels der Alten deutschen Frauenbewegung: bei Gertrud Bäumer, der Lebensgefährtin Helene Langes, wie Lange Lehrerin, Publizistin und politische Aktivistin (zur gemeinsamen Biographie vgl. Göttert 2000). Aus Bäumers gleichfalls umfangreichem Schriftenverzeichnis sei hier nur ein Textbeispiel aus jener Zeit herausgegriffen, in der Langes gesammelte Aufsätze und Reden, aus denen der gerade genannte Text von 1918 stammt, in zwei Bänden erscheinen. In *Die Frau in der Krisis der Kultur* denkt Bäumer (1926) Mitte der zwanziger Jahre über die Rolle der Frauen in einer Zeit nach, in der durch Arbeitsteilung, »Technifikation«, »Künstlichkeit der Lebensweise«, »Verflachung und Versachlichung der menschlichen Beziehungen«, Bedeutungsverlust der Familie, sinnentleerte Berufstätigkeit, öde Arbeit und Naturentfremdung ... der »Lebenssinn« angegriffen und »verdunkelt« worden ist (Bäumer 1926, 5, 4). Im »Maschinenzeitalter« entsteht ein »Widerspruch zwischen Seele und Zivilisation«, der »Massenmensch« vereinsamt (ebd.). »So dörrt der Boden aus, von dessen Säften die Seele lebt«, schreibt die Feministin Bäumer (1926, 6) mit unüberhörbar organizistischem, kulturkritischem Pathos und sehnt einen »Kampf um Sein und Nichtsein«, einen »Kampf unter dem Zeichen einer gewissen Verzweiflung« (Bäumer 1926, 7) herbei, in dem sie den Frauen eine zentrale Rolle zuschreibt.

Diese zentrale Rolle begründet Bäumer (1926, 8, 22, 29, 31, 32, 38, 39) mit einem radikalen Differenzdenken: der »ewigen mütterlichen Kraft«, der Frau als der »Hüterin« des »Gattungsbewußtseins«, der Frauen als »Führerinnen zur Zukunft«, der »Kerntruppe« der gesellschaftlichen Erneuerungsbewegung »aus dem Mittelpunkt des Seelischen heraus«, der »Hüter des Lebens«, die zu »neuen Siegen der Seele aufrufen« und »Führertum zu zeigen haben« – dann »wächst aus gesundem Boden der Instinkt für das Echte, das heißt das Lebensvolle«, und der »Mutterinstinkt von Ewigkeit her« kann die Kultur von ihren »Entartungen« befreien. Diese wichtige, kulturrettende Rolle können für Bäumer Frauen insbesondere dadurch spielen, dass sie »sich selbst nur als Preis für die Erfüllung dieser Verantwortung gegenüber der Höherentwicklung der Rasse und der Kultur schenken – wie es das weibliche Tier in der Sphäre der bloßen Natur selbstverständlich tut« (Bäumer 1926, 24). Die »Gattungsaufgabe der Frau« (ebd.) besteht demnach in der richtigen Wahl der Paarungspartner: »Jedes rassisch wie seelisch gesunde Geschlechtsleben muß darauf aufbauen, daß die *Frau* wählt und schenkt« (Bäumer 1926, 23). Diese würdige Aufgabe kann sie erfüllen, obgleich oder vielleicht auch »weil sie von Natur aus einen schwächeren Sinn für die formale Ordnung an sich hat« (Bäumer 1926, 12).

An mehreren Stellen dieses Textes beschwört Bäumer – mit latenter Lust an der Bedrohung – den möglichen Untergang herauf, wenn »die Frau« sich nicht in dieser »rassisch« verantwortlichen Weise von konventionellen Vorstellungen emanzipiert. Der Untergang der »europäischen Kultur« wäre etwa so »denkbar, daß diese so ausgehöhlten, kraft- und schwunglosen Völker rassisch verkämen [...] und von kräftigeren Völkern unterworfen würden« (Bäumer 1926, 9). Fünf Jahre später, also 1931, wird noch deutlicher, wohin diese feministische Position führt. In *Die Frau im neuen Lebensraum* spricht sich Bäumer für Völkerverständigung aus, indem sie stark an nationalistische Gefühle appelliert: »Wir alle wissen, daß wir den heiligen Quellbezirk geschichtlicher Schöpfung betreten, wenn wir sagen: *Mein* Volk, *mein* Land« (Bäumer 1931, 282).

Nationen bzw. Völker sind für Bäumer lebendige Wesen, »erwachsen« aus der »geheimnisvollen schöpferischen Kraft der Geschichte«, ausgestattet mit »Wesenheit«, mit »Völkerindividualitäten« (ebd.). Die Verteidigung des nationalen Selbstbestimmungsrechts ist bei den Frauen in besonders guten Händen, weil sie als die Hüterinnen des Lebens auch das Lebendige der jeweiligen »Quellen des Volkstums« anerkennen können (Bäumer 1931, 283). Die Sprache, die Bäumer hier verwendet, darf wohl als völkisch bezeichnet werden; das Volk erscheint als Lebewesen, das sich im Überlebenskampf mit anderen behaupten muss. Im Kontext der Überlegungen zu Untergang, Mütterlichkeit und »rassischer« Partnerwahl ergibt sich ein argumentatives Gemisch, das feministische Positionen in eine erschreckende Nähe zum nationalsozialistischen Weltbild rückt. Ute Gerhard (1990b, 295) verweist in den biographischen Angaben zu Bäumer ausdrücklich auf ihr »Sich-Arrangieren« im Nationalsozialismus und ihre unbelehrte spätere Publizistik und kritisiert Bäumer scharf (vgl. Gerhard 1990a, 98).

An Helene Lange und Gertrud Bäumer zeigt sich die Problematik einer ausgeprägten feministischen Differenzposition besonders eindeutig – einer Differenzposition, die die Verbindung von Gleichheit und Gerechtigkeit zu einfacher Naivität abwertet und die Differenz der Geschlechter mit »rassischem« Pathos auflädt. Ich behaupte *nicht*, dass die Entwertung des philosophischen Gerechtigkeitsideals und die Tendenzen zu Nationalismus und Rassismus *zwangsläufig* in jeder differenzfeministischen Position eingeschlossen sind, doch liegen sie darin als Potenzial durchaus bereit. Differenzpositionen betonen nicht das Primat menschenrechtlicher Gleichheit, sondern heben auf Besonderungen und exklusive Fähigkeiten ab. Sie sind dem Konzept natürlicher Ungleichheit verpflichtet, ohne dieses Konzept ausdrücklich als Gesellschaftspolitik-*Fremdes* zu bannen. An Stelle einer kritischen Analyse von Ungleichheiten, die eine ausgleichende Politik der Gerechtigkeit verlangt, wird die »Ausschmückung«, die Aufwertung, die positive Besetzung von Ungleichheiten zum eigentlichen Feld des Politischen. Solche Besetzungen legen, sowohl theoretisch als auch historisch betrachtet, repressive bis mörderische In- und Exklusionen gefährlich nahe: Wer anders ist, steht nicht mehr unmittelbar unter dem Schutz menschenrechtlicher Gleichheit.

Mit einer von organischen Metaphern durchzogenen Sprache, die oft auf letzte, größte und heiligste Missionen setzt, wird die banale patriarchale Lebensrealität von Frauen mit exklusiver Würde übertüncht. Sprudelnde Quellen, heilige Bezirke und erdige Böden müssen herhalten, um die politische Einflusslosigkeit von Frauen, vielleicht sogar der Autorinnen, zu verdecken. Lange und Bäumer scheinen sich immer wieder an ihren eigenen pathetischen Bildern, der Bedeutsamkeit, die sie verleihen, politisch zu berauschen. Rettende Missionarinnen sind hier am Werke, um Frauen und Männern gemeinsam eine bessere Zukunft zu eröffnen. Der Impuls zur weiblichen Selbstüberhöhung mag angesichts politischer Bedeutungslosigkeit von Frauen verständlich sein, die absolut unnüchterne, unanalytische, unkritische Sprache aber macht die Inhalte, vorsichtig formuliert, heutigen LeserInnen schwer zugänglich, rückblickend geradezu verdächtig.

## Helene Stöcker (1869-1943)

Doch haben die gesellschaftskritischen sozialen Bewegungen einschließlich der Frauenbewegung in den letzten Jahrzehnten des 19. und den ersten Jahrzehnten des 20. Jahrhunderts auch politische TheoretikerInnen hervorgebracht, die sich von den stellenweise reaktionären Positionen Langes und Bäumers klar unterscheiden. Verglichen mit den TheoretikerInnen der traditionellen Linken, die ich noch vorstellen werde, steht die Feministin Helene Stöcker, politisch im »gegnerischen« Flügel der Alten Frauenbewegung angesiedelt, den Leitfiguren Lange/Bäumer noch durchaus nahe. Stöcker, wichtige Vertreterin der so genannten Radikalen, Pazifistin und Sexualreformerin (vgl. die lesenswerte Biographie von Christl Wickert 1991), kann zwar als deutliches Gegenbild zu den gemäßigten Theoretikerinnen beschrieben werden, doch ist auch Stöckers Argumentation und Rhetorik vom Gedanken der Differenz der Geschlechter durchdrungen, dokumentiert also eine Linie, die sich durch den gesamten deutschen Feminismus seit 1848 wie ein roter bzw. lila Faden hindurchzieht. Stöckers politische Theorie dokumentiert allerdings zugleich, dass eine Konzeption der Differenz als Ausbuchstabierung der Gleichheit keineswegs zwangsläufig in der Gefahr steht, in nationalistisches, gar völkisches oder in antipazifistisches Pathos zu verfallen.

Unter dem programmatischen Titel »Unsere Umwertung der

Werte« (Stöcker 1908, 6-18) schreibt Helene Stöcker am Ende des 19. Jahrhunderts: »Aber wie vereinigt man das Unvereinbare: ein freier Mensch, eine eigene Persönlichkeit und ein liebendes Weib zugleich zu sein? Das war für uns beinahe das Problem der Probleme« (Stöcker 1908, 14). Die Antwort auf diese als Dilemma formulierte Frage findet Stöcker bei dem Philosophen Friedrich Nietzsche, den sie als stetige Inspiration empfindet und häufig an entscheidenden Stellen ihrer Texte heranzieht.

»Nein, nein, nicht Mann sein wollen, oder wie ein Mann sein wollen, oder mit ihm verwechselt werden können: was sollte uns *das* helfen! Unser Gewissen spricht jetzt: ›Werde, die du bist.‹ Alle in uns liegenden Kräfte zu entwickeln, den Mut zu uns selber, zu unserer eigenen, weibmenschlichen Natur zu haben; lernen, uns selber Gesetze zu geben, die Rangordnung der Werte durch uns, für uns zu bestimmen: *das* ist die Befreiung vom Banne der asketischen Moral [...] das ist auch die Befreiung von der männlichen Weltanschauung« (ebd.).

Stöcker plädiert vehement dafür, die eigenen Werte zu entwickeln und eine Weltanschauung »zu erbauen, wie sie aus *unserer* eigensten Natur hervorgeht« (Stöcker 1908, 15). Stöcker steht der hoch geschätzten männlichen Muskelkraft, der hoch bewerteten männlichen intellektuellen und theoretischen Leistungsfähigkeit skeptisch gegenüber – gegen die allgemeine Behauptung männlicher Stärken sind diese für Stöcker nicht »Wert aller Werte« (ebd.). Frauen zeichnen sich im Gegenteil positiv dadurch aus, dass sie Männer an Empfindungsfähigkeit immer übertreffen werden, und diese Empfindungsfähigkeit ist »zum Heil der Menschheit ebenso notwendig wie Muskelkraft oder Denkklarheit« (ebd.). Stöckers Ideal ist eine Synthese aus den beiden so deutlich unterschiedenen Fähigkeiten:

»Ja, wir sind anders als der Mann – und wollen es auch in Ewigkeit bleiben! Alles rein Analytische ist uns die größte Beleidigung und ein leidenschaftlicher Schmerz. Den Intellekt vom Empfindungsleben oder Trieb absondern – wäre uns niedrig, verächtlich, unmoralisch. Vollkommene Einheit alles Wollens, Fühlens, Denkens [...]. Eine Analyse ohne nachfolgende Synthese ist uns das Feindliche, Widerwärtige an sich, das tödlich Verletzende, ewig zu Bekämpfende« (Stöcker 1908, 16).

Ich lasse Helene Stöcker so ausführlich zu Wort kommen, um ihre öffentlich artikulierte, für die damalige Zeit höchst anmaßende argumentative Leidenschaftlichkeit nachvollziehbar zu machen. Stöcker schreibt mit einer hitzigen, für heutige LeserInnen schwer erträglichen Wortfülle, die sich vom traditionellen Pathos des Paares Lange/Bäumer allerdings sehr unterscheidet; »heißer Drang zur Synthese« (ebd.) und Nietzscheanische Verve kennzeichnen Stöckers Ausdrucksweise. Dass sich sowohl die Radikale Stöcker als auch die Gemäßigten Lange und Bäumer vieler großer Worte bedienen, können sich irritierte LeserInnen mit den wichtigen politischen Gefechten der Alten Frauenbewegung erklären. Vom Wahlrecht bis zum Frauenstudium verdanken wir ihr viel.

Verglichen mit der eher kühlen, asketischen, an der Kritik und Überwindung der Leidenschaft orientierten Mary Wollstonecraft ist die 100 Jahre später schreibende Helene Stöcker gewissermaßen ein feministischer »Hitzkopf«. Statt die Leidenschaft durch die Vernunft zu überwinden, will Stöcker, wohlmeinend interpretiert, Vernunft und Leidenschaft (kritisch-theoretisch vor der Zeit) miteinander versöhnen. Stöcker zeichnet sich durch ihren Mut zur kämpferischen Verteidigung starker, bewusst auch rationalitätskritischer Empfindungen aus. Menschenrechtliche Gleichheit ist für die Erfüllung dieses emotionsgeladenen Nietzscheanischen »Werde, die du bist« unerheblich. Der freien Entwicklung des besonderen »weibmenschlichen« Selbst wird die in 100 Jahren entfaltete Idee einer Gerechtigkeit der Gleichheit umstandslos geopfert. Das Ergebnis ist ein Bild von zwei sehr unterschiedlichen, aber *gleichwertigen* Personen, die einander brauchen – ein Ideal, das ich, zugegebenermaßen unfreundlich, mit dem Begriff der »charakterlichen Arbeitsteilung« beschreiben möchte.

Stöckers Lösung der Frage nach der Relation von natürlicher und gesellschaftlicher Gleichheit und Ungleichheit ist damit klassisch ergänzungstheoretisch und differenzfeministisch. Die Pointierung zweier polar beschriebener Charaktere, die sich »zum Heil der Menschheit« in einer Allianz wechselseitig ergänzen müssen, ist ein idealtypisches patriarchales Motiv. Zu einem feministischen Argument wird dieses Motiv dadurch, dass die Rolle und Verantwortung von Frauen aus einer herrschaftskritischen Perspektive heraus betont wird. Erst die Befreiung »der Frau« zu einem entwickelten Selbst und erst die Befreiung der Politischen Kultur von der einseitigen Überbewertung der natürlichen und sozialen Männlichkeit lassen Männer und Frauen aufleben und zu sich selbst kommen. Alle Formen des Politischen jenseits der synthetisierenden Ziele bannt Stöcker mit Horrorszenarien als »das Feindliche, Widerwärtige an sich, das tödlich Verletzende, ewig zu Bekämpfende« (ebd.). Wechselseitige Anerkennung der jeweiligen »Überlegenheit« ist deshalb »die Zauberformel, die uns erlöst« (Stöcker 1908, 18).

Wie Tristan und Démar malt Stöcker das auf charakterliche Arbeitsteilung zielende Bildpaar »sanfte Frauen/starke Männer« aus, wie Bäumer und Lange sieht sie ein Defizit an sozialer Weiblichkeit in der Gesellschaft ihrer Zeit. Doch Stöckers Verve verträgt sich nicht mit dem steifen, staatstragenden Pathos der Gemäßigten, passt im leidenschaftlichen, kämpferischen, auch mit sich selbst ringenden Grundton eher zu den beiden Französinnen. Insbesondere Démar mit ihrem heftigen und bitteren Plädoyer für die Freiheit der Liebe erscheint wie eine frühe Vorläuferin Stöckers. »Empfindet man wirklich nicht, wie ›pervers‹ das ist, daß der Mann sich gewissermaßen auch in der Liebe die Frau nur als sich *ihm* opfernd, *seiner Lust sich opfernd*, vorzustellen mag? [...] Eine Frau, die ihn nimmt, aus demselben Grunde, wie er sie nimmt: um der *Liebe* willen – das vermag sich sein Gehirn, in dem alles, alles auf dieser Welt um *seinetwillen* da ist, noch nicht vorzustellen«, schreibt Stöcker (1908, 114) zu Beginn des 20. Jahrhunderts. So konträr die Geschlechtscharaktere bei Stöcker auch konturiert sein mögen, in der wechselseitigen Begegnung in Liebe und Partnerschaft setzt Stöcker auf die Gleichheit der emotionalen und erotischen Bedürfnisse.

Die als Dilemma aufgeworfene Frage »Wie löst man das Problem, ein freier Mensch und ein liebendes Weib zu sein?« (Stöcker 1927, 117) steht auch in Stöckers 1922 publiziertem Roman *Liebe* (Stöcker 1927) im Mittelpunkt der Überlegungen, oder besser: im Mittelpunkt der mit emotionaler Inbrunst beschriebenen gescheiterten Liebesbeziehung der Romanheldin Irene. Wie in den politischen Schriften spielt die Philosophie Nietzsches auch in dieser Prosa eine nicht unbedeutende Rolle; die Künstlerin Irene ist wie die politische Aktivistin und Theoretikerin Stöcker von Nietzsche geradezu berauscht und findet bei ihm wesentliche Anregungen für die persönliche Lebensführung. Große Hingabe, große Kämpfe, große Verzweiflung zeichnen die einfach konstruierte Figur Irene aus, die Stöcker allerdings wortreich als komplexe Persönlichkeit verstanden wissen will. Stöckers Biographin Christl Wickert kommentiert den gefühlsbeladenen Roman, der eigene Lebenserfahrungen bearbeitet, mit der nüchternen Bemerkung, Stöckers Protagonistin sei »nicht in der Lage, ein wirkliches Selbst herauszubilden« (Wickert 1991, 45). Wickert weiter: »Der Roman zeigt deutlich die Ambivalenzen in Stöckers Emanzipationsvorstellungen« (ebd.).

Stöcker ist jedoch nicht nur eine unsystematische, häufig hitzige, politisch leidenschaftliche Theoretikerin und Romanautorin der Liebe. Stöckers Vorstellung von Liebe beinhaltet eine sehr ernsthafte Theorie freiheitlicher Sexualmoral, die die Sexualreformerin unter dem Stichwort einer »Neuen Ethik« formuliert (vgl. Wickert 1991, 55-94). Die Neue Ethik ist eine heute fast zeitgenössisch anmutende Verbindung von feministischen Forderungen nach ökonomischer Unabhängigkeit, politischer Partizipation und dem »Selbstbestimmungsrecht der Frau über ihren Körper und ihre Sexualität« (Wickert 1991, 61). Stöckers Plädoyer für eine offene, selbstbestimmte Liebes- und Lebenslust auch für Frauen schließt eine scharfe Kritik der Prostitution ein, »*die ja auch den* Mann *prostituiert*« (Stöcker 1908, 112/113). In diesem Sinne steht Stöckers Emphase für die Sinnlichkeit unter dem Gebot einer sexuellen Sittlichkeit zwischen Gleichen, die sich in wechselseitiger Achtung und Verantwortung begegnen und Beziehungen schaffen, »*bei denen sich die Menschheit nicht nur fort-, sondern hinaufzupflanzen vermag*« (Stöcker 1908, 113).

So stark einerseits die Betonung der Geschlechterdifferenz im Werk hervorsticht, so eindeutig formuliert Stöcker andererseits ihre Neue Ethik als eine Theorie der gleichen Rechte auf Lebensglück im Öffentlichen, Privaten und in der Intimität. Die polarisierte Differenz zwischen starken Männern und sanften Frauen hindert Stöcker nicht daran, Gleichheit im Sinne gleicher natürlicher Bedürfnisse zu verteidigen. Die Natur des Menschen macht ihn und sie zu einem Wesen, das all seine/ihre körperlichen Bedürfnisse um der Gesundheit willen in angemessener Form leben muss. Luther heranziehend schreibt Stöcker: »Wer von den Menschen fordere, daß sie keinerlei sinnliche Leidenschaft empfinden sollten, meint er, der verlange, daß Feuer nicht brennen und Wasser nicht fließen, daß der Mensch auch nicht Hunger und Durst kennen solle« (Stöcker 1908, 112). Stöckers Askese-Kritik markiert einen Tabubruch nicht nur in ihrer Gesellschaft, sondern auch innerhalb der Alten Frauenbewegung (vgl. Wickert 1991, 61). Hier löst Stöcker viele Kontroversen aus, trägt sie aus und hält sie aus (vgl. Wickert 1991, 71-83).

Es ist folgerichtig, dass die radikale Theoretikerin der sexuellen Selbstbestimmung auch einige Gedanken zum feministischen Gegenteil von Liebe und Sinnlichkeit formuliert: zur Gewalt. Bezogen auf die »männliche Logik« vermerkt Stöcker deren Tendenz, zu einer Logik der Gewalt zu werden, »die Logik der Gewalt denen gegenüber, die sich diese Gewalt gefallen lassen« (Stöcker 1908, 113). Noch schärfer: »Es gibt Stunden, wo man daran verzweifelt, daß auf dieser Welt, wo die Gewalt herrscht, wo die gröbsten, niedrigsten Dinge den höchsten Wert haben, je eine *Kultur* an die Stelle der rohen Macht tritt« (Stöcker 1908, 117). Und weiter: »Ob je das, was das innerste Wesen der Frau ausmacht: die Liebe, die Güte, die Kultur siegen wird, oder sich wenigstens behaupten wird neben dem, was den Mann charakterisiert: die Gewalt? Fast sollte man verzweifeln« (ebd.). Dass Stöcker die patriarchale Kultur, oder gar den Mann als Person, mit einer Struktur und Logik der Gewalt assoziiert, verbindet ihre Konzeption mit der scharfen Kritik der frühen Feministinnen an Sklaverei und Despotie ebenso wie mit der scharfen Kritik des radikalen Feminismus der Neuen Frauenbewegung.

Stöckers politische Theorie bietet eine eigentümliche Mischung aus dem ergänzungstheoretischen Bild des polaren Paares, dem Anspruch »weibmenschlicher« Synthese von Denken und Fühlen, einer zugespitzten Männlichkeitskritik und einer starken Weiblichkeitsemphase sowie der Neuen Ethik und den einschlägigen feministischen Forderungen nach gleichen politischen und ökonomischen Rechten. In seiner ganzen schillernden Ambivalenz erscheint das Werk Stöckers – in der Mitte der zwei zu betrachtenden Jahrhunderte angesiedelt – symptomatisch für die politische Theoriegeschichte des modernen Feminismus. Schwankend zwischen mutigen, radikalen, tabubrechenden Gedanken zur Gleichheit und einer leidenschaftlichen, biologistischen Differenz-Rhetorik, verkörpert Stöcker, auch biographisch, von allen Theoretikerinnen vielleicht am deutlichsten das notwendige Unglück, als engagierte, Freiheit liebende Frau im Patriarchat Feministin sein zu müssen.

## Hedwig Dohm (1831/33-1919)

Zu den Mitstreiterinnen Stöckers im Kampf um die Neue Ethik (vgl. Wickert 1991, 73; vgl. Ehe 1911) zählt auch jene Theoretikerin, die, meist eher abseits von den Flügeln der Alten Frauenbewegung, zu den radikalsten Denkerinnen des Feminismus im 19. Jahrhundert zu zählen ist: die politische Publizistin Hedwig Dohm (zur Biographie vgl. Gerhard 1990b, 104ff.). Marielouise Janssen-Jurreit schreibt in einem der ersten Texte der westdeutschen Neuen Frauenbewegung 1976 über Dohm: »Hätte es Hedwig Dohms radikale Streitschriften nicht gegeben, wären die Zeugnisse der deutschen Frauenbewegung – verglichen mit den politischen Äußerungen von Amerikanerinnen, Engländerinnen und Französinnen ihrer Zeit – nicht viel mehr als eine armselige Sammlung provinzieller höherer Töchterliteratur« (Marielouise Janssen-Jurreit zit. n. Dohm 1982). Dohm wird, das sei am Rande vermerkt, mehr als ein halbes Jahrhundert nach ihrem Tod die feministische Ehre zuteil, als freche Comic-Figur »Hedwich« viele westdeutsche Feministinnen in ihrem Frauenkalender jahrelang begleiten zu dürfen. Soweit ich weiß, hat eine solche, Identifikation stiftende und ausdrückende Ehrung keine andere »alte« deutsche Feministin im neuen deutschen Feminismus erfahren.

Bereits 1876, also genau dreieinhalb Jahrzehnte vor dem gemeinsam mit Helene Stöcker und anderen verfassten Projekt einer Moralkritik (vgl. Ehe 1911), schreibt Hedwig Dohm in *Der Frauen Natur und Recht* unter der Überschrift »Die Eigenschaften der Frau« voller Sarkasmus:

> »Wenn wir uns die Urtheile und Aussprüche vergegenwärtigen, die von Dichtern und Prosaikern, von Narren und Weisen, von Dummköpfen und erhabenen Denkern [...] über Frauen gefällt worden sind und gefällt werden, so können wir uns eines tiefen Staunens nicht erwehren, eines Staunens über die unfaßlichen Widersprüche, die uns allerorten entgegentreten und verwirren. Nach allen diesen Auslassungen erscheint das Weib als ein Potpourri der allerentgegengesetztesten Eigenschaften, als ein Kaleidoscop, das, je nachdem man es schüttelt, jede beliebige Charakternüance in Form und Farbe zu Tage fördert« (Dohm 1986, 9f.).

Die typischen, extremen Widersprüche in den männlichen Beschreibungen von Frauen werden von Dohm in einer unterhaltsamen Liste, die Drachen und Elfen gleichermaßen umfasst, aneinander gereiht (vgl. Dohm 1986, 11f.). Nach dieser von Männern erfundenen Liste weiblicher Eigenschaften sind Frauen sanft und dreist, harmlos und listig, naiv und intrigant... (vgl. ebd.); es gibt wohl kaum eine Charakterbeschreibung, die noch nicht ein Mann über Frauen formuliert hätte.

Gleich zu Beginn der damals bekannten, 1896 ins Englische übersetzten und heute fast vergessenen Schrift wird der Unterschied zum Pathos bei Lange und Bäumer oder der Stöcker'schen Verve deutlich. Hier schreibt ausnahmsweise einmal eine feministische politische Theoretikerin mit bissigem Humor, mit geistreich-respektlosem, spöttischem Gestus. Dohm selbst beschreibt ihr Anliegen eingangs als vielleicht nur »kleines Detailgefecht«, das jedoch »dem Todfeinde des heutigen Menschengeschlechts, der Heuchelei« (Dohm 1986, 2), gelte. Diesem Anliegen ist der sarkastische, entlarvende Tonfall des Textes ausgesprochen angemessen. Nach der amüsanten Darbietung der Liste setzt Dohm ihre Argumentation damit fort, dass sie zwischen den widersprüchlichen, beschreibenden Angaben und der »überraschenden Uebereinstimmung der Männer aller Zeiten« in der Zuschreibung des »von der Natur gewollten Frauen-Typus« unterscheidet (Dohm 1986, 16). Nach männlicher Auffassung soll die Frau sanft, liebevoll, bescheiden etc. sein, doch sei sie es zugleich in den Augen der Männer überhaupt nicht (vgl. ebd.). Zudem sind, nach Dohm, nicht etwa die sanften Frauen diejenigen, die Männer anziehen, sondern Männer verehren im Gegenteil »die koketten, die pikanten und amüsanten, die leidenschaftlichen, dreisten [...] die parfümirten und intriganten Frauen« (Dohm 1986, 17), d.h. genau diejenigen, die nicht dem männlichen Idealtypus der »von der Natur gewollten« Frau entsprechen.

Dohm analysiert mit dieser Argumentationsfigur die sexistische Heuchelei ihrer Zeit als kontrastreiche Mischung dreier Ebenen: der Ebene der bereits in sich widersprüchlichen, gleichsam empirischen Beschreibungen von Männern über Frauen, der Ebene der naturbezogenen normativen Zuschreibung und schließlich der Ebene des realen Verhaltens von Männern, das der normativen Ebene auffällig widerspricht. Der »Zug unbändiger Eitelkeit der Männer« (Dohm 1986, 23) ist für diese Inkonsistenzen verantwortlich, denn das einfache, fügsame weibliche Idealbild kann die »unbändige Eitelkeit« nicht befriedigen. Geistreiche Frauen wiederum, so meint Dohm (1986, 33), sind für Männer keine beliebten Partnerinnen, da sie »eines Tages« den dürftigen

Schein männlichen Geistes als »hohle[n] Schematismus« durchschauen könnten. Dass Männer Frauen etwa für unlogisch erklären, hat den unschätzbaren Vorteil, dass Männer sagen können: »Sie hat keine originelle Kraft, ergo triefe ich von Originalität« (Dohm 1986, 38).

Noch lange ließe sich hier eine Auswahl solch erfrischend frecher Zitate anführen; das Anliegen scheint mir jedoch hinreichend deutlich geworden zu sein. Dohm bannt mit ihren respektlosen Beobachtungen die Doppelmoral, die Heuchelei und letztlich die Borniertheit desjenigen Teils der Menschheit, der für sich die Definitions- und Handlungsmacht über Frauen beansprucht. Das letztgültige Kriterium des männlichen Urteils über Frauen ist, Dohm (1986, 42/43) zufolge, nichts weiter als gutes Aussehen, Tugend bildet nur verbal den Maßstab: für Dohm ein Beweis der Einfalt und Verlogenheit des männlichen Geschlechts. Dies zwingt Frauen, aufgrund ihrer Abhängigkeit, ebenfalls zur Heuchelei (vgl. Dohm 1986, 44f.), denn »Wahrhaftigkeit wohnt nur in den Seelen freier Menschen« (Dohm 1986, 46). So schließt sich der Kreis, und die eingangs aufgestellte widersprüchliche Liste spiegelt die reale soziale Lage der Frauen, die sich durchs Leben lügen müssen. Sie »verschleiern stets ihre Seele«, so Dohm (1986, 47).

Analog ihrer Ablehnung einer »uranfänglich eingeborne[n] Volksseele«, die für Dohm (1986, 4) »ein metaphysischer Aberglaube« ist, sieht sie auch bei den Frauen »sociale und historische Entwickelungen und Zustände« als den »Ursprung« der so genannten »Eigenart der Frau« an (Dohm 1986, 9). Nicht die Natur, sondern die Gesellschaft macht Frauen zu Heuchlerinnen. Dennoch schließt Dohm ihre Überlegungen mit dem erklärten Glauben an »die seelischen Unterschiede der männlichen und weiblichen Eigenart« (Dohm 1986, 53), beeilt sich aber, wie andere frühe TheoretikerInnen auch, auf die Unausgemachtheit dieser Differenzen zu verweisen.

> »[D]ie wissenschaftliche Begründung dieser Unterschiede geht über die Fassungs- und Erkenntnißkraft unsers Zeitalters hinaus, und wer nicht zauberkundig ist, gleich jenen Sonntagskindern, die im Schooß der Erde ihre verborgensten Schätze erblicken, der wird nimmermehr die tiefsten Geheimnisse der Menschenbrust schauen, ehe Wissenschaft, Erfahrung und geläuterte Vernunft sie erschlossen haben« (Dohm 1986, 53).

Solange der Beweis noch nicht erbracht ist, wird der Glauben an die Differenz fortbestehen, doch kann er keine Letztgültigkeit für sich beanspruchen – diese Einschränkung betont Dohm ausdrücklich.

Dass auch Dohm den gesellschaftlichen und frauenpolitischen Kontexten ihrer Zeit das Zugeständnis der Differenz macht, mag enttäuschen, doch hindert dieses Zugeständnis sie nicht daran, abschließend jeder biologischen Weiblichkeitszuschreibung eine Absage zu erteilen und zugleich mit der Natur für die »schrankenlose Erweiterung« der geistigen und körperlichen Möglichkeiten von Frauen einzutreten (Dohm 1986, 55). Die Verhinderung der Entwicklungschancen wird dem »Princip des Bösen« zugeschrieben, die Entfaltung entspricht der »inbrünstige[n] Sehnsucht« der Frauen, endlich zur Natur »zurückzukehren« (ebd.). Im Kampf zwischen Natur und »Dressur« wird die Natur siegen, »denn schließlich bleibt die Natur immer Siegerin, weil sie eins ist mit der Wahrheit und unzerstörbar« (Dohm 1986, 56).

Das Dohm'sche Gleichheitsideal ist somit nicht ungebrochen, doch verglichen mit den feministischen TheoretikerInnen ihrer Zeit stark entwickelt. Dohm ist eher der Position zuzurechnen, die sich am Beginn des 19. Jahrhunderts artikuliert und in seinen letzten Jahrzehnten in Deutschland kaum noch FürsprecherInnen findet. Geradezu einzigartig für den Feminismus, zumindest vor der Neuen Frauenbewegung, ist Dohms polemische Herablassung gegenüber dem herrschenden Geschlecht und seiner selbstgerechten Selbststilisierung. Keine Schwäche, keinen Schwindel, keine noch so kleine Verdrehung der Wirklichkeit zwischen den Geschlechtern lässt Dohm unkommentiert durchgehen. Sie dokumentiert damit die Stärke einer Analyseform, die sich bewusst in kritische Distanz zum gesellschaftlichen Geschehen und Geschlechterverhältnis setzt. Die emotionale Sprache Stöckers kann, obgleich Stöcker zu den Radikalen zählt, solch analytische Schärfe viel weniger leicht hervorbringen.

Mag Dohm in ihrem öffentlichen Auftreten zaghaft – nach eigenem Bekunden sogar feige – im Vergleich zu Lange, Bäumer und Stöcker gewesen sein (vgl. Frederiksen 1994, 469), die Schriften dokumentieren politischen Mut und Kampfgeist. Dohms textliches Engagement für Frauenstimmrecht (vgl. Dohm 1986, 57-185) und Frauenstudium (vgl. Dohm 1982) beispielsweise zeigt nichts von der pathetischen, stellenweise sogar andienenden

Differenzargumentation der Zeitgenossinnen. Ausgesprochen früh und deutlich plädiert Dohm für das Stimmrecht und kritisiert Frauen für ihre demütige bzw. konventionelle Haltung, die »unangenehme« Konflikte »mit den Mitmenschen« in dieser Frage vermeiden will (Dohm 1986, 113). Männer werden wiederum für ihre selbstinteressierte Dummheit und Verlogenheit kritisiert. In der Stimmrechtsfrage ist Dohm eine radikale Gleichheitstheoretikerin, die nur die körperlichen Differenzen zwischen Männern und Frauen gelten lässt, jedoch keine des geistigen und politischen Vermögens (vgl. Dohm 1986, 122f.).

Für Dohm ist das Stimmrecht ihr natürliches Recht als Mensch und Bürgerin eines Staates, fundiert im Anspruch politischer Gleichheit (vgl. Dohm 1986, 160f.). Die Macht der Männer über Frauen heißt dagegen Herrschaft, nicht Recht (vgl. Dohm 1986, 162). Dohm formuliert scharf: »So lange es heißt: der Mann *will* und die Frau *soll*, leben wir nicht in einem Rechts- sondern in einem Gewaltstaat« (ebd.). Gleichheit ist für Hedwig Dohm – wie für Mary Wollstonecraft – deshalb eine Frage der Gerechtigkeit (vgl. Dohm 1986, 163). Gleichheit ist für Dohm aber noch mehr: Gleichheit ist eine Frage der *Demokratie*: »Die Logik der Politik ist absolut. Entweder ist das Volk souverain und mithin auch die Frauen, oder Unterthanen eines Herrn und Königs sind wir alle. Wir können nur zurück zur Despotie, oder vorwärts zum rein demokratischen Staat« (Dohm 1986, 171). Die politiktheoretische Verbindung von Gleichheit, Gerechtigkeit und Demokratie, die Dohm im vorletzten Jahrhundert in *Der Frauen Natur und Recht* stiftet, kann man/frau im dritten Jahrtausend wie eine zeitgenössische Äußerung lesen.

Die moderne Demokratievorstellung bei Dohm, das Kontrastbild zur anachronistischen Despotie, ist, eingedenk der engagierten 48erInnen, kein gänzlich neues Thema in der feministischen politischen Ideengeschichte. Dohm selbst hat die Revolution von 1848 erlebt. Im Unterschied zur Thematisierungsweise bei Otto aber diskutiert Dohm ihre Demokratievorstellung nicht als Polemik gegen Frauen, sondern als Gegenprogramm zur patriarchalen Herrschaft über Frauen. Der berühmte Satz »Die Menschenrechte haben kein Geschlecht«, mit dem Dohm (1986, 185) ihre Schrift enden lässt, dokumentiert ein nichtexklusives Politikverständnis, das für die Alte Frauenbewegung in Deutschland eher untypisch ist. Subtile oder offene Abwertungen anderer Frauen, anderer Nationen, anderer Klassen, anderer Ethnien finden sich bei Dohm selten, feministische Abwertungen/Entwertungen treffen im Werk Dohms v. a. das männliche Geschlecht in seiner Selbstherrlichkeit. Dohm schreckt hier nicht einmal vor Aussagen zurück, die kaum eine Feministin 100 Jahre später wagt. Polemisch und offenkundig zornig dreht Dohm etwa das klassische biologistische Argument gegen das Frauenwahlrecht um: »Weil die Frauen Kinder gebären, darum sollen sie keine politischen Rechte haben. Ich behaupte: weil die Männer keine Kinder gebären, darum sollen sie keine politischen Rechte haben und ich finde die eine Behauptung mindestens ebenso tiefsinnig wie die andere« (Dohm 1986, 124).

Auch wer in unterhaltsamem Spott und amüsanter Polemik keinen Wert an sich zu erkennen vermag, sollte sich vergegenwärtigen, dass Dohms Analyse der *sexistischen* Heuchelei – zumindest für ihre Lebenszeit – zutrifft. Zudem steht Dohms unstrittig parteiische frauenpolitische Position einer Feministin besser zu Gesicht als Herablassung gegen andere, politisch unliebsame Frauen. Ich vermute, dass Dohms geschlechterpolitische *Parteilichkeit* für heutige LeserInnen zugänglicher und attraktiver ist als die Arbeiten von Theoretikerinnen, die mit frauenbezogenen Flügelabgrenzungen, Nachweisen weiblicher Unverzichtbarkeit für den Staat oder leidenschaftlichen Plädoyers für die Höherentwicklung der Menschheit befasst sind.

## Lily Braun (1865-1916)

So scharf die Flügeldifferenzen zwischen Gemäßigten und Radikalen, so deutlich die argumentativen und sprachlichen Unterschiede zwischen den Aktivistinnen auch sein mögen: Eine der zentralen frauenpolitischen Konfliktlinien der Jahrzehnte vor und nach 1900 verläuft v. a. zwischen Frauenbewegung und Arbeiterbewegung. Lily Braun, deren Hauptwerk *Die Frauenfrage* (Braun 1979) genau ein Jahrzehnt vor der gemeinsam publizierten Moralkritik von Stöcker, Dohm u. a. (Ehe 1911) erscheint, arbeitet sowohl zeitweise mit den Radikalen als auch mit der proletarischen Frauenbewegung um Clara Zetkin zusammen, doch wirkt Braun im Rückblick letztlich, hier vergleichbar mit Dohm, eher als Einzelkämpferin (zur Biographie vgl. Bouvier 1979, Gerhard 1990b, 197-199). Dass die Sozialdemokratin im Zentrum von Kontroversen und Streitigkeiten steht, hat, so berichtet Beatrix W. Bouvier (1979, XXIf.) in der Einleitung des Nachdrucks, mit Brauns groß angelegtem, gewichtigem Hauptwerk zu tun. Zetkin beispielsweise war ärgerlich: Ihre Rolle schien ihr nicht angemessen dargestellt.

Lily Brauns zwischen allen Stühlen angesiedelte Position ist dem Werk deutlich anzusehen. Es unterscheidet sich bereits in der Darstellungsweise auffällig von allen bisher präsentierten wichtigen Werken, denn *Die Frauenfrage* ist eine empirisch argumentierende Schrift. Normative Argumentationsfiguren sind selten, die historischen Fakten zur Geschichte von Frauenfrage und Frauenbewegung und die ökonomischen Fakten zur weiblichen Lebenslage füllen über 550 Seiten. Ausführlich und voller Respekt beschreibt Braun die politische Arbeit de Gouges' und Wollstonecrafts (vgl. Braun 1979, 80ff., 92ff.). Die Autorin kommt in ihrer eigenen gesellschaftlichen Gegenwart schließlich mit der Beobachtung an, dass sich »mit der fortschreitenden ökonomischen Entwicklung der Abstand« zwischen Männern und Frauen vergrößert habe (Braun 1979, 97). »Die Interessen, die Kämpfe, die Ziele des physisch stärkeren, durch die Bedingungen des Geschlechtslebens ungebundeneren Mannes und diejenigen der an Haus und Kinder gefesselten Frau wurden die Ursache einer geistigen und rechtlichen Trennung, die von der Frau zunächst nicht empfunden werden konnte, weil sie durch ihre häusliche Thätigkeit vollauf in Anspruch genommen war«, resümiert Braun (ebd.) die geschlechterpolitische Lage am Beginn der modernen feministischen Kämpfe um politische, ökonomische und soziale Gleichheit.

Brauns Gleichheitskonzeption wird in dem Kapitel »Die bürgerliche Berufsthätigkeit von prinzipiellen Gesichtspunkten« (vgl. Braun 1979, 189-208) in Konturen erkennbar. Auch Braun geht ganz selbstverständlich von der »zweifellose[n] Verschiedenartigkeit der Geschlechter« (Braun 1979, 189) aus, doch hält sie sogar die körperlichen Leistungsdifferenzen für eine Folge der Erziehung (vgl. ebd.). Argumente über das absolute und relative Gewicht des Gehirns, Aussagen zu Menstruation und körperlicher Konstitution folgen und führen alle zu dem gleichen Ergebnis: Natürliche Differenzen, die die gesellschaftlichen legitimieren könnten, sind nicht nachweisbar (vgl. Braun 1979, 190ff.).

Braun (1979, 193) wendet sich sodann dem ihrer Ansicht nach »schwerwiegendste[n] und begründetste[n]« Argument gegen die Berufstätigkeit von Frauen zu: Ehe und Mutterschaft.

»[D]ie große Schwierigkeit, es zu widerlegen, drückt sich schon darin aus, daß die Vertreter der Frauenemanzipation ihm entweder mit bedeutungsvollem Schweigen oder mit billigem Spott und oberflächlichen Redensarten aus dem Wege gehen, obwohl die Möglichkeit der Verwirklichung der Ideen der Frauenbewegung schließlich allein davon abhängt, ob es steht oder fällt« (ebd.).

Braun geht für die Lösung dieses zentralen gesellschaftlichen Problems von der Wichtigkeit der mütterlichen Arbeit aus. Brauns Lösung der Frage nach der Vereinbarkeit von Familie und Beruf für berufstätige Mütter ist die klassische sozialistische Utopie einer nichtprivaten Organisation der Reproduktion: Zentralküchen, die sich den wissenschaftlichen und technischen Fortschritt zunutze machen, ausgebildete Wirtschafterinnen, Erzieherinnen und Kindergärtnerinnen für »umgrenzte Häusergruppen« (Braun 1979, 196). Alle Familienmitglieder profitieren von dieser Lösung, denn »die übrige Zeit würden sie [zunächst die verheirateten berufstätigen Frauen] sich um so frischer und freudiger ihrem Mann und ihren Kindern widmen« (Braun 1979, 197). Nicht die befürchtete »Auflösung der Familie«, sondern ihre positive Neuformulierung wäre das Ergebnis dieser gesellschaftlichen Organisation der Reproduktion (ebd.), denn die traditionelle Familien*form* wird durch die »Tendenz der wirtschaftlichen Befreiung der Frau« tatsächlich untergraben (Braun 1979, 198). Braun fordert deshalb dazu auf, den Prozess der Umorientierung bewusst zu gestalten.

Emphase für Mütterlichkeit verbindet sich bei Braun, im Unterschied zu den Gemäßigten, mit durchaus unkonventionellen Vorstellungen von weiblichen Biographien.

»Manche der besten Frauen unserer Zeit, die das Weib in sich zugleich mit individueller geistiger Persönlichkeit auszubilden verstanden, und die natürliche Sehnsucht ihres Geschlechts nach Mann und Kind in gesteigertem Maße besitzen, weil keine Konvention ihr Herz verkrüppelte, wenden sich doch von der Ehe [...] bewußt ab. Denn was sie von ihr sehen, widerspricht ihrem geistigen und persönlichen Freiheitsbedürfnis und sie lassen lieber ihr tiefstes Wesen verkümmern, als daß sie sich zu ihr entschließen« (Braun 1979, 199).

Die eigenartige Mischung der Frauenbilder – das Weib mit natürlicher, zutiefst wesensgemäßer Sehnsucht, die Besten mit dem Wunsch nach geistiger, freiheitlicher Persönlichkeitsentwicklung – erinnert an Stöckers Frage nach der Vereinbarkeit des freien Menschen mit dem liebenden Weib. Während Stöcker ihre Frage letztlich unbeantwortet lässt, weiß Braun einen Ausweg: Die Form des Familienlebens muss sich den »neuen Bedürfnissen« dieser besten weiblichen Persönlichkeiten anpassen (ebd.). Es liegt schließlich im »Interesse der Menschheit«, »der kommenden Generation die besten Mütter zu sichern« (ebd.).

Der Rhetorik der wesensgemäßen Mütterlichkeit entspricht auch eine Rhetorik der angemessenen Weiblichkeit, die sich durch Anmut und Güte auszeichnet, jedoch »unter dem Einfluß des Kampfes ums Dasein in seinen gegenwärtigen barbarischen Formen verkümmern« muss (ebd.). Aber nicht nur die furchtbaren Arbeitsbedingungen ihrer Zeit, auch der bürgerliche Feminismus trägt, Braun zufolge, zum Verlust weiblicher Anmut bei: »Er zeitigte jene sogenannten Emanzipierten [...] Frauen, die sich vernachlässigen, männliche Allüren annehmen, ihr Weibsein äußerlich und innerlich unterdrücken« (Braun 1979, 200). Besonders Herrenhüte und Herrenhemden erregen Brauns Ärger – kleinliche, vermutlich homophobe Intoleranz gegenüber anders denkenden und lebenden Frauen findet sich also auch bei dieser bekannten Sozialdemokratin. Vorurteilsvolle Abwertungen anderer Frauen, das müssen LeserInnen der Theoriegeschichte immer aufs Neue feststellen, durchziehen den gesamten Feminismus. Solche Äußerungen schaden – da es sich nicht um inhaltliche politische Kontroversen, sondern um billige Behauptungen handelt – dem Ansehen aller Feministinnen. Sie machen antipatriarchale Kämpfe unglaubwürdig. Diejenigen, die sich, wie Lily Braun an dieser Stelle, durch Abgrenzung ihren AdressatInnen genehm machen möchten, werden oft selbst im nächsten Augenblick Opfer von Ab- und Ausgrenzungen.

Ausführlich erörtert Braun anschließend die geistigen Fähigkeiten und Differenzen der Geschlechter, nun wieder mit dem Impuls, die Gleichheit der intellektuellen Möglichkeiten darzulegen. Es fehlt »an vollgültigen Beweisen«, die das »apodiktische Urteil« über die minderwertige geistige Begabung der Frauen stützen könnten, doch der »Geschlechtsegoismus«, sogar gelehrter Männer, lässt das Urteil immer wieder entstehen (Braun 1979,

203). Den Mangel an weiblichen Genies, den Braun (1979, 205) in ausdrücklichem Unterschied zu den »Freunde[n] der Frauenbewegung« gerne zugibt, erklärt sich die Sozialdemokratin so: Die »Genialität der Frau« wird sich auf ganz anderen als den traditionellen Gebieten äußern, »auf einem Gebiet, das sich erst jetzt der Menschheit erschließt« (Braun 1979, 206). Dies umfasst zunächst diejenigen Berufe, die der »Mütterlichkeit ihres Wesens« entsprechen, des Weiteren gehören Wohltätigkeit und Sozialreform und schließlich das neue Feld der Sozialwissenschaften dazu (ebd.). All diese Aufgaben erlauben, dass »ihre Persönlichkeit zum vollendeten Ausdruck kommen kann, denn es handelt sich hier darum, Mittel und Wege zu finden, um den Elenden und Schwachen zu helfen, um, wie einst die Oekonomie des Hauses, jetzt die Oekonomie der Welt zu begreifen, zu leiten und zu beherrschen« (Braun 1979, 207).

Die Mischung der textlichen Bilder ist wiederum recht eigenwillig. Der Anspruch, die Leitung der Ökonomie der Welt den Frauen anzuvertrauen, könnte, zumal für eine Sozialistin, kaum anmaßender sein, handelt es sich doch für die sozialistische Theorie und Politik um den dominanten Bereich der Gesellschaft. Das Bild der genialen ökonomischen Leitung durch Frauen verbindet sich zugleich mit dem Bild der helfenden, mütterlichen Frau, die sich der »Elenden und Schwachen« annimmt. Für Braun sind diese neuen Aufgaben Ausdruck einer »sozialen Revolution«, in der »die Erkenntnis, daß das ganze Wesen des Weibes ein vom Manne verschiedenes ist«, ein »neues belebendes Prinzip im Menschheitsleben« erzeugen wird (ebd.). Die »Ergänzung der männlichen Begabung durch die weibliche« und die Zusammenarbeit beider Geschlechter (ebd.) werden gesellschaftliche Veränderungen hervorbringen. Die »eigentümliche Genialität der Frau« (Braun 1979, 208) kann sich und wird sich dann schließlich entfalten.

## Frauenbewegung und Arbeiter(innen)bewegung

Brauns theoriepolitische Position zwischen den differenzfeministischen Radikalen der Alten Frauenbewegung und den frauenpolitischen Zusammenhängen der Sozialdemokratie spiegelt sich in ihrem Hauptwerk. Das Bild der eigentümlichen weiblichen

Genialität könnte unmittelbar aus der Feder Helene Stöckers stammen, die politische Lösung der Frauenfrage durch Vergesellschaftung der Reproduktionsarbeit direkt aus dem klassischen Text des sozialistischen Feminismus, August Bebels *Die Frau und der Sozialismus* (Bebel 1979). Dass die durchaus radikale, antibiologistische Gleichheitskonzeption Brauns von differenztheoretischen Bildern durchdrungen ist und nur an jenen Textstellen gleichsam rein formuliert wird, an denen sich die Autorin gegen intellektuelle Ungleichheits-Unterstellungen wehrt, darf als typisch für feministische Erörterungen um die Jahrhundertwende betrachtet werden. Geschlechtliche Differenz wird von allen TheoretikerInnen auf die emotionalen Kompetenzen bezogen, die »eigentümliche Genialität der Frau« äußert sich gleichsam in »emotionaler Intelligenz«, um ein heutiges Schlagwort zur Pointierung dieser Perspektive aufzugreifen.

Der entscheidende Unterschied zwischen den TheoretikerInnen der Frauenbewegung und den TheoretikerInnen der Arbeiter(innen)bewegung liegt in der Beschreibung und Bewertung politischer Strategien und, um noch einmal ein zeitgenössisches Stichwort zu gebrauchen, in der Frage der Bündnispolitik. Während für die Flügel der Frauenbewegung die Politik in eigener Sache unverzichtbar ist, d. h. Frauenpolitik eine Politik von Frauen sein muss, plädiert die Sozialdemokratin Braun (1979, 208) idealtypisch für eine »allgemeine, beide Geschlechter umfassende soziale Bewegung«. Separatistische Politik ist in der sozialistischen Bewegung verpönt; Männer sind nicht nur, wie in der Frauenbewegung, willkommene Bündnispartner, sondern vielmehr unverzichtbarer Teil einer gemeinsamen Bewegung für die Gleichheit der Frauen. Braun schreibt entsprechend:

»Gewinnt der Sozialismus die Frauen, so gewinnt er die Kinder und mit ihnen die Zukunft. Die Arbeiterinnenbewegung zu fördern, sie immer enger an sich zu schließen [...] ist daher nichts, was von den Sozialisten gefordert wird, wie man etwa einst von den Rittern den Frauendienst forderte, es gehört vielmehr zu den Verpflichtungen der modernen Ritter der Arbeit im Interesse ihrer selbst und ihrer Sache. Am weitesten wird die Arbeiterinnenbewegung gekommen sein, wenn Gesetz und Vorurteil ihr vollkommenes Aufgehen in der Arbeiterbewegung gestatten« (Braun 1979, 462).

Politische Harmonie ist das Ziel, das Lily Braun anstrebt.

Die Politik der bürgerlichen Frauenbewegung steht dagegen unter dem generellen Verdacht, kein klares »Klassengefühl« (Braun 1979, 463) auszudrücken, v. a. naiv zu sein, gutem Willen statt Rechtsbewusstsein Ausdruck zu verleihen und die »Entwicklung zu tieferer Erkenntnis der sozialen Probleme vielfach aufgehalten« (ebd.) zu haben. Braun (1979, 482) versteigt sich an anderer Stelle sogar zu der Bemerkung, dass die bürgerliche Frauenbewegung »eine gefährliche Feindin der Arbeiterinnen« sein kann, weil sie Solidarisierungen innerhalb der ArbeiterInnenschaft »erschüttert und unterdrückt«. Braun ist sich allerdings der Tatsache bewusst, dass die Solidarität der Genossen mit den Frauen auch nicht gerade zum Besten steht. Während bürgerliche Frauen als gefährliche Feindinnen erscheinen, werden sozialdemokratische Männer als z. T. noch »reaktionäre Philister« (Braun 1979, 461) beschimpft. Braun äußert sich hier übrigens ganz ähnlich ärgerlich wie Dohm, die die Sozialdemokratie so angreift:

»Deutschland ist es vorbehalten gewesen, diese Socialphilister zu produciren, diese sittlichen Harlekins, die, mit der einen Hand ihr purpurnes Banner entfaltend, auf dem die strahlendsten Principien reinster Demokratie prunken, mit der andern Hand die Peitsche schwingen für die Hälfte des Menschengeschlechts.« (Dohm 1986, 67f.).

## August Bebel (1840-1913)

Trotz dieser berechtigten Vorwürfe von Seiten engagierter Frauen gebührt tatsächlich einem männlichen Sozialdemokraten das Verdienst, das zentrale Werk des Sozialismus zur Frauenfrage verfasst zu haben: August Bebel, Politiker, Mitgründer der Sozialdemokratischen Arbeiterpartei, von 1890 bis 1913 Vorsitzender der SPD. Bebels bereits angesprochener Text von 1879, *Die Frau und der Sozialismus* (Bebel 1979), in Größenordnung und Gewicht mit Brauns Werk direkt vergleichbar, legt, weit mehr als die empirische Arbeit der Genossin, die Fundamente des sozialistischen Feminismus. Für Bebel (1979, 25) ist, wie für alle SozialistInnen nach ihm, die Frauenfrage »nur eine Seite der allgemeinen sozialen Frage«. Dies ist für die meisten GenossInnen ein willkommener Grund, der Frauenfrage kein eigenes Buch, oft noch nicht einmal einen eigenen Gedanken zu widmen. Bebels Position ist dagegen politisch auch deshalb erfreulich, weil er die bürgerliche

Frauenbewegung zwar, wie Braun, für ihre Klassenposition angreift, doch zwischen den »feindlichen Schwestern« der proletarischen und bürgerlichen Frauenbewegung »eine Reihe Berührungspunkte« für den gemeinsamen Kampf ausmacht (Bebel 1979, 29). Der frauenpolitische Kampf hat für Bebel sowohl der Lohnsklaverei als auch der »Geschlechtssklaverei« (ebd.) zu gelten.

Wie Braun nach ihm geht Bebel von einer umfangreichen historischen Darstellung und einer eingehenden Beschreibung der gegenwärtigen Lage von Frauen aus, Abschnitte, in denen die zentralen Erfahrungen und Daten gesammelt und aufbereitet werden. Die intellektuelle Ungleichheit der Geschlechter wird bei Bebel als Folge männlicher Herrschaft betrachtet (vgl. Bebel 1979, 172). Klarer als Braun spricht Bebel den Ursprung der Ungleichheiten in den »materiellen Lebensbedingungen« an (Bebel 1979, 177), argumentiert im klassisch materialistischen Sinne. Dies hindert ihn freilich nicht daran, nur drei Seiten weiter davon zu sprechen, dass »die Frau von Natur impulsiver« ist als der Mann, weniger reflektiert, leidenschaftlicher, selbstloser, naiver, aufopfernder (Bebel 1979, 180). Die weibliche Leidenschaftlichkeit findet für Bebel ihren »schönsten« Ausdruck in Mütterlichkeit und Krankenpflege, ihren »häßlichen Ausdruck« in der Furie (Bebel 1979, 180f.). Es fällt schwer, an dieser Textstelle nicht an Dohms einschlägige Liste zu denken.

Bebels Position zur Frage der Gleichheit bzw. Differenz der Geschlechter wirkt jedoch nur auf den ersten Blick inkonsistent; auf dem Hintergrund der historisch-materialistischen politischen Theorie argumentiert Bebel nicht ohne Logik:

»[D]ie guten wie die schlimmen Seiten werden in erster Linie durch die soziale Stellung beeinflußt, begünstigt, gehemmt oder umgewandelt. Derselbe Trieb, der unter ungünstigen Verhältnissen als ein Fehler sich darstellt, wird unter günstigen eine Quelle des Glücks für die Person und für andere. Fourier hat das Verdienst, den Nachweis glänzend geführt zu haben, wie ein und dieselben Triebe des Menschen unter verschiedenen Verhältnissen ganz entgegengesetzte Resultate erzeugen« (Bebel 1979, 181).

Der Mensch ist für den historischen Materialismus ein Lebewesen, das vergesellschafteter Teil der Natur ist und als solches Anteil an den natürlichen Aspekten des Lebens (hier: der Triebe) hat. Gesellschaftliche Verhältnisse lassen die Naturanteile des

Menschen nicht unberührt, sie werden vielmehr »durch die soziale Stellung beeinflußt, begünstigt, gehemmt oder umgewandelt«, wie Bebel schreibt. Doch dieser Prozess der Vergesellschaftung des Natürlichen löst die menschliche Naturgebundenheit nicht vollkommen auf, so dass der materialistische Mensch ein Lebewesen ist, das sowohl der Natur als auch der Gesellschaft angehört.

Frauen können demnach Anteil an einer differenten »weiblichen Natur« haben, zugleich aber als herrschaftlich vergesellschaftete Menschen der ungerechten »Geschlechtssklaverei« unterworfen sein. Folgerichtig kann Bebel die geschlechtshierarchische Ungleichheit in politischer, ökonomischer und sozialer Hinsicht kompetent und faktenreich anprangern, gleichzeitig jedoch davon sprechen, Frauen seien »von Natur impulsiver«. Die systematische Differenz zwischen natürlicher Geschlechterdifferenz und gesellschaftlichem Gleichheitsanspruch wird allerdings dort problematisch, wo Bebel auf die Utopie der sozialistischen Gesellschaft zu sprechen kommt. Obgleich dem Ideal der Gleichheit verpflichtet, beinhaltet die Vision auch Bilder der Ungleichheit. Gleichheit wird in der neuen Form politischer Verwaltung realisiert, bei der alle »*ohne Unterschied des Geschlechts*« (Bebel 1979, 415) an den Wahlen teilhaben; auch die Erziehung soll für Männer und Frauen gleich sein (vgl. Bebel 1979, 496). Die Vergesellschaftung der Reproduktion schließlich bietet Frauen in der Tat außergewöhnliche Freiheiten für die Entfaltung der Persönlichkeit (vgl. Bebel 1979, 503ff.).

Bilder der Ungleichheit jedoch werden immer dort ausgemalt, wo Frauen auf ihre körperliche Naturausstattung verwiesen bzw. reduziert werden können. Trotz des grundsätzlichen Plädoyers für gleiche Erziehung schränkt Bebel (1979, 515) ein, dass es auch »Abweichungen« in der Erziehung geben muss, »welche die Verschiedenheit des Geschlechts und ihre geschlechtlichen Funktionen« betreffen. Es ist auch bestimmt kein Zufall, dass Bebel bei den zukünftigen Berufen der Frauen im Sozialismus die Beispiele »Erzieherin, Lehrerin, Pflegerin« (ebd.) einfallen. Die visionäre Vergesellschaftung der Reproduktion schließlich scheint, zumindest implizit, wesentlich Frauenarbeit zu sein (vgl. Bebel 1979, 520). So bleibt das etwas traurige Fazit: Dem erklärten Ideal der Gleichheit werden subtil, implizit oder mit gewundenen Rechtfertigungen Ungleichheitsvorstellungen unterlegt, die sich politiktheoretisch nicht begründen lassen. Sie entstammen *nicht* einer Perspektive, die auf der natürlichen Ungleichheit aller Menschen als *Individuen* basiert, die sich in der Utopie ihre Interessen und Pflichten frei wählen. Bebels natürliche Ungleichheit kommt in der bekannten Weise als geschlechterpolitische Gruppenzuschreibung und geschlechtsspezifische Arbeitsteilung daher und macht seine Utopie für Frauen damit uninteressant.

## Clara Zetkin (1857-1933)

Gegenüber den dickleibigen Arbeiten Bebels und Brauns erscheint Clara Zetkins Text *Die Arbeiterinnen- und Frauenfrage der Gegenwart* (Zetkin 1889) mit knapp 40 Seiten eher bescheiden. Dennoch ist die Kommunistin Clara Zetkin eine zentrale Aktivistin der Frauenbewegung (zur Biographie vgl. Dornemann 1979). *Die Arbeiterinnen- und Frauenfrage der Gegenwart* ist zwei Jahre älter als Brauns Werk und im Unterschied zu diesem neben Bebels, Wollstonecrafts und Mill/Mill/Taylors politiktheoretischen Klassikern in *Hauptwerke der politischen Theorie* verzeichnet (vgl. Stammen u.a. 1997). Zetkin, politisch gegen Braun vorgehend, kann weder mit ihr noch mit Bebel theoretisch mithalten; Zetkin ist in erster Linie Politikerin, nicht empirische Forscherin wie Braun oder politische TheoretikerIn wie Lange, Bäumer, Stöcker oder Bebel. Zetkin ist v. a. durch ihre Position als einflussreichste Vertreterin der proletarischen Frauenbewegung relevant.

In der Broschüre von 1889 entwickelt Zetkin ihre Konzeption dennoch mit großer analytischer Klarheit. Die Autorin geht davon aus, dass die ökonomischen Verhältnisse, d. h. die kapitalistische Entwicklung zur großen Industrie, Frauen aus der Enge und Abhängigkeit ihres häuslichen Hausfrauendaseins in die Gesellschaft und die ökonomische Selbständigkeit hineingezwungen haben. Diese Entwicklung muss ihren passenden Ausdruck in der Anerkennung öffentlicher-politischer Rechte und Pflichten für Frauen finden. Früher waren Frauen zugleich Haussklavinnen und die »vornehmste Produktivkraft« der Familie (Zetkin 1889, 5).

»Die Frau mußte als Haussklavin an ihren alten Kreis gefesselt bleiben; der Gedanke an ihre Emanzipation konnte nicht aufkommen, bis nicht die Maschine als Heiland auftrat und mit dem Dröhnen und Stampfen ihres Räderwerks das Evangelium von der Menschwerdung, der wirthschaftlichen Verselbständigung der Frau verkündete«,

schreibt Zetkin (1889, 6) mit einer den zivilisationskritischen Gemäßigten entgegengesetzten industriellen »Lyrik«. Die Entwicklung, die diese seltsamen Heilande auslösen, wird schließlich die »*Emanzipation vom Kochtopfe* zu Ende führen« (Zetkin 1889, 7); die Vergesellschaftung der Reproduktionsarbeit, deren erste Zeichen Zetkin bereits zu ihrer Zeit, etwa in den Schulen, zu sehen glaubt, wird sich perfektionieren.

Die Moral von Frauen steht für Zetkin aber noch weit hinter den neuen Chancen auf Selbständigkeit zurück, Frauen müssen deshalb »auch mit ihrem Denken und Empfinden aus dem eng beschränkten Kreis der Häuslichkeit herausgerissen, sie müssen *aus der Familie in die Menschheit* verpflanzt werden« (Zetkin 1889, 21). Moralisch stehen Frauen noch »im Lager des *Alten*, des Ueberlebten« (Zetkin 1889, 35) einer vergangenen Gesellschaftsordnung.

»Im Allgemeinen reicht das Denken der Frau nicht über ihre Nase, das heißt ihre Familie hinaus, sie übt eine *engherzige Familienmoral*, die im Gegensatz zu der *gesellschaftlichen* Moral steht. [...] Alle ihre vielgerühmten Tugenden, ihre Selbstlosigkeit, Aufopferungsfähigkeit, ihr tiefes Empfinden bekunden sich nur zu Gunsten des *engen* Familienkreises, sie kommen nur denen zu Gute, welche die Frau liebt. *Das Weib, welches für die Ihren der größten Aufopferung fähig ist, erweist sich der Gesellschaft gegenüber von oft geradezu brutalem Egoismus*« (Zetkin 1889, 36).

Der entwickelten Familienliebe steht eine »verkümmert[e]« gesellschaftliche Solidarität gegenüber (ebd.). »Das reiche moralische Gemüthsleben der Frau findet im Grunde in einem Fingerhut oder in einem Kochtopf Platz«, kritisiert Zetkin (ebd.).

Ich zitiere diese hellsichtige Textstelle so ausführlich, weil sie zum einen der aktuellen feministischen Theorie Christina Thürmer-Rohrs wie aus den Zeilen geschnitten klingt und weil diese Textstelle zum anderen Zetkins Gleichheitsvorstellung implizit verdeutlicht. Auch Thürmer-Rohr (1987 und 1994) kritisiert die viel zu häufig enge, weltabgewandte, nur familienorientierte, privater Liebe verpflichtete Pseudomoralität von Frauen, entlarvt wie Zetkin die allseits gepriesenen weiblichen Tugenden als antigesellschaftliche Untugenden. Dass diese Tugenden keine natürlichen sind, sondern der männlichen Rhetorik und den engstirnigen, einengenden sozialen Verhältnissen von Frauen entspringen, macht Clara Zetkin sehr deutlich. Die weibliche Moral ist für Zetkin (1889, 37) eine »Kirchthurmsmoral«.

Wegen dieser moralischen Rückständigkeit ist es gesellschaftlich unverantwortlich, Frauen mit dem Argument des »Naturberufs« (Zetkin 1889, 23) die Erziehung zu überlassen. Auch ist nicht jede Frau für diesen vermeintlichen »Naturberuf« gleichermaßen geeignet, denn das Bild der zur Erzieherin natürlich vorherbestimmten Mutter ist »einer jener seichten, landläufigen Gemeinplätze, die noch so zahlreich durch ein Jahrhundert humpeln, in dem sie nichts mehr zu suchen haben« (Zetkin 1889, 29). Viel geeigneter wäre eine professionelle gesellschaftliche Erziehung, die zu einem Beruf »wie jeder andere« werden muss (Zetkin 1889, 30). »Die Begabung für den erzieherischen Beruf ist wie jedes andere Talent nach Individuen und nicht nach Geschlechtern vertheilt«, schreibt Zetkin (1889, 31) gegen jede naturbezogene Gruppenzuschreibung der Geschlechterdifferenz. Einzig für die Zeit der Schwangerschaft und die Zeit des Säuglingsalters lässt Zetkin eine natürliche Zuständigkeit gelten (vgl. Zetkin 1889, 38), betont aber anschließend doch, dass es »wahrscheinlich« sei, dass Frauen »bei der künftigen Erziehung der Jugend eine hervorragende Rolle [...] spielen« werden (ebd.). Nur dieses kleine differenzfeministische Zugeständnis macht die radikale Gleichheitstheoretikerin.

Dass die gesamte Reproduktionsarbeit in die Hände von ExpertInnen gehört, erklärt Zetkin in drastischen Worten:

»Also die erste beste Gans – man verzeihe den Ausdruck – welche Mutter wird, erhält durch die bloße Geburt die magische Gabe, alle Aufgaben dieses schweren und folgereichen Berufs zu erledigen! Diese Auffassung ist ihren Ergebnissen nach geradezu verbrecherisch!« (Zetkin 1889, 32)

Die Distanz zur Weiblichkeitsrhetorik der bürgerlichen Frauenbewegung könnte kaum größer sein; der Spott über die vermeintliche Magie demonstriert eine harsche Kritik an allen natürlichen Weiblichkeitszuschreibungen. Diese Kritik trifft auch die »Gegner der Frauenemanzipation«, die für Zetkin paradoxe Hypothesen formulieren, wenn sie einerseits Frauen für minderwertig erklären, »diesem niedrigstehenden Geschöpf« andererseits aber »die wichtigste aller gesellschaftlichen Aufgaben«, die Erziehung, anvertrauen (Zetkin 1889, 34). »Diese Logik macht dem männlichen Geist alle Ehre!«, bemerkt Clara Zetkin sarkastisch.

Der anachronistische männliche und/oder weibliche Geist spielt in den Überlegungen auch im Sinne politischer Strategien und Bündnisse eine wichtige Rolle. Die Kämpfe von Sozialisten gegen die Frauenarbeit, die als reale Konkurrenz in den Betrieben Lohnsenkungen hervorruft, findet Zetkin (1889, 13) schlicht »reaktionär«, und sie plädiert stattdessen für eine gemeinsame sozialistische Bewegung aller IndustriearbeiterInnen. Dies werde »doppelt schnell zum Sieg, zur politischen und wirthschaftlichen Befreiung« (Zetkin 1889, 14) führen. »Die Sache der Frau und die Sache der Arbeiter gehören untrennbar zusammen«, fasst Zetkin (1889, 39) ihren Text zusammen – nicht ohne die Frauenbewegung abschließend als Bewegung »der bloßen Frauenrechtlerinnen« abzuwerten, die »in einzelnen Punkten gewisse Vortheile erzielen«, jedoch die Frauenfrage »nun und nimmer« lösen können (Zetkin 1889, 40).

Im später verfassten Text *Zur Geschichte der proletarischen Frauenbewegung Deutschlands* (Zetkin 1971) wird Zetkin noch schärfer, ja geradezu anmaßend in ihrer Kritik.

> »Die gegenrevolutionäre Macht der organisierten Frauenrechtlerei beruht nicht auf der Sammlung der Bourgeoisdamen, sondern auf dem täuschenden, lähmenden Einfluß auf große werktätige Frauenmassen. [...] Die bürgerliche Frauenbewegung erniedrigt diese Massen zu Kräften der Gegenrevolution« (Zetkin 1971, 210).

Die bürgerliche Frauenbewegung ist eine »gefährliche Macht der Gegenrevolution« (Zetkin 1971, 211), bürgerliche Frauen sind »Luxusartikel« und »Lustthier[e]« (Zetkin 1889, 8). Der sozialdemokratischen Frauenbewegung ergeht es nicht viel besser. Nach dem Lob für einen gelungenen Start bescheinigt Zetkin (1971, 220) ihr, zu einer »Nichts-als-Reformbewegung entartet« zu sein, die die Frauen missbraucht, um sie »zu täuschen und zu gängeln« (Zetkin 1971, 223). Das alles sind schwer wiegende Vorwürfe: Täuschung, Missbrauch, Lähmung, Erniedrigung und Gängelung treffen Frauen bei ihrem politischen Engagement für sich und andere Frauen, Reformismus und Konterrevolution stellen für eine Kommunistin die schlimmsten denkbaren Vergehen einer emanzipatorischen sozialen Bewegung dar. Clara Zetkins Kritiken sind ausgesprochen überzogen.

## Strategische Abgrenzungen

Die auffällig zahlreichen frauenpolitischen Abgrenzungen und Auseinandersetzungen in den Jahr(zehnt)en vor und nach der Jahrhundertwende, die sich in den zugespitzten Kritiken Zetkins ebenso wie aller anderen »Flügel-AktivistInnen« spiegeln, haben einen Grund in jenem Phänomen, das Gilla Dölle und Sabine Hering (Archiv der deutschen Frauenbewegung) gleichsam als Selbstreflexivwerden der deutschen Frauenbewegung beschreiben. Um die Jahrhundertwende, so Dölle/Hering in ihrer unterhaltsamen, informativen Bildergeschichte, beginnt die Frauenbewegung, »sich selbst zum Gegenstand zu machen« (Dölle/Hering 1997, 7). Jedes Selbstreflexivwerden einer emanzipatorischen Bewegung kann zunächst einmal als politischer Fortschritt gewertet werden, eröffnet es doch Möglichkeiten, über die Kritik an Strategien, Zielen und Bündnissen, die Reflexion von Erfolgen und Misserfolgen zu neuen Deutungen und damit vielleicht zu neuem Engagement und Enthusiasmus zu gelangen. Mir drängt sich angesichts meines ideengeschichtlichen Streifzugs allerdings die Frage auf, ob die scharfen Streitigkeiten zwischen dem gemäßigten und dem radikalen, dem sozialistischen und dem bürgerlichen, dem sozialdemokratischen und dem proletarischen Flügel (um die Bezeichnungen und Selbstbezeichnungen säuberlich aufzulisten) nur als politische Kontroversen im Sinne eines Selbstreflexivwerdens interpretiert werden können.

Denn die politische Ideengeschichte des modernen Feminismus zum Gleichheitsversprechen, so wie sie sich in zentralen Werken und mit wichtigen politischen TheoretikerInnen darstellt, ist keine unambivalente, heldinnenhafte Geschichte produktiver selbstreflexiver politischer Kontroversen zwischen sich wechselseitig anerkennenden, solidarisch verbundenen Gleichen gleichen Geschlechts. Die ersten feministischen Theoretikerinnen distanzieren sich, wie gezeigt, von anderen Frauen durch polemisch zugespitzte Darstellungen versklavter Weiblichkeit. Die Theoretikerinnen der zweiten Jahrhunderthälfte distanzieren sich von ihresgleichen durch weiblichkeitsbesessene Polemiken gegen die vermeintliche »Vermännlichung« anderer Frauen. Beide Perspektiven zeugen zumindest von einem unfreundlichen, oft sogar von einem intoleranten, geradezu unerbittlichen Blick auf die Geschlechtsgenossinnen – von Solidarität zwischen »Unterdrückten und Beleidigten« kann hier nicht ernsthaft die Rede sein. Pointiert formuliert: In der ersten Jahrhunderthälfte richtet sich der Hass bzw. der subtile Selbsthass auf gesellschaftlich verordnete *Weiblichkeitsbilder*, die viele *einzelne* Frauen gehorsam ausfüllen; in der zweiten Jahrhunderthälfte richtet sich der Hass bzw. Selbsthass auf *Männlichkeitsbilder* größerer *Gruppen* von Frauen, die nicht in das jeweils eigene Bild der politischen Bewegung passen. Zetkins Vorwurf der Konterrevolution passt allerdings nicht in diesen Rahmen.

Der strukturelle Wechsel von individualisierter Weiblichkeitskritik zu gruppenbezogener Männlichkeitskritik verbindet sich dabei auffällig mit dem politischen Aufschwung des Feminismus in der zweiten Jahrhunderthälfte. Es scheint mir kein Zufall zu sein, dass Mary Wollstonecraft die vielen Einzelnen ihrer Zeit anspricht, während die 48er Louise Otto mit ganzen Gruppen ihrer revolutionären Genossinnen ins Gericht geht. Im Unterschied zu Wollstonecraft lebt Otto in einem größeren politischen Zusammenhang, ihre Bezüge sind sehr viel tragfähiger. Doch diese haltbareren Kontexte der entstehenden politischen Bewegung erzeugen nun Flügelkämpfe. Die politische Argumentation gegen andere Frauen wechselt Thema und Objekt ihrer Kritik – aber der Hass/Selbsthass bleibt erhalten. Selbst diejenigen, die in unterschiedlichen Facetten durch eine Rhetorik positiver Weiblichkeit hervortreten, haben oft für konkrete andere Frauen wenig Verständnis. Die positive Stilisierung des genialen Weibes wird, wie etwa bei Lily Braun, durch homophobe Tiraden der Abgrenzung gegen Herrenhemden unterstrichen. Es äußert sich hier ein unverkennbares Übermaß an negativer Emotion, das mit politischer Kontroverse allein nicht zu erklären ist. *Die gesellschaftliche Abwertung von Frauen ist offensichtlich so tief verinnerlicht, dass sie sich in die politiktheoretischen Zeilen selbst-bewusster Feministinnen einschleichen kann.*

Die Neue Frauenbewegung wird, ohne bei ihrem (Neu-)Start in den sechziger Jahren diesen ganzen psychopolitischen »Bodensatz« überhaupt zu kennen, doch sogleich eine angemessene Vorkehrung institutionalisieren: die so genannten Selbsterfahrungsgruppen, Kleingruppen von ca. fünf bis zehn Frauen, die die Methode des »consciousness raising« praktizieren, eine kollektive Form der Reflexion über individualisierte gesellschaftliche Weiblichkeitszumutungen, eine Politikform, die Jo Freeman einmal sehr treffend als »a profound resocialization of one's self-concept« (Freeman 1986, 546) beschrieben hat. Erst die gemeinsame kritische Arbeit an den Vorurteilen gegen sich selbst und alle anderen Frauen, erst die feministische »Resozialisierung« erzeugt ein Gefühl feministischer Solidarität (vgl. ebd.). Selbstverständigung und emotionale Zugewandtheit gegenüber anderen Frauen müssen mühsam erlernt werden. Während der siebziger Jahre führt für viele Frauen der Weg in die Neue Frauenbewegung über die politische Praxis der Selbsterfahrung.

Doch kehren wir in die Hoch-Zeiten von Frauenbewegung und ArbeiterInnenbewegung zurück. Angesichts der offenkundigen Schwierigkeit der Theoretikerinnen, die gesellschaftlichen Abwertungen des eigenen Geschlechts ganz abzuschütteln, kann es nicht verwundern, dass wiederum Bebel herangezogen werden muss, um eine strategische Einsicht zu formulieren, die die Kämpfe der Frauen gegeneinander geradezu absurd und politisch kontraproduktiv erscheinen lassen. Bebel schreibt: »Die Frauen dürfen so wenig auf die Hilfe der Männer warten, wie die Arbeiter auf die Hilfe der Bourgeoisie warteten« (Bebel 1979, 180). Selbsthilfe und Solidarität zwischen Frauen statt hoffnungslosen Wartens auf die Männer werden hier von einem Mann empfohlen. Bebels radikaler Satz hebt sich wohltuend von den Appellen der Gemäßigten ab, die mit viel rhetorischem Aufwand immer wieder das *Paradoxon* zu belegen versuchen, dass engagierte Feministinnen für den männlichen Staat und das allgemeine Wohlbefinden der herrschenden Patriarchen unverzichtbar seien. Bebels Satz hebt sich ebenso wohltuend von Clara Zetkins Eifer gegen die bürgerliche Frauenbewegung ab, ein Eifer, der das gemeinsame Ziel aller für Gleichheit kämpfender Frauen oft aus den Augen verliert und nur die eigenen Genossen als legitime Verbündete anerkennt.

Entsolidarisierender Eifer und andienender Appell sind nur zwei Seiten der gleichen politischen Medaille: *der falschen Hoffnung auf ein schnelles Bündnis mit Männern statt der schweren Arbeit an einer Allianz mit Frauen*. Sowohl der Appell der Gemäßigten an den patriarchalen Staat als auch der Appell der Kommunistin an das patriarchale Industrieproletariat verfehlen, zumindest mittelfristig, ihre politische Wirkung. Bebels Satz trifft den realistischen Kern aller feministischen Theorie und Politik, gleichsam gegen die feministischen Theoretikerinnen selbst: Welche auf männliche Verbündete setzt und sich von weiblichen abgrenzt, kann nicht erfolgreich sein; es ist kaum zu erwarten, dass Männer patriarchale Privilegien freiwillig zugunsten der Gleichheit aufgeben werden. Auch die verführerischsten Argumente, die die Wonnen der Gleichheit in schillernden Farben ausmalen, können keinen darüber hinwegtäuschen, dass eine geschlechtergerechte Gesellschaft das Aufgeben aller Vorrechte und Bequemlichkeiten erfordert. Mit wem sich eine verbünden will, ist also nicht nur eine Frage ihrer Fähigkeiten zur Anerkennung, sondern gleichzeitig eine Frage ihres strategischen Urteilsvermögens. Auch in dieser Hinsicht steht es mit den Theoretikerinnen jener Zeit nicht zum Besten.

Anerkennungsdefizite und mangelndes strategisches Urteilsvermögen bezeichnen Probleme, die aus heutiger Sicht, mit den Kenntnissen einer 200-jährigen Geschichte, sehr viel klarer zu erkennen sind als um die Jahrhundertwende. Doch finden sich hin und wieder auch in den feministischen Quellen – und insbesondere bei Zetkin – Hinweise auf ein entsprechendes Problembewusstsein. Zetkins scharfe Kritik an Kampagnen gegen die Frauenlohnarbeit etwa kann wohlmeinend so interpretiert werden. Zetkins Kritik am Gestus der bürgerlichen Frauenbewegung könnte auch zumindest in einer Hinsicht wohlmeinend gedeutet werden: als Thematisierung der Frage nach den politischen Rahmenbedingungen feministischen Erfolgs. So brüsk die Ablehnung potenzieller Bündnispartnerinnen daherkommt, so wichtig ist die darin enthaltene Thematisierung der Chancen und Risiken frauenbewegter *Solidarität und Radikalität*. Keine andere Theoretikerin macht so unmissverständlich deutlich, dass für sie *nicht jede beliebige* Variante des Feminismus akzeptabel ist, weil nicht in jeder die patriarchale Gesellschaft grundlegend verändert werden soll.

Mit ihrem Abgrenzungseifer, mit ihrer Analyse zu Solidarität und Radikalität wirft Zetkin drei wichtige Fragen auf: die nach dem Verhältnis von Reform und Revolution, die nach dem Verhältnis von Männern und Frauen als Verbündeten und schließlich die nach dem Verhältnis von Geschlechterherrschaft und Klassenherrschaft – drei Fragen, die auch die Neue Frauenbewegung – zumindest phasenweise – stark beschäftigen werden. In den aktuellen Sprachgebrauch übersetzt lautet die Grundfrage: Wie transformativ (d. h. hier: gesellschaftsverändernd) sind feministische Theorie und Politik? Zetkin geht davon aus, dass nur die Abschaffung aller Herrschaftsverhältnisse zum Erfolg führen kann und dass nur tief greifende, revolutionäre Lösungen die gesellschaftliche Utopie der Gleichheit Wirklichkeit werden lassen können. Diese beiden Aspekte unterscheiden den proletarischen, kommunistischen Feminismus eindeutig von allen anderen feministischen Strömungen in den Jahrzehnten vor und nach 1900. Sowohl die Gemäßigten als auch die Radikalen thematisieren die ArbeiterInnenfrage eher am Rande oder als sozialarbeiterische Herausforderung, und keiner der beiden Flügel der Alten Frauenbewegung unterstützt das marxistische Programm einer revolutionären Transformation. Im Hinblick auf die »Männerfrage« haben jedoch beide Flügel, im Unterschied zu Zetkin, den Bebel'schen Satz besser verstanden und bestehen, jedenfalls weitgehend, auf einer politischen Arbeit mit Frauen.

Die drei Fragen produzieren also mindestens drei mal drei Antworten, und keine dieser Antworten ist »richtiger« oder »falscher« als die anderen, auch wenn die jeweiligen Aktivistinnen ihre LeserInnen das gerne glauben machen wollen. Die Schärfe der Abgrenzungen legt davon lebhaft Zeugnis ab; hier soll agitiert, überzeugt und überredet werden. Doch eine komplexe Problematik erlaubt keine einfachen Antworten. Alle feministischen politischen TheoretikerInnen, damals wie heute, stehen vor einer verwirrenden, in mehrfacher Hinsicht sogar dilemmatischen Situation, wenn sie sich zu den bei Zetkin implizierten drei Fragen äußern wollen. Dieses politiktheoretische »Schicksal« teilen die feministischen AutorInnen übrigens mit allen anderen sozialen Bewegungen, die sich für radikale Gleichheit in strukturell ungleichen Gesellschaften einsetzen. Bündnispolitik, Reform vs. Revolution und die Definition von Herrschaft müssen überall diskutiert und politisch entschieden werden, um die Rahmenbedingungen von Strategien bewerten, Erfolge bzw. Misserfolge einschätzen und Solidaritäten einklagen zu können. Die besondere Schwierigkeit des Feminismus ist freilich die Nähe, ja Intimität zwischen Herrschern und Beherrschten, eine Schwierigkeit, die Mill/Mill/Taylor in ihrer Analyse beschreiben.

Die komplexe Problematik lässt sich am besten für jede Frage einzeln aufschlüsseln. In der Bündnispolitik müssen folgende Aspekte bedacht werden: Bündnisse zwischen Frauen sind unverzichtbar, um politisch erfolgreich zu sein, sind aber schon aufgrund der genannten äußeren Bedingungen nicht einfach herzustellen. Solidarische Bündnisse, wenn sie denn gelingen, können dazu führen, dass die eigenen radikalen Positionen modifiziert oder gar aufgegeben werden müssen. Dann aber scheint der Erfolg aus der eigenen Perspektive wiederum sehr ungewiss. Allianzen mit Frauen setzen zudem die Fähigkeit zur wechselseitigen Anerkennung als Gleiche voraus, eine Fähigkeit, die keineswegs zu den selbstverständlichen Tugenden von Frauen im Patriarchat zu zählen ist. Bündnisse mit Männern sind notwendig, um der eigenen Position Gehör und Gewicht zu verschaffen, denn eine patriarchale Gesellschaft gibt mehr auf männliche als auf weibliche Stimmen. Solche Bündnisse jedoch stehen zu Recht unter dem Bebel'schen Verdacht, nicht zu »funktionieren«, politisch naiv und unrealistisch zu sein. Auch lassen sie die Vermutung aufkommen, dass sich Frauen hier nur um des eigenen Vorteils willen den Herrschenden genehm machen und sich nicht für eine radikale Veränderung, sondern nur für die eigene Teilhabe an der Macht engagieren wollen.

Damit steht zweitens zur Disposition, wie weit ein Plädoyer für Teilhabe und Reformen eigentlich gehen darf, ohne das Ziel der gesellschaftlichen Transformation individuell und kollektiv aus den Augen zu verlieren. Ohne Reformen wird das große Ziel nicht zu erreichen sein, denn ohne eine stetige Verbesserung der sozialen und politischen Situation von Frauen ist ihr politisches Engagement außerordentlich fragil. Bildung beispielsweise ist eine der wichtigsten Voraussetzungen politischer Partizipation, eine der wichtigsten Bestimmungsfaktoren für die Anzahl der Kinder und eine der wichtigsten Bedingungen für die ökonomischen Möglichkeiten von Frauen. So setzen rein reformistische Verbesserungen, klassisch etwa im Hinblick auf Frauenstudium und weibliche Berufszugänge, erst die Fähigkeiten frei, sich gemeinsam zu organisieren und zu engagieren. Im mühsamen täglichen Kampf für diese zentralen gesellschaftlichen Teilhabechancen kann frau sich allerdings schnell verlieren. So scheint es fast wie eine logische Aussichtslosigkeit: ohne Reformen keine radikale Veränderung, von der die Reformpolitik aber ablenken kann.

Die dritte Frage nach dem Verhältnis verschiedener Herrschaftsverhältnisse zueinander beantworten feministische politische TheoretikerInnen nicht nur nach Flügeln, sondern auch nach Ländern, Epochen und politischen Bewegungs-Phasen ausgesprochen unterschiedlich. Von der ersten Hälfte des 19. Jahrhunderts an kennt der moderne Feminismus sowohl ein Bestehen auf der Einzigartigkeit der Unterdrückung von Frauen als auch eine Verquickung der geschlechterpolitischen Herrschaftskritik mit anderen Herrschaftskritiken. So wie Tristan sich für die ArbeiterInnenfrage interessiert, kämpfen US-amerikanische Frauen für die Sklavenbefreiung. In der Konzentration auf die eine, nur auf das Geschlecht bezogene Herrschaftskritik liegt die Chance, sich ausführlich, selbstinteressiert und selbstreflexiv zum Gleichheitsversprechen zu äußern und eine Politik in eigener Sache zu formulieren. Wird ein Bezug auch auf andere Herrschaftsformen gestiftet, ergibt sich die analytische Möglichkeit, durch eine vergleichende Betrachtung die eigene politische Perspektive zu erweitern und damit gegebenenfalls zu präzisieren. Beide Formen der Gesellschaftskritik sind brauchbar und legitim, wenn auch die heutige feministische Theorie eine Konzeption, die alle Herrschaftsformen thematisiert, zu Recht für die angemessenere Denkform hält – weil die Unterschiede *zwischen* Frauen, v. a. die der Hautfarbe und Klassenzugehörigkeit, gegenüber einer ungleiche Chancen verschleiernden Gleichheit betont und politisiert werden sollen.

Schon in ihrer je einzelnen Betrachtung stellen die drei Fragen somit große Herausforderungen dar, noch viel schwieriger aber gestaltet sich das systematische Zusammendenken. Ist jedes Bündnis mit Frauen weniger reformistisch als ein Bündnis mit Männern? Ist eine antisexistische Politik, die auch gegen Rassismus kämpft, eine angemessenere Form des Feminismus? Ist es möglich oder unmöglich, notwendig oder falsch, mit Männern gemeinsam für Gleichheit zu kämpfen? Können nur Frauen für Frauen sprechen? Wenn ja, wie können dann Frauen für andere Unterdrückte sprechen? Ist eine gesellschaftliche Transformation, die sich nur auf das Geschlechterverhältnis bezieht, revolutionär, oder ist dies nur eine auf alle Herrschaftsformen bezogene Gesellschaftsveränderung? Müssen feministische Strömungen um der Solidarität und/oder des Erfolges willen stets zusammenarbeiten? Gilt dies auch, wenn das für Einzelne oder Gruppen nicht mehr vertretbare Kompromisse einschließen würde? Bringt Solidarität immer eher Erfolg als Entsolidarisierungen? Wie ist Erfolg eigentlich zu definieren? Je radikaler die Lösungen, je solidarischer die Strategien, desto besser? ... Die Frageliste aus der Kombination der drei Fragen ließe sich endlos verlängern, doch bleiben dies alles feministische Ausbuchstabierungen der Relation von Solidarität und Radikalität. Ist Solidarität zwischen Frauen entscheidender als die Radikalität der Ziele, oder ist deren Radikalität wichtiger als feministische Solidarität? Ich komme damit zu meinem Ausgangspunkt zurück.

Keine der Theoretikerinnen um die Jahrhundertwende kommt auf die Idee, diese vielfältigen Fragen in genau jenem Sinne aufzulösen, den Myra Marx Ferree und Beth B. Hess viele Jahrzehnte später in *Controversy and Coalition* (Ferree/Hess 1985) für die zeitgenössische US-amerikanische Frauenbewegung vorschlagen. Für Ferree/Hess (1985, 173) sind sowohl »extremists« als auch »moderates«, d. h. sowohl aktive, offensive, revolutionär orientierte als auch reaktive, defensive, reformistisch orientierte Feministinnen für die Frauenbewegung unverzichtbar. Sie müssen sich gegenseitig unterstützen, ergänzen, korrigieren und schützen, sollen ihre jeweiligen Positionen dabei aber nicht aufgeben. Gerade in den Unterschieden der Strategien und Zielvorstellungen kann sich die politische Stärke einer Bewegung erst entfalten. Die überzeugenden Überlegungen von Ferree und Hess sehen, in aller Ausführlichkeit, so aus:

»Da eine völlige Umgestaltung der Gesellschaft nicht über Nacht geschehen kann, muss jede gegebene Veränderung von beiden [...] Standpunkten aus bewertet werden: Wie gut dient sie dazu, mit den endgültigen Zielen der Bewegung voran zu kommen, und was leistet die Veränderung, um den gegenwärtig Benachteiligten zu helfen und sie zu schützen? Das Engagement der Revolutionärin für endgültige Ziele und die Sensibilität der Reformerin für heutige Realitäten können helfen, die aktiven und reaktiven Bewertungsmaßstäbe in der Balance zu halten. [...] ExtremistInnen haben in jeder sozialen Bewegung die wichtige Funktion, die Kämpfe und Forderungen der Gemäßigten zu legitimieren [...] weil die ›respektablen‹ Gemäßigten nicht von Natur aus respektabel sind, sondern nur im Kontrast« (ebd.; Übersetzung B. H. C.). »Extremistische Gruppen selbst [...] haben wenig Glaubwürdigkeit oder Legitimität. Ohne die Sympathie und Unterstützung durch eher gemäßigte, respektable Gruppen können diejenigen, die für drastische Veränderungen eintreten, als verrückt und gefährlich dargestellt und gefahrlos unterdrückt werden. In diesem Sinne sind die ExtremistInnen zu ihrem Schutz auf die Gemäßigten angewiesen. Wegen dieser Beziehungen wechselseitiger Unterstützung [relationships of reciprocal support] hängen die Dauerhaftigkeit der Bewegung als ganze und die Erhaltung ihrer Gewinne/Erfolge von der Solidarität zwischen extremen und gemäßigten Gruppen ab« (Ferree/Hess 1985, 173 f.; Übersetzung B. H. C.).

Die analytische Klarheit und die strategische Intelligenz, die sich in den hier skizzierten Überlegungen zeigen, sind bewundernswert. Fast erscheinen sie wie die Durchschlagung des gordischen Knotens der vielen ineinander verschlungenen Fragen. Die RevolutionärInnen/ExtremistInnen sorgen für die Erhaltung der großen Ziele, für die Respektabilität und Wirksamkeit der ReformerInnen/Gemäßigten und auch für die Sichtbarkeit der Bewegung; die ReformerInnen wiederum sorgen für die notwendige Verbesserung der aktuellen Lage der Beherrschten und für den Schutz der ExtremistInnen vor politischer Repression. Die Radikalität der einen wird durch die Solidarität der anderen ermöglicht, so dass, zugespitzt formuliert, die RevolutionärInnen v. a. für die Radikalität, die ReformerInnen für die Solidarität stehen. Beide können jedoch nicht ohne die Arbeit der jeweils anderen erfolgreich sein; die Bewegung als ganze hängt vom Zusammenspiel beider Flügel und vom Vertrauen zueinander ab. Wenn man/frau zusätzlich bedenkt, dass die RevolutionärInnen meist diejenigen sind, die auf der Thematisierung aller Herrschaftsverhältnisse und einer autonomen Organisierung von Frauen bestehen, während sich die ReformerInnen v. a. um die Geschlechterpolitik, auch gemeinsam mit Männern, kümmern, wird das Bild vollständig. Reziproke, wechselseitig aufeinander bezogene Unterstützung ist nötig, verlangt aber von keiner die Aufgabe ihrer Überzeugungen. Im Gegenteil: *Gerade die Unterschiede sind für die gemeinsame politische Wirksamkeit unverzichtbar.*

Statt diese kluge, erfolgversprechende, idealtypische Strategie zu wählen, machen sich in der Zeit des Selbstreflexivwerdens der Alten Frauenbewegung die politischen TheoretikerInnen der verschiedenen Flügel gegenseitig das Leben schwer. Heutige LeserInnen, mit dem Abstand eines langen, furchtbaren Jahrhunderts, werden darüber vielleicht nur den Kopf schütteln können – den TheoretikerInnen um die Jahrhundertwende war die Frage nach der einzig richtigen Strategie jedoch eine ernste Frage. Sie haben emphatisch auf politische Veränderungen gesetzt und sie schnell herannahen sehen, so dass die richtige Strategie unmittelbarer und direkter wirksam scheinen musste. Hätten Zetkin und Braun, Stöcker und Lange, Dohm und Bebel vorausgeahnt, dass ihre Fragen auch noch im dritten Jahrtausend aktuell sein würden, wären sowohl die strategische Gelassenheit als auch der Zwang zum solidarischen Zusammenschluss größer gewesen. Die endlose Nichtlösung der »Frauenfrage« konnten sie nicht voraussehen.

## Emma Goldman (1869-1940)

Während Clara Zetkin damit beschäftigt ist, ihre politische Machtposition auszubauen, gründet in den Vereinigten Staaten eine andere gerade ihre eigene Zeitschrift mit dem auffälligen Titel *Mother Earth*: die Anarchistin Emma Goldman (vgl. die umfangreiche Autobiographie *Living My Life*; Goldman 1988, 1979, 1990). Wie Zetkin ist Goldman eher Politikerin, Publizistin, Rednerin; im Gegensatz zu Zetkin, die die Russische Revolution verehrt, gehört Goldman zu deren frühen KritikerInnen. Während Zetkin einem autoritären Sozialismus verpflichtet ist, zählt Goldman, ähnlich wie die gleichaltrige Stöcker, zu den »Hitzköpfen« der feministischen Ideengeschichte und wird aus diesem Grunde in der Neuen Frauenbewegung mit Enthusiasmus wiederentdeckt. Wie Dohm widerfahren Goldman recht ungewöhnliche Ehrungen. So schreibt Candace Falk, eine von Goldmans BiographInnen, Mitte der achtziger Jahre im Nachwort ihrer Arbeit:

> »Alles begann mit meinem Hund Emma. [...] Um das Jahr 1971, als die junge feministische Bewegung die Rechte der Frauen sowohl im politischen als auch privaten Bereich radikal verkündete und durchzusetzen versuchte, wurden alle möglichen Dinge nach Emma Goldman benannt. Man war auf der ständigen Suche nach Vorbildern, das heißt nach Frauen, die es gewagt hatten, den herrschenden Konventionen zu trotzen. Emma Goldmans Autobiographie wurde zur begehrten Lektüre; sie selbst für uns zum Symbol des Mutes und der Leidenschaft« (Falk 1987, 353).

Über die Frage, ob ein Hundename eine wünschbare Ehrung darstellt, ließe sich sicher streiten.

Die systematische Verbindung von Feminismus und Anarchismus, von radikaler politischer und unkonventioneller privater Praxis zeichnen Goldmans Leben und Arbeit aus. Sie steht für die

Verwirklichung politischer Ideale in der eigenen Lebensführung und damit für einen im Feminismus der zweiten Hälfte des 20. Jahrhunderts absolut zentralen Gedanken. Persönliche und politische Freiheit für Frauen und die Politisierung des vermeintlich Privaten stehen damals wie heute auf dem feministischen Programm. Mit Stöcker'scher Verve schreibt Goldman über die Freiheit der Liebe:

»Liebe, das stärkste und tiefste Element allen Lebens, der Vorbote der Hoffnung, Freude, Verzückung; Liebe, die sich über alle Gesetze und Konventionen hinwegzusetzen vermag; Liebe, die freieste und stärkste Determinante des menschlichen Schicksals, wie kann eine derartige Kraft ein Synonym für dieses armselige, vom Staat und der Kirche hervorgebrachte Unkraut, die Ehe, sein? Freie Liebe? Als wenn Liebe etwas anderes als frei wäre« (Goldman 1977, 26).

Für Goldman (1977, 25) hat die Ehe »Ähnlichkeit mit einem anderen patriarchalischen System – dem Kapitalismus«; beide Systeme berauben, behindern, vergiften und halten in »Unkenntnis, Armut und Abhängigkeit« (ebd.). Freiheit, nicht Gleichheit, ist Goldmans zentrales Thema. Damit weist ihre Arbeit auf Simone de Beauvoir voraus und stiftet eine inhaltliche Verbindung zu dieser politischen Theoretikerin, die alleine *zwischen* der Alten und der Neuen Frauenbewegung steht.

Trotz der Freiheitsemphase kommt Goldmans Gleichheitsvorstellung klar zum Ausdruck. Formale Gleichstellung allein reicht nicht aus; Freiheit statt Sklaverei und die Entfaltung der einzigartigen Persönlichkeit jedes/jeder Einzelnen bilden die Ziele (vgl. Goldman 1977, 9f.).

»Die Emanzipation sollte es der Frau ermöglichen, im wahrsten Sinne menschlich zu sein« (Goldman 1977, 10). »Die nur rein formelle Emanzipation hat aus der Frau von heute ein unnatürliches Wesen gemacht, das an die Produkte französischer Baumzucht erinnert mit ihren arabesken Bäumen und Sträuchern. [...] Von solchen unnatürlichen weiblichen Wesen gibt es eine ganze Reihe«,

schreibt Goldman (ebd.) 1906 in der ersten Ausgabe von *Mother Earth*. Gegen die Unnatürlichkeit setzt Goldman (1977, 12) auf die »natürlichen Eigenschaften der Frau«, auf Liebeempfinden und Muttergefühl, auf »grenzenlose Liebe und Verzückung, die in der Empfindungswelt der wahren Frau, Geliebten und Mutter so tief verankert sind«. Obgleich diese nun schon bekannte Differenz-Rhetorik der der Frauenbewegung sehr ähnelt, kritisiert Goldman vehement deren Spießbürgerlichkeit (vgl. Goldman 1977, 13). Die patriarchalen Unterstellungen gegen Feministinnen führen, so Goldman (ebd.), dazu, dass »Frauenrechtlerinnen« sich darum bemühen, besonders anständig zu wirken.

Der Puritanismus hat es jedoch nicht geschafft, »das angeborene Verlangen nach Mutterschaft abzutöten« (ebd.). Hier verfällt Goldman auf einen merkwürdig anmutenden, auch konfusen Argumentationsgang. Das Konzept der – zumindest »geistigen« – Mütterlichkeit mag zwar für das feministische Bemühen um politische Ehrbarkeit stehen, doch Feindschaft gegen die Mutterschaft kann Goldman der Frauenbewegung nicht ernsthaft vorwerfen. Gibt es demnach für Goldman echte biologische und eine unechte, nur auf Ehrbarkeit bedachte Mutterschaft? Vielleicht hält die Anarchistin und Verfechterin der freien Liebe die Positionen der Frauenbewegung für eine problematische Entkörperung. Innere Zwänge, meint Goldman, hindern an der wirklichen Befreiung, die sich in freier Liebe zu einem Mann und freier Entscheidung für ein Kind ausdrücken soll (vgl. Goldman 1977, 15). Entsprechend versteigt sich Goldman (1977, 17) zu der Behauptung, dass das Recht auf Liebe/Geliebtwerden das »wichtigste« Recht sei, das es zu realisieren gelte, da die frauenpolitischen Fortschritte – Wahlrecht und ökonomische Gleichstellung – zu keiner wirklichen Freiheit geführt haben. Goldman zeigt sich hier, wohlmeinend interpretiert, als Kulturrevolutionärin: Nicht allein formal gleiche Rechte, sondern erst die Befreiung von allen kulturellen Tabus und Konventionen ermöglichen Freiheit. Und vor dieser Freiheit hat die Frauenbewegung tatsächlich Angst.

Eine für die Zeit typische Differenz-Rhetorik verbindet sich bei Goldman also mit einem furchtlosen Freiheitspathos, das sich scharf gegen die Ehrbarkeits-Beweise der Frauenbewegung wendet. Goldmans Differenzdenken ist keines, das sich der patriarchalen Moral unterwirft, die Frauen nur als Ehefrauen und Mütter betrachten will – obgleich Goldman vehement für PartnerInnenschaft und Mutterschaft streitet. Der entscheidende Unterschied liegt in der Ehekritik; hier steht Goldman im Widerspruch zur herrschenden Moral und im Einklang mit den Positionen Stöckers. Goldmans Gleichheitsideal einer freien PartnerInnenschaft verbindet sich mit differenzgeladenen wesensgemäßen Rechten von Frauen auf Liebe und Mutterschaft – Rechte, die allerdings nur zu den eigenen, selbstbestimmten Bedingungen verwirklicht werden sollen. Zwei Menschen ungleicher Art begegnen sich in Freiheit als Gleiche in einer selbst gewählten Verbindung. Goldmans Differenz-Konzept der Gleichheit könnte so zusammengefasst werden: Es beschreibt die Begegnung von Ungleichen in Freiheit. Goldmans Gleichheit meint eigentlich Freiheit.

Wie Zetkin sucht Emma Goldman eine revolutionäre Perspektive für den Feminismus. Im Unterschied zu Sozialismus und Kommunismus betont Goldman aber die Freiheit des Individuums als Naturrecht (vgl. Goldman 1977, 77, 76). »Von allen sozialen Theorien proklamiert nur der Anarchismus standhaft die These, daß die Gesellschaft für den Menschen da ist, nicht der Mensch für die Gesellschaft« (Goldman 1977, 78). Vom klassischen Liberalismus der Mills unterscheidet sich diese Konzeption durch die Utopie einer »freien Assoziation befreiter Individuen« (Goldman 1977, 77f.), präzisiert im Bild der ersehnten »Befreiung von aller Autorität und Macht« (Goldman 1977, 78). »Ich bin überzeugt, daß keine Diktatur, sei sie rechts oder links, je funktionieren kann«, schreibt Goldman (1977, 172) mit großem Vertrauen in die menschliche Freiheitsliebe. »Ungeachtet des derzeitigen Trends, einem starken Mann, einem totalitären Staat oder einer linken Diktatur zu folgen, sind meine Vorstellungen unerschütterlich« (Goldman 1977, 177). Goldmans radikal antitotalitäre und antidogmatische Haltung ist beeindruckend. In ihr spiegelt sich auf der Ebene des Politischen die persönliche Furchtlosigkeit.

Emma Goldman setzt auf die Liebe wie Stöcker, kämpft für die Revolution wie Zetkin, preist die Mütterlichkeit wie Lange, Bäumer und Braun, brandmarkt die Sklaverei der Frauen wie Wollstonecraft, engagiert sich für Freiheitsrechte wie de Gouges, zählt auf die Einzelnen wie die Mills und ist im Leben so wagemutig und leidenschaftlich wie Dohm in ihren Schriften. Dennoch ist Goldmans politische Perspektive keine unverdauliche Mischung auseinander strebender feministischer Strömungen und Konzepte. Goldmans anarchistischer Feminismus steht für eine frühe Form der »profound resocialization«, wie sie Jo Freeman für die Neue Frauenbewegung beschreibt, für einen authentischen Willen zu Erneuerung und Befreiung. Goldmans radikale Lebenspraxis macht sie jedoch nicht nur zu einer selbsterfahrenen Frau vor der Erfindung der Selbsterfahrung, ihr unkonventionelles, mutiges, umstrittenes Leben immunisiert Goldman wie kaum eine andere feministische politische TheoretikerIn gegen jede Form des politischen Dogmatismus und staatlichen Totalitarismus. Drei autobiographische Bände, *Living My Life* (Goldman 1988, 1979, 1990), legen davon ein noch heute lesenswertes Zeugnis ab. Sie erscheinen in New York im Verlag Alfred A. Knopf zwei Jahre vor der nationalsozialistischen Machtübernahme.

## Feminismus und Nationalsozialismus

Feministische Historikerinnen und Sozialwissenschaftlerinnen streiten seit geraumer Zeit darüber, wie nahe die deutsche Frauenbewegung 1933 dem nationalsozialistischen Weltbild steht. Helene Stöcker emigriert und stirbt 1943 im New Yorker Exil, Clara Zetkin stirbt in Moskau nur wenige Monate nach der Machtübernahme, Gertrud Bäumer dagegen kann bleiben. In der bereits zum Klassiker gewordenen Arbeit *Mütter im Vaterland* (Koonz 1994) beschreibt die US-amerikanische Historikerin Claudia Koonz frauenpolitische Aktivitäten von Nationalsozialistinnen im Jahr 1932: »So unternahm die alte Kämpferin Hedwig Förster einen Vorstoß in Richtung bürgerliche Frauenbewegung« (Koonz 1994, 139). Förster trifft im Mai 1932 Gertrud Bäumer und stellt fest, dass diese *»dem Nationalsozialismus als solchem keineswegs ablehnend«* gegenüber steht (ebd.). Förster hofft auf Bäumers Engagement, ihre Kenntnisse und Verbindungen und glaubt, ihr Vertrauen gewonnen zu haben (vgl. ebd.). *»Gewinnt man Gertrud Bäumer noch innerlicher für den Nationalsozialismus, so hat man damit überhaupt die gesamte organisierte deutsche Frauenwelt zur Verfügung«* (ebd.), berichtet Förster. Koonz kommentiert diese Begegnung so: »Dieser Brief kündigt bereits den Schwenk Bäumers und anderer Führerinnen der Frauenbewegung nach der Machtübernahme im Januar 1933 an« (Koonz 1994, 140).

Der »Bund Deutscher Frauenvereine« (BDF), »das Herzstück der mächtigen bürgerlichen Frauenbewegung« (Koonz 1994, 162; zur Gründung vgl. Gerhard 1990b, 170ff.), votiert 1933 gegen Bäumers Rat für die eigene Auflösung (vgl. Koonz 1994, 162f.). Doch Koonz hält fest, dass die Auflösung des BDF *nicht* mit der Auflösung der Frauenorganisationen identisch ist:

»Bis zum Ende des Sommers hatten praktisch alle wichtigen Mitgliedsorganisationen des BDF der Gleichschaltung den Vorzug vor der Selbstauflösung gegeben« (Koonz 1994, 163). »Die Mühelosigkeit, mit der die Gleichschaltung voranschritt, überraschte die Parteibürokratie. Statt sich mit einer widerspenstigen Frauenbewegung herumschlagen zu müssen, stand die Parteiführung vor dem Problem, wie sie den Enthusiasmus bürgerlicher Frauenführerinnen in organisierte Formen lenken sollte« (Koonz 1994, 164).

Für diesen erschreckenden Enthusiasmus macht Koonz das feministische Mutterschaftsbild und antikommunistische sowie nationalistische Orientierungen in der bürgerlichen Frauenbewegung verantwortlich (vgl. ebd.). Mein Durchgang durch zentrale Werke der feministischen politischen Theorie dokumentiert die inhaltliche und rhetorische Nähe einiger Theoretikerinnen leider nur zu deutlich. Bei nicht wenigen engagierten »Frauenrechtlerinnen« gibt es keine Goldman'sche Immunität gegen die totale Herrschaft.

In ihren ersten zwei Jahrzehnten (bis ca. Mitte der achtziger Jahre) vertritt die Neue Frauenbewegung jedoch fast durchgängig den einfachen historischen Mythos, dass der Nationalsozialismus als ausgeprägtes Patriarchat durch Frauenunterdrückung gekennzeichnet ist und wesentlich ohne Frauenbeteiligung auskommt. Nach der westdeutschen »Entdeckung« der TäterInnenschaft auch von Frauen Mitte/Ende der achtziger Jahre (vgl. insbesondere Ebbinghaus 1987, Windaus-Walser 1988, Gravenhorst/Tatschmurat 1990) erscheinen schließlich hierzulande erst in den letzten Jahren verstärkt wissenschaftliche Arbeiten, die auch die geistige Nähe und damit die (Mit-)TäterInnenschaft von *Feministinnen* thematisieren (vgl. insbesondere Bereswill/Wagner 1998a, Omran 2000, Planert 2000a). Für den lange aufrechterhaltenen Mythos vom weiblichen Opferdasein im Nationalsozialismus ist es typisch, dass Karin Windaus-Walser mit ihrer Kritik an der »Gnade der weiblichen Geburt« 1988 heftige Diskussionen auslöst. Windaus-Walser kritisiert die weit reichenden historischen Beschönigungen in der Frauenforschung und plädiert dafür, nicht nur die »weibliche Anpassung an durch Männer Hervorgebrachtes« zu sehen, sondern »hinter der Beteiligung von Frauen auch eine eigene weibliche ›Logik‹ [zu] vermuten, die sich nicht aus dem Tun der Männer erklären läßt« (Windaus-Walser 1988, 102).

Windaus-Walser vermutet 1988, »daß das nationalsozialistische Geschlechterverhältnis mit seinem ›Fortpflanzungswahn‹ (Rita Thalmann) das Produkt nicht nur eines patriarchalen Herrschaftsanspruchs, sondern auch eines Machtanspruchs von Müttern war« (Windaus-Walser 1988, 113). Der »Kult um die arische Mutter«, die »Überhöhung des weiblichen Anteils an der Produktion ›werten‹ Lebens« (ebd.) werden als Indizien der Beanspruchung mütterlicher Macht angeführt. »Im Nationalsozialismus hat m. E. nicht nur das Patriarchat, sondern auch die Macht der Mütter ihre häßliche Fratze gezeigt: Nur Männer und Frauen gemeinsam konnten einen solchen Vernichtungskosmos wie den Nationalsozialismus Realität werden lassen!« (Windaus-Walser 1988, 114) Auch wenn die Hypothese vom mütterlichen Machtanspruch aus heutiger Sicht überzogen sein mag, die Kritik an einer mangelhaften Auseinandersetzung mit TäterInnenschaft und Schuld in Teilen der deutschen Neuen Frauenbewegung und Frauenforschung ist 1988 berechtigt.

Bis aber nicht nur die weiblichen, sondern auch die feministischen »Hüter« der »Quellbezirke« (um ausdrücklich die Sprache Bäumers aufzugreifen) in der deutschsprachigen Frauenforschung ausführlich ihre »häßliche Fratze« zeigen, dauert es noch einmal zehn Jahre. Einige aktuelle Arbeiten dokumentieren den mittlerweile erreichten selbstreflexiven Stand der Debatte. So belegen Mechthild Bereswill und Leonie Wagner 1998 in *Bürgerliche Frauenbewegung und Antisemitismus* die antisemitischen Tendenzen im bürgerlichen Feminismus (vgl. Bereswill/Wagner 1998a). Bereswill/Wagner analysieren die bewusste Unsichtbarmachung des »Jüdischen Frauenbunds« im BDF, den tradierten Antijudaismus und wachsenden Antisemitismus bei den christlichen Aktivistinnen und die politische Vereinnahmung derjenigen Jüdinnen, die dem Assimilationsdruck des BDF nachgeben (vgl. Bereswill/Wagner 1998b). Auch hier spielen Lange/Bäumer eine zentrale Rolle. Bereswill und Wagner fassen zusammen: »Etwas zynisch läßt sich feststellen: Die Sichtbarkeit von Jüdinnen scheint das öffentliche Bild der bürgerlichen Frauenbewegung zu ramponieren« (Bereswill/Wagner 1998b, 63). Antisemitismus ist kein politischer Skandal, sondern wird zum Privatproblem einzelner Feministinnen (vgl. ebd.); Homogenität und nicht etwa schwesterliche Gleichheit wird von den Vertreterinnen der Mehrheit erzeugt (zur Geschichte des »Jüdischen Frauenbunds« vgl. Seemann 2000).

Susanne Omran befasst sich 2000 kritisch mit dem Verhältnis von *Frauenbewegung und »Judenfrage«* (Omran 2000) nach 1900. Ziel Omrans ist es, festzustellen, »in welcher Weise die Frauenbewegung unter dem Blickwinkel des Geschlechts einen konstitutiven Beitrag zur Formierung der ›Judenfrage‹ geleistet hat« (Omran 2000, 14). Diskurse zu Geschlecht und Rasse, also die Themen, Formen, Subjekte und Zirkel des Sprechens/Schreibens, innerhalb und außerhalb der Frauenbewegung, werden von Omran einer aufschlussreichen Analyse unterzogen. Ein besonderes Augenmerk richtet auch Omran dabei immer wieder auf die zivilisationskritischen Standpunkte und Rhetoriken Gertrud Bäumers. Die Motive, die nach Omran (2000, Kapitel 2-5) für den feministischen Beitrag zur herrschaftlichen Formierung der »Judenfrage« als wichtig betrachtet werden müssen, sind folgende: Bilder der unsittlichen Großstadt, des selbstsüchtigen Kapitalismus, des Gemeinschaft schmiedenden Krieges, der politisch und rassisch angemessenen Mutterschaft. Einige textliche Bilder sind im vorausgegangenen ideengeschichtlichen Streifzug wiederzuerkennen. Mehr als ein halbes Jahrhundert später werden in der ökofeministischen Theorie der Neuen Frauenbewegung nicht wenige vergleichbare Bilder neu beschworen werden.

*Frauenbewegung und »Judenfrage«* dokumentiert jedoch nicht nur die offenkundige Problematik in den Schriften der Gemäßigten. Auch die Konflikte um die Neue Ethik und deren bevölkerungspolitische Konzepte, Kontexte und Implikationen kommen zur Sprache (vgl. Omran 2000, 374-435). Die Glücksforderung, Lebensfreude, Liebesemphase und Askese-Kritik Stöckers stellen nur die eine, hitzköpfige, gleichsam strahlende Seite der Neuen Ethik dar, die bei den Gemäßigten heftige Ablehnung hervorruft. Die andere Seite der Neuen Ethik ist rassehygienischer Natur: Frauen tragen die individuelle Verantwortung für die biologische und damit kulturelle Höherentwicklung der Menschheit; sie üben diese reproduktive Verantwortung durch die richtige Wahl ihrer Partner in der Liebe aus (vgl. Omran 2000, 406ff.). Omran entlässt damit auch die Radikalen nicht aus der politischen Verantwortlichkeit.

Omrans wissenschaftliches Verdienst besteht v. a. darin, die antisemitischen Konnotationen der Bilder und Argumente zentraler feministischer Theoretikerinnen/Aktivistinnen nachweisen zu können.

»Die Themen, zu denen die Frauenrechtlerinnen Positionen beziehen oder die sie allererst auf die Tagesordnung bringen, sind ohne die Gestalt des Juden und ohne die Bestimmung jüdischer Traditionen, Mentalitäten und Pathologien nicht denkbar. [...] Ob von den Degenerationserscheinungen des modernen Großstadtlebens [...] die Rede ist oder ob die lebensfeindliche Macht der Warenwirtschaft und insbesondere des Geldes angeprangert wird [...] ob die Rettung und Bewahrung der Nation in Zeiten des Krieges zur Debatte steht [...] oder ob die Quantität und Qualität des Nachwuchses und damit die Perspektiven und die Zukunft der gesamten Gemeinschaft gefährdet sind: Immer wieder steht die Figur des Juden im Zentrum des jeweiligen Problems, insofern sie dessen entscheidende Aspekte zusammenzufassen und zu verkörpern scheint« (Omran 2000, 436).

So wie Susanne Omran die antisemitischen Wurzeln eines nicht unbedeutenden Teils der alten feministischen politischen Theorie offen legt, verdeutlicht Ute Planert in *Nation, Politik und Geschlecht* (Planert 2000a) die nationalistischen Anteile des Feminismus vor 1933. Auch hier ist das Ergebnis für Frauen, die sich heute als Feministinnen definieren, niederschmetternd. Wie Koonz, Windaus-Walser, Bereswill/Wagner und Omran nehmen Planerts AutorInnen die identifikationsstiftenden politischen Mythen feministischer Unschuld systematisch auseinander. Planert (2000b, 18) selbst argumentiert, dass die »internen Partizipationsverheißungen des Nationalismus«, auch wenn sie sich keineswegs an alle richten, Frauen auf Aufnahme in die Sphären des Politischen hoffen lässt – im Tausch gegen selbstloses Engagement in Aufbau und Leben der Nation.

»Die Mehrheit der bürgerlichen Frauenbewegung wie auch ihre Dachorganisation, der Bund Deutscher Frauenvereine, vertrat [...] ein bürgerlich-liberales Nationsmodell, in dem Partizipation kein Menschenrecht war, sondern Belohnung für nationale Einsatzbereitschaft« (Planert 2000b, 43).

Dementsprechend unterstützt der BDF den wilhelminischen Flottenbau, engagieren sich Feministinnen im Ersten Weltkrieg im »Nationalen Frauendienst« (vgl. ebd.). Letzteres gilt sogar für Sozialdemokratinnen (vgl. Planert 2000b, 45). Das Stimmrecht wird als Lohn erwartet.

Planert verweist nachdrücklich darauf, dass die politische Strategie, nicht auf Menschenrechte, sondern auf das »Nationalprinzip« für die Erlangung von Rechten zu setzen, immer auch die

»dem Nationalismus inhärenten exklusiven und aggressiven Elemente« mitträgt, Antisemitismus und Rassismus eingeschlossen (Planert 2000b, 50). Ein solches Muster weist Planert (2000c, 113ff.) in Ansätzen auch bei Louise Otto nach. Heidemarie Wawrzyn (2000) knüpft eine Verbindung zwischen dem national orientierten Partizipationsmotiv, der Idee der geistigen Mütterlichkeit und zunehmenden antijüdischen Tendenzen in der bürgerlichen Frauenbewegung; über die Relation »deutsch« und »christlich«, an der die »geistigen Mütter« Anteil haben, werden Jüdinnen im BDF zunehmend an den Rand gedrängt. Auch das nationalistische Muster ist in den vorgestellten klassischen Texten deutlich geworden: Man/frau denke nur an die deutschtümelnde Polemik Helene Langes gegen die vertragstheoretisch argumentierenden US-Amerikanerinnen mit ihrer »Declaration of sentiments«.

Eine andere Sichtweise in der aktuellen Debatte um den Feminismus vor 1933 nimmt Margit Göttert in ihrer Arbeit über das Paar Lange/Bäumer ein; Göttert (2000) fragt nach der Bedeutung von *Macht und Eros* in den Zusammenhängen der Alten Frauenbewegung. Götterts Anliegen ist die Deutung der Inszenierung von »Führerinnenschaft« und eine Interpretation des »Führerin/Jüngerin«-Verhältnisses. Gemeinschaftsbildungsprozesse einerseits, Macht- und Hierarchiestrukturen andererseits (vgl. Göttert 2000, 14) werden einer exemplarischen Analyse unterzogen. Im Unterschied zu Omran und Planert hegt Göttert unverkennbare Sympathie für ihre zwei gemäßigten Aktivistinnen, Sympathie, die v.a. der macht-vollen, vorbildhaften Lebenspartnerinnenschaft und einer gelebten Frauenkultur geschuldet ist. Die feministische Selbstbezeichnung als »Führerinnenbewegung« wird dabei nicht problematisiert (vgl. Göttert 2000, 38), ebenso wenig der Begriff der »Führerinnenschaft« oder des »Führerinnentums« (vgl. ausnahmsweise: Göttert 2000, 154). Die Ausprägung von »Führerinnen« erklärt Göttert zu einer der Zeit verpflichteten politischen Rekrutierungsstrategie der Bewegung (vgl. Göttert 2000, 39, 43, 109), gleichsam zu einer klugen Vorwegnahme heutiger medialer Formen der »Persönlichkeitspolitik«.

Göttert kommt dennoch zu einem Fazit, das sich, wenn auch mit deutlichen Abstrichen, in die Reihe aktueller Ergebnisse stellen lässt. Auch in *Macht und Eros* wird festgestellt, dass die starke Mythisierung der Geschlechterdifferenz und die feministische

Anlehnung an Staat, Nation und Volk letztlich zum Scheitern der Alten Frauenbewegung führt (vgl. Göttert 2000, 318, 313). Götterts Deutung der konkreten Lage 1933 ist aber nicht zu halten. Bäumers Erklärung anlässlich der Auflösung des BDF, in der Bäumer u. a. behauptet, die Staatsform, ob demokratisch oder faschistisch, sei für die Ziele der Frauenpolitik »im letzten Grunde vollkommen gleichgültig«, kommentiert Göttert so:

»Am Ende steht also eine entpolitisierte Auffassung von weiblicher Kultur, die angesichts der Machtergreifung der Nationalsozialisten, der beginnenden Verfolgung der jüdischen Freundinnen und Kolleginnen [...] einer politischen Bankrotterklärung der gemäßigten Frauenbewegung und ihres kulturrevolutionären Programms gleichkommt« (Göttert 2000, 314).

Dass hier eine »entpolitisierte Auffassung von weiblicher Kultur« (Bäumer spricht vom »Kultureinfluß der Frau«) ausgedrückt wird, kann angesichts des eminent politischen Augenblicks, in dem dieses Argument entfaltet wird, nicht ernsthaft behauptet werden. Angesichts der politischen Bedeutung des Augenblicks wäre sogar eine tatsächliche Entpolitisierung – die Bäumer jedoch gar nicht vornimmt, da sie sich klar zur Frauenpolitik äußert – eine starke politische Aussage. Hinzu kommt, dass Gleichgültigkeit gegenüber der Staatsform, ob demokratisch oder faschistisch, ebenfalls eine starke politische Äußerung darstellt, zumal wenn sie von einer erfahrenen Politikerin in unmissverständlichen Worten formuliert wird. Götterts Interpretation von Lange/Bäumer leidet insgesamt daran, dass sie v. a. die innigen Bindungen der Aktivistinnen aneinander für politisch zentral hält und das gelebte (wenn auch nicht so genannte) Heterosexismus-kritische Gegenbild (vgl. Göttert 2000, 10f.) zum eigentlich politischen, kulturrevolutionären Inhalt der Alten Frauenbewegung bestimmt. Aber nicht nur die Partnerinnenschaften und Konkurrenzkämpfe der Bewegung, sondern Politiken und Worte müssen gerade für das Jahr 1933 einer sorgfältigen Analyse unterzogen werden. Die heftigen heutigen Debatten um Politiken und Worte von Feministinnen vor und im Jahr 1933 sind noch längst nicht abgeschlossen.

In ihren *eigenen* Worten drückt sich die nationalsozialistische Ideologie beispielsweise in einem 1932 veröffentlichten Text von Guida Diehl, einer Funktionärin der frühen NS-Frauenschaft, aus (vgl. Conrad/Michalik 1999, 146; Quelle: 147-156). Diehl beschwört in ihrer Schrift die schöpferische Kraft der Mütter, die sie als »*schöpferisch im Kleinen*« bezeichnet und der Kraft der Männer »draußen« gegenüberstellt (Guida Diehl zit. n. Conrad/Michalik 1999, 147). Während Frauen mit mütterlichem »Erfindungsgeist« und ebensolcher »Gestaltungskraft« »an der menschlichen Persönlichkeit nach Leib, Seele und Geist schaffend tätig« sind, haben Männer die Aufgabe, in Dramen, Forschungen, Fortschritten und Staatenbildung »schöpferisch vorzustoßen« (ebd.). Die polarisierten Aufgaben der Geschlechter bewertet Diehl als gleichwertig. Kennzeichnend für die mütterliche Aufgabe ist jedoch das Besondere der Selbstverleugnung, das in expliziten Kontrast zur Selbstbehauptung gestellt wird: »So ist die Frau als Mutter berufen, der ganzen Menschheit das *eine Große* vorzuleben: ›*Wer sein Leben verliert, der wird's finden.*‹ Dies Naturgesetz der geistigen Welt bewahrheitet sich in ihr« (Guida Diehl zit. n. Conrad/Michalik 1999, 148). Gottverbundenheit, Naturverbundenheit und Volksverbundenheit zeichnen die Frau aus, die »gesund fühlt« (Guida Diehl zit. n. Conrad/Michalik 1999, 150). Es ist für Diehl deshalb eine »besonders schwere Entartung«, wenn Frauen ihre Volksverbundenheit nicht spüren, sie tragen dann »den Stempel der american girls, also eines Feindes, der ihnen im Krieg den Todesstoß gab« (Guida Diehl zit. n. Conrad/Michalik 1999, 151).

Auf den ersten Blick wirken die Ausführungen Diehls sprachlich und thematisch kaum mit den bisher dargestellten klassischen Werken vereinbar, doch die pathetischen Formeln, die politische Überhöhung der Mutterschaft und die Betonung ihrer zentralen Rolle für den Staat sind keineswegs unbekannte Bilder. Explizite Anklänge an die feministische politische Theorie finden sich zudem in der Doppelung der Mutterschaft als »leibliche oder geistige« (Guida Diehl zit. n. Conrad/Michalik 1999, 152), also in jenem Motiv, das ich als feministisches Andienen an die patriarchale Herrschaft deute. An manchen Stellen des Textes lassen sich sogar konkrete Sprachmotive wiederfinden, so etwa, wenn Diehl davon spricht, dass das »*gesamte Gebiet des geschlechtlichen Lebens* [...] einer nachdrücklichen Reinigung und Heiligung als Quellgebiet der Volkskraft« bedarf (Guida Diehl zit. n. Conrad/Michalik 1999, 155). Heilige Quellbezirke sind uns in diesem ideengeschichtlichen Gang bereits begegnet. Selbst wenn man/frau das als zeitgeistige Ausdrucksform begreifen wollte, ist die sprachliche Übereinstimmung doch nicht belanglos, denn die Aufladung der Idee des Volkes mit Lebendigkeit, Reinheit, Eigenleben, Heiligkeit und Fruchtbarkeit lässt das potenzielle Ausmaß der Erniedrigung eines völkisch gedachten »Anderen« erahnen.

Claudia Koonz schildert in *Mütter im Vaterland* ihre persönliche Begegnung mit einer anderen – der zentralen – NS-Funktionärin, »Reichsfrauenführerin« Gertrud Scholtz-Klink (vgl. Koonz 1994, 37-63), die auch Jahrzehnte nach dem Nationalsozialismus noch immer seine Anhängerin ist. Scholtz-Klink verweist gegenüber Koonz auf die entscheidende Differenz zwischen ihrer und der feministischen Arbeit: Letztere richte sich auf die Rechte der Frauen, sie hingegen habe sich mit den Pflichten von Frauen befasst (vgl. Koonz 1994, 45); nicht der Feminismus, sondern der Stolz darauf, »eine Frau zu sein«, habe sie bewegt (Koonz 1994, 45 f.).

»Ihr habt es mit euren ganzen feministischen Bestrebungen erreicht, daß jetzt ein paar Frauen irgendwo an prominenter Stelle sitzen. Aber habt Ihr in irgendeiner Weise an das Leben der normalen Durchschnittsfrau gerührt? Wir haben das getan. Man muß damit anfangen, Einfluß auf das alltägliche Leben der Frauen zu nehmen. [...] Ihr(e) jungen Frauen wißt ja gar nicht, was es heißt, eine eigene weibliche Welt zu schaffen«,

belehrt Scholtz-Klink ihre Gesprächspartnerin Koonz (1994, 48).

Trotz dieser selbstbewussten Abgrenzung vom Feminismus bestätigt Scholtz-Klink die engen Verbindungen der bürgerlichen Frauenbewegung zu ihr – mitarbeitswillige Frauenorganisationen, die trotz Papierknappheit erscheinende Zeitschrift *Die Frau*, Gertrud Bäumer, die im Nationalsozialismus ihre feministische Arbeit fortsetzen kann und deren Geburtstag ab 1937 offiziell gedacht wird (vgl. Koonz 1994, 53). Scholtz-Klink ist allerdings enttäuscht, dass Bäumer sie nie besucht hat (vgl. ebd.). Koonz kommentiert die Nähe der Frauenbewegung zur NS-Ideologie v. a. bezogen auf die Chance zur Organisierung der »größte[n] Frauenorganisation der Geschichte«: »Die Vision vieler Frauenrechtlerinnen des 19. Jahrhunderts war hier auf eine alptraumhafte Weise Realität geworden« (Koonz 1994, 41). Interessanterweise ruft Koonz bei der Beschreibung der Argumente der deutschen »Frauenrechtlerinnen« ein Bild auf, das keineswegs originär auf diese, sondern bereits auf Claire Démar und Flora Tristan zurückgeht: das Paar starker Mann/sanfte Frau (vgl. ebd.). Koonz' Beschreibung trifft trotzdem den entscheidenden Punkt, denn die strikte Ablehnung der Gleichheit und die positive Stilisierung der Geschlechterpolarität bilden wesentliche Voraussetzungen für die durchaus nicht unfreundliche Aufnahme des Nationalsozialismus durch Teile der Alten Frauenbewegung.

Ohne die emphatischen Differenz-Theoretikerinnen wäre die Nähe zwischen Feminismus und Nationalsozialismus nicht denk- und politisierbar gewesen. Das Differenzdenken steht potenziell in der Gefahr, von einer anerkennenden Beschreibung der Andersartigkeit zur Abgrenzung und Abwertung und von dort zur Ausgrenzung »voranzugehen«. Wie ist es deshalb abschließend zu deuten, dass 1933 zweifellos eine ideologische Nähe zwischen Teilen des Feminismus und aktiven Nationalsozialistinnen besteht, auch Begegnungen stattfinden und Kooperationsangebote gemacht werden, die NS-Funktionärin Scholtz-Klink jedoch den Unterschied zwischen beiden »weiblichen Welten« so nachdrücklich betont? Persönliche Enttäuschung allein ist keine ausreichende Erklärung, sicher auch nicht die Konkurrenz, die in der Anfangszeit des Dritten Reiches zwischen mehreren Nationalsozialistinnen um politischen Einfluss ausgefochten wird – eine Konkurrenz, die die kollaborationswilligen Frauenorganisationen in Schwierigkeiten mit ihrer Verortung bringt (vgl. Koonz 1994, 137-208). Scholtz-Klink betont den Unterschied zwischen feministischer und nationalsozialistischer Frauenpolitik in einem zentralen Punkt zu Recht: Eine Politik der Rechte ist mit der repressiven Organisierung von Pflichten nicht vereinbar.

Die vorhandenen Gemeinsamkeiten sind andererseits nicht zu übersehen: Feministischer Antisemitismus und Nationalismus und die staatstragende Naturrhetorik der Mutterschaft provozieren Ab- und Ausgrenzungen zwischen Frauen und bereiten damit auf eine politische Situation vor, die Menschenverachtung statt Menschenrechten zum Programm erhebt. Für Koonz repräsentiert die von Bäumer enttäuschte NS-Frauenpolitikerin Gertrud Scholtz-Klink in ihrer Selbstgerechtigkeit, ihrer Unbelehrbarkeit, ihrer Reuelosigkeit und ihren Ausflüchten bei Fragen nach dem Holocaust »die banale, alltägliche Gestalt des Bösen« (Koonz 1994, 59), so wie Hannah Arendt den Begriff der Banalität des Bösen für Adolf Eichmann geprägt hat (vgl. Arendt 1995). Die »Frauenrechtlerin« Gertrud Bäumer dagegen repräsentiert eine Person, in der »Eigeninteresse und Gefügigkeit« (Koonz

1994, 168) eine Verbindung eingehen, die Kollaboration mit der totalen Herrschaft möglich macht. 1933 äußert Bäumer sogar Verständnis für den Verlust frauenpolitischer Errungenschaften, für die Feministinnen viele Jahrzehnte hart gekämpft haben (vgl. Koonz 1994, 169).

Es geht also um die Erhaltung von politischem und publizistischem Einfluss wie bei Bäumer oder um die Erlangung von Posten wie bei den Mitgliedsorganisationen des aufgelösten BDF (vgl. Koonz 1994, 207). Beide Formen der Kollaboration charakterisiert Koonz (1994, 208) als »Kapitulation« und eilige Unterwerfung, als »Friedensangebot« an das NS-Regime und Kooperation »im Tausch gegen Vergünstigungen«. Radikale und SozialistInnen müssen emigrieren, aber einige aus der Alten Frauenbewegung »verkaufen« sich an den Nationalsozialismus. Gertrud Scholtz-Klink und Gertrud Bäumer sind nicht in gleicher Weise persönlich schuldig geworden, doch die thematische und organisatorische Nähe der Gemäßigten der Alten Frauenbewegung zu den Ideologien und Politiken des Nationalsozialismus ist unübersehbar.

So ist das Gesamtbild ernüchternd: Teile der Alten Frauenbewegung haben sich eingefügt, die Neue Frauenbewegung hat lange zur (Mit-)TäterInnenschaft geschwiegen. Für die deutsch-jüdischen Feministinnen der Alten und Neuen Frauenbewegung hat dies erhebliche Konsequenzen: existenzielle Schutzlosigkeit damals, mangelnde Identifikationsmöglichkeiten heute. Dass die Neue Frauenbewegung in Deutschland so lange gebraucht hat, um sich vom eigenen Unschulds- oder gar Opfermythos zu verabschieden, ist für jede Feministin heute, auch für mich, bitter zu sehen, zu verstehen und einzugestehen. Die Vertreibung jüdischer Deutscher aus der deutschen StaatsbürgerInnenschaft ist eine Vertreibung aus den Menschen- und Bürgerrechten, wie sie die Französische Revolution proklamiert hat. Eine solche Vertreibung bereitet die Ermordung vor. *Das menschenrechtliche Ideal der Gleichheit hätte niemals aufgegeben werden dürfen.*

## Simone de Beauvoir (1908-1986)

Vier Jahre nach dem Ende der nationalsozialistischen Herrschaft, im Jahr der Gründung der Bundesrepublik Deutschland und der Deutschen Demokratischen Republik, erscheint bei Gallimard in

Paris das berühmteste feministische Buch überhaupt: Simone de Beauvoirs *Le Deuxième Sexe* (Beauvoir 1978; deutsche Neuübersetzung 1992; ich zitiere nach der alten Fassung). Die Autorin, autobiographisch orientierte Romanschriftstellerin und Essayistin, Lebensgefährtin des Philosophen Jean-Paul Sartre, ist 1949 schon berühmt – das neue Buch trägt aber wesentlich zu ihrer intellektuellen Unsterblichkeit bei (zur Biographie vgl. Francis/Gontier 1993, Bair 1992). Das »zweite Geschlecht«, in der deutschen Übersetzung nicht ganz unpassend *Das andere Geschlecht* betitelt, ist die ausführlichste Analyse von Theorien, Geschichten, Mythen über und konkreten Lebenserfahrungen von Frauen, die bis heute in einem einzelnen Werk vorgelegt wurde. Die Prägnanz des Textes, seine zugespitzten Thesen, seine inhaltliche Vielschichtigkeit und die Eleganz der sprachlichen Darstellung haben seit dem Erscheinen vor mehr als einem halben Jahrhundert jede neue Frauengeneration fasziniert und zu Zuspruch, Einspruch, Widerspruch, zu Debatten, Analysen und Interpretationen angeregt. Beauvoirs Werk ist die meistgelesene und -interpretierte Schrift der gesamten feministischen politischen Ideengeschichte.

Eines springt nach den vielen Jahrzehnten deutschen Differenzdenkens an *Das andere Geschlecht* sofort ins Auge: Hier spricht eine radikale Theoretikerin der Gleichheit. Dafür steht schon der meistzitierte Satz, der die Mitte des Werkes markiert: »Man kommt nicht als Frau zur Welt, man wird es« (Beauvoir 1978, 265). Frau-Sein ist für Beauvoir eine gesellschaftliche, nicht in erster Linie eine biologische Tatsache. Beauvoir fährt unmissverständlich fort: »Kein biologisches, psychisches, wirtschaftliches Schicksal bestimmt die Gestalt, die das weibliche Menschenwesen im Schoß der Gesellschaft annimmt. Die Gesamtheit der Zivilisation gestaltet dieses Zwischenprodukt« (ebd.). Hunderte von Seiten widmet Simone de Beauvoir dem Beweis dieser Sätze, Seiten, in denen sie die »Gelebte Erfahrung« (vgl. Beauvoir 1978, 263-637) von Frauen ihrer Generation zum Gegenstand einer genauen Analyse macht. Beauvoirs Darstellung der gesellschaftlichen Formung von Frauen ist von bitteren Erkenntnissen und scharfen Kritiken am Frauen-Leben durchzogen. Doch immer sieht Beauvoir: »Fremde Einflüsse greifen beinahe von vornherein in das Leben des Kindes ein, und bereits von seinen ersten Jahren an wird ihm seine Bestimmung aufoktroyiert« (Beauvoir 1978, 265). Gesellschaftliche Zwänge, nicht etwa »geheimnisvolle Instinkte« (ebd.), bringen passive, kokette und/oder mütterliche Frauen statt »weibliche Menschenwesen« hervor.

Das Bild von Mädchen und Frauen, das Simone de Beauvoir zeichnet, erinnert an die bitteren Bilder der ideengeschichtlichen Anfänge des Feminismus, nur dass die Autorin das »zweite Geschlecht« ungleich präziser und umfassender beschreibt als etwa Mary Wollstonecraft die Frauen ihrer Zeit. Der entscheidende Mangel, der die weibliche Lebenserfahrung gleich zu Anfang und damit durchgängig prägt, ist für Beauvoir die Verweigerung der Freiheit, die das kleine Mädchen erfährt:

»Bei der Frau [...] findet sich von Anbeginn ein Konflikt zwischen ihrer autonomen Existenz und ihrem ›Anders-Sein‹. Sie wird gelehrt, sie müsse zu gefallen suchen, müsse sich zum Objekt machen, um zu gefallen; sie solle also auf ihre Autonomie verzichten. Man behandelt sie als eine lebendige Puppe und verweigert ihr die Freiheit. So schließt sich ein Circulus vitiosus. Denn je weniger sie ihre Freiheit ausübt, um die Welt ihrer Umgebung zu verstehen, zu ergreifen und zu entdecken, um so weniger Rückhalt wird sie in sich selbst finden, um so weniger wird sie sich als Subjekt zu behaupten wagen« (Beauvoir 1978, 275).

Der kleine Junge dagegen »erlernt seine Existenz als freie Bewegung in Richtung auf die Welt« (ebd.). Ihm werden, im Unterschied zum kleinen Mädchen, weder lockende Selbstaufgabe noch abstoßende Selbstverstümmelung als Lebensperspektiven angetragen (vgl. Beauvoir 1978, 287).

»Es ist eine seltsame Erfahrung für ein Individuum, das sich selbst als Subjekt, als Autonomie und Transzendenz, als ein Absolutes empfindet, in sich eine wesenhaft gegebene Unterlegenheit zu entdecken. Es ist eine seltsame Erfahrung für jemand, der sich selbst für ein Eins-Sein hält, nunmehr auf sein Anders-Sein hingewiesen zu werden« (Beauvoir 1978, 290).

Doch genau dies ist für Beauvoir die Erfahrung des jungen Mädchens, wenn es zur Frau wird. Für die Theoretikerin des Existenzialismus sind die Verneinung von Subjektivität, Autonomie und Transzendenz die schlimmsten Erfahrungen, die einem »Menschenwesen« widerfahren können. Die Verneinung der Möglichkeit, ein freies Individuum zu werden, das eigene Pläne, Entwürfe und Ziele hat und immer wieder neu formuliert, das sich »in Richtung auf die Welt« bewegt und diese selbstbewusst gestalten will und kann, das nicht auf sich selbst und einen engen Raum verwiesen wird – all dies ist »absolutes Übel«, wie Beauvoir (1978, 21) an anderer Stelle des Textes schreibt.

Den freiheitlichen Willen und die Fähigkeit zum Entwurf, zur Zukunft, zur Gestaltung der Welt bezeichnet Beauvoir mit einem zentralen Begriff der existenzialistischen Ethik als Transzendenz. Transzendenz charakterisiert die Erfahrungen von Männern in ihrer selbst gestalteten Welt, sollte aber das Leben *jedes* Menschen auszeichnen. Für ExistenzialistInnen ist wirkliches Menschsein Transzendenz. Den engen Raum ohne Freiheit und das Verwiesensein auf Erfahrungen des Anders-Seins und der Körperlichkeit an sich nennt Beauvoir entsprechend Immanenz. Immanenz charakterisiert die erzwungene Erfahrung von Frauen in einer Gesellschaft, die ihnen ihre »Bestimmung aufoktroyiert«. Mädchen und Frauen existieren deshalb im Widerspruch zwischen »ihrer eigentlich menschlichen Seinslage« und »ihrer weiblichen Berufung« (Beauvoir 1978, 321), zwischen dem ursprünglichen Willen zur Freiheit und Subjektsetzung und einem Leben als »passivem Objekt« (ebd.). Diese gesellschaftliche Zumutung beantworten sie mit einem starken »Eigenkult« (Beauvoir 1978, 324, 326), der Befassung mit Nichtigkeiten, Natur und romantischen Bildern, mit Narzissmus und daraus entstehendem Masochismus (vgl. Beauvoir 1978, 331). Den Zwang kontern Frauen, so Simone de Beauvoirs bittere Annahme, letztlich mit Leere und *Ziellosigkeit*.

Die körperlichen Erfahrungen von Frauen sind für Beauvoir besonders relevant: Körperprozesse wie Menstruation oder Mutterschaft unterstützen das Verhaftetsein an die Immanenz. Angst, Ekel, Schmutz, Scham und Schuld kennzeichnen das weibliche Körperempfinden in unterschiedlichen Stadien des Erwachsenwerdens (vgl. exemplarisch Beauvoir 1978, 295, 314). Die weiblichen Genitalien beschreibt Beauvoir (1978, 364) gar mit den Worten »qualvoll« und »schleimig«. Besonders drastisch ist die folgende Textstelle: »Die Frau lauert gleich einer fleischfressenden Pflanze, an der Insekten kleben bleiben. [...] Sie ist ein Sog, ein feuchter Schröpfkopf, sie ist wie Pech und Vogelleim, eine unbewegliche, schmeichlerische, klebrige Lockung. Zum mindesten empfindet sie sich selbst dumpf auf diese Weise« (ebd.). Der letzte Satz signalisiert tatsächlich: Hier werden nicht etwa grauenvolle sexistische Mythen, sondern reale Empfindungen von Frauen angesichts ihres Körpers und ihrer Sexualität vorgestellt. Solche Bilder sind fast unerträglich für Leserinnen, die, allen patriarchalen Zuschreibungen zum Trotz, ein positives weibliches Körpergefühl entwickelt haben oder entwickeln wollen.

Wie sind diese krassen Bilder – formuliert von einer vorbildlichen Feministin – analytisch zu deuten? Sie basieren auf Beauvoirs These, dass der weibliche Körper, im Unterschied zum männlichen, den Anforderungen der Biologie viel stärker unterworfen ist, Anforderungen, die im Widerspruch zu den Freiheitsbedürfnissen jedes Individuums stehen müssen. Frauen sind durch die Gattung versklavt (vgl. Beauvoir 1978, 50): Menschliche Weibchen, von denen Beauvoir in ihrem biologischen Eingangskapitel spricht, sind stärker als Männer an die Fortpflanzungsvorgänge der menschlichen Art gebunden (vgl. Beauvoir 1978, 23-50). »[W]ahr ist, daß sie [die Frauen] ein feindliches Element in sich tragen: die Gattung, die an ihnen zehrt« (Beauvoir 1978, 44). Und noch deutlicher schließlich:

»Das auffallendste Ergebnis unserer Forschung aber ist: von allen weiblichen Säugetieren ist die Frau dasjenige, das am meisten sich selber entfremdet wird und diese Entfremdung am leidenschaftlichsten fühlt; nirgends tritt die Unterjochung des Körpers durch die Fortpflanzungsfunktion stärker hervor, aber nirgends wird sie auch schwerer hingenommen« (Beauvoir 1978, 46).

Einzig und allein das menschliche Weibchen kennt den Konflikt zwischen natürlichen Anforderungen und individuellen Freiheitsplänen und muss ihn als Drama durchleben. Von diesem Drama, diesem Zerrissensein zwischen körperlichen Anforderungen und subjektiver Freiheit, sind alle Zeilen Beauvoirs durchdrungen.

Noch schärfer wird das Bild, wenn man/frau berücksichtigt, dass Beauvoir in *Das andere Geschlecht* sexuelle Gewalt immer wieder zum Thema macht. So wird beispielsweise die erste sexuelle Erfahrung als »Gewaltakt« beschrieben; Frauen werden zur »Beute der Gattung«, »deren Interessen von ihren eigenen Zielen abweichen« (Beauvoir 1978, 352). Das Bild der Gewalt taucht im Rahmen von Beauvoirs Überlegungen zur Heterosexualität häufiger auf (vgl. etwa auch Beauvoir 1978, 361ff., 416). Männliche Brutalität und weiblicher Ekel kennzeichnen die sexuelle Paarsituation, der weibliche Widerwillen schlägt schließlich in Rache um. Eine glückliche Heterosexualität kann unter genau definierten Bedingungen dennoch gelingen: als ein »Verhältnis der Gegenseitigkeit«, bei Achtung und Anerkennung der Freiheit von Frauen, wenn der »feindselige Charakter« des Andersseins aufgehoben wird (Beauvoir 1978, 379). Die traditionelle Ehe gilt Beauvoir allerdings nicht als der Ort, an dem die Verwirklichung dieser Utopie möglich wird. Klassisch feministisch kritisiert auch Simone de Beauvoir (1978, 420f.) die Ehe: »Das Prinzip der Ehe aber ist obszön, weil sie einen Austausch in Rechte und Pflichten verwandelt, der auf einem spontanen Drang beruhen soll.« Und weiter führt sie aus: »Zu behaupten, eine auf Konventionen gegründete Vereinigung habe große Aussichten, zur Liebe zu führen, ist Heuchelei« (Beauvoir 1978, 421).

Die in Beauvoirs Aussagen zu Körperlichkeit und Sexualität durchscheinende Ablehnung weiblicher Körperlichkeit ist kritikwürdig, auch wenn nicht wenige Aspekte der existenzialistischen Deutung die weibliche Situation durchaus treffend beschreiben. Ihre intellektuelle Körperfeindlichkeit hat Beauvoir, zusammen mit dem Feiern der männlichen Transzendenz, des freien Zugangs zur großen Welt als Ziel auch für Frauen, harsche feministische Kritik eingetragen (vgl. exemplarisch Young 1989). Auch die Liebe zu Nichtigkeiten und die weibliche Ziellosigkeit können nicht gerade als freundliche Beschreibungen des eigenen Geschlechts gelten. An vielen Stellen des Textes lässt sich kaum sicher unterscheiden, ob Simone de Beauvoir hier patriarchale Bilder des Weiblichen analytisch auseinander nimmt, indem sie sie in ihrer ganzen Scheußlichkeit unmittelbar vor Augen führt, oder ob sie kenntlich machen möchte, wie schnell Frauen männlichen Frauenhass als Selbsthass internalisieren. Dies wären wohlmeinende Deutungen für die gewählten sexistischen Bilder.

Bei genauer Lektüre einzelner Textstellen liegt jedoch der Verdacht nahe, dass Beauvoir eigene Frauenbilder des Ekels und der Würdelosigkeit offenbart, Bilder, die die Autorin selbst in sich trägt und nicht genügend überprüft – genau in jenem bereits diskutierten Sinne, dass *die gesellschaftliche Abwertung von Frauen offensichtlich so tief verinnerlicht ist, dass sie sich auch in die Zeilen patriarchatskritischer feministischer Autorinnen einschleichen kann*. Dass LeserInnen diesen Sachverhalt auch bei der prominentesten feministischen politischen Theoretikerin vermuten müssen, ist ernüchternd, zumal in einem Text, der sorgfältig durchdacht, strukturiert und selbstbewusst formuliert ist. Zur

Verteidigung Beauvoirs lässt sich allerdings anführen, dass gerade die hässlichen Bilder von Schmutz, Schleim, Scham und Schuld dazu beitragen, die Aufmerksamkeit von Leserinnen zu gewinnen: Sie werden schockiert und damit, im Sinne der Selbsterfahrung, auf mögliche »dumpfe« Empfindungen im eigenen psychischen »Untergrund« verwiesen. Zur Verteidigung lässt sich darüber hinaus anführen, dass Simone de Beauvoirs außergewöhnliche Lebensgeschichte durchaus von freier Sexualität berichtet.

Die hässlichen Körperbilder haben also, so ließe sich *wohlmeinend* deuten, eine analytische Funktion. Ähnliches gilt von den vielen unerfreulichen Frauenbildern, die das Werk durchziehen. Wie Mary Wollstonecraft brandmarkt Simone de Beauvoir nicht nur diejenigen Männer und Frauen, die die Unfreiheit jeder Frauengeneration neu erzwingen, sondern auch diejenigen Frauen, die sich an ihrer eigenen Verfangenheit an die Immanenz beteiligen oder sich ihr zumindest nicht ausreichend widersetzen. Der in diesem Kontext wichtige Gedanke bei Beauvoir umfasst die existenzialistische These, dass Freiheit zwar den zentralen Inhalt menschlichen Daseins ausmacht bzw. ausmachen sollte, Freiheit aber keineswegs ein leicht zu realisierendes Projekt darstellt. Denn für jeden Menschen bleibt Selbstaufgabe immer eine Lockung. Drastisch und provokativ drückt Beauvoir ihre Annahme aus: »Zweifellos ist es bequemer, in blinder Unterwerfung zu leben, als an seiner Befreiung zu arbeiten: auch die Toten sind der Erde besser angepaßt als die Lebenden« (Beauvoir 1978, 261). Beauvoirs Emphase für die Freiheit jedes Menschenwesens entspricht also keinem billigen Plädoyer für Freiheit als Freizeit, Spaß und ein bisschen Selbstverwirklichung. Für die existenzialistische Feministin Beauvoir ist Freiheit anstrengende Arbeit, zu der ganz wesentlich *Mut* gehört.

Denn Freiheit ist Risiko, und neben dem individuellen Freiheitsanspruch lebt für die Existenzialistin Beauvoir in jedem Menschen auch die »Versuchung«, vor der »Freiheit zu fliehen« (Beauvoir 1978, 15). »[E]s ist ein bequemer Weg: man geht auf diese Weise der Angst und der Spannung der wirklich bejahten Existenz aus dem Wege« (ebd.). In diesem Motiv treffen sich für Beauvoir die wechselseitigen »Bequemlichkeiten« der Geschlechterhierarchie: Der narzisstische Mann schafft sich in Frauen den Spiegel der eigenen Bewunderung, die ängstliche Frau kann eigenen Herausforderungen auf dem Wege der Erfüllung seiner Bedürfnisse entfliehen. Männer setzen sich als Subjekte, als das Wesentliche, als Helden und Vollbringer großer Taten und machen Frauen zum Anderen, das nur in (bewunderndem) Bezug auf männliche Subjektivität bestimmbar ist (vgl. Beauvoir 1978, 11, 194). So passen die beiden Geschlechter in ihrer Herrschaftsverstrickung gut zusammen. Das Paar bei Simone de Beauvoir heißt nicht »starker Mann/sanfte Frau«, sondern »narzisstischer Mann/furchtsame Frau«, ein nicht so weit entferntes Bild, das aber durch Akzentverschiebungen eine wesentlich andere Bedeutung erhält. Gerade schwache Männer, so Beauvoir (1978, 18), brauchen diese herrschaftliche Konstruktion des Geschlechterverhältnisses; für sie sind Frauen »Wunderbalsam« gegen Minderwertigkeitsgefühle.

In ihrer Auseinandersetzung mit den Pros und Kontras menschlicher Freiheit geht Beauvoir sogar so weit zu behaupten, dass die »ganze Gesellschaft« Frauen anlügt, wenn sie »den hohen Wert der Liebe, der Ergebenheit, der Selbsthingabe« anpreist (Beauvoir 1978, 672). Die Gesellschaft muss auf solche Mittel der Verführung zurückgreifen, um dem Freiheitsbedürfnis, das jedes Individuum ursprünglich in sich trägt, mit einem Gegenprogramm speziell für Frauen zu begegnen. Es ist aber »das schlimmste Verbrechen« (ebd.), dass eine Gesellschaft oder Einzelne, etwa ErzieherInnen, begehen können: Frauen in Versuchung zu führen, aus Bequemlichkeit oder aus Angst vor der Freiheit sich selbst aufzugeben. Beauvoirs kritische Frauenbilder beweisen, dass sie das freiheitsfeindliche gesellschaftliche Gegenprogramm für recht erfolgreich hält. Nur die ungeschönten Vorführungen weiblicher Verfangenheit an das patriarchale Unterwerfungsprogramm scheinen für Beauvoir geeignet zu sein, den psychischen »Schutt« wegzuräumen, der das weibliche Menschsein repressiv umstellt.

Wenn Frauen heute die körperfeindlichen Textstellen bei Beauvoir tatsächlich anders – d. h. abgestoßen – lesen, als sie vor einem halben Jahrhundert gelesen werden konnten, so haben heutige Leserinnen das nicht unwesentlich dem schriftstellerischen und persönlichen Mut der Autorin selbst zu verdanken. Denn ohne Beauvoirs tabubrechenden Mut und ohne ihre Liebe zur Freiheit sähe der zeitgenössische Feminismus anders aus. *Das andere Geschlecht* ist kein friedliches Programm, das die Mütterlichkeit im

Staate oder die edle Schönheit des weiblichen Charakters preist. *Das andere Geschlecht* ist ein streitbarer, strittiger, umfassender Versuch der Analyse dessen, wie Frauen zu Frauen gemacht werden – ohne jene Beschönigungen, die die feministischen Texte der Jahrzehnte vor und nach 1900 so oft charakterisieren. So schwer erträglich manche der Aussagen Beauvoirs für Frauen heute sein mögen, im Vergleich zu den Texten der Differenzdenkerinnen sind Beauvoirs Analysen von einer Schärfe, *die den Verstand erfrischt*, nicht betört, Gefühle provoziert, nicht vernebelt und zu Widerspruch anregt, statt ihn zu verhindern.

Am Schluss ihres Werkes formuliert Beauvoir die eher versöhnliche Hoffnung, dass die Zeiten für Frauen sich gerade ändern könnten, dass Unfreiheit und Selbstaufgabe nicht mehr in gleicher Weise attraktiv erscheinen. Beauvoir plädiert deshalb für eine eigenständige, ausfüllende Arbeit für alle Frauen, für ihre ökonomische Unabhängigkeit als Grundvoraussetzung jeder Befreiungschance, hält Menschlichkeit in einem weiblichen Körper für möglich, fordert von Frauen die entschiedene Verfolgung großer Ziele und eine selbstvergessene Hingabe an sie (vgl. Beauvoir 1978, 638-667). Beauvoir ist allerdings nicht so optimistisch zu behaupten, dass diese wesentlichen Freiheits-Bedingungen bereits verwirklicht seien. Sie ist sogar eher skeptisch: »Die freie Frau wird eben erst geboren« (Beauvoir 1978, 667), steht also noch ganz am Anfang ihres Weges zur Freiheit. Das macht den Appell an das weibliche Freiheitsbedürfnis um so dringlicher.

Beauvoirs *Gleichheitsvorstellung* ist ein *Freiheitsideal* und basiert auf einer relationalen Herrschaftskritik. Beide Geschlechter ergänzen sich in herrschaftsverfangenen Zuschreibungen und Verpflichtungen wechselseitig, Despot und Sklavin sind jeweils »der Komplize ihrer Gegenseite« (Beauvoir 1978, 670). »Man würde ihn befreien, wenn man sie frei machte!«, davon ist Beauvoir (1978, 671) überzeugt. Vehement wehrt sie sich gegen das Konzept einer »*Gleichheit in der Ungleichheit*, dessen sich der eine bedient, um seinen Despotismus, und die andere, um ihre Feigheit zu bemänteln« (Beauvoir 1978, 673). Dies ist für die existenzialistische Theoretikerin nicht nur aufgrund der individuellen Freiheitsverpflichtung ein Problem, es entspricht auch nicht der menschlichen Art als einer gesellschaftlichen Existenz: »Die Tatsache des Menschseins ist unendlich viel wichtiger als alle Besonderheiten, die Menschenwesen auszeichnen« (Beauvoir 1978,

678). Diese grundlegende, unabweisbare Gleichheit des menschlichen Daseins realisiert sich in der Freiheitsfähigkeit.

Simone de Beauvoir glaubt daran, dass Frauen trotz ihrer spezifischen Versklavung an die Gattung, trotz endloser Jahrhunderte der Unterdrückung, trotz zahlreicher verinnerlichter Sexismen, trotz des freiheitsfeindlichen gesellschaftlichen Lügenprogramms und schließlich trotz des allgemein menschlichen Freiheitsrisikos... zur Realisierung ihrer Freiheit in der Lage sind. Dieser Glaube entschärft einige hässliche Kanten der Beauvoir'schen Frauenbilder. Beauvoirs Vorstellung, wie diese Realisierung möglich wird, ist unzweideutig: Nur »authentische Arbeit« (Beauvoir 1978, 460) und selbst gewählte, engagiert verfolgte, tief greifende Zielsetzungen schaffen eine Situation, die Frauen und Männer gleichermaßen und gemeinsam frei und gleich werden lassen. Den Nichtigkeiten des aufgezwungenen weiblichen Alltags müssen Weltbezug und Hingabe entgegengesetzt werden. Transzendenz statt Immanenz lautet die Perspektive auch für Frauen. »Nur in einer sozialistischen Welt« kann Beauvoir (1978, 638) sich die Realisierung dieser wirklichen Freiheit für beide Geschlechter vorstellen; die Nähe zwischen französischem Existenzialismus und sozialistischem Denken scheint hier durch.

Simone de Beauvoir ist, so könnte man/frau sagen, der Rousseau der feministischen politischen Theorie: So hingebungsvoll und emphatisch wie diese beiden schreiben nur wenige über die menschliche Freiheit. Doch während Rousseau von der natürlichen Ungleichheit aller Menschen ausgeht, betont Beauvoir ganz bewusst die wesentliche Gleichheit der »Menschenwesen«. Es wäre verfehlt anzunehmen, dass Beauvoir die natürlichen Unterschiede damit abstreiten oder leugnen wollte – die Unterschiede zwischen der männlichen und weiblichen Biologie beschäftigen Beauvoir ja gerade sehr intensiv. Doch wirken diese Unterschiede, wie sie nicht müde wird zu betonen, aufgrund einer spezifischen gesellschaftlichen »Situation«, sie wirken durch Herrschaft. Welche Unterschiede dagegen in der realisierten Freiheit bedeutsam sein werden, vermag keine zu sagen. Beauvoir wehrt sich jedoch ausdrücklich gegen die typisch patriarchale Unterstellung, dass in einer Gesellschaft gleicher Freiheiten »Langeweile« und »Gleichförmigkeit« Einzug halten könnten (Beauvoir 1978, 680). Das ideologische Schreckbild der Gleichheit als Gleichmacherei lehnt Beauvoir ab.

Ihre Utopie bleibt weitgehend offen: »Zwischen den Geschlechtern werden neue körperliche und seelische Beziehungen entstehen, die wir uns nicht vorstellen können« (ebd.). Einen Hinweis gibt Beauvoir (1978, 681) im letzten Satz noch mit auf den Weg: die Hoffnung, »daß Mann und Frau jenseits ihrer natürlichen Differenzierungen rückhaltlos geschwisterlich zueinander finden«. Dieses berühmte freundliche Bild, mit dem *Das andere Geschlecht* ohne viel Pathos endet, enthält die beiden Elemente von Beauvoirs Gleichheitskonzeption: Natürliche Differenzen existieren zwar, doch erst *jenseits* ihrer biologischen Faktizität liegen die gesellschaftlichen Herausforderungen, die im Ideal der Geschwisterlichkeit ausgedrückt werden sollten. Frauen müssen für diese Utopie auf »Kühnheit, Eifer, Hingabe oder Größe« statt auf Mittelmäßigkeit (Beauvoir 1978, 573f.) und Pseudo-Arbeit setzen. Männer müssen darauf verzichten, Frauen zum Objekt zu machen und sich wie »ein Kind«, eine »lästige Drohne, ein boshafter Tyrann, ein Egoist, ein Protz« oder eine »Gottheit« zu geben (Beauvoir 1978, 584). Lapidar hält Beauvoir (1978, 592) fest: »Es gibt für die Frau keinen andern Ausweg, als an ihrer Befreiung zu arbeiten.«

Eine weitere inhaltliche Nuance unterscheidet die Freiheits-Enthusiastin Beauvoir vom Freiheits-Enthusiasten Rousseau. Während Letzterer den menschlichen Freiheitswillen und die menschliche Freiheitsfähigkeit schlicht setzt und voraussetzt, problematisiert die Existenzialistin Beauvoir die Furcht vor der Freiheit, die Anstrengung, die freies Handeln und Entscheiden verlangt, die Bequemlichkeit, die von der Freiheit ablenken oder gar lebenslang abhalten kann. Beauvoir und Rousseau sehen die *Beschwerlichkeiten menschlicher Freiheit* nicht in gleicher Weise. Rousseaus Blick richtet sich kritisch auf die gesellschaftlichen Umstände, die Unfreiheit erzeugen; die Erlangung gesellschaftlicher Freiheit ist für ihn ein unangefochtenes Ziel. Beauvoirs Blick konzentriert sich ebenfalls kritisch auf die gesellschaftliche Konstruktion von Unfreiheit, doch die Erlangung der Freiheit ist ein anfechtbares, fragiles Ziel. Während beide TheoretikerInnen scharfe Kritiken der Unfreiheit formulieren und davon ausgehen, dass für die Freiheit gefochten werden muss, kann Beauvoir sehr viel besser als Rousseau das Fortbestehen der Unfreiheit erklären: Nicht nur der Wille zur Freiheit ist menschlich, auch Furcht und Flucht vor der Freiheit gehören zur menschlichen Grundausstattung.

Ich möchte an dieser Stelle ausdrücklich *nicht* darüber spekulieren, ob dieser Unterschied zwischen den beiden Freiheits-EnthusiastInnen – neben Beauvoirs existenzialistischem Tenor – vielleicht auch geschlechtsspezifische Ursachen haben könnte. Ausdrücklich möchte ich aber feststellen, dass Beauvoirs Problematisierung der Furcht/Flucht vor der Freiheit für die feministische politische Theorie einen bedeutenden Erkenntnisfortschritt darstellt. Seit der Französischen Revolution mühen sich feministische TheoretikerInnen mit der Beantwortung der Frage ab, warum Frauen sich ohnmächtig fügen, warum sie freiwillig zu Cockerspaniels, Puppen und Sklavinnen werden, sich den Despoten unterwerfen, so selten rebellieren, sich mit den ihnen gesellschaftlich zugewiesenen Plätzen weitgehend zufrieden geben und angesichts des gebrochenen Gleichheitsversprechens nicht sofort eine politische Revolte anzetteln. Die Erklärungen dafür sind bis zur Mitte des 20. Jahrhunderts eher unbefriedigend. Selten werden präzise Erklärungsversuche unternommen, die, wie bei Mary Wollstonecraft, darauf zielen, das Zusammenspiel von Männern und Frauen in der Aufrechterhaltung männlicher Herrschaft zu durchschauen. Relationale Herrschaftsanalysen sind sehr viel seltener als Frauen-entlastende, zornige Zuschreibungen an die Despoten oder beschönigende feministische Überhöhungen patriarchaler Weiblichkeit.

Beauvoir ist die erste Analytikerin, die sämtliche Fallstricke, *wirklich alle* wechselseitigen Verfangenheiten, jede gegenseitige Abhängigkeit und alle aneinander gerichteten ideologischen Zuschreibungen radikal, schonungslos, ja geradezu gnadenlos offen legt. Männer und Frauen, die *Das andere Geschlecht* aufmerksam und unvoreingenommen lesen, finden sich selbst in Bildern beschrieben, die für beschauliche Ansichten zum Geschlechterverhältnis keinen Raum lassen. Nicht eine amüsant entlarvende Polemik wie bei Dohm wird in dieser Schrift präsentiert, sondern eine schwierige, unangenehme, auf jedes nur denkbare Detail der Geschlechterherrschaft bezogene Kritik und Selbstkritik. Von Frauen fordert die Lektüre des wichtigsten Werkes der feministischen politischen Theorie die Bereitschaft, sich vorbehaltlos auf die Erkenntnis einzulassen, wie tief die patriarchalen Konstruktionen von »Frau« in den Köpfen, Körpern und Herzen von Frauen verankert sind. Die Angst vor den Schwierigkeiten und Anforderungen, die ein selbst gewähltes Leben in patriarchalen

Gesellschaften für Frauen provoziert, ist der Kern von Beauvoirs mühevoller, ertragreicher Arbeit.

## *Das andere Geschlecht* heute

Simone de Beauvoirs schonungsloser Text und ihr mutiges Leben kommen erst Jahrzehnte nach dem Erscheinen des Buches zu feministischem Ruhm. Als die Frauenbewegung während der sechziger Jahre des 20. Jahrhunderts überall auf der Welt neu entsteht, liegt *Das andere Geschlecht* zur Lektüre bereit, doch es dauert eine Weile, bis die ganze Bedeutung des Textes für den neuen Feminismus offensichtlich wird. Alice Schwarzer, die bekannteste deutsche Feministin, interviewt Simone de Beauvoir bereits 1972 in Paris (vgl. Schwarzer 1991, 25-43). Einige Jahre später wird in einem weiteren Interview deutlich, dass nicht nur die Frauenbewegung zunehmend von der Lektüre des Buches, sondern auch Beauvoir von den neuen Feministinnen lernt: »Sie haben mich in vielen meiner Ansichten radikalisiert!«, sagt Beauvoir zu Schwarzer (1991, 65) im Jahr 1976. 1978 schließlich stellt Simone de Beauvoir in einem neuen Gespräch selbstbewusst fest:

> »Es wäre falsche Bescheidenheit von mir, nicht zu sehen, daß in diesem Bereich bisher nichts Besseres geschrieben wurde. Auch wenn einige der heutigen Feministinnen (wie zum Beispiel Firestone oder Millet [sic]) in konkreten Punkten darüber hinausgegangen sind, so gehen sie doch alle von der bereits im *Anderen Geschlecht* geleisteten Arbeit aus« (Schwarzer 1991, 91).

*Das gilt bis heute – mehr als ein halbes Jahrhundert nach Erscheinen des Anderen Geschlechts.* Die zahllosen feministischen Arbeiten zu allen Feldern der gesellschaftlichen Realität, die seit den sechziger Jahren erscheinen, basieren alle, mittelbar oder unmittelbar, auf Beauvoirs Grundlagenwerk. Ob sie sich von ihm distanzieren, neue Aspekte entdecken oder alte wiederentdecken, die geschlechterpolitischen Einzelheiten, die in *Das andere Geschlecht* angesprochen werden, wissenschaftlich aufgreifen, konkretisieren oder revidieren... sämtliche Analysen des zeitgenössischen Feminismus gehen explizit oder implizit »von der bereits im *Anderen Geschlecht* geleisteten Arbeit aus«. Die Bedeutung des Textes für die aktuellen Kämpfe um Freiheit und Gleichheit für Frauen wird 1999, genau 50 Jahre nach seinem ersten Erscheinen, unter der Regie von Alice Schwarzer in Köln aufwendig gefeiert. Wissenschaftlerinnen, Schriftstellerinnen und Politikerinnen aus mehreren Kontinenten diskutieren über ihr jeweiliges Verständnis der Beauvoir'schen Arbeit und über die Lage der Frauen heute (vgl. Schwarzer 2000a).

Schwarzer selbst nutzt die Gelegenheit des Kongresses, um einmal mehr mit dem Differenzdenken im Feminismus abzurechnen; sie weist zudem darauf hin, dass selbstverständlich alle von ihr geladenen Feministinnen »Antibiologistinnen, genannt die Radikalen bzw. Universalistinnen bzw. Gleichheitsfeministinnen« sind (Schwarzer 2000b, 13). In bekannter Manier wird die eigene Position hervorgehoben: »Dabei liegt es in der Natur der Sache, dass es immer die Antibiologistinnen waren, die sich am stärksten in Opposition zum Bestehenden befinden« (Schwarzer 2000b, 14). Dass es »in der Natur« der Sache liegt, nicht mit der Natur zu argumentieren, darf sicher als aufschlussreicher Versprecher betrachtet werden. Von allen Rednerinnen des Kölner Kongresses trifft Rita Süssmuth am präzisesten das Beauvoir'sche Anliegen, wenn sie sagt:

> »Ich verstehe heute besser denn je, warum das Wort Selbstbestimmung in Verbindung mit Frauen immer noch ein Reizwort, eine Provokation ist. Es macht den Kern einer eigenständigen freien Existenz aus. Ich weiß aber auch, dass es für Menschen oft leichter ist, fremd- als selbstbestimmt zu leben. Es ist bequemer, einem vorgezeichneten Weg zu folgen, als ihn selbst zu suchen, als selbst zu entscheiden« (Süssmuth 2000, 48).

Bei der Auflistung der Verdienste Beauvoirs weisen die verschiedenen Rednerinnen u. a. darauf hin, dass Beauvoir das »Schlüsselthema« sexuelle Gewalt enttabuisiert, die Utopie einer Erotik der Gleichheit entworfen, eine eigene Sprache gefunden und ein selbstbefreites, nonkonformistisches Leben vorgelebt habe (vgl. Schwarzer 2000a, 49, 68, 103, 25-30). Die Interpretationen sind von heutigen Deutungsmustern durchdrungen, doch die Würdigung Beauvoirs als einer, die Gewalt politisiert, eigenständiges Sprechen lehrt, Utopien entwirft und persönlich ein freies Leben führt, greift sicher nicht zu hoch. Das Thema Gewalt, die eigene Sprache, eigene Utopien und schließlich die Authentizität im »feministischen Leben« sind für die Neue Frauenbewegung zentrale Elemente des Handelns und Denkens. Dass der Kongress auch die Hypothese diskutiert, nicht Beauvoir sei Schülerin Sartres, sondern Sartre Schüler Beauvoirs gewesen, sei hier als Beleg der auch heute existierenden Beauvoir-Verehrung angemerkt (vgl. die Beiträge von Simons und den Fullbrooks in Schwarzer 2000a).

Zum Schluss des theoriegeschichtlichen Durchgangs möchte ich, als Ausblick auf den zweiten Teil meines Textes, eine wesentliche Überzeugung betonen, die die Freiheits-EnthusiastInnen Rousseau und Beauvoir teilen und die die Neue Frauenbewegung im Unterschied zum alten Feminismus entscheidend antreiben wird. Beide politischen TheoretikerInnen sind zutiefst davon überzeugt, *dass Gleichheit ohne Freiheit wenig wert ist und dass Gleichheit allein dem Menschen kaum Nutzen bringt*. Die intensive Befassung mit der Gleichheit (auch als Gleichwertigkeit in der Differenz), die die politische Ideengeschichte des Feminismus vom Ende des 18. bis zur Mitte des 20. Jahrhunderts kennzeichnet, gerät mit Simone de Beauvoirs existenzialistisch-feministischen Überlegungen an eine unsichtbare intellektuelle Grenze. Beauvoirs ausgeprägtes Gleichheitsdenken der Freiheit beendet, zumindest vorläufig, eine Diskussionstradition, die sich immer stärker der Betonung der Differenz verschrieben hatte. Beauvoir füllt den Gedanken der Gleichheit mit dem weiter reichenden Ideal der Freiheit auf und immunisiert so, immerhin für einige Zeit, das feministische Gleichheitskonzept gegen das feministische Differenzdenken.

Die Neue Frauenbewegung und die feministische politische Theorie der letzten Jahrzehnte des 20. Jahrhunderts basieren insofern mittelbar auf der Arbeit Simone de Beauvoirs, als sie den Wert der Freiheit in der politischen Aufbruchszeit der sechziger und siebziger Jahre *spontan* thematisieren und anerkennen. Die Neue Frauenbewegung nennt sich selbst die Bewegung der »women's liberation«, der *Befreiung der Frauen*. Eine der von Beauvoir 1978 gelobten Theoretikerinnen, Shulamith Firestone, eine der ersten Autorinnen des neuen Feminismus, widmet ihr 1970 in New York erschienenes Werk *The Dialectic of Sex* (Firestone 1976): Simone de Beauvoir. In *Frauenbefreiung und sexuelle Revolution*, so der deutsche Titel dieses neuen feministischen Grundlagentextes, schreibt Firestone: »Simone de Beauvoir ist die einzige, die einer endgültigen Analyse nahekam, sie vielleicht sogar geleistet hat« (Firestone 1976, 13). Die Befreiung der Frauen durch eine radikale, die gesamte gesellschaftliche Realität verändernde kulturelle Revolution ist Firestones Thema – symptomatisch für den neuen Feminismus, den Firestone (1976, 21) zur »bedeutendsten Revolution der Geschichte« erklärt. Mit gleicher Verve und gleicher Überzeugung von der Notwendigkeit feministischen Engagements sagt Rita Süssmuth (2000, 54) 1999 in Köln: »Feministin zu sein ist das Mindeste, was eine Frau tun kann.« Mit dem weltweiten Aufbruch der Neuen Frauenbewegung in den sechziger Jahren wird feministische Politik zum Ausdruck einer Revolte im Namen der Freiheit.

Mit dieser Feststellung bin ich an ein vorläufiges Ende meines Gangs durch die feministische politische Ideengeschichte gelangt. Ich unterbreche hier bewusst die Erzählung, um den Einschnitt zu markieren, den die Neue Frauenbewegung in den Thematisierungsweisen vornehmen wird ... die Umstellung vom Gedanken des Gleichheitsversprechens auf den Diskurs der Freiheitsrevolte. Die Geschichte des neuen Feminismus und seine aktuellen Perspektiven werden im zweiten Teil (weiter)erzählt. Zunächst möchte ich jedoch einen kurzen, etwas systematischeren Blick auf die berichtete Ideenfolge richten, um die Wurzeln des Engagements der TheoretikerInnen plastischer werden zu lassen. Zwei heute viel diskutierte, bedeutende, nichtfeministische TheoretikerInnen, Michael Walzer und Hannah Arendt, dienen mir als Anregung, um zwei politiktheoretische Gemeinsamkeiten der Quellentexte einzuschätzen: ihre Leidenschaftlichkeit und ihr (unmittelbarer oder mittelbarer) Bezug auf die Versprechen der Französischen Revolution. Abschließend kommt das zentrale Thema der Quellen noch einmal resümierend zur Sprache: die Gleichheit, dieses vermeintlich schlichte Ideal.

## 1.2. Leidenschaft für das demokratische Versprechen der Gleichheit

1999, im Jahr des Kölner Beauvoir-Kongresses, erscheint von Michael Walzer ein schmaler Band über *Vernunft, Politik und Leidenschaft* (Walzer 1999). Der US-Amerikaner Walzer ist kein feministischer Theoretiker, doch gehört er zu den ganz wenigen in der politischen Theorie, die Frauen in ihren Texten nie vergessen. Walzers Schrift ist hier von Interesse, weil sie sich mit einem ungewöhnlichen Thema befasst: mit der politischen Leidenschaft. Die KlassikerInnen der feministischen Ideengeschichte kennen die Leidenschaft in der Politik; leidenschaftlich engagieren sie sich für das in der Französischen Revolution gegebene demokratische Versprechen der Gleichheit. Ob sich die politische Leidenschaft als Verve wie bei Stöcker, als Pathos wie bei Lange und Bäumer, als Freiheits-Enthusiasmus wie bei Beauvoir oder als Spott und Sarkasmus wie bei Dohm äußert: Alle TheoretikerInnen des Feminismus sind von starker Emotion bewegt, die sich häufig in scharfer Wortwahl niederschlägt, wenn sie über ihr gerechtes Anliegen schreiben. Selten sprechen die feministischen KlassikerInnen nur in kühlen, gelassen vernünftigen Worten, selten verfassen Feministinnen (vor etwa 1990) langatmige gelehrte Abhandlungen. Selbst Wollstonecrafts Plädoyer gegen die Leidenschaft wird vehement vorgetragen. Schreiben hier also AutorInnen, die dem patriarchalen Zerrbild hysterischer Frauen entsprechen?

Um diese Frage beantworten zu können, sind Michael Walzers Überlegungen zur Leidenschaft in der Politik sehr aufschlussreich. Walzers Ausgangs- und Angriffspunkt ist die Skepsis, die klassisch liberale und zeitgenössische deliberative DemokratietheoretikerInnen gegen jede Form der Politik hegen, die nicht ausschließlich auf vernünftigen, allenfalls interessenorientierten Beratungen und Entscheidungen beruht. Walzer (1999, 8) äußert »Bedenken gegen die liberal verstandene Vernünftigkeit«; sie ist nicht in der Lage, »so etwas wie leidenschaftliche Energie« gegen Ordnungen der Ungleichheit zu entfachen (Walzer 1999, 9). Statt auf Mut, Courage und Engagement setzen Liberale auf »liebenswürdige Vernünftigkeit« (Walzer 1999, 77); Gesellschaftsveränderung ist so aber weder denkbar noch durchsetzbar. Erst die »Mobilisierung von Leidenschaften und Interessen« zwingt dazu, sich mit neuen Fragen und berechtigten Ansprüchen im politischen Leben auseinander zu setzen und die VertreterInnen dieser Ansprüche als Personen *anzuerkennen*, die sowohl vernünftig als auch leidenschaftlich überzeugt sind (Walzer 1999, 51, 57). Eine nur auf vernünftige Beratungen und Entscheidungen bezogene politische Theorie kann solche Prozesse, die in der Realität täglich zu beobachten sind, nicht erklären.

Walzer gibt jedoch sofort zu, dass die liberale Skepsis gegen die politische Leidenschaft nicht unberechtigt ist, denn sie hat oft genug in der Geschichte zu furchtbaren Grausamkeiten, zu Kriegen, Hass, »ethnischen Säuberungen«, vernichtenden Politiken und politischen Verbrechen geführt (vgl. Walzer 1999, 66ff.). Er fragt: »Folgt daraus nicht, daß wir einen Weg suchen müssen, wie sich die politische Leidenschaft ausschalten läßt?« (Walzer 1999, 75). Seine Antwort lautet eindeutig, dass die politische Leidenschaft nicht nur für »schreckliche Großtaten« (Walzer 1999, 77), sondern auch für wichtige, positive politische »Großtaten« verantwortlich ist. Unter vielen Beispielen für den positiven Gebrauch politischer Leidenschaft führt Walzer die »Frauenrechtlerinnen in den ersten Jahrzehnten des 20. Jahrhunderts« an, »die sich an Laternenpfähle anketteten und die Polizei ›angriffen‹« (Walzer 1999, 79) – Frauen, die heute gerade aufgrund ihrer politischen Leidenschaft anerkannt werden. Sie waren weder hysterisch noch unvernünftig, sie waren überzeugte Kämpferinnen für die gerechte Sache der Gleichheit.

Michael Walzer plädiert deshalb für eine Mischung aus Vernunft und Leidenschaft in der Politik. »Überzeugung und Leidenschaft, Vernunft und Enthusiasmus« (Walzer 1999, 78) dürfen nicht radikal getrennt werden. Frauenbewegung, Arbeiterbewegung, Bürgerrechtsbewegung und Prag 1989 stehen für Walzer für eine »Überzeugung, die von Leidenschaft aufgeladen ist, und eine Leidenschaft, die von Überzeugung gebändigt wird« (Walzer 1999, 79). »Leidenschaften zu rationalisieren und die Vernunft mit Leidenschaft anzureichern«, erklärt Walzer (1999, 88) zu seinem Ziel. Denn Demokratie, so ließen sich Walzers Überlegungen zusammenfassen, braucht nicht nur die zurzeit demokratietheoretisch so beliebte »leidenschaftslose« (ebd.), ruhige, vernünftige Beratung und Entscheidung. Demokratie braucht immer auch Männer und Frauen, die sich mutig, vehement und solidarisch – eben leidenschaftlich – gegen Ungerechtigkeit, den Status quo etablierter Ordnungen, Hierarchien und Ungleichheiten engagieren. »Wut über Ungerechtigkeit« gehört zu den legitimen Emotionen, den »guten Leidenschaften« in der Politik, davon ist Walzer (1999, 94) überzeugt.

Interessant ist in diesem Zusammenhang, dass Walzer auch problematisiert, dass Frauen zwar »normalerweise mit der Leidenschaft identifiziert werden«, der weitgehende Ausschluss von Frauen aus der politischen Sphäre jedoch dazu führt, »daß die leidenschaftliche Energie im politischen Handeln und Argumentieren regelmäßig männlich verkörpert wird« (Walzer 1999, 82). Es wäre angesichts dieser zutreffenden Beobachtung wenig überraschend, wenn sich LeserInnen der klassischen Texte von den starken Emotionen, die sich hier offenbaren, abgestoßen fühlten. Als *politische* Emotionen sind sie für Frauen nicht vorgesehen.

Doch der Durchgang durch die Ideengeschichte dokumentiert zugleich, dass die formulierten Anliegen legitimerweise starke Emotionen entfachen. Die feministische Kritik richtet sich gegen den häuslichen Despotismus, gegen Gewalt und sexuelle Gewalt, Rechtlosigkeit gegenüber (Ehe-)Männern, Unwissenheit und fehlende Bildungschancen, die Unmöglichkeit freier Wahl in den Liebesbeziehungen, die Verweigerung von Erwerbsarbeit und ökonomischer Unabhängigkeit, den Ausschluss von den politischen BürgerInnenrechten, insbesondere vom Stimmrecht, und gegen die fehlende Anerkennung als freie und gleiche Menschenwesen mit einem weiblichen Körper... all diese Themen haben Feministinnen zu Recht angesprochen, und all diese Themen, *wirklich alle*, beschäftigen Feministinnen weltweit bis heute. Als Dauerthemen gehören das Recht auf Wissen, die BürgerInnenrechte, das Recht auf Arbeit und der Schutz vor (sexueller) Gewalt zu den zentralen Bereichen feministischen Engagements.

Im Laufe von eineinhalb Jahrhunderten verschieben sich – das ist ebenfalls deutlich zu sehen – zugleich die Thematisierungsweisen und die Nuancen in Darstellung und Wortwahl. Begriffe wie Sklaverei und Despotismus beispielsweise werden seltener, ohne jedoch ganz zu verschwinden. Wahrnehmungsbarrieren entstehen oder lösen sich auf. Dies gilt v. a. für die zentrale Frage, ob Männer und Frauen grundsätzlich als Gleiche oder als Verschiedene zu betrachten sind. Hier lassen sich, um ein modisches Wort zu verwenden, »Themenkonjunkturen« in der feministischen politischen Ideengeschichte ausmachen. Mit dem französischen Philosophen Michel Foucault gesprochen, können selbst kleine Akzent- oder Themenverschiebungen bedeutende Brüche in der grundlegenden Betrachtungsweise eines Feldes auslösen. Bei der Verschiebung von der Gleichheits- zur Differenzperspektive handelt es sich um einen massiven Bruch, der allerdings in einem allmählichen Prozess hervorgebracht wird. Die Gewichtung, die beiden Perspektiven gegeben wird, verändert sich – ausgehend von der Wollstonecraft'schen Gleichheits-Interpretation: Menschen sind von Natur aus ungleich, doch gesellschaftlich stehen ihnen die gleichen Rechte zu. Wird hier die Betonung nur ein wenig deutlicher auf die natürliche Ungleichheit gelegt, kann die Konzeption in die Differenz umschwenken.

Die Relation zwischen Gleichheit und Differenz unterliegt, wie der ideengeschichtliche Gang belegt, starken Schwankungen, der thematische Kern Wissen/Partizipation/Arbeit/Gewalt aber bleibt und bildet den Grundton des Feminismus: Kritik der Ungleichheit auf den Feldern der politischen, ökonomischen und intellektuellen Teilhabe sowie Kritik der Gewalt. Für alle feministischen AutorInnen seit dem Ende des 18. Jahrhunderts stellen diese Formen der Herrschaft von Männern über Frauen den Wert des demokratischen Versprechens der Gleichheit, das die Französische Revolution gegeben hat, grundsätzlich in Frage. Politische Leidenschaft für das demokratische Versprechen der Gleichheit bewegt bis heute (nicht nur) Feministinnen, seien sie VertreterInnen der Gleichheits- oder der Differenzposition. *Alle fühlen sich gleichermaßen betrogen*, so unterschiedlich die Alternativen zur jeweils beschriebenen patriarchalen Herrschaft auch aussehen mögen.

# 1.3. Das gebrochene Versprechen der Gleichheit

Die intellektuelle Schlichtheit vieler polarisierter Bilder der Geschlechter – sanfte Frau und starker Mann oder sklavische Frau und despotischer Mann – und die politische Leidenschaftlichkeit fast aller KlassikerInnen wirken auf heutige LeserInnen vielleicht doch eher befremdlich. Denn differenzorientierte Polarisierungen, ebenso wie die gleichheitsfeministische Ablehnung aller Polarisierungen, orientieren sich letztlich beide am Gleichen: an der hegemonialen, patriarchalen »Polarisierung der Geschlechtscharaktere« (Hausen 1976), also am politischen Gegner selbst. Gewohnt, über das Verhältnis von biologischem und sozialem Geschlecht nachzudenken, homogene Identitätsvorstellungen kritisch zu hinterfragen, über kulturelle Globalisierung und hybride Identitäten zu spekulieren, erscheinen heutigen LeserInnen die politischen Ausgangsbedingungen der älteren und neueren feministischen Theorie vermutlich nicht selten banal. Mit Michel Foucault (1991) oder Judith Butler (1991) haben wir doch gelernt, auch die widerständigen Bilder als integrierten Teil der herrschenden Machtnetze zu interpretieren und die Möglichkeit, das »ganz Andere« politisch zu denken, zumindest skeptisch zu beurteilen, wenn nicht gar ganz abzulehnen.

Starre Geschlechtszuschreibungen, einheitliche Identitäten oder stabile nationale Kulturen werden im Zeitalter postmoderner Theorien und globaler Transformationen gerne als Fiktionen enttarnt. Warum sollte es da von politischer und theoretischer Bedeutung sein, sich die alten Gleichheitsideale, schlichten Differenzkonstruktionen und zornigen Ungleichheitskritiken etwa aus der Zeit der Französischen Revolution oder der 1848erInnen zu betrachten? Warum sich mit Despotie befassen, wenn sie noch nicht einmal mehr als Begriff verwendet wird? Die Antwort ist ebenso schlicht wie die Konstruktionen: weil das mit der Französischen Revolution gegebene Versprechen auf Freiheit und Gleichheit aller bis heute nicht eingelöst wurde und jeder Tag, den die Einlösung auf sich warten lässt, ein Politikum darstellt. Im gesellschaftlichen Alltag von Frauen und Männern im 21. Jahrhundert ist allerdings, ganz anders als zu Lebzeiten Mary Wollstonecrafts, die Aktualität des Versprechens nicht präsent und der Zorn über seine Nichteinlösung verschüttet.

Ein *gebrochenes Versprechen* ist, politisch gesehen, keine Kleinigkeit, zumal wenn das ursprüngliche Versprechen unter solch welthistorischen Bedingungen abgelegt wurde. Die die gesamte Menschheit betreffende französische Formulierung der Menschen- und Bürgerrechte von 1789 ist ein gesellschaftsvertragliches Versprechen ersten Ranges; bis heute ist dieses Versprechen Vorbild für Verfassungsformulierungen und politiktheoretische Konzepte. In ihrer kritischen Auseinandersetzung mit der Französischen und Amerikanischen Revolution hat Hannah Arendt auf die Macht, die »aus dem Versprechen entspringt« (Arendt 1994, 222), hingewiesen – eine Macht, die sich im Gesellschaftsvertrag der Gleichen als »Akt des Sichaneinanderbindens« (Arendt 1994, 221) repräsentiert und gegenseitiges Vertrauen in das Versprechen zum Ausdruck bringt (vgl. Arendt 1994, 220/221). Arendt (1994, 227) schreibt enthusiastisch: »Gerade in der Fähigkeit, Versprechen zu geben und zu halten, offenbart sich die weltbildende Fähigkeit des Menschen.« Was Arendt die menschliche »Versprechenskapazität« nennt, ist für sie »vielleicht die höchste und bedeutendste aller menschlichen Fähigkeiten« (ebd.) im Bereich des Politischen, der wiederum den bedeutendsten Bereich menschlicher Tätigkeiten umfasst.

Folgt man/frau der politischen Theorie Hannah Arendts, ist ein politisches Versprechen ein höchst würdevolles Unterfangen, das Macht stiftet, Bindung ins Leben ruft, auf Vertrauen basiert. Versprechen ist zudem ein Zukunftsprojekt (vgl. ebd.). Was aber geschieht mit dem »Vertrauen auf die Kraft gegenseitiger Versprechen« (Arendt 1994, 217), wenn abgelegte Versprechen in der Zukunft täglich gebrochen bzw. nie eingelöst werden? In der fünf Jahre älteren *Vita Activa* setzt sich Arendt (1989) ebenfalls mit dem Versprechen auseinander. Arendt (1989, 232) beschreibt es hier als »Insel[n] der Sicherheit von den Menschen in das drohende Meer des Ungewissen geworfen« und »Wegweiser in die Zukunft« (ebd.). In den »Nebel des Ungewissen und Nichtwißbaren«, in das »Chaos der Menschenwelt« (Arendt 1989, 239) trägt das Versprechen Ordnung. Die »grundsätzliche Unzuverlässigkeit des menschlichen Wesens«, Ursprung der »Unabsehbarkeit des Zukünftigen«, kann nicht behoben, doch die ungewisse Zukunft »hie und da« aufgehellt werden (ebd.). Unzuverlässigkeit ist der Preis der Freiheit, Unabsehbarkeit der Preis der Freude, gemeinsam mit anderen die Welt zu bewohnen; Menschen können sich selbst nicht vollkommen vertrauen (vgl. ebd.).

Arendts düstere Nebel und Meere des Ungewissen lassen keine Täuschung aufkommen: Selbst wenn der Text das Versprechen immer wieder mit der Formel »geben und halten« umgibt, existiert doch keinerlei Sicherheit für Letzteres. Etwas versprochen zu *bekommen* ist riskant, so würdig das abgelegte Versprechen auch formuliert sein mag. Kein menschliches Wesen, so Arendt (ebd.), kann dafür einstehen, »wer es morgen sein wird« – Despot oder Sklavin, das scheint unausgemacht, so möchte ich an dieser Stelle ein wenig ketzerisch hinzufügen. Da das Versprechen bei Arendt ein Handeln zwischen Gleichen ist und auf Wechselseitigkeit beruht, gehen alle am Versprechen Beteiligten das gleiche Risiko ein. Versprechensunbeteiligte haben in dieser gegenseitigen Bindung freilich erst einmal wenig zu erwarten, ihnen bietet sie weder Freiheit noch eine klarere Zukunft.

Doch Arendt bleibt in der ihr eigenen Weise angesichts der ungewissen Zukunft optimistisch. Das Versprechen gilt Arendt, neben dem Verzeihen, als einzig legitime Moralvorschrift im Bereich des (politischen) Handelns (vgl. Arendt 1989, 241), und diese Bewertung verbindet Arendt direkt mit dem Faktum der Natalität und damit mit dem Wunder des Neuanfangs (vgl. Arendt 1989, 241-243): Vertrauen in und Hoffnung für die Welt kommen aus dem *Geborensein* (vgl. Arendt 1989, 243), so dass immer wieder ein Neuanfang, auch im Versprechen, gemacht werden kann. Die unabsehbare Zukunft ist ein systematisches Risiko für die Gleichen, die sich etwas versprechen, aber sie ist auch eine Chance für alle, den »Lauf der Welt« (ebd.) zu unterbrechen. In diesem Sinne spricht Hannah Arendt von der »Macht des Versprechens« (Arendt 1989, 239-243). Versprechen und Handeln stiften Macht und Bindungen.

Im hier interessierenden Fall eines großen Versprechens, das sowohl beteiligte als auch unbeteiligte Andere anspricht, muss die Seite des Ungewissen besonders betont werden. Wenn selbst die beteiligten Gleichen nicht sicher wissen, was mit dem Versprochenen in der unabsehbaren Zukunft geschieht, so können die unbeteiligten Ungleichen nur hoffen, dass sich die Inseln der Versprechen als zukunftsfähig erweisen und die Nebel lichten werden. Auf *einen* Vorteil dürfen die unbeteiligten Ungleichen setzen: Für Arendt ist das Versprechen der andere, bessere Weg einer Ordnung der menschlichen Angelegenheiten, sein repressives Pendant ist Selbst-Beherrschung und Herrschaft über andere (vgl. Arendt 1989, 240). Gemeinschaften des Versprechens weisen also zumindest in eine grundsätzlich andere *Richtung* als solche unterlassener Versprechen. Versprechensgemeinschaften garantieren nicht mehr, aber eben auch nicht weniger als eine positive gesellschaftliche Entwicklungsperspektive, eine *mögliche* herrschaftsfreie Zielrichtung. Als macht-voller Wegweiser in die Zukunft sichert das Versprechen ein *Potenzial gleicher Freiheit, auf das Bezug genommen werden kann.*

Genau dies haben Feministinnen seit der Erklärung der Menschen- und Bürgerrechte getan. Im Vertrauen auf die Potenziale, die in ihr formuliert werden, erklären sich Frauen zu einem legitimen Teil des Bündnisses und verlangen ihre Aufnahme in die Gemeinschaft der mit unveräußerlichen Rechten ausgestatteten Menschheit. Dass die feministischen politischen TheoretikerInnen so erschreckend viele Worte machen, um zu beweisen, dass Frauen weder Sklavinnen noch Hündinnen, weder Puppen noch Fehler der Natur sind, wird vor diesem Hintergrund verständlich: Alle Theorien, alle Texte, alle Appelle müssen zunächst einmal beweisen, dass Frauen Menschen im voll gültigen Sinne des Wortes sind, dass die proklamierten Rechte also unmittelbar auf Frauen zutreffen und legitim auf sie anwendbar sind. Erst wenn der Beweis erbracht ist, kann sich die Diskussion auf die Ungerechtigkeit, ja Illegitimität des Ausschlusses und das gebrochene Versprechen richten.

Doch neben diesem Grund gibt es einen weiteren für die erschreckend vielen Worte, einen Grund, der wesentlich tiefer reicht: die notwendige Konstruktion der eigenen Identität durch die Ungleichen selbst. In den Texten der klassischen TheoretikerInnen spiegeln die epischen Auseinandersetzungen mit den Konstrukteuren der Ungleichheit und/oder mit den besonderen weiblichen Werten den Prozess der eigenen Identitätsbildung, die niemals jenseits des Disputs zwischen dem Eigenen und dem Anderen stattfinden kann. Stuart Hall, einer der wichtigen zeitgenössischen Theoretiker des Rassismus, beschreibt das Wechselspiel herrschaftsbezogener Identitätsbildung folgendermaßen: »In diesem Sinne ist Identität immer eine strukturierte Repräsentation, die ihr Positives nur mit dem engen Auge des Negativen wahrnimmt. Sie muß durch das Nadelöhr des Anderen gehen, bevor sie sich selber konstruieren kann« (Hall 1994, 45). »Insofern ist Identität eben kein Ding, sondern eine Beziehung. Das Eigene und das Andere entstehen nicht unabhängig voneinander, sondern falten sich in einem gemeinsamen Prozess auseinander«, kommentiert Mark Terkessidis (1999, 11) die Position Halls.

Durch diesen Prozess der Identitäts*konstruktion* muss auch die minorisierte Mehrheit Frauen gehen, wenn sie sich politiktheoretisch und politisch artikulieren will. Die eigene Identitätskonstruktion kann nicht außerhalb der patriarchalen Weiblichkeitsbilder, gleichsam von einem unabhängigen Ort aus, angegangen und vollzogen werden. »Sie muß durch das Nadelöhr des Anderen gehen.« Will man/frau nicht der patriarchalen Fiktion eines unberührten, homogenen, inneren, subjektiven Kerns »autonomes Individuum« aufsitzen, dessen inneres Wesen von allen äußeren Bedingungen unbeeinflusst vorzufinden ist, braucht Identität den Disput mit den Anderen. So kommen die feministischen KlassikerInnen in der Tat nicht umhin, mit den Konstrukteuren der Ungleichheit zu debattieren und die Frauenbilder zu analysieren, die herrschaftlich geschaffen wurden. Identitätskonstruktion ist ein selbstreflexiver Prozess, Identität ist keine vorgefundene sichere Wahrheit.

Durch dieses notwendige Konstruktionsprojekt entsteht in den Texten ein *doppelter Spiegelprozess*, der tatsächlich viele Worte machen muss: Die feministische Theorie befasst sich mit den Bildern, die der männliche Andere über Frauen erfunden hat, beschreibt die darin eingeschlossenen gespiegelten Bilder dieses Anderen und erzeugt aus diesem Prozess ein zweifach mittelbares Bild über die eigene Identität. Pointiert gesagt: *Das neue Bild entsteht aus der Kritik der Sklavin an der Kritik des Despoten an der Sklavin.* Diese doppelte Verneinung ist, in mathematischen Begriffen gesprochen, ein positiver Wert; doch entsteht er eben nicht unmittelbar aus einer Positivität, sondern aus der Verneinung des Verneintwerdens, der Negation der Negation. Kein ursprünglicher, unberührter Kern eines positiven, biologisch weiblichen Menschseins ist der Ursprung des neuen Bildes – auch nicht im Differenzdenken –, sondern die Ablehnung der Ablehnung des weiblichen Menschseins. Dieser komplizierte Prozess wird *implizit* in allen Texten – in unterschiedlicher Komplexität – durchschritten. In ihm bleiben, je nach AutorIn, größere oder kleinere Anteile des patriarchalen Bildes gleichsam hängen und bilden die Elemente der je eigenen Konstruktion.

So verzichtbar heutigen LeserInnen die epischen Auseinandersetzungen mit den Konstrukteuren der Ungleichheit und ihren Weiblichkeitsmythen erscheinen mögen, so unverzichtbar ist dieser argumentative Weg für das feministische Anliegen. Die legitimen Ansprüche auf das Menschsein und die eigenen Identitätsbilder werden auf diese Weise erzeugt und ausformuliert. Die patriarchalen Mythen behindern die freie Sicht auf das gleiche Menschsein von Frauen und auf eine selbst definierte Identität. Erst Mythen-Dekonstruktionen oder mindestens Mythen-Diskussionen sichern den steinigen Weg zur Gleichheit. Die eklatanten Widersprüche zwischen dem gegebenen Versprechen der Gleichheit, der gesellschaftlichen Realität der Ungleichheit und dem feministischen Anspruch auf Gleichheit müssen mit vielen Worten dargelegt werden.

## 1.4. Natur und Gesellschaft – ungleiche Gleichheiten

Der Gang durch die feministische Theoriegeschichte des 19. und 20. Jahrhunderts zum Ideal der Gleichheit macht eine bemerkenswerte Relation deutlich: Je jünger die Texte *innerhalb* eines Jahrhunderts oder einer sozialen Bewegung sind und/oder je näher die jeweiligen TheoretikerInnen *exklusiv* frauenbezogenen Zusammenhängen stehen, desto eindeutiger scheinen sie einer Differenz-geprägten Position zuzuneigen. TheoretikerInnen, die in politischen oder bewegungspolitischen Aufbruchszeiten schreiben, wie beispielsweise Mary Wollstonecraft, orientieren sich offenbar eher an der Gleichheit. TheoretikerInnen, die nicht vorwiegend in geschlechtshomogenen Kontexten arbeiten, wie etwa Simone de Beauvoir, vertreten häufiger gleichheitsfeministische Konzepte, selbst wenn der Differenzgedanke auch dort immer mal wieder in unterschiedlichen Facetten anklingt. Doch sind diese Regeln keineswegs durchgehend gültig, wie Louise Ottos eindeutig differenzfeministische Position mitten in der 48er-Revolution dokumentiert. Mythen-Dekonstruktionen patriarchaler, differenzbezogener Frauenbilder bilden dennoch offensichtlich eher den Ausgangspunkt von Auseinandersetzungen, eigene Mythisierungen/positive Stilisierungen und Frauenbilder der Differenz tauchen in zeitlich späteren Phasen politischer Auseinandersetzung auf. Vielleicht liegt dieser Unterschied im Ausmaß von Enthusiasmus und Erfolgserwartung begründet: In Aufbruchszeiten scheint das Ziel der Gleichheit in zeitlich greifbare Nähe zu rücken, in Zeiten bewegungspolitischer Alltagsgeschäfte und/oder Stagnation braucht frau hingegen die Ermutigung, wenigstens anders oder besser zu sein als der politische Gegner.

Cornelia Klinger gebührt das Verdienst, das frauenbewegte Wechselspiel von Gleichheits- und Differenzpositionen hierzulande als Erste ausführlich beschrieben zu haben. In ihrem 1986 erschienenen, viel diskutierten Aufsatz »Déjà-vu« beschreibt Klinger anhand zahlreicher Zitate aus Texten der Alten und Neuen Frauenbewegung einen analogen Wandel von der Gleichheits- zur Differenzposition. Klinger beobachtet, dass sich die

Differenzposition in der Bewegung jeweils später einstellt und sich gegenüber der Gleichheit als neu und »fortgeschritten« präsentiert (Klinger 1986, 61). Wo Differenzfeministinnen die »Männergesellschaft« grundsätzlich kulturkritisch angreifen und Weiblichkeit nicht als ergänzendes, sondern übergeordnetes Prinzip verkünden, zeigt sich sogar »plötzlich eine systemverändernde Dimension« (Klinger 1986, 64). »Die Grenzen zwischen Fortschrittlichkeit und Rückschrittlichkeit verlaufen nicht klar zwischen den beiden Positionen, sondern jeweils mitten durch sie hindurch«, fasst Klinger (1986, 68) vorsichtig zusammen. An zahlreichen Textstellen v. a. von Lange und Bäumer macht Klinger jedoch zugleich deutlich, dass differenzfeministische Konzepte als »Rückweg zu einer ›natürlichen‹ Ordnung« mit dem Ideal der Emanzipation nur wenig gemein haben (Klinger 1986, 71). In diesem Sinne steht Klinger selbst auf der Seite der Gleichheit.

Das Ideal der Gleichheit ist jedoch, entgegen dem allgemeinen Eindruck, keineswegs ein einfaches Konzept, das dem Differenzgedanken schlicht gegenübergestellt werden könnte. Gleichheitsvorstellungen sind in sich *äußerst vielfältig*. Der Gleichheitsanspruch kann sich auf die natürliche Ausstattung aller Menschen, er kann sich aber auch ausdrücklich auf ihre gesellschaftlichen Möglichkeiten beziehen. Das Gleichheitsdenken kann in individuellen oder in kollektiven Kategorien formuliert werden: als Gedanke einer vergleichbaren natürlichen Ausstattung jedes einzelnen menschlichen Individuums oder als gruppenbezogene Vorstellung in dem Sinne, dass die Geschlechter als Angehörige der menschlichen Art eher gleich als verschieden sind. Die theorie-immanente Relation von natürlicher Gleichheit oder Ungleichheit zu gesellschaftlicher Gleichheit oder Ungleichheit kann jeweils unterschiedlich gedacht werden. Wenn die feministischen KlassikerInnen von Gleichheit sprechen, sind deshalb die Relationen zwischen Natur und Gesellschaft, die im Text jeweils formuliert werden, immer mit zu berücksichtigen.

Angesichts der nicht direkt sichtbaren Komplexität des Gleichheitsideals ist eine Systematisierung möglicher Gleichheits- bzw. Ungleichheits-Positionen schwierig, doch möchte ich sie abschließend trotzdem versuchen. Folgende Positionen zur Frage der natürlichen oder gesellschaftlichen Gleichheit der Geschlechter sind *logisch* möglich:

a) *Die klassisch patriarchale Position* (natürliche Ungleichheit und gesellschaftliche Ungleichheit/Herrschaft): Die natürliche Überlegenheit des Mannes begründet seinen gesellschaftlichen Herrschaftsanspruch. Dies ist die in *zahllosen* Varianten existierende patriarchale Herrschaftsbegründung. Im »freundlichsten« Falle tarnt sich das Argument mit dem Schutzanspruch der zarten Frau, die als feinerer Mensch auf den hart arbeitenden Mann angewiesen ist.

b) *Die radikal gynozentrische Position* (natürliche Ungleichheit und gesellschaftliche Ungleichheit/Herrschaft): Die natürliche Überlegenheit der Frau begründet ihren gesellschaftlichen Herrschaftsanspruch. Dieses Konzept existiert nur in wenigen radikalfeministischen Äußerungen der siebziger und achtziger Jahre der Neuen Frauenbewegung. Da diese Position mit patriarchalen Sanktionen rechnen muss, ist sie immer mit schnellen Distanzierungen seitens anderer Frauen verbunden. Realgeschichtlich gesprochen wird dieses Konzept antiken Amazonenstaaten und matriarchalen Clanstrukturen unterstellt.

c) *Die menschenrechtliche Position* (natürliche Ungleichheit und gesellschaftliche Gleichheit): Die natürliche Überlegenheit des Mannes begründet keinen Anspruch auf Herrschaft; gesellschaftliche Gleichheit trotz natürlicher Ungleichheit wird durch die natürlichen unveräußerlichen Rechte aller Menschen verbrieft. Menschen werden als *gesellschaftlich Freie und Gleiche geboren, selbst wenn sie individuell ungleich sein mögen.* Die Französische Revolution hat Freiheit und Gleichheit in diesem Sinne als gleichsam *natürliche Gesellschaftsrechte*, die von Geburt an gelten, formuliert; die Unterschiede in der individuellen natürlichen Ausstattung sind im Idealfall gegenüber den gleichen Geburtsrechten sekundär. Wollstonecrafts politische Theorie kann als das klassische feministische Beispiel dieser herrschaftskritischen Konzeption der Moderne angeführt werden. Die Struktur des Arguments verweist auf Rousseau, der es allerdings für Frauen nicht gelten lässt. Wohl verstanden betont diese Position die Besonderheit des *gesellschaftlichen* Naturwesens Mensch am deutlichsten von allen.

d) *Die differenzfeministische Position* (natürliche Ungleichheit und gesellschaftliche Gleichheit): Die natürliche Überlegenheit der Frau begründet keinen Anspruch auf Herrschaft; gesellschaftliche Gleichheit trotz natürlicher Ungleichheit wird durch die natürlichen unveräußerlichen Rechte aller Menschen verbrieft. Dies ist eine Argumentationsweise, die bei allen Differenzfeministinnen unterschiedlich stark durchscheint. Häufig ist sie heute insofern deutlich abgeschwächt, als nicht direkt von einer natürlichen, sondern nur von einer gesellschaftlichen Überlegenheit der Frauen als Unterdrückte ausgegangen wird. Differenzfeministische Konzeptionen, die sich, wie beispielsweise die Gemäßigten im alten Feminismus, positiv auf die reproduktiven weiblichen Fähigkeiten und die natürlichen weiblichen Charaktermerkmale beziehen, können jedoch offen biologistisch sein. Biologistische Differenzfeministinnen setzen entweder auf die wechselseitige Ergänzung männlicher und weiblicher Fähigkeiten in einem gesellschaftlichen Ganzen (v. a. im alten Feminismus zu beobachten) oder propagieren feministische Weltrettung und/oder offenen Männerhass (v. a. in der Neuen Frauenbewegung anzutreffen).

e) *Die gleichheitsfeministische Position* (natürliche Gleichheit und gesellschaftliche Ungleichheit/Herrschaft): Natürliche Überlegenheiten/Ungleichheiten existieren nicht, doch werden sie als Fundament gesellschaftlicher Herrschaftsansprüche von Männern fälschlich behauptet. Diese Position ist in erster Linie eine herrschaftskritische Position und gehört, ebenso wie die gerade beschriebene, zu den Standardargumentationen feministischer Theorie. Die gleichheitsfeministische Position analysiert die gesellschaftliche Wirklichkeit der Geschlechter scharf und ist neben der egalitären Position die feministisch realitätshaltigste in der ganzen Reihung.

f) *Die fiktive Position* (natürliche Gleichheit und gesellschaftliche Ungleichheit/Herrschaft): Natürliche Überlegenheiten/Ungleichheiten existieren nicht, doch werden sie als Fundament gesellschaftlicher Herrschaftsansprüche von Frauen fälschlich behauptet. Diese logisch denkbare Position lässt sich ideenhistorisch vernachlässigen, denn sie ist als theoretische Realität nicht nachweisbar. Sehr selten kommt eine solche Argumentation als antifeministische Polemik daher, etwa dann, wenn die illegitime Macht der Mütter von patriarchalen Ideologen beschworen wird.

g) *Die radikal egalitäre Position* (natürliche Gleichheit und gesellschaftliche Gleichheit): Natürliche Überlegenheiten/Ungleichheiten existieren nicht. Diese Argumentation wird immer dann besonders deutlich vertreten, wenn Menschen nicht als konkret differente Lebewesen, sondern als BürgerInnen, GesetzgeberInnen, Gesetzesunterworfene etc. angesprochen werden. Die radikal egalitäre Position ist dasjenige Konzept, das am stärksten in der utopischen Tradition verankert ist. Es ist auch ein Konzept, das die menschenrechtliche Position radikalisiert: Nur noch die natürlichen Gesellschaftsrechte, nicht mehr eine differente natürliche Ausstattung werden auf der »Naturseite« festgehalten.

h) *Die egalitäre Position* (natürliche Gleichheit und gesellschaftliche Gleichheit): Natürliche Überlegenheiten/Ungleichheiten, die das Fundament gesellschaftlicher Herrschaftsansprüche abgeben könnten, existieren nicht oder existieren nicht in gesellschaftlich relevantem Ausmaß. Eine Grundlage dieser Konzeption ist die unverkennbare Tatsache, dass zahlreiche natürliche Ungleichheiten nie im Sinne einer Herrschaftslegitimation besetzt wurden und werden. Dass viele natürliche Ungleichheiten nie herrschaftstechnisch verwendet wurden, macht eines der bekannten Beispiele des Rassismusforschers Robert Miles, die Ohrenform (vgl. Miles 1992, 95), anschaulich deutlich. Für die Position der gesellschaftlichen Irrelevanz natürlicher Ungleichheiten können Thomas Hobbes' klassische Argumente ins argumentative Feld geführt werden: Auch der körperlich Schwächste kann den Stärksten durch Hinterlist oder ein Bündnis mit anderen töten; jeder Mensch hält sich für besonders weise und ist mit seinem Anteil an Verstand und Klugheit zufrieden; deshalb darf sowohl körperlich als auch geistig von der Gleichheit der Menschen gesprochen werden (vgl. Hobbes 1994, 94). Die egalitäre Position ist diejenige, die neben der gleichheitsfeministischen Position die gesellschaftlichen *Konstruktionsweisen* von Gleichheit und Ungleichheit am genauesten untersucht.

Es wird, so hoffe ich, unmittelbar deutlich, dass der Zweiteilung der Reihung in solche Konzeptionen, die von der natürlichen Ungleichheit ausgehen (a bis d), und solche Konzepte, die auf die natürliche Gleichheit setzen (e bis h), keine wertende Sortierung in schlechte/falsche und gute/richtige Positionen entspricht. TheoretikerInnen der natürlichen Gleichheit sind keine unbesehen besseren Feministinnen als DenkerInnen der natürlichen Ungleichheit. Jede politische Theorie, die von den individuellen menschlichen Unterschieden ausgeht und explizit auf den gesellschaftlichen Ausgleich von Ungleichheiten setzt, darf für sich beanspruchen, herrschaftskritisch zu sein. Jede politische Theorie dagegen, die unreflektiert von der natürlichen Gleichheit aller Menschen ausgeht und auf jede Begründung, beispielsweise wie die eigenartige Hobbes'sche, verzichtet, muss sich gefallen lassen, gegebenenfalls als unrealistisch bewertet zu werden. Denn Menschen sind augenscheinlich nicht natürlich gleich.

Ein wichtiger Maßstab für die Plausibilität von Gleichheitskonzepten ist deshalb die Frage, wie präzise und realitätshaltig natürliche Gleichheit oder Ungleichheit gefasst werden. Immer dort, wo v. a. summarische Urteile abgegeben und bestimmte Fähigkeiten, Eigenschaften und Charaktermerkmale großen Gruppen wie Geschlechtern oder »Rassen« – statt einzelnen Individuen – zugeschrieben werden, ist Vorsicht geboten. Als fälschliche kollektive Zuschreibungen haben dabei sowohl positive wie negative Urteile zu gelten. Salopp und scharf ausgedrückt: Für die Bewertung der Brauchbarkeit einer politischen Theorie ist es letztlich gleichgültig, ob alle Frauen als dumme Cockerspaniels oder kulturerrettende Mütter, alle Schwarzen als geübte TänzerInnen oder potenzielle Kriminelle, alle Juden und Jüdinnen als Intellektuelle oder KrämerInnen beschrieben werden. Beide Urteilsformen können niemals Realitätsnähe für sich beanspruchen: weder die bruchlos positive noch die verächtliche oder mörderische Variante. Alle unterdrückten Gruppen, seien sie Minderheiten oder Mehrheiten, müssen nicht nur gegenüber negativen Pauschalurteilen, sondern immer auch gegenüber positiven Pauschalzuschreibungen äußerst wachsam sein.

Die Vorstellung einer summarischen menschlichen Gleichheit kann nicht für sich alleine stehen, außer in dem einen würdigen Sinne eines *gesellschaftlich* verbrieften menschlichen Geburts*rechts* auf Freiheit und Gleichheit. In jedem anderen Sinne wird diese Vorstellung zum Problem. Wenn Gleichheit nicht mit Argumenten begründet wird, die etwa denen des vertragstheoretischen Klassikers Thomas Hobbes ähnlich oder vergleichbar sind, kann die Idee der natürlichen Gleichheit beispielsweise auch mit dem systematischen Unterschied aller Menschen zu allen anderen Lebewesen begründet werden. Hier lässt sich der Gedanke formulieren, dass die natürlichen Ungleichheiten zwischen Menschen nicht so groß sind wie die Unterschiede/Ungleichheiten zwischen der menschlichen Art und den nichtmenschlichen Arten in der Natur. Simone de Beauvoir (1978, 678) beschreibt, wie gesehen, die »Tatsache des Menschseins« als »unendlich viel wichtiger als alle Besonderheiten, die Menschenwesen auszeichnen«. Die Begründungen für die natürliche Gleichheit aller Menschen können demnach ebenso vielfältig sein wie die Nuancen in der Gewichtung bzw. Wertung von vergleichbaren natürlichen Gleichheiten/Ungleichheiten.

Die Französische Revolution hat mit einem Handstreich in dieser ganzen Frage letztlich eine Unklarheit geschaffen/hinterlassen: Denn das natürliche Gleich-Geborensein, wie es die Menschenrechte formulieren, löst die faktischen Differenzen der individuellen Menschenwesen eben gerade nicht auf. Wie eindeutig das scheinbar in der *Natur* verankerte »Angeborensein« dieser Rechte eine *gesellschaftliche* und damit aufkündbare Vereinbarung ist, verdeutlicht Hannah Arendt in ihrer Kritik an den »Aporien der Menschenrechte« in beeindruckender Weise; wer staatenlos wird, wird auch aus den Menschenrechten verbannt (vgl. Arendt 1991, 452ff.). Arendt gehört zu den wenigen, die die komplizierte Verstrickung von Natur und Gesellschaft im menschenrechtlichen Gleichheitsideal in wichtigen Punkten zu entwirren vermögen.

Das Gesamtbild der Positionen ist entsprechend schwer zu bewerten. Dass diejenigen Positionen, die gesellschaftliche Herrschaftsverhältnisse qua Natur legitimieren (a und b), für eine herrschaftskritische politische Theorie wie den Feminismus inakzeptabel sind, muss wohl nicht näher erläutert werden. In gleicher Weise versteht sich von selbst, dass historisch und/oder theoretisch ausdrücklich auf Herrschaftskritik angelegte Konzeptionen (c, e, g, h und je nach Ausformung d) feministisch so lange brauchbar sind, wie sie nicht der Kritik traditioneller Herrschaftsformen den neuen Anspruch auf eigene Herrschaft gegenüberstellen (wie einige neuere Varianten von d). Die herrschaftskritischen Positionen müssen sich zudem immer fragen lassen, wie stark sie in das jeweils herrschende Denken verstrickt bleiben; das machen Rousseau (für c) und Bäumer (für d) in gleicher Weise deutlich. Nicht jede historische und/oder theoretische Position, die sich selbst als eine herrschaftskritische beschreibt, kann demnach ungeprüft als eine solche durchgehen.

Die komplexe Relation zwischen natürlicher und gesellschaftlicher Gleichheit bzw. Ungleichheit erzeugt also tatsächlich keine einzelne, eindeutig richtige feministische Position. Gleichheitsfeministinnen können TheoretikerInnen sein, die von der natürlichen Gleichheit aller menschlichen Lebewesen ausgehen, oder solche, die von den gleichen, Ungleichheit ausgleichenden gesellschaftlichen Rechten, Ansprüchen und Chancen aller BürgerInnen überzeugt sind. Differenzfeministinnen können TheoretikerInnen sein, die v. a. die gesellschaftlichen Ungleichheiten zwischen den Geschlechtern herrschaftskritisch hervorheben, um Ungleichheiten aller Art auszugleichen oder abzuschaffen, oder auch nur, um die Frage nach der Zukunft natürlicher Ungleichheiten offen zu lassen.

Welche naturbezogenen Ausgangspunkte des Arguments jeweils gelten und welche gesellschaftlichen Folgen daraus angemessen zu ziehen sind – die summarische Leugnung der natürlich ungleichen körperlichen Ausstattung von Menschen ist gerade für Feministinnen problematisch, sie macht politisch auf allzu leichte und billig patriarchale Weise angreifbar. Über die Theoretisierung der Relation von der gesellschaftlichen »Natur« des Menschen zur nichtmenschlichen Natur ist dieser politischen Klippe jedoch zu entgehen. Auch mit dem klassischen Argument gleicher Geburtsrechte ist dies möglich, doch beinhaltet das Argument bereits eine *gesellschaftliche* Gleichheitskonstruktion.

Natürliche Ungleichheiten in der biologischen Ausstattung existieren, doch sie begründen *keinerlei* Ansprüche auf gesellschaftliche Herrschaft in welcher Form und von welcher Gruppe auch immer. Frauen sind nicht die Weibchen der Gattung Mensch, sondern gesellschaftliche Menschenwesen mit einem weiblichen Körper. Als solche haben sie seit der Französischen Revolution nicht nur einen Anspruch auf Gleichheit, sondern ebenso auf Freiheit. Doch die Brüderlichkeit hat dies bis heute verhindert.

*Zweiter Teil*

# Die Freiheitsrevolte

*Neue Fragen und Herausforderungen für den zeitgenössischen Feminismus*

## 2.1. Die Erneuerung der Gleichheit durch die Freiheit

»[W]ir werden diesen Machtkampf gewinnen, da wir historisch im Recht sind«, führt Helke Sander (1988, 43) am 13. September 1968 in Frankfurt am Main vor den SDS-Genossen aus, die sich für ihre Rede im Namen des »Aktionsrates zur Befreiung der Frauen« nicht sonderlich interessieren. Der anschließende empörte Tomatenwurf der Studentin Sigrid Rüger, der u. a. den SDS-Theoretiker Hans-Jürgen Krahl trifft, gilt als Beginn der Neuen Frauenbewegung in Deutschland. Unter dem Motto »Wie weit flog die Tomate?« veranstaltet die Heinrich-Böll-Stiftung 30 Jahre später eine »Gala der Reflexion« und lässt die damaligen Aktivistinnen sprechen (vgl. Heinrich-Böll-Stiftung/Feministisches Institut 1999). In Ausstellungen, Erinnerungen und »Feierlichkeiten« der Neuen Frauenbewegung in Deutschland dürfen Tomaten, manchmal sogar auf Samtkissen drapiert, nicht fehlen. Als Sigrid Damm-Rüger 1995 begraben wird, legen Frauen an ihrem Grab einen Kranz mit Tomaten nieder (vgl. Damm 1999, 25). Alice Schwarzer (1983, 20-23) jedoch geht bis heute davon aus, dass der eigentliche Beginn der Neuen Frauenbewegung mit ihrem eigenen Engagement in der Abtreibungsfrage verbunden ist.

Dass ausgerechnet Tomaten politische Freiheit symbolisieren können, ist sicher ungewöhnlich, und doch ist dies hierzulande für politisch engagierte Frauen bis heute der Fall. Dass ein Tomatenwurf gegen selbst ernannte, ignorante Autoritäten den Beginn einer Revolte anzeigen kann, ist dagegen gar nicht ungewöhnlich. Die Aktivistinnen selbst wählen den Begriff der Revolte. Sigrid Damm-Rüger interpretiert den Beginn der Neuen Frauenbewegung als »eine Revolte in der Revolte« (Sigrid Damm-Rüger zit. n. Schunter-Kleemann 1999, 37). Für Helke Sander ist das Ereignis »nicht eine Revolte der Frauen im SDS – im Gegenteil: die meisten SDS-Frauen fanden unseren Auftritt eher peinlich« (Helke Sander zit. n. Schwarzer 1983, 13). Entgegen den leidenschaftlichen Äußerungen der ersten international gelesenen Theoretikerinnen wie Shulamith Firestone oder Kate Millett sprechen deutsche Feministinnen nicht von der Revolution, sondern nüchterner von der Revolte und dokumentieren damit auch ihre Bindung an die Studentenbewegung.

Gesellschaftliche *Freiheit* und der Aufstand/die Kulturrevolution für die Freiheit sind die neuen Selbstinterpretationsformen des Feminismus – wenn auch die Gleichheit nicht ganz vergessen geht. Helke Sander (1988, 40) formuliert in ihrer Rede sehr klar, dass sie keine »Gleichheit in der Ungerechtigkeit« will, sondern ein anderes, besseres Leben für alle. »Modelle einer utopischen Gesellschaft« sollen hier und heute entwickelt werden (Sander 1988, 44). Die Neue Frauenbewegung bringt in den siebziger Jahren eine klassische Literaturgattung zu neuer, für professionelle Beobachter überraschender Blüte: die politische Utopie. Zahlreiche Texte werden weltweit in dieser Gattung verfasst, von Feministinnen gelesen und in Frauenbewegungszusammenhängen leidenschaftlich diskutiert. So unterschiedlich die Texte auch sein mögen, sie alle malen ein Bild von der Freiheit der Frauen in einer nachpatriarchalen Gesellschaft aus (vgl. Holland-Cunz 1988).

Die Freiheitsvorstellungen des neuen Feminismus sind mit dem klassischen Freiheitsbegriff des Mill'schen Liberalismus kaum vereinbar. Der neue Begriff der Freiheit meint nicht in erster Linie eine »Freiheit von«, sondern eine genau skizzierte »Freiheit zu«, auch wenn die Freiheit von patriarchaler Herrschaft selbstverständlich das Minimalziel bildet. Tanja Berg, die sich seit Jahren mit dem feministischen Freiheitsideal befasst, präzisiert dies so:

> »Feministische Politik weist in ihren Ansätzen und Erfahrungen sowohl in der Theorie als auch in der Praxis über eine allein negatorische Definition von Freiheit hinaus. Ein feministisches Freiheitsideal darf sich nicht nur mit der Kritik von geschlechtshierarchischen Ein- und Beschränkungen der Freiheit befassen, sondern muss selbst ein nicht nur individuelles Bild politischer Freiheit entwerfen« (Berg 1998, 56).

Im Anschluss an die vielfältigen Quellen der Neuen Frauenbewegung und an aktuelle demokratietheoretische Konzepte schlägt Berg (ebd.) einen Freiheitsbegriff für den Feminismus vor, »*der Freiheit als intersubjektive politische Kommunikation unter Gleichen im Rahmen einer partizipatorischen demokratischen Ordnung formuliert*« (zur Problematik des Freiheitsideals im aktuellen Feminismus vgl. auch Berg 1996). Freiheit als Freiheit von Herrschaft, als Gleichheit, Intersubjektivität und partizipatorische Demokratie sind die Kernpunkte eines Ideals, das über die liberalen Vorstellungen individueller Freiheitsrechte weit hinausreicht und das *Wagnis Freiheit*, so wie es Simone de Beauvoir versteht, angemessen beschreibt.

Dass der neue Feminismus mit einer Revolte für die Freiheit beginnt, ist, so ließe sich zuspitzen, eine leidenschaftliche Reaktion auf das so lange nicht eingelöste Gleichheitsversprechen. Die Aktivistinnen des Anfangs sind wütend auf die Ungleichheiten im SDS: Ungleichheiten des Sprechens, des Gehörtwerdens, des Schreibens, des öffentlichen Auftretens, der privaten Verpflichtungen, der politischen Anerkennung. Die Genossen, die doch die Welt verändern und demokratisieren wollen, symbolisieren in besonderem Maße die Verlogenheit der patriarchalen Gesellschaft, die Gleichheit verspricht, das Versprechen jedoch im täglichen Umgang ständig bricht. Mit der Freiheitsrevolte der Frauen in der und gegen die Freiheitsrevolte der StudentInnen wird das alte Gleichheitsversprechen in einen neuen Kontext gestellt: Es geht in den ersten Jahren der Neuen Frauenbewegung nie um die Teilhabe an einer ungerechten patriarchalen Gesellschaft, sondern um eine andere, bessere Gesellschaft freier Frauen und Männer, die es so bald als möglich zu verwirklichen gilt.

Die politische Theorie des neuen Feminismus übergeht mit dieser *Leidenschaft für die Freiheit* die konflikthafte Relation von Freiheit und Gleichheit, wie sie in modernen liberalen repräsentativen Demokratien üblicherweise gefasst wird. Die Vorstellung, dass Freiheit und Gleichheit in einem widersprüchlichen Wechselspiel zueinander stehen, teilen Feministinnen in der Aufbruchszeit nicht. Dass größere Freiheit nur unter Verlust der Gleichheit und größere Gleichheit nur durch eine Einschränkung der Freiheit erkauft werden können, will sich keine in den sechziger und siebziger Jahren einreden lassen. Die feministische Utopie legt nahe, dass die Realisierung der Freiheit nicht ohne Gleichheit und diese wiederum nicht ohne Freiheit möglich ist. Das Freiheitsideal hebt das alte Gleichheitsideal auf eine höhere Stufe, lässt es gleichsam in neuem Licht erstrahlen, in dem die Gleichheit sehr viel enger und unbedingter als in heutigen Gesellschaften an die Realisierung der Freiheit gebunden ist.

Denn das Ideal der Gleichheit, das hier utopisch ausgemalt wird, ist eines der individuellen Unterschiede und der gesellschaftlichen Vielfalt der Lebenspläne – ein *Gleichheitsideal der*

*Differenzen*, das das klassisch menschenrechtliche Gleichheitsverständnis und das klassisch liberale Ideal individueller Lebenspläne nicht nur anerkennt und vereint, sondern Differenzen sogar als kultur- und gruppenspezifische Fähigkeiten und Errungenschaften positiv bewertet. In Marge Piercys (1983) 1976 erschienener Utopie *Woman on the Edge of Time* beispielsweise suchen sich die UtopierInnen ihre Gemeinde danach aus, in welcher kulturellen Tradition sie für eine bestimmte Zeit leben wollen, unabhängig von Herkunft, Hautfarbe und Geschlecht. Piercys Bild einer Utopie, in der die Verbindung zwischen biologischen Merkmalen und kulturellen Orientierungen radikal gebrochen wird, ist das vielleicht präziseste Bild des erneuerten Gleichheitsideals der Freiheitsrevolte. »Differenz« wird in einer veränderten Form gedacht: nicht als Polarisierung der vermeintlich natürlichen Geschlechtscharaktere, sondern als Vielfalt aller nur denkbaren Unterschiede; aus »der Differenz« werden Differenzen. Die als gesellschaftlich Freie und Gleiche geborenen natürlich Ungleichen stiften kulturell differente Traditionen und Kontexte, die für alle offen sind und die alle miteinander teilen können.

Facettenreich und phantasievoll spiegelt Piercys Utopie damit implizit die Überlegungen des Kritischen Theoretikers Theodor W. Adorno, dessen spärlich beschriebenes Freiheitsideal ebenfalls mit einer nichtabstrakten, Differenzen-orientierten Gleichheitsvorstellung verknüpft ist. In der Mitte des letzten Jahrhunderts schreibt Adorno:

> »Eine emanzipierte Gesellschaft [...] wäre kein Einheitsstaat, sondern die Verwirklichung des Allgemeinen in der Versöhnung der Differenzen. Politik, der es darum im Ernst noch ginge, sollte deswegen die abstrakte Gleichheit der Menschen nicht einmal als Idee propagieren. Sie sollte [...] den besseren Zustand [...] denken als den, in dem man ohne Angst verschieden sein kann« (Adorno1976, 130f.).

Adornos Skizze einer Gesellschaft, in der man/frau »ohne Angst verschieden sein kann«, liest sich wie ein Kürzel für die Freiheitsträume des neuen Feminismus. *Angstfreie Verschiedenheit* scheint mir gerade für Frauen, die in einer Gesellschaft leben, die sie täglich mit körperlicher Gewalt bedroht, ein sehr anziehendes Bild des »besseren Zustands« zu sein.

Noch einen Moment möchte ich bei dem politischen Theoretiker Adorno bleiben. In der *Minima Moralia*, aus der die eben wiedergegebenen Sätze stammen, findet sich ein weiteres, unzählige Male zitiertes Wort, das ich anführen möchte. Es lautet lapidar: »Es gibt kein richtiges Leben im falschen« (Adorno 1976, 42). Dieser bekannte Satz führt in den sozialen Bewegungen der siebziger Jahre immer wieder zu der Debatte, ob die Realisierung emphatischer Freiheitsvorstellungen in einer Gesellschaft der Unfreiheit und Ungleichheit überhaupt möglich ist. Kann es Freiheit und Gleichheit für Frauen in einer patriarchalen Gesellschaft geben? Oder ist die feministische Freiheitsrevolte ein illusionäres Projekt, das zwangsläufig scheitern muss? Auch mit dem französischen Philosophen Michel Foucault können skeptische Fragen an die Freiheitsrevolte gestellt werden: Für Foucault (1991) sind Befreiung, Freiheit und Widerstand letztlich Effekte der Macht (d.h. Teilaspekte von Herrschaftsverhältnissen) und nicht ihr würdiger, herrschaftsfreier, unvereinnahmter Gegenpart. Aus dieser Perspektive wäre Feminismus eine notwendige Facette patriarchaler Machtverhältnisse, ein unverzichtbarer Aspekt ihres erfolgreichen Funktionierens. Ein Blick auf die Geschichte der Neuen Frauenbewegung kann Antworten geben.

Freiheit und Gleichheit für Frauen sind seit dem 13. September 1968 einen wichtigen Schritt vorangekommen, doch noch längst nicht weit genug. Ich überschreibe den zweiten Teil meiner Überlegungen mit dem Begriff der Freiheitsrevolte, weil das feministische Selbstverständnis der Aufbruchszeit sich angesichts der heutigen Weltlage nicht erledigt hat. Ich wähle den Begriff der Revolte anstelle des Bildes der Revolution, denn Revolte meint Aufstand, also ein relativ kurzlebiges politisches Ereignis, getragen von einer kleinen Gruppe von AktivistInnen, und ist damit eine angemessene Beschreibung der ursprünglichen neuen feministischen Politik.

Die Freiheit löst die Gleichheit als Thema nicht ab, doch das Freiheitsideal bringt eine neue Perspektive in die klassischen Fragen des Feminismus. Angesichts der über 170 Jahre alten Tradition ist »die Frauenfrage« bei ihrer Wiederentdeckung in den sechziger Jahren des 20. Jahrhunderts keineswegs eine neue Frage. Sogar in den ganz aktuellen Debatten zur Globalisierung scheinen Probleme auf, die schon Mary Wollstonecraft bewegen – jetzt aber werden sie in ihren globalen Dimensionen unübersehbar. Das noch nicht verwirklichte Recht auf Wissen für alle Mädchen und Frauen, die in einigen Staaten der Erde noch immer verweigerten BürgerInnenrechte und die in den meisten Ländern strukturell ungleichen Partizipationschancen, die nach wie vor bestehende ökonomische Ungleichheit durch Armut, un- oder unterbezahlte Arbeit und finanzielle Abhängigkeit von Frauen, alle existierenden Formen der Gewalt und sexualisierten Gewalt ... legen davon Zeugnis ab, dass die alte »Frauenfrage« zwar nicht unverändert fortbesteht, die »neuen Frauenfragen« aber bestenfalls Modifikationen und Modernisierungen altbekannter feministischer Themen darstellen. Noch immer werden Frauen Rechte verweigert, noch immer werden Frauen nicht selbstverständlich als Freie und Gleiche anerkannt. Die Würde des Menschen ist unantastbar – die Würde von Frauen ist nach wie vor häufig straflos antastbar.

## 2.2. Der neue Feminismus von 1963 bis heute

### Die sechziger Jahre: ein neuer Anfang

Es ist ein Buch, keine politische Aktion und kein Protestereignis, das für den Neubeginn der Frauenbewegung(en) *international* verantwortlich ist: Betty Friedans *The Feminine Mystique* erscheint 1963 in New York und markiert den neuen Anfang. *Der Weiblichkeitswahn* (Friedan 1984), so der deutsche Titel des ersten Klassikers der Neuen Frauenbewegung, thematisiert das öde, krank machende, unausgefüllte Leben US-amerikanischer Mittelschichtfrauen, die ausschließlich auf Familie, Hausarbeit und feminine Leitbilder verpflichtet werden, ohne die Chance auf einen eigenen Lebensplan zu erhalten. Mit altbekannter Leidenschaft plädiert die neue Theoretikerin für die Selbstbefreiung der Frauen:

»Das amerikanische Vorort-Haus ist nicht wirklich ein Gefängnis, und doch sind die Hausfrauen in ihm gefangen; sie können ihm nur entkommen, wenn sie von ihrer menschlichen Freiheit Gebrauch machen und ihr Selbstwertgefühl wiedererringen. Sie dürfen nicht mehr namenlos, entpersönlicht, manipuliert sein, sondern müssen ihr Leben auf ein selbstgewähltes Ziel ausrichten. Sie müssen beginnen, geistig erwachsen zu werden« (Friedan 1984, 201).

Wissen und Bildung, Zukunftsgestaltungswillen, gesellschaftsbezogene Zielsetzungen und schöpferische Arbeit hält Friedan (1984, 202-243) für die geeigneten Mittel, »die Gegenwart zu transzendieren« (Friedan 1984, 204). Die bereits von Feministinnen erkämpften Chancen müssen für eine neue, durch die »Gegenrevolution des Weiblichkeitswahns« (Friedan 1984, 216) neu unterworfene Frauengeneration sofort zurückerobert werden.

»Der Weiblichkeitswahn schreibt den Frauen einen [...] Tod bei lebendigem Leibe vor. Im Angesicht des langsamen Todes ihres Ich müssen die amerikanischen Frauen ihr Leben ernst zu nehmen beginnen« (Friedan 1984, 222). »Der Weiblichkeitswahn hat es vermocht, Millionen Amerikanerinnen lebendig zu begraben. Es führt für diese Frauen kein Weg aus ihrem bequemen Gefängnis, es sei denn, sie nähmen die Mühsal auf sich, ihn sich selbst zu bahnen« (Friedan 1984, 223).

In dieser knappen Zusammenfassung der einflussreichen Friedan'schen Arbeit sind einige altbekannte Bilder versammelt, die hier jedoch in neuer Gestalt auftauchen. Das klassische Motiv der häuslichen Despotie ist in seiner Bildsprache deutlich verändert, doch der gewalttätige Kern des Motivs ist erhalten geblieben: Der Despot ist gleichsam aus dem Bild ausgewandert und hat die ehemalige Sklavin in der trostlosen, weltlosen Einsamkeit eines Gefängnisses, das bei lebendigem Leibe begräbt, zurückgelassen. Sie ist kein Hund, keine Puppe mehr, die man verächtlich betrachtet, sie ist jetzt eine Gefangene, für die niemand einen Blick übrig hat. Dass dieses lebensbedrohliche Gefängnis »bequem« sein soll, leuchtet allerdings nicht ein – die »Mühsal«, ihm zu entrinnen, müsste eigentlich als ein Akt der Notwehr beschrieben werden. Hier ist Friedans Bildsprache inkonsistent.

Das zweite bekannte Motiv, das der weiblichen Unwissenheit und Geistlosigkeit, die die Unterwerfung begünstigen, wird zum positiven Programm geistigen Erwachsenwerdens umgeschrieben, eine schon bei Beauvoir anklingende Motivinterpretation. Drittens formuliert Betty Friedan die alten Ansprüche auf eigenständige Arbeit und damit auf ökonomische Sicherheit und selbst gewählte kulturelle Ziele in modernerer Gestalt. Zum Vierten und Letzten schließlich präsentiert Friedan das Beauvoir'sche Bild vom mühevollen Weg zur eigenen Freiheit, verbunden mit dem existenzialistischen Ziel der Transzendenz. Genau wie Beauvoir weiß Friedan (1984, 224): »Die Freiheit, das eigene Leben zu führen und zu planen, ist erschreckend, wenn man es noch nie getan hat.« Doch im Unterschied zu Beauvoir, die stets mit kritischer Skepsis schreibt, setzt Friedan mit großem Optimismus auf den Mut der Frauen ihrer Herkunft und Generation. Betty Friedan geht offensichtlich davon aus, dass ihr leidenschaftlicher Appell nicht ungehört bleiben wird – und sie behält Recht. US-amerikanische Frauen lesen das Buch wie eine politische Offenbarung und machen sich auf den Weg raus aus dem Gefängnis. Die Freiheitsemphase der Anfangszeit mischt sich bei Friedan mit dem Glauben an konkrete Handlungsschritte, die die Befreiung sofort einleiten werden.

Neu ist bei Friedan die begriffliche Interpretation der politischen Auseinandersetzungen zwischen Herrschenden und Feministinnen. Das Motiv der »Gegenrevolution« gegen die schon errungenen Erfolge der alten »Frauenrechtlerinnen« ist ein starkes

Bild, das den politischen Ernst, die strategischen Schwierigkeiten, die Bedrohlichkeit feministischer Ansprüche und den Zorn oder die Furcht des patriarchalen Gegners betonen will. Anfang der neunziger Jahre wird Susan Faludi mit ihrer These vom *Backlash. The Undeclared War Against American Women* ein ähnliches Argument formulieren: Es gibt einen antifeministischen Gegenschlag von Politik, Medien und Wissenschaft gegen die Erfolge der Neuen Frauenbewegung, eine rhetorische Strategie, mit der Frauen gegen ihre eigene Befreiung eingenommen werden sollen. Statt der feministisch versprochenen Erfüllung, so die patriarchalen WortführerInnen, bringen berufliche und politische Erfolge für Frauen nur Liebe- und Kinderlosigkeit, Krankheit, Einsamkeit und Alkoholismus. Die Gegenschlags-Botschaft lautet drastisch und unmissverständlich: Feminismus macht frei, aber unglücklich (vgl. Faludi 1993).

Die Begriffe Gegenrevolution, Gegenschlag und Krieg, mit denen die *patriarchalen* Strategien im neuen »women's liberation movement« anstelle von Sklaverei und Despotie belegt werden, haben eine *frauenbewegte* Entsprechung: *die heldinnenhaften Selbstdefinitionen des Neuanfangs.* Shulamith Firestones wortreiche Revolutionsemphase, die ich bereits angesprochen habe, ist ein typisches Beispiel dafür. Voller Pathos schreibt Firestone auch: »Die ersten Frauen entkommen dem Massaker. Zitternd und schwankend fangen sie an, einander zu finden« (Firestone 1976, 9). Kate Millett, die Dritte im Bunde der prominenten Theoretikerinnen der ersten Stunde, spricht in ihrem heute noch lesenswerten Klassiker *Sexual Politics* 1969 ebenfalls von einer Revolution, von der »Sexualrevolution«, die die »Wüste, die wir bewohnen« in eine »bessere Welt« verwandeln wird (Millett 1985, 473). Frauenbewegung, Studenten und Schwarze bilden für Kate Millett (ebd.) eine »radikale Koalition«.

Die Zeit des Neubeginns der Frauenbewegung erscheint im Rückblick als eine fast fremde Welt heroischer Worte und Beschreibungen: Massaker und Gegenrevolution auf der einen, radikale Koalition und Revolution auf der anderen Seite der kriegerisch definierten feindlichen Linien. Ein klares, ja fast banales Verhältnis zwischen Herrschenden und Beherrschten durchzieht die Friedan'sche Analyse. Zum Zeitpunkt der Publikation von Faludis Analyse sind heroische Begriffe allerdings längst nicht mehr gefragt (zur Kritik der Sprache Faludis vgl. Kontos 1995).

Bereits Mitte der siebziger Jahre verabschieden sich die Theoretikerinnen von der Revolutionsrhetorik (vgl. Holland-Cunz 1988, Kapitel 3.2.).

Vorerst jedoch sprechen Feministinnen noch unbefangen von Revolution oder Kulturrevolution, so wie die US-Amerikanerinnen, oder sie beziehen sich auf die studentische Revolte wie die deutschen SDS-Frauen. Betty Friedan gründet gemeinsam mit anderen Frauen die große liberale Frauenorganisation NOW (National Organization for Women) und kämpft für gleiche Rechte in Arbeit und Politik (vgl. Friedan 1984, 269ff.). Die deutschen Aktivistinnen gründen »Weiberräte«, streiten sich mit den Genossen, lesen marxistische Klassiker zur Frauenfrage und träumen von einer anderen Gesellschaft. Aber auch in den Vereinigten Staaten entsteht im Laufe der sechziger Jahre ein radikaler Flügel in der Neuen Frauenbewegung; in diesem dominiert Kate Milletts (1985) Analyse des herrschenden Patriarchats, und die politischen Formen orientieren sich an der Studenten- und Bürgerrechtsbewegung. Bereits in den ersten Jahren ist die US-amerikanische Neue Frauenbewegung so heterogen, wie die bundesdeutsche erst im Laufe der kommenden Jahrzehnte werden wird. Schon zu diesem frühen Zeitpunkt stehen sich in den USA »extremists« und »moderates«, um noch einmal an Ferree/Hess (1985) zu erinnern, wenig versöhnlich gegenüber.

Wollte man/frau rückblickend definieren, welches die wichtigen Themen und Anliegen dieser Zeit sind, so ließe sich die These vertreten, dass v. a. ein rigoroses »Nein« zu den herrschenden Verhältnissen und patriarchalen Zumutungen in allen Strömungen der Aufbruchszeit dominant ist. Obgleich sich die Aktivistinnen über noch diffuse Ziele und unklare Strategien nicht verständigen können, sind sich doch alle in ihrem radikalen Einspruch gegen die wenigen, engen, für Frauen vorgesehenen Lebenswege einig. Der Konservatismus der fünfziger und sechziger Jahre, der »Weiblichkeitswahn« in der amerikanischen ebenso wie in der westdeutschen Gesellschaft, sind die Basis für den neuen Anfang hier wie dort. Dass der neue Anfang mit den heroischen Begriffen Revolution oder Revolte bezeichnet wird, entspricht dem feministischen Zeitgefühl von einem befreienden Aufbruch: einem Aufbruch mit Büchern ebenso wie mit Tomaten. Die leidenschaftlichen Emotionen dieses Aufbruchs und seine eher diffusen und umstrittenen Zielsetzungen werden die Struktur der siebziger Jahre prägen.

## Die siebziger Jahre: Körperpolitik und Selbsterfahrung

Der bekannteste Slogan des bundesdeutschen Feminismus der siebziger Jahre lautet: »Mein Bauch gehört mir!« Mit ihm fordern Feministinnen, in heutigen Worten ausgedrückt, das Recht auf reproduktive Selbstbestimmung, symbolisiert v. a. in der Frage der Abschaffung bzw. Reform des Abtreibungsverbots. Neben dem Tomatenwurf markiert der Beginn der Kampagne gegen den § 218 im Jahr 1971 den »zweiten« Anfang der bundesdeutschen Neuen Frauenbewegung. Von diesem zweiten Anfang werden viele Frauen auch außerhalb der Hochschulen erreicht.

Angesichts der Leidenschaftlichkeit des Aufbruchs kann es jedoch nicht überraschen, dass neben den öffentlich-politischen Aktionen gleichsam eine physische, psychische und intellektuelle *Selbstverständigung* das zentrale Thema der siebziger Jahre darstellt. Aus dieser aktiven und radikalen Zeit stammen die bis heute gängigen Klischees über die Frauenbewegung: Bilder von hässlichen lila Latzhosen, selbstmitleidigen Frauen-Kaffeekränzchen und peinlich-verwegenen Selbstuntersuchungen – obgleich sich von der damaligen Realität politisch nichts erhalten hat. Statt Latzhosen tragen viele Aktivistinnen heute Kostüme, sie machen Karriere und haben keine Zeit zum Jammern, und Intimität wird auch von Feministinnen vehement verteidigt. Frau mag dies willkommen heißen oder bedauern: Interessant und erklärungsbedürftig ist v. a. die Tatsache, dass die Klischees so erstaunlich *zählebig* sind.

Die politischen Formen der siebziger Jahre werden bis auf den heutigen Tag als argumentative Abschreckung gegen den Feminismus bemüht. Diese Formen, so meine Vermutung, drücken bis heute die *Anmaßung* der damaligen frauenpolitischen Selbstinteressiertheit, Selbstbezüglichkeit, Selbstgenügsamkeit aus: niemandem gefallen wollen, sich nur mit dem eigenen Körper und Geist befassen, sich endlich einmal Frauen emotional zuwenden. Die Anmaßung, die eine vorrangige Bezogenheit auf sich selbst und andere Frauen in einer konservativen patriarchalen Kultur bedeutet, ist aus der heutigen Perspektive individualisierter Gesellschaften nicht mehr leicht nachvollziehbar. Auch für Frauen ist es unterdessen eher möglich, einen hoch individualisierten Lebensweg selbstbestimmt zu wählen, den eigenen Interessen selbstbewusst nachzugehen und nicht nur für die Bedürfnisse anderer zu leben. Insofern kann von nicht unbeträchtlichen Erfolgen in den vergangenen Jahrzehnten gesprochen werden.

Die Selbstbestimmung über den eigenen Körper, die »Seele« (Hedwig Dohms Wortwahl) und den Geist musste jedoch erst hart erstritten werden. Körperpolitisch verknüpfen sich die Fortschritte in der Selbstbestimmung mit der Reform des § 218, der Einrichtung von Häusern für geschlagene Frauen, der Kriminalisierung von Vergewaltigung und allen sexualisierten Formen der Gewalt gegen Frauen und Mädchen, der feministischen Kritik der Zwangsheterosexualität und der freien Entscheidung über die sexuelle Orientierung. Die Körperpolitik der siebziger Jahre stellt diese Fragen ins Zentrum der Konfliktlinien. Von den öffentlichen Kampagnen für die Streichung des § 218 über die Gründung von Frauenhausprojekten bis zu den entstehenden Lesbengruppen befassen sich Feministinnen in den siebziger Jahren zuallererst mit ihren eigenen physischen Freiheiten und selbstbestimmten Bedürfnissen.

Begleitet wird dieser Prozess der physischen Selbstverständigung von einem ebenso intensiven Prozess der psychischen Selbstverständigung, der sich v. a. im bereits angesprochenen Instrument der Selbsterfahrung ausdrückt, jenen selbstreflexiven Gesprächsrunden, die Jo Freeman (1986, 546), wie beschrieben, so treffend als »profound resocialization of one's self-concept« definiert. Mit der Selbsterfahrung bekämpfen die Aktivistinnen in den siebziger Jahren die eigenen, gegen Frauen gerichteten Vorurteile, den Selbst- und Frauenhass und die patriarchalen Zuschreibungen an weibliche Wohlanständigkeit. In den typischen Selbsterfahrungsgruppen sind übrigens nicht Kaffee und Kuchen, sondern Tee und Kerzenlicht entscheidende Requisiten.

Ich erwähne dieses unbedeutende Detail nicht, um dem üblichen Klischee ein anderes, korrekteres entgegenzusetzen, sondern um auf den Unterschied zu sprechen zu kommen, der die Praxis der Selbsterfahrung vom üblichen Frauen-Gespräch der damaligen Zeit trennt. Selbsterfahrung ist in ihrer idealtypischen Organisation keine Form des weiblichen »Klatschs« unter Freundinnen, sondern eine stark formalisierte, ritualisierte Art der kollektiven Gesellschaftsanalyse, die aus der Verarbeitung persönlicher Erfahrungen entsteht (vgl. Frauen aus der Frauengruppe Freiburg 1975). Die Gruppensitzungen enden mit dem Festhalten des Allgemeinen in den spezifischen Unterdrückungserfahrungen aller Einzelnen. Da die Neue Frauenbewegung in den sechziger Jahren traditionslos neu startet, ist die Erzeugung frauenbezogenen Wissens eines ihrer ersten Anliegen. Die »resocialization« der psychischen Voraussetzungen selbstbestimmten Lebens stellt deshalb eine wichtige Strategie dar.

Entsprechend müssen zum Dritten schließlich die autonomen Gründungen von Frauenbuchläden, Frauenverlagen und Frauenseminaren als Strategien der Selbstverständigung, hier nun der intellektuellen Selbstverständigung, interpretiert werden. Neben den physischen, körperpolitischen Neuorientierungen und der psychischen Bearbeitung des eigenen Selbstkonzepts vervollständigt der intellektuelle Aufbruch den »Dreiklang« der politisch notwendigen Selbstinteressiertheit. Die soziale Gruppe engagierter Frauen, die sich viel zu lange nur auf andere (Männer und Kinder) zu beziehen hatte, entdeckt sich selbst als Subjekt und Objekt der Auseinandersetzung. Am Ende der siebziger Jahre sind die Aktivistinnen verändert: Sie kennen ihren Körper viel besser, haben sich mühsam von vielen patriarchalen Vorstellungen befreit und sind wissbegierig auf die eigene Geschichte und die Erfahrungen von Frauen. Nicht wenige entscheiden sich gegen traditionelle gesellschaftliche Vorstellungen und leben lesbische Partnerinnenschaften, schlagen neue Lebens- oder zumindest neue Bildungs- und Berufswege ein, fordern von ihren Partnern Unterstützung für selbstbestimmte Interessen und Bedürfnisse. Körper, »Seele« und Geist sind nicht gleich geblieben. Die Verwirklichung politischer Ideale in der eigenen Lebensführung – gleichsam Emma Goldmans Projekt – ist zum Ziel geworden.

Die Fortschritte im »Dreiklang« der physischen, psychischen und intellektuellen Selbstverständigung sind jedoch keineswegs das Ergebnis eines einfachen, idyllischen, harmonischen Prozesses, sondern sind das Ergebnis schwieriger Kämpfe und harter Konflikte – nicht nur mit der patriarchalen Politik, sondern auch innerhalb der feministischen Zusammenhänge. Die heftigen Auseinandersetzungen zwischen Lesben und heterosexuellen Frauen, zwischen Müttern und Nicht-Müttern, zwischen den so genannten Unifrauen und Frauen aus anderen sozialen Kontexten gehören gleichermaßen zu den siebziger Jahren und damit unmittelbar zum Prozess der Selbstverständigung unter Frauen. Die Schärfe der Konflikte führt dazu, dass sich immer wieder einzelne Frauen entmutigt oder zornig vom Feminismus abwenden, weil sie den

Eindruck gewinnen, dass hier neue Vorschriften korrekten Frauenlebens aufgestellt werden und Bevormundung nun unter Frauen stattfindet. Bittere Kritik gibt es auch in der Neuen Frauenbewegung von Anfang an, und die, die von ihr getroffen werden, zweifeln zu Recht an den Idealen feministischer Solidarität, kollektiven antipatriarchalen Widerstands und an der Glaubwürdigkeit des Ziels Freiheit.

Der Fokus der sechziger Jahre, die Verweigerung der patriarchalen Vorschriften für Frauen, führt in den siebziger Jahren also nicht gleichsam automatisch zu klaren Zielformulierungen, sondern zunächst einmal zum schmerzhaften und anstrengenden Prozess der physischen, psychischen und intellektuellen Selbstverständigung. Die »resocialization« ist für die Aktivistinnen harte Arbeit, und gemeinsame politische Ziele ergeben sich daraus nicht von selbst – und können sich aus einem solchen Prozess der Selbstfindung nicht von selbst ergeben, schon gar nicht für eine soziale Bewegung, deren Aktivistinnen aus isolierten, an die persönliche Unterdrückung gebundenen Bezügen stammen. Dass die siebziger Jahre zugleich eine Zeit sind, in der zahlreiche literarische Utopien von Frauen entstehen, drückt die Sehnsucht nach markanten Zielvorstellungen ebenso wie die durch die Befreiungsbewegung erzeugte Kreativität der Aktivistinnen aus. Auch die utopische feministische Literatur ist ein Element im schweren Prozess der feministischen Selbstfindung, ja der frauenbezogenen *Selbsterfindung*.

Dass die Neue Frauenbewegung in den siebziger Jahren dennoch gesellschaftlich sehr präsent ist, muss als politische Leistung gewürdigt werden: Selbstfindung bzw. Selbsterfindung ziehen *nicht* die Aufmerksamkeit von der Welt ab, im Gegenteil. In den öffentlichen Körperpolitiken zeigt sich die Stärke, die die Aktivistinnen gerade aus ihren vielfältigen selbstbezüglichen Formen der Selbstverständigung gewinnen. Es ist eine positive Selbstbezüglichkeit, in der die politischen Fähigkeiten des Einspruchs, Widerspruchs und Widerstands gegen die herrschenden patriarchalen Verhältnisse entwickelt werden können. Es ist auch eine kollektive Selbstbezüglichkeit, da sie im Dialog und im gemeinsamen Leben mit anderen Frauen erprobt und erlernt wird. In den feministischen Lebenszusammenhängen der siebziger Jahre, in den politischen Gruppen und autonomen Projekten, in den Freundinnenschaften und lesbischen Liebesbeziehungen, in

Frauen-Wohngemeinschaften und -Studiengruppen, drücken Frauen ihren Respekt, ihre Anerkennung und Zuneigung füreinander aus und reservieren erstmals einen nicht unbeträchtlichen Teil ihrer positiven Emotionen nur für Frauen.

Beispielhaft für die bundesdeutschen Frauenzusammenhänge hält dies genau in der Mitte des Jahrzehnts Verena Stefan in ihrem Roman *Häutungen* fest, einem autobiographischen Text, der bereits 1978, nur drei Jahre nach seinem Erscheinen, in die 13. Auflage geht und 150 000 meist begeisterte Leserinnen gefunden hat (vgl. Stefan 1978). »der mensch meines lebens bin ich«, lautet der letzte Satz, den Stefan (1978, 124) ihre zu sich gekommene Heldin sprechen lässt. Liebe zu Frauen, Lust an der politischen Provokation und Leidenschaft für die Freiheit mischen sich in diesem Jahrzehnt zu einem ambivalenten politischen Selbstverständnis, das zugleich von euphorischen Aufbrüchen und rigiden Aus- und Abgrenzungen durchzogen ist. Vielleicht ließe sich im Rückblick vermerken, dass die Heftigkeit der positiven wie der negativen Emotionen der schlichten Ungeübtheit in all diesen neuen Emotionen geschuldet ist.

## Die achtziger Jahre: das kurze ökologische Jahrzehnt

Schon Mitte/Ende der siebziger Jahre entsteht weltweit eine neue soziale Bewegung, in der sich auch Feministinnen überall stark engagieren: die Ökologiebewegung, die in den achtziger Jahren ihre Hochphase erlebt. Der Kampf gegen die zivile und militärische Nutzung der Atomenergie, die Befürchtungen angesichts der neuen Gen- und Reproduktionstechnologien, die Reaktorkatastrophe von Tschernobyl und nicht zuletzt der Einzug der neu gegründeten Grünen Partei in den Deutschen Bundestag bestimmen auch die Anliegen und Thematisierungsformen der bundesdeutschen Neuen Frauenbewegung. Mit den ökologiepolitischen Fragen verquicken sich friedenspolitische: Raketenstationierung, Atomkriegsängste, Abrüstungsforderungen. Ökologie-, Frauen- und Friedensbewegung werden in der achtziger Jahren zu den ProtagonistInnen eines tief greifenden gesellschaftlichen Wandels. Die zuvor eher diffusen Zielvorstellungen präzisieren sich nun im Bild einer friedlichen, antimilitaristischen, ressourcenschonenden, naturfreundlichen Gesellschaft, in der sich Menschen und Mensch und Natur gleichsam demokratisch begegnen. Neben die Kritik der patriarchalen Herrschaft zwischen Menschen tritt gleichgewichtig die Kritik der patriarchalen Naturbeherrschung.

Feministinnen entwickeln eine spezifische Denkweise zu diesem Themenfeld. In Theorie wie politischer Praxis reklamieren sie eine positive Beziehung zwischen Frauen und Natur. Aufgrund der weiblichen biologischen Fähigkeit des Gebärens und der sozial weiblichen Fähigkeiten liebender Fürsorge, so die typische ökofeministische Argumentation, sind Frauen in besonderer Weise zu einer naturfreundlichen Politik befähigt; Männer dagegen führen einen endlosen Krieg gegen Frauen und Natur, um deren produktive Stärken zu bändigen und sich verfügbar zu machen.

Die US-amerikanische spiritualistische Theoretikerin Mary Daly vertritt diese polarisierende Position in scharfer Form; Daly kann als exemplarische Vertreterin der ökofeministischen Differenztheorie gelesen werden. Als *Gyn/Ecology. The Metaethics of Radical Feminism* 1981 in deutscher Übersetzung (vgl. Daly 1985) erscheint, wird das Buch, ebenso wie *Häutungen*, zu einem publizistischen Erfolg für den Münchener Frauenverlag »Frauenoffensive«.

»Dies ist ein extremistisches Buch, geschrieben in einer extremen Situation, geschrieben am Rande einer Kultur, die dabei ist, sich selbst und alles Leben zu töten. Der Baum des Lebens wurde ersetzt durch das nekrophile Symbol eines toten Körpers, der an totem Holz hängt. Der Gottvater verlangt unersättlich immer mehr Opfer, und die eigentlichen Opfer der sadospirituellen Religion sind weiblich«,

schreibt Daly (1985, 38) und fordert Frauen leidenschaftlich dazu auf, sich allen patriarchalen Zumutungen und Lebenswegen zu verweigern und sich ihrer ursprünglichen weiblichen »gyn/ökologischen« Macht zu erinnern.

Es wäre eine starke Verzerrung der politischen Situation der achtziger Jahre, wollte man/frau behaupten, dass Dalys Position die Frauenbewegung insgesamt repräsentierte. Dass Daly jedoch dem Lebensgefühl eines ganzen Jahrzehnts feministischen Engagements, dem dominanten Gefühl der Bedrohung durch unbeherrschbare patriarchale Technologien, radikalen Ausdruck verleiht, ist sicher nicht falsch zu behaupten; Dalys Theorie hat eine entsprechende Anhängerinnenschaft. Aber auch die Bonner Massendemonstrationen gegen die Raketenstationierung oder die Kämpfe um das geplante Endlager im niedersächsischen Gorleben finden unter breiter feministischer Beteiligung statt. Die Debatten um die patriarchale Naturzerstörung flammen nach Tschernobyl, das wie ein Symbol für das »nekrophile« (d. h. pervers leichenschänderische, Tod-liebende) patriarchale Naturverhältnis steht, noch einmal heftig auf, um dann schließlich bis heute keine bedeutende Rolle mehr zu spielen. Mit den weltpolitischen Umbrüchen des Jahres 1989, drei Jahre nach Tschernobyl, gerät das Ökologiethema in feministischer Theorie und Praxis in den Hintergrund, um nicht zu sagen in Vergessenheit.

Die Problematik einer Weltinterpretation, die Frauen und Natur auf die eine Seite und die herrschenden Patriarchen auf die andere Seite der gegnerischen Linien stellt, ist allerdings auch allzu offensichtlich. Eine solche Interpretation spiegelt die klassische patriarchale Zuschreibung an weibliche Naturhaftigkeit und das philosophische Bild der nichtmenschlichen Natur als weiblich wider. Die positive feministische Selbstinterpretation eines »naturwüchsigen« Bündnisses zwischen Frauen und Natur reproduziert eine alte Herrschaftszuschreibung. Wohlmeinend könnte eine solche Thematisierungsweise als positive Umdeutung des herrschaftlichen Blicks gedeutet werden, eine Umdeutung, die der argumentativen Struktur des antirassistischen »Black is beautiful« entspricht: Frauen wenden ihre scheinbare Naturverhaftetheit als politische Strategie gegen die gefährlichen Technologien patriarchaler Naturzerstörung.

Angesichts der heute aktuellen Debatten um Stammzellenforschung und das Klonen von Menschen ist an dieser Stelle ausdrücklich zu erwähnen, dass die achtziger Jahre auch dasjenige Jahrzehnt sind, in dem die Frauenbewegung wissenschaftliche und politische Kritiken an den Gen- und Reproduktionstechnologien entwickelt. In einer Weiterentwicklung der Körperpolitik der siebziger Jahre richten sich die ökologiepolitischen Überlegungen nun auf die neuen technologischen Fortschritte der patriarchalen Forschung: künstliche Befruchtung, Embryotransfer, Leihmutterschaft, pränatale Diagnostik etc. und die damit verbundenen wissenschaftlichen Ideologien zum weiblichen Kinderwunsch und zur Familienplanung. Der feministische Klassiker zu diesem brisanten Thema erscheint in der Mitte des Jahrzehnts fast zeitgleich in New York und Berlin: Gena Coreas *The Mother Machine* bzw. *MutterMaschine* (Corea 1986).

Corea (1986, 7) analysiert die neuen Technologien als »dramatische biologische Revolution«, die sich gegen die biologische Autonomie von Frauen richtet. Es geht um die patriarchale Kontrolle der weiblichen Gebärfähigkeit, ein wissenschaftliches Projekt, das Gena Corea (1986, 274) als »Krieg gegen den Mutterleib« beschreibt. Die neuen Reproduktionstechnologien enteignen Frauen von der einzigen ausschließlich weiblichen Fähigkeit: »Sie transformieren die Erfahrung der Mutterschaft und geben sie unter die Kontrolle von Männern« (Corea 1986, 264). Damit eignen sich, so die feministische Kritik jener Jahre, die patriarchalen Technokraten das tatsächlich letzte »Feld« an, das bislang noch nicht ausreichend ihrer Herrschaft unterworfen ist. Corea arbeitet die Geschichte der relevanten Ereignisse, die Methoden und die Selbstdarstellungen der zentralen Akteure gründlich auf. So pointiert ihre Analyse ist: Sie basiert auf fundiertem Faktenwissen.

Geradezu gespenstisch in ihrer prognostischen Sicht lesen sich heute die Textstellen bei Corea, die sich mit dem Klonen befassen (vgl. Corea 1986, 237ff.). Obgleich die Forschung vor 15 Jahren erst in den Anfängen steckte, vermutet Corea (1986, 239), dass das Klonen dem »Drang des Patriarchen, sich selbst zu gebären« entspricht. Der Gynäkologe und der Mann, der das Bedürfnis nach der Reproduktion seiner selbst verspürt, bringen gemeinsam ein männliches Kind zur Welt – die Gebärmutter ist nur der vorläufig noch notwendige Ort des Austragens, doch auch an ihrer Ersetzung wird schon gearbeitet (vgl. Corea 1986, 227ff.). Der damalige Stand der Forschung erlaubte erst das Klonen von Mäusen, und selbst dieses Experiment galt noch nicht als gesichert (vgl. Corea 1986, 244). Jetzt aber soll es die ersten Versuche mit männlichen Klons geben, durchgeführt von dem italienischen Gynäkologen Severino Antinori. Obgleich die öffentliche Aufmerksamkeit, ja Empörung, weltweit hoch ist, zweifelt niemand ernsthaft daran, dass die verbotenen Versuche letztlich durchgeführt werden.

Wer heute Gena Coreas Analyse liest, muss die intellektuelle Klarheit und Hellsichtigkeit eines Textes bewundern, der 1985 erschienen und heute gültiger denn je ist. Paula Bradish (1986), die im Nachwort zur deutschen Ausgabe den politischen Debattenstand berichtet, verweist darauf, dass ethische Grenzziehungen im Bereich der Gen- und Reproduktionstechnologien sehr viel eher mit dem Stand des Machbaren als mit moralischen Überzeugungen zu tun haben (vgl. Bradish 1986, 290f.). Genau das können Feministinnen seit Mitte der achtziger Jahre verfolgen. Noch sind die ethischen Barrieren gegen das Klonen ganzer Menschen eindeutig. Doch die ethischen Bedenken gegen die so genannte verbrauchende Embryonenforschung beispielsweise sind, trotz Verbots, bereits nahezu gefallen. Und ethische Bedenken gegen die Züchtung einzelner menschlicher Körperteile scheinen angesichts der medizinischen Versprechen zur Heilung von Krankheiten kaum noch öffentlich vertretbar zu sein. Die herrschaftliche Verwaltung des Lebens hat längst begonnen: Biopolitik im Sinne der Analyse Michel Foucaults (1991). Körper, Leben, Bevölkerung, individuelle und kollektive Reproduktion unterstehen einer macht-vollen Verwaltung, der sich die Individuen kaum entziehen können; Foucault nennt dies »Bio-Macht«. Feministinnen sprechen dagegen eher von Körperpolitik oder, seit Kate Millett, von Sexualpolitik und analysieren v. a. die Formen der Verfügungsmacht über den weiblichen Körper. Doch der Begriff der Biopolitik setzt sich aufgrund seiner analytischen Brauchbarkeit auch in feministischen Arbeiten zusehends durch.

Das kurze ökologische Jahrzehnt, das bereits 1989 abrupt endet, lässt mit seinen neuen Differenz-bezogenen Denkformen altbekannte Themen wieder aufleben: So wie die alten Feministinnen von der »Ausschmückung« des Staates durch die Frauen träumen, so erhoffen sich Ökofeministinnen die Rettung der Erde durch die Frauenbewegung. Doch die achtziger Jahre sind zugleich von einer Ausdifferenzierung feministischer Strömungen geprägt. Ökofeministische Arbeiten sind eben auch solche wie die Gena Coreas. Schließlich kann neben den ökologie- und friedenspolitischen Differenztheorien und einer beginnenden anspruchsvollen feministischen Forschung auch ein Erstarken des liberalen gleichstellungspolitischen Feminismus beobachtet werden.

Eher einer Position wie der Betty Friedans denn einer Position wie der Kate Milletts verpflichtet, ist die »Ausbreitung« des Gleichheits-bezogenen Liberalfeminismus gegenüber dem Radikalfeminismus und dem radikalen Ökofeminismus vielleicht gerade auf solche Positionen wie die Dalys zurückzuführen: Frau will sich davon abgrenzen. Institutionelle Strategien für eine gleichberechtigte Teilhabe von Frauen in allen gesellschaftlichen Bereichen beginnen gegenüber autonomen, basisdemokratischen, nur von Frauen getragenen Formen politischer Organisation erkennbar zuzunehmen. Erste kommunale Gleichstellungsstellen werden in diesem Jahrzehnt eingerichtet; die Bundesrepublik erhält Mitte des Jahrzehnts mit Rita Süssmuth die erste Bundesfrauenministerin; die Grünen führen 1986, die SozialdemokratInnen 1988 die Quote offiziell in ihre Parteipolitik ein. Die Institutionalisierung feministischer Anliegen kommt erkennbar in Gang.

### 1989 – deutsch-deutsche Frauenbewegung

Da fällt aufgrund des Engagements der ostdeutschen BürgerInnenbewegung und dennoch vollkommen unvorhersehbar die Mauer und mit ihr das gesamte polare weltpolitische Gefüge der Nachkriegszeit. Viele westdeutsche Feministinnen teilen in den Monaten ab November 1989 die allgemeine deutsch-deutsche Begeisterung und nehmen sofort politische und wissenschaftliche Kontakte zu ihren engagierten »Schwestern« in der DDR auf. Sämtliche Themen des vergangenen Jahrzehnts geraten angesichts der historischen Ereignisse in den Hintergrund.

Allgemeinpolitisch wie frauenpolitisch verläuft die Entwicklung nach dem Mauerfall bekanntermaßen rasant. Die schon bestehenden Frauengruppen, die sich meist in kirchlichen Zusammenhängen hatten treffen müssen, können sich nun öffentlich engagieren, und zahlreiche Gruppen werden neu gegründet (vgl. Schwarz 1990 und insgesamt Kahlau 1990). Bereits am 3. Dezember 1989, also noch nicht einmal einen Monat nach der Maueröffnung, versammeln sich über 1000 Frauen in der Berliner Volksbühne, nehmen das von der Kulturwissenschaftlerin Ina Merkel geschriebene Manifest »Ohne Frauen ist kein Staat zu machen« an und rufen den Unabhängigen Frauenverband (UFV) ins Leben, der zwei Monate später formell gegründet wird (vgl. Merkel 1989, Schwarz 1990, »Unabhängiger Frauenverband« und Argument-Frauenredaktion 1990). Das Ereignis ist in seiner Bedeutung dem Tomatenwurf vergleichbar: Es ist der Gründungsakt der ostdeutschen Frauenbewegung. Der »Unabhängige Frauenverband«

wird über Jahre der Kristallisationspunkt ostdeutscher Frauenpolitik sein: als Netzwerk lokaler Initiativen und bundespolitisches Sprachrohr.

Merkel (1989, 11) nennt ihr Papier im Untertitel »Manifest für eine autonome Frauenbewegung« und führt aus:

»Diese Gesellschaft befindet sich in einer tiefen Krise. Nach wie vor verlassen die BürgerInnen ihr Land zu Tausenden. Die führende Partei ist moralisch bankrott. Die Auflösung des Sozialismus als Gesellschaftssystem scheint unmittelbar bevorzustehen. Auf der anderen Seite leckt man sich schon die Lippen. Können wir uns in einer solch komplizierten Situation überhaupt eine Frauenfrage leisten? Wir müssen dieser scheinbar zwanghaft ablaufenden Entwicklung ein alternatives Gesellschaftsmodell entgegensetzen« (ebd.). »Wir müssen darauf bestehen, daß Frauenfragen keine gesellschaftlichen Randprobleme sind, sondern existenzielle Grundfragen« (ebd.).

Als politischen »Minimalkonsens« schlägt Merkel (ebd.) »einen modernen Sozialismus« in einem gemeinsamen Europa, eine »ökologische Reorganisation der Wirtschaft«, Demokratie, Solidarität und Selbstverwaltung sowie »eine multikulturelle Gesellschaft« vor. Die Zustimmung der Anwesenden ist groß.

Ich zitiere dieses berühmte feministische Dokument so ausführlich, um das politische Zeitgefühl jener Monate ins Gedächtnis zu rufen: Alles schien in den zivilgesellschaftlichen Zusammenhängen der sich auflösenden DDR politisch denkbar, auch ein frauenpolitisch gerechter, multikultureller, demokratischer Sozialismus. Ostdeutsche Feministinnen beteiligen sich in den folgenden Monaten an der Verfassungsdiskussion des »Zentralen Runden Tisches der DDR«, stellen mit Tatjana Böhm eine Ministerin in der Regierung Modrow, entwerfen die Sozialcharta (eine Verhandlungsgrundlage für die BRD) und vernetzen über den UVF ihre gleichstellungspolitischen Aktivitäten. Der UFV kandidiert im März 1990 auf einer gemeinsamen Liste mit den Grünen für die letzte Volkskammerwahl, wird aber durch das schlechte Wahlergebnis (nur 1,96%) und die ungünstige Listenplatzierung von den Grünen faktisch um die verabredeten Plätze betrogen (vgl. dazu Schwarz 1990, 23; vgl. auch Helwerth/Schwarz 1995, 243).

Die innerhalb kürzester Zeit entstehende und sich sofort auf höchster politischer Ebene einmischende ostdeutsche Frauenbewegung provoziert große Hoffnungen bei den Feministinnen in

Westdeutschland: Hoffnungen auf einen gemeinsamen, starken *Neu-Aufbruch*, Hoffnungen auf eine Erneuerung der im Laufe von vielen Jahren erlahmten politischen Leidenschaft. Doch die realen Begegnungen zwischen Ost- und Westfeministinnen verlaufen selten zu beiderseitiger Zufriedenheit; Streite sind häufiger als Einvernehmen, deutsch-deutsche Frauensolidarität scheint schwieriger zu sein als erwartet, die gemeinsame Sprache hilft wenig auf der Suche nach politischen Gemeinsamkeiten. Während ostdeutsche Frauen die typische »Wessi«-Haltung zu erkennen glauben, sehen westdeutsche Frauen erst einmal die deutliche Distanz der Ost-Frauen gegenüber den so mühsam errungenen Erfolgen. Während westdeutsche Feministinnen lange auf eine gewisse Ferne zu (»männlichen«) Institutionen setzten (Stichwort Autonomie), engagieren sich ostdeutsche Feministinnen von Anfang an ganz selbstverständlich in den konventionellen Politikfor(m)en – auch das sorgt für Verständigungsschwierigkeiten.

Zudem werden in den kommenden Jahren Ost- wie West-Feministinnen nicht müde werden, auf die besonderen Verluste der ostdeutschen Frauen als »Verliererinnen der Einheit« zu verweisen: Verlust der Erwerbsarbeit, Verlust der umfassenden öffentlichen Kinderbetreuung, Verlust des freizügigen Abtreibungsrechts. Dass diese an sich richtigen Argumente keine Gleichheit zwischen ost- und westdeutschen Frauen erzeugen können, ist offensichtlich: Ostdeutsche Frauen werden kollektiv zu den armen Schwestern erklärt. 1998 schließlich löst sich sogar der UFV e. V., Rechtsnachfolger des UFV der DDR, auf (vgl. Hampele Ulrich 2000, 285). »Geblieben sind Teile der informellen Netzwerke und die Erfahrung eines Experiments«, resümiert Anne Hampele Ulrich (2000, 289) ihre Studie über den UFV, auf den so viele Feministinnen in Ostdeutschland und nicht wenige in Westdeutschland politische Hoffnungen gesetzt hatten. Auch die anfangs so anziehende politische Leidenschaft der ostdeutschen Feministinnen hat sich offensichtlich verbraucht.

Die westdeutsche Journalistin Ulrike Helwerth und ihre ostdeutsche Kollegin Gislinde Schwarz stellen 1995 in einer gemeinsamen Untersuchung, *Von Muttis und Emanzen. Feministinnen in Ost- und Westdeutschland*, noch immer beträchtliche Differenzen innerhalb des deutsch-deutschen Feminismus fest (vgl. Helwerth/Schwarz 1995). Auch hier ist noch nicht zusammengewachsen, was zusammengehört. »Die idealisierte Schwesternschaft erwies sich nach vierzig Jahren getrennter Geschichte als doppelt falsch«, so Helwerth/Schwarz (1995, 10). Ihre spannende Gemeinschaftsarbeit, die auf 30 Interviews basiert, fassen Helwerth/Schwarz (1995, 197) so zusammen:

»Ostdeutsche Feministinnen hatten einen sehr großen Anspruch, eine gesamtgesellschaftliche Utopie. Darin fühlen sie sich den westdeutschen – politisch oder menschlich – überlegen. Dabei hatten letztere einst auch eine große Utopie; nur hat sie sich früher, schleichender, unter anderen Umständen zersetzt.«

An anderer Stelle ergänzen Helwerth/Schwarz (1995, 202): »Und je weiter diese Politik [der Teilhabe] voranschritt, um so mehr ging die radikale Kritik am Bestehenden zurück: Schritt für Schritt von der Befreiung zur Beteiligung. Diese Politik ist nun in die Sackgasse geraten.« Doch mit dieser selbstkritischen Aussage befindet man/frau sich schon mitten in den neunziger Jahren...

## Die neunziger Jahre: Gleichstellungspolitiken, Antirassismus und Internationalismus

Das letzte Jahrzehnt des 20. Jahrhunderts ist durch eine Reihe widersprüchlicher frauenpolitischer Tendenzen gekennzeichnet, auffällig schwankend zwischen Einpassung und Widerstandshandeln. Die Heterogenität der feministischen Lage ist angesichts der gesellschaftlichen Vorgaben verständlich: Der Zusammenbruch des Realsozialismus rückt die Nord-Süd-Konflikte wieder stärker ins Blickfeld; im Laufe des Jahrzehnts verschärft sich das Reichtumsgefälle zwischen Ost und West; globale Perspektiven werden prominent. Innerdeutsch nimmt der Rassismus und Rechtsradikalismus erschreckend zu.

Trotz der eklatanten Brüche in den Debatten, die die Ereignisse um 1989 erzeugen, beginnen die neunziger Jahre für die Frauenbewegung auch intern nicht voraussetzungslos. Bereits aus den achtziger Jahren stammt der Aufschwung gleichstellungspolitischer Institutionalisierungen, der durch die ostdeutsche Praxis gestärkt und dessen Höhepunkt in den neunziger Jahren erreicht wird. In der zu diesem Zeitpunkt bereits stark professionalisierten, akademisch integrierten und von der politischen Praxis abgespaltenen feministischen Theorie erstarken postmoderne Denkformen, die die ältere Kritik am sozialen Geschlecht (»gender«) durch eine radikale Kritik an der Konstruktion des biologischen Geschlechts (»sex«) ergänzen oder gar ablösen. Die feministische Theorie ist weitgehend entpolitisiert, zugleich aber zunehmend hoch professionell in Professuren, Forschungszentren, Studiengängen, eigenen Buchreihen renommierter Verlage, Fachzeitschriften, Hunderten von Tagungen und Kongressen und in fachorientierten wissenschaftlichen Vereinigungen organisiert und repräsentiert.

Die von der postmodernen Orientierung fast unberührte politische Gleichheits-Praxis bewegt sich v. a. auf dem internationalen Parkett sehr erfolgreich: In einer Reihe großer Konferenzen der Vereinten Nationen ab 1992 werden Frauenrechte und frauenpolitische Normen und Vorstellungen jenseits des nationalstaatlichen Rahmens diskutiert, anerkannt, dokumentiert und teilweise sogar verankert (vgl. Klingebiel/Randeria 1998, Ruppert 1998a, Holland-Cunz/Ruppert 2000; vgl. auch Messner/Nuscheler 1996). Gewalt gegen Frauen beispielsweise wird auf dem Menschenrechtsgipfel 1993 in Wien als Menschenrechtsverletzung anerkannt, die reproduktiven Rechte von Frauen werden im Aktionsprogramm der Weltbevölkerungskonferenz 1994 in Kairo ausdrücklich festgehalten.

Der Internationalismus der Frauenpolitik der neunziger Jahre mag auf den ersten Blick überraschen, doch angesichts des Mauerfalls und der aufkommenden Debatten um die Globalisierung wäre es im Gegenteil erstaunlich, wenn diese weltpolitischen Öffnungen nicht auch die Frauenbewegung erreicht hätten. Während des UN-Konferenzmarathons der neunziger Jahre wird, unter wachsender Beteiligung von feministischen Aktivistinnen, der systematische Zusammenhang zwischen lokalen, nationalen und internationalen Frauenpolitiken immer deutlicher. Was auf der einen Ebene erreicht oder nicht erreicht werden kann, hat Konsequenzen für die anderen politischen Ebenen. Mit den Erfolgen auf dem internationalen Parkett können Feministinnen ihre lokalen und nationalen Forderungen und Anliegen seitdem wesentlicher besser formulieren und einklagen. In diesem Sinne kann der Internationalismus der neunziger Jahre auch als Potenzial für lokale und nationale Politiken betrachtet werden.

In den Ländern des Nordens, im Unterschied zu denen des Südens, zeigt sich die jeweilige feministische Bewegung auf nationaler und/oder lokaler Ebene dennoch ziemlich schwach. Nur der Frauenstreiktag am 8. März 1994 bringt als nationaler Aktionstag kurzfristig zahlreiche Aktivitäten hervor: Die Frauenbewegung ist auf den Straßen und Plätzen der Republik so sichtbar wie lange nicht mehr. Die politischen Erfolge bei der Integration von Frauen in alle gesellschaftlichen Bereiche bewegen sich dagegen, trotz institutioneller Anstrengungen, v. a. bei den Spitzenpositionen in Politik, Wirtschaft und Wissenschaft in der kläglichen Größenordnung weniger Prozentpunkte. Der Deutsche Bundestag kann hier mit einer Steigerung von zehn Prozentpunkten in »nur« zehn Jahren sogar als Ort eines großen frauenpolitischen Erfolgs gefeiert werden; ein Anstieg von 20,5% Frauenanteil 1990 auf 30,9% Frauenanteil im Jahr 2000 kann da fast schon als radikaler Wandel interpretiert werden (vgl. Hoecker 1995, 135; Hoecker 2000, 31). Dass die unzähligen Stunden politischen Engagements von so vielen Feministinnen nur solch eher bescheidene Veränderungen erzwungen haben, ist ein wichtiger Grund für das deutlich geschwächte Engagement.

Die altbekannte politische Leidenschaft, die sowohl die alten KlassikerInnen einschließlich Simone de Beauvoir als auch die neuen feministischen Theoretikerinnen der ersten Stunde auszeichnet, findet sich nur noch selten in frauenpolitischen Zusammenhängen. Eine Ausnahme stellen die Theoretikerinnen des Schwarzen Feminismus dar, die mit ungebrochener Vehemenz Herrschaftsverhältnisse systematisch thematisieren und kritisieren und dabei auch nicht vor einschlägiger Kritik feministischer Kontexte zurückschrecken. Die Dichterin und Theoretikerin Audre Lorde ist eine der Ersten, die dem weißen Mittelschicht-Feminismus einen kritischen Spiegel vorhält (vgl. exemplarisch Lorde 1994, 1996; Schultz 1983). Eine ebenso wichtige Theoretikerin des Schwarzen Feminismus ist bell hooks (vgl. exemplarisch hooks 1994a, 1994b, 1996). Zu Beginn von *Sehnsucht und Widerstand* spricht hooks (1996, 9) davon, dass viele der in ihrem Buch versammelten Essays »aus der Hitze leidenschaftlicher Gespräche geboren« sind. hooks selbst thematisiert die politische Leidenschaft, und nie fehlt sie in hooks' Arbeiten, die sich damit wohltuend von den mittlerweile üblichen Texten unterscheiden.

bell hooks' politische Leidenschaft für das demokratische Versprechen der Gleichheit verbindet sich mit der für die ersten Jahre des neuen Feminismus typischen Freiheitsemphase und ist, entgegen dem aktuellen Trend, scharf herrschaftskritisch. In »Feminismus – eine transformative Politik« (vgl. hooks 1994a) mahnt hooks nachdrücklich, *alle* Herrschaftsverhältnisse in die feministische Analyse einzubeziehen, statt sich bequemerweise nur mit der männlichen Herrschaft zu befassen. hooks (1994a, 328) plädiert dafür, »revolutionär zu handeln« und die feministische Bewegung als zentralen »Bestandteil« aller anderen Befreiungskämpfe zu etablieren. Dass hooks ihre Perspektive eines »transformativen« Feminismus, der auf radikale gesellschaftliche Veränderungen zielt, gar mit den Begriffen Liebe und Revolution umschreibt (vgl. hooks 1994a, 333-337), muss für den zeitgenössischen weißen akademischen Feminismus eine Provokation darstellen. Dessen Bestreben geht seit spätestens einem Jahrzehnt häufig genug dahin, sich den strukturellen Bedingungen, herrschenden Begriffen und gebotenen Ritualen des wissenschaftlichen Mainstream geräuschlos anzupassen.

Der Schwarze Feminismus ist noch in anderer Weise ein theoriepolitischer Ort, an dem die ursprünglichen Impulse des neuen Feminismus bewahrt und immer wieder erneuert werden. Neben der Leidenschaft für die Freiheit zeichnet die Schwarzen Theoretikerinnen ein Gleichheitsverständnis aus, das stark durch die Thematisierung von Differenzen geprägt ist. Differenzen, nicht *die eine* klassische Geschlechterdifferenz, bilden den kritischen und perspektivischen Kern Schwarzer feministischer politischer Theorie. Ausgehend von der Kritik am weißen Feminismus als einer Theorie und Praxis, die ausschließlich das Geschlechterverhältnis thematisiert, unterbreiten Schwarze Theoretikerinnen eine genaue Analyse herrschaftlicher Konstruktionen von »gender, race, and class«. Kritik richtet sich nicht nur auf den Sexismus des Patriarchats (»gender«), sondern ebenso auf Rassismus (»race«) und Klassenherrschaft (»class«). Die Theorie-Dominanz des Geschlechterverhältnisses als erste/einzige/zentrale Herrschaftsrelation wird selbst als Teil von Herrschaft analysiert – weiße Mittelschicht-Feministinnen stützen durch ihr Schweigen in der Theorie und ihre bevormundende politische Praxis sowohl Rassismus als auch Klassenherrschaft. Nur eine Gesellschaftsanalyse, die die »miteinander verflochtenen« Formen der Unterdrückung erkennt, kann die »Komplexität weiblicher Erfahrung« angemessen beschreiben (hooks 1994a, 326, 327).

Die Schwarze Kritik an der Frauenbewegung und die Forderungen nach Analysen der miteinander verstrickten/verquickten sexistischen, rassistischen und klassenspezifischen Herrschaftsverhältnisse lösen im Feminismus der neunziger Jahre viele, persönlich oft schmerzhafte Debatten aus. Mittlerweile frauenpolitische Selbstverständlichkeiten werden erstmals wieder öffentlich in Frage gestellt, etwa die dominanten Sprecherinnen-Positionen für Frauenpolitikerinnen und Frauenforscherinnen aus institutionellen Kontexten oder die dominanten gleichstellungspolitischen Themen in feministischen Auseinandersetzungen. Viele Arbeits- und Debattenformen zwischen Frauen, die seit den Selbstverständigungs-intensiven siebziger Jahren nicht mehr bewusst überdacht worden waren, geraten nun in das Blickfeld engagierter antirassistischer Aktivistinnen aller Hautfarben. Zu lange schon, das wird augenfällig, hat sich die Frauenbewegung nicht mehr mit den eigenen politischen Formen befasst und sich v. a. von der Hoffnung auf Fortschritt in den/durch die Institutionen leiten lassen. Die demokratischen Umgangsformen zwischen Feministinnen, das erkennen jetzt viele, haben sich entdemokratisiert.

Der antirassistische Impuls der neunziger Jahre ist für die Frauenbewegung (nicht nur) in Deutschland in mehrfacher Hinsicht ausgesprochen produktiv. Eine neue Kultur der Auseinandersetzung mit sich selbst und mit anderen Perspektiven als den je eigenen wird, wenn auch auf schwierigen Wegen, in diesem Jahrzehnt entwickelt. Selbstverständigung wird wieder selbstverständlicher. Auch für die gesellschaftlichen Themen – »Ausländerfeindlichkeit«, Rechtsradikalismus, Ost-West- und Nord-Süd-Verhältnis, ökonomische und kulturelle Globalisierung – ist die selbstkritische Reflexion der eigenen »Weißheit« (van den Broek 1988) eine wesentliche Voraussetzung für die Möglichkeiten solidarischen Sprechens und Handelns. Die Erfolge in der Internationalisierung der Frauenpolitik auf UN-Ebene und die Entstehung zahlreicher lokaler antirassistischer feministischer Initiativen können nur vor dem Hintergrund der Rassismus-Kritik der Schwarzen Theorie angemessen erklärt werden. Diese neue Orientierung im Feminismus zieht zudem jüngere Frauen an; sie sind es v. a., die den Antirassismus als feministisches Thema etablieren.

Die Neue Frauenbewegung pluralisiert sich während der neunziger Jahre: Das Spektrum reicht nun von basisdemokratischen antirassistischen Gruppen bis zu den professionalisierten Feldern der Gleichstellungspolitik. Letztere allerdings steht bis heute eher abseits, wenn es um die konkrete Vermittlung antisexistischer und antirassistischer Frauenpolitiken geht. Die radikalen Theoretikerinnen des Schwarzen Feminismus passen nicht so recht in das Bild konformistischer feministischer Wohlanständigkeit in institutioneller Theorie und Praxis – ganz ähnlich wie die Radikalen des alten Feminismus nicht in das mütterliche Bild des gemäßigten Andienens an die Herrschenden passen. Vergegenwärtigen wir uns Emma Goldmans bissige Polemik gegen die frauenrechtlerische Ehrbarkeit bzw. Spießbürgerlichkeit, so zeichnen sich auch Konturen des aktuellen Feminismus darin ab. Obgleich das von den Frauenbewegungen des Südens entwickelte Konzept des »empowerment«, d. h. die politische Ermächtigung und Selbstermächtigung von Frauen, auch in den nordwestlichen Kulturen von Frauen aufgegriffen wird, passen sich nicht wenige Feministinnen zunehmend den mächtigen Strukturen patriarchaler Herrschaft an.

Leidenschaft und Herrschaftskritik werden in der nordwestlichen Frauenbewegung zunehmend rare politische Tugenden ... ohne dass sich die Lage von Frauen weltweit bereits so weit verbessert hätte, dass sie der der männlichen Hälfte der Menschheit auch nur annähernd vergleichbar wäre. Die einschlägigen Daten sind außerordentlich bedrückend: Der Frauenanteil der Armen beträgt über 70 %, und die absoluten Zahlen steigen; Frauen verdienen nur etwa zehn Prozent des Welteinkommens und besitzen weniger als zehn Prozent des Welteigentums; bei bezahlter Arbeit erhalten sie im Weltdurchschnitt 20 % weniger Lohn als Männer; die Frauenquote in den Parlamenten liegt derzeit bei einem Weltdurchschnitt von 14 %; die Gewalt gegen Frauen nimmt zu; zwei Drittel aller AnalphabetInnen sind Frauen (vgl. Ruppert 1998b, 10; Ruppert 2001, 72, 73, 76, 78, 79). »Gewissen Verbesserungen stehen mittlerweile wieder Rückschritte und Verschlechterungen gegenüber«, resümiert Uta Ruppert (2001, 79) die aktuelle globale Situation für Frauen.

Die Diskrepanz zwischen der Lage der Frauen weltweit und dem »Stand« der politischen Leidenschaft im Feminismus könnte kaum größer sein. Ohne die *Tiefenstrukturen* der Unterdrückung tatsächlich verändert zu haben, haben Feministinnen in den vier Jahrzehnten seit 1963 viel von ihrem ursprünglichen Mut und

Kampfgeist verloren. Politische Strategien zielen heute vielerorts ausschließlich auf Integration in die bestehenden Herrschaftsstrukturen, zielen auf Teilhabe statt auf radikalen Einspruch. Keine, auch ich nicht, wünscht sich die pathetischen, heldinnenhaften Beschwörungen der sechziger Jahre zurück. Und dass die Verstetigung bewegungspolitischen Engagements Institutionalisierungen und Professionalisierungen hervorgebracht hat, ist wissenschaftlich unbestritten. Doch die politische Leidenschaft der Aufbruchszeit wäre für die aktuellen Herausforderungen an feministische Politik ausgesprochen nützlich. Wie die globalen Probleme, die Frauen heute besonders treffen, mit einem geschwächten, müden Engagement zu bewältigen sein sollen, ist kaum vorstellbar.

## Der aktuelle Blick von außen: Antifeminismus

Erschwerend kommt hinzu, dass, zumindest hierzulande, feministische Vorstellungen schlicht »out«, antifeministische Positionen dagegen bei Männern *und Frauen* willkommen sind. Die gängigen Argumente der von Susan Faludi analysierten antifeministischen WortführerInnen können fast täglich nachgelesen werden, so beispielsweise auch Anfang 2001 in einem Artikel der *Frankfurter Rundschau*, in dem sich eine Frau über den anachronistischen Feminismus beschwert. Die Autorin Ursula März nimmt einen ambivalenten frauenpolitischen Erfolg – die ersten Soldatinnen rücken in die Kasernen ein – zum Anlass eines polemischen Angriffs auf die Frauenbewegung, insbesondere verkörpert durch Alice Schwarzer. Unter der Überschrift »War's das? [...] Das erschöpfte Paradigma der Gleichberechtigung« stellt März fest, dass spätestens in »ein, zwei oder drei Generationen – was im Maßstab der Zeitgeschichte wirklich nicht viel ist« (März 2001, 17), die Gleichberechtigung verwirklicht sein wird. Aufregung über die verbliebenen Reste sexistischer Diskriminierung, die im Laufe der nächsten 100 Jahre ohnehin verschwinden werden, ist für März deshalb unangebracht.

Mag das schnelle und bereitwillige Ignorieren der Chancen von drei Frauengenerationen schon ein wenig erschüttern, so ist der eigentliche Kernpunkt der Argumente damit noch gar nicht angesprochen. Der folgt sodann:

»Die Abwicklung der Revolution läuft wie geschmiert, doch seltsamerweise entlässt sie das weibliche Geschlecht erstens im Zustand einer Gestresstheit, die nicht weniger sondern mehr wird, und zweitens im Zustand der Grübelei darüber, ob dies überhaupt die richtige Revolution war. Statt Triumph breitet sich eine latente Katerstimmung aus« (ebd.).

Nachdem März in typischer Backlash-Manier festgestellt hat, dass der Feminismus siegreich ist, damit aber nicht Hochgefühle, sondern Stress, »Grübelei« und »Katerstimmung« produziert, betätigt sie sich als Ursachenforscherin. Auch hier argumentiert sie im von Faludi analysierten Denkschema: »An vielen Frauen, die heute so leben, wie das Leben es für Männer vorsieht, nagen die Zweifel der Geschlechtsidentität« (ebd.). Das »Nagen« setzt März in den klassischen Kontext dramatisch hoher Kinderlosigkeit und hält fest, dass Mutterschaft »eines von vielen Kapiteln aus dem großen Roman des Frauseins« (ebd.) darstellt.

März endet mit den Feststellungen, dass Gleichheit für Frauen »nicht ihre große Chance darstellt«, das »hat sich erwiesen« (ebd.), und dass das neue Buch der unbelehrbaren »Kölner Polemikerin« Schwarzer deshalb »sagenhaft anachronistisch« ist, »sagenhaft paranoid«, »intellektuell unseriös bis zur Verwahrlosung«, »indiskutabel und unerheblich«, ein »hysterisches, irrationales Gebilde«, eine »entgleisende Horrorfizierung« des männlichen Geschlechts und eine »schrille Weigerung«, die eigene Überholtheit anzuerkennen (ebd.). Die »schwierige Geschichte der Gleichheitsversuche« geht zu Ende, denn sie hat »zu viele neue Zwänge kreiert« (ebd.). Schwarzers Buch gilt März als Symbol der Torschlusspanik gegen diesen Ausgang der Geschichte.

Die Polemik von Ursula März ist kaum zu überbieten, hasserfüllt wendet sie sich gegen Alice Schwarzer und ruht nicht eher, bis sie und der ganze mit ihr identifizierte Feminismus als gescheitertes Projekt vernichtet scheinen. Kein Wort ist dafür scharf genug. Gleichheit macht unglücklich, und Feministinnen sind Furien, das sind die allzu bekannten Botschaften. Warum schreibt eine Frau heute solche Zeilen, und warum veröffentlicht eine linksliberale Tageszeitung diese publizistische Schlacht(ung)? Nur zwei Wochen davor kann in der gleichen Tageszeitung eine andere Autorin unter der Überschrift »Das verstaubte lila Gewand« (Bruns 2000a) ebenfalls ihren Antifeminismus präsentieren. Der Text der Autorin Gabriele Bruns erscheint zeitgleich in einer längeren Fassung auch in den *Gewerkschaftlichen Monats-*

*heften* (Bruns 2000b), ebenfalls kein publizistischer Ort antifeministischer Reaktion (vgl. im selben Heft der *Monatshefte* die differenzierte Einschätzung von Ursula Hornung 2000b).

Bruns' Text ist moderater und fairer als der Text von März; der Grundtenor entspricht nicht einfach den klassischen Backlash-Argumenten. Bruns kritisiert nicht ganz zu Unrecht, der Feminismus sei »monopolisiert in den Händen weniger Frauen, die sich der Sache mit solcher Hingabe widmen, dass der Rest mit ihnen möglichst wenig zu tun haben mag« (Bruns 2000b, 669). Dieser richtigen Beobachtung fügt Bruns dann allerdings eine Liste von Klischees über die Frauenbewegung hinzu: »Betroffenheitskultur [...] der Siebziger«, »gefühlsduselige Nabelschau«, »gedankliche[r] Stillstand« der »Exklusivkreise«, »Planstelleninhaberinnen an Schulen und Universitäten«, die als einzige »Oberbewegte« vom Engagement übrig geblieben sind, der Mann als »feindliches Gegenüber« (Bruns 2000b, 670, 671). Dass die Klischees gleich aus mehreren Phasen der westdeutschen Frauenbewegung stammen, scheint Bruns für ihre aktuelle Zustandsbeschreibung nicht zu irritieren. Die Botschaft lautet: Feministinnen haben nichts mehr zu sagen, und jüngere Frauen wollen den langweiligen Opferdiskurs nicht mehr hören. Sie sind »einfach irgendwie gelassener« (Bruns 2000b, 673).

Interessanterweise ruft Bruns (2000b, 671) zugleich eine neue »dritte Frauenbewegung« der jungen Frauen aus, die automatisch die von ihren Müttern erkämpften Rechte in Anspruch nehmen. Die erfreuliche Idee eines jungen »Neo-Feminismus« wird, freilich ohne Beweise, mehrfach im Text behauptet. Im Laufe des Artikels muss Bruns jedoch zugeben, dass das beträchtliche Desinteresse der jungen Frauen an der konventionellen Politik und die noch immer ausstehende Gleichberechtigung doch nicht zu den Höhen gleichen Engagements führen, das die Autorin ihrer Generation gerne unterstellen möchte. Bruns endet deshalb mit mahnenden Worten an die Alten, Entscheidungen der Jungen für traditionale Rollenmuster zu akzeptieren, und Mahnungen an die Jungen, sich politisch einzumischen (vgl. Bruns 2000b, 676, 677). »Leben ohne Leiden«, laut Bruns (2000b, 673) das Motto der jungen Frauen, funktioniert in der Selbstwahrnehmung einer Angehörigen dieser Generation offensichtlich doch nicht ganz so bruchlos wie propagiert.

Die Texte von März und Bruns als »Ausrutscher« oder unrühmliche Ausnahmen zu betrachten wäre ebenso falsch wie die Unterstellung eines peinlichen Versehens seitens der *Frankfurter Rundschau*. Hier dokumentiert sich vielmehr der antifeministische Zeitgeist, der deshalb so gut »funktionieren« kann, weil ihm keine starke, widerständige Frauenbewegung wortreich, aktionsreich, mächtig, polemisch und angreifend entgegentritt. Es ist, selbst in Zeiten politischer Korrektheit, offensichtlich ungefährlich, sich mit »dem Feminismus« pauschal anzulegen. Man oder frau läuft keine Gefahr, in eine kritische, schwierige Debatte verwickelt oder intellektuell bloßgestellt zu werden. Stattdessen winken Aufmerksamkeit und Beifall von vielen Seiten als Lohn. Für die aktuelle Situation ist bezeichnend, dass die feministische Antwort auf Bruns, fast zwei Monate später ebenfalls in der *Frankfurter Rundschau* unter der spöttischen Überschrift »Von Frau zu Frau« veröffentlicht, mit der ganzen berufsfeministischen Langeweile der Gleichstellungspolitik daherkommt und jede notwendige und amüsante Polemik vermissen lässt (vgl. Drewing/Witte 2001). Ob die antifeministischen Anwürfe als Polemik wie bei März oder als Pseudo-Aufklärung wie bei Bruns formuliert werden: Das Ziel ist immer die gleiche Distanzierung von der Neuen Frauenbewegung als altem Hut. Der nach wie vor ungleiche Stand in Sachen Gleichheit wird dafür minimalisiert.

## Der aktuelle Blick nach innen: Zerfallende Öffentlichkeit, entpolitisierte Theorie

An der Publizität antifeministischer Äußerungen ist die Frauenbewegung selbst nicht ganz unschuldig. Ohne die Argumente von AntifeministInnen bestätigen zu wollen, kann ich doch nicht umhin zuzugeben, dass Feminismus heute auf Frauen und Männer unattraktiv wirken kann. Ein nicht mehr ganz neues, aber zentrales Problem der Frauenbewegung (nicht nur) in Deutschland ist der »Strukturwandel feministischer Öffentlichkeit« (Dackweiler/Holland-Cunz 1991; vgl. auch Holland-Cunz 1995), d.h. der zunehmende Zerfall einer frauenpolitischen Öffentlichkeit, die sich zu aktuellen geschlechterpolitischen Fragen kreativ, lautstark und gesellschaftskritisch zu Wort meldet und/oder AntifeministInnen Einhalt gebietet. Die ehemals lebendige, streitbare feministische Öffentlichkeit ist in zahllose, gegeneinander abgegrenzte Teilöffentlichkeiten zerfallen und hat die Meinungsführerinnenschaft für viele der ursprünglich feministisch politisierten Themenfelder verloren. Die zahlreichen Teilöffentlichkeiten stehen thematisch und personell zudem unter der vereinheitlichenden Dominanz eines professionellen feministischen Mainstream (Frauenministerinnen, Frauenforscherinnen, Frauenbeauftragte), den ich mit dem Begriff des »Berufsfeminismus« beschreibe (Holland-Cunz 1998a, 2001a). Aber selbst dieser hat die Deutungsmacht über genuin feministische Fragen verloren. Als etwa die Rekrutinnen in die Kasernen einrücken, spricht keine Feministin, sondern die Antifeministin März, und interessierte Journalisten interviewen hochrangige Offiziere.

Eine die eigene institutionelle oder autonome Teilöffentlichkeit – gleichsam das jeweils Eigene – übergreifende kollektive Selbstverständigung wird immer seltener; dies gilt mit Einschränkungen sogar für den antirassistischen Diskurs. Zugespitzt ließe sich sagen: Aus der *positiven* Selbstinteressiertheit und Selbstbezüglichkeit der siebziger Jahre ist eine *negative* Selbstbezüglichkeit im Sinne des von Christina Thürmer-Rohr (1994) geprägten Begriffs »Egozentrismus« geworden. Angesichts der 200-jährigen Geschichte der Frauenbewegung ließe sich vielleicht auch vermuten, dass die Neue Frauenbewegung noch nicht das Stadium des »Selbstreflexivwerdens« erreicht hat, das in der Alten Frauenbewegung um 1900 zu heftigen Debatten über die Relevanz von Themen und Strategien zwischen den (feindlichen) Flügeln beigetragen hat. Selbst eine scharfe Auseinandersetzung wäre sicherlich produktiver als das Schweigen.

Feministische Öffentlichkeit fehlt aber nicht nur auf der nationalen Ebene. Auf der Ebene der Europäischen Union hat eine lebendige feministische Öffentlichkeit nie bestanden, obgleich die EU-Frauenpolitiken für die nationalen und lokalen Bewegungen spätestens seit Anfang/Mitte der achtziger Jahre unmittelbar relevant sind. Bei der Frage nach der Existenz einer internationalen oder globalen feministischen Öffentlichkeit schließlich ist zu berücksichtigen, dass die Haupt-Akteurinnen des Feminismus in der Weltöffentlichkeit heute professionelle NGO-Frauen sind (NGO = Nicht-Regierungs-Organisation, wie z. B. Greenpeace). Christa Wichterich, Kennerin der globalen Frauenszene, beschreibt die *neuen* Berufsfeministinnen folgendermaßen:

»Diese Professionalisierung brachte einen neuen Typus von P(r)olit-Profis hervor. Entstanden ist eine transnationale und transkulturelle Klasse von Jetset-Lobbyistinnen, die inhaltlich kompetent, handwerklich perfekt und rhetorisch versiert auftreten, mit hohem Gehalt, Spesenkonto und ebenso hoher Selbsteinschätzung um die Welt touren« (Wichterich 1998, 236).

Ob diese »Führungsclique von Berufslobbyistinnen« (ebd.) noch zur Frauenbewegung zu rechnen ist, darf als offene Frage gelten, die ich mit einem »Ja«, die verbliebenen basisdemokratischen Aktivistinnen hierzulande aber mit einem »Nein« beantworten würden.

Der Zerfall einer streitbaren feministischen Öffentlichkeit und damit eines Forums interner politischer Diskussion sowie externer Positionierung und Profilbildung ist ein wesentlicher Aspekt der Unattraktivität und Angreifbarkeit des Feminismus heute. Professionelle Spezialisierungen und notwendige thematische Ausdifferenzierungen in der feministischen Arbeit stellen die historisch *unvermeidlichen* Ursachen für den *vermeidlichen* fortschreitenden Zerfall dar. Wo keine Aktivistin deutlich frauenbewegte Worte spricht oder phantasievolle Aktionen plant, die anderen Frauen etwas bedeuten könnten, kann auch keine dieser anderen für die Frauenbewegung gewonnen werden. Oder aber: Wo immer die selben Frauen auf Podien und in Gesprächsrunden professionell »für alle« sprechen, Frauen, die dies bereits seit Jahren oder, wie Alice Schwarzer, seit Jahrzehnten tun, können neue Gedanken, neue Positionen, neue Ideen und neue Reaktionen auf gesellschaftliche Herausforderungen nur schwer gedeihen oder Gehör finden. Der Verdacht der Bevormundung und illegitimer Stellvertreterinnenpolitik, wie ihn Bruns impliziert, keimt auf, und nur längst überzeugte Frauen entgehen den sich dann leicht einstellenden Gefühlen von Ärger, Abwehr, Desinteresse und Langeweile. Mit den Jahren entsteht so ein Teufelskreis: Immer weniger Feministinnen sprechen, immer weniger neue Frauen werden so angesprochen, immer weniger Sprecherinnen bleiben übrig ... ein recht düsteres Bild. Oft wird es zudem von der Klage über die uneinsichtigen oder undankbaren jungen Frauen begleitet.

Das düstere Bild lässt sich sogar noch düsterer malen, wenn man/frau sich den Ausgangspunkt von Theorie und Praxis der Neuen Frauenbewegung noch einmal vergegenwärtigt. Die revolutionäre Emphase für »women's liberation«, Befreiung der Frauen zu Freiheit und Gleichheit, ist sowohl in der frauenpolitischen Alltagspraxis als auch in der Verberuflichung von Frauenforschung und Theoriebildung untergegangen – *und zwar am eigenen Erfolg*. Die relativ flächendeckende Etablierung von Frauenbeauftragten, Frauenförderplänen, Ministerien, Gremien und Quotenregelungen auf dem politischen Feld und Frauenforschungsprofessuren, Frauenforschungszentren, Frauenstudien, einschlägigen Sektionen/Arbeitskreisen in wissenschaftlichen Gesellschaften, Gremien und Quotenregelungen auf dem Terrain der Wissenschaft erscheinen wie eine feministische Runderneuerung der Republik. Doch dieser erfolgreich institutionalisierte Apparat einer Verwaltung der Frauenfrage und des Gleichheitsanspruchs wird, gerade aufgrund seiner konventionellen bürokratischen Struktur, heute von vielen als anachronistisch empfunden. Gleichheitsforderungen, von extra dazu Beauftragten täglich neu formuliert, gelten, wie die antifeministischen Texte zeigen, als nicht mehr zeitgemäß. Die Lasten des Erfolgs tragen Sprechende und Angesprochene: Ermüdung bei den in gleichstellungspolitische Routinen eingezwängten Aktivistinnen und große Reserviertheit bei denen, die sich überredet fühlen.

*Der Unterstellung, mit Gleichheitsansprüchen nicht mehr zeitgemäß zu sein, kommt die feministische Theorie weit entgegen.* So wie die Alte Frauenbewegung hat auch die Neue nach den euphorischen, gleichheitsfeministischen Aufbruchszeiten einen deutlichen Umschwung hin zum Differenzdenken vollzogen. In einer dritten Phase der Theoriebildung schließlich distanzieren sich in den neunziger Jahren viele TheoretikerInnen sowohl vom Gleichheits- wie vom Differenzdenken zugunsten von Postmoderne und Dekonstruktion. Judith Butlers Arbeit *Gender Trouble* von 1990 bildet hier den Ausgangs- und unangefochtenen Kristallisationspunkt der Debatte (vgl. Butler 1991). Im Unterschied zu den meisten anderen, wesentlich älteren, bedeutenden ideengeschichtlichen Werken des Feminismus hat Butlers Text sofort den Sprung in die *Hauptwerke der politischen Theorie* geschafft (vgl. Stammen u. a. 1997), ein Anzeichen dafür, dass die feministische Postmoderne gut in den Mainstream integrierbar ist. Was sich als vernichtende Kritik an den simplen Vorstellungen beider klassischer feministischer Denkformen darstellt, ist intellektuell außerordentlich anregend, doch weitgehend entpolitisiert und in den akademischen Betrieb als neueste interessante Mode bruchlos einfügbar. Selbst ProtagonistInnen des Mainstream, die sich sonst um die feministische Theorie wenig scheren, interessieren sich für Butlers Abgesang auf Frauenkörper und Frauenpolitik.

Die Einfügbarkeit der feministischen Theorie in den etablierten, normalen, normalwissenschaftlichen universitären Betrieb hat allerdings auch heute noch Grenzen, die v. a. im Widerstand der akademischen Institutionen gegen Frauen als konkret anzuerkennende Gleiche liegen. Die Integration schreitet seit mindestens zehn Jahren dennoch als ein zweiseitiger Prozess voran. Auf der einen Seite treiben Feministinnen an den Hochschulen diesen Prozess als einen der wissenschaftlichen und wissenschaftspolitischen Anerkennung selbst weiter, auf der anderen Seite schleift die berufsfeministische Alltagspraxis durch wachsende Distanz zu außeruniversitären Perspektiven die feministischen »Ecken und Kanten« der akademischen Akteurinnen ab. Einsprüche gegen antifeministische Polemiken sind von dieser Seite kaum zu erwarten.

Mit Michel Foucault kann von einer Normalisierung auf diesem und anderen berufsfeministischen Feldern gesprochen werden. Die Macht der Normalisierung in modernen Gesellschaften funktioniert nach Foucaults bedeutender Arbeit *Überwachen und Strafen* durch eine Reihe von Techniken, die auf Macht über das Individuum zielen: Vergütung, Sanktion, Dressur und Besserung, Klassifizierung, Differenzierung, Hierarchisierung, Homogenisierung und zugleich Individualisierung wirken auf die/den Einzelnen und passen sie/ihn durch normierende Sanktion ein (vgl. Foucault 1998, 232ff., 229). Foucault schreibt über die Funktionsweise dieser Machtform:

»Einerseits zwingt die Normalisierungsmacht zur Homogenität, andererseits wirkt sie individualisierend, da sie Abstände mißt, Niveaus bestimmt, Besonderheiten fixiert und die Unterschiede nutzbringend aufeinander abstimmt. Die Macht der Norm hat innerhalb eines Systems der formellen Gleichheit so leichtes Spiel, da sie in die Homogenität, welche die Regel ist, als nützlichen Imperativ und als präzises Meßergebnis die gesamte Abstufung der individuellen Unterschiede einbringen kann« (Foucault 1998, 237f.).

Gesellschaftliche Macht funktioniert, Foucault zufolge, heute dadurch, dass Individuen starken Konformitätsansprüchen unterworfen werden. »Das Normale etabliert sich als Zwangsprinzip«, lautet die harte These (Foucault 1998, 237). Dies bedeutet nun aber ausdrücklich nicht, dass Unterschiede unter dem Ideal der »formellen Gleichheit« ignoriert würden; sie werden im Gegenteil neben der Konformisierung/Normalisierung machtvoll festgestellt und gegen die Einzelnen gekehrt. Die »formelle Gleichheit« produziert einen gesellschaftlichen/institutionellen Rahmen, der aufgrund seiner Starrheit und Schlichtheit für herrschaftliche Klassifizierungen zwischen den Einzelnen durchlässig bleibt. So entsteht mit der modernen Ideologie von der Einebnung individueller Unterschiede ein Machtsystem, das sich individuelle Unterschiede für die Etablierung von Hierarchien, die Verhängung von Sanktionen und für Ein- und Ausgrenzungen weitreichend nutzbar machen kann.

Viele Berufsfeministinnen bewegen sich heute in institutionellen Situationen, in denen die Foucault'schen Techniken der Macht unmittelbar wirken, in denen »das Normale« als zwingender Imperativ auf Individuen einwirkt und jede Abweichung gefährlich erscheinen lässt. Viele Berufsfeministinnen, mich eingeschlossen, übernehmen inzwischen aber auch selbst gesellschaftliche Aufgaben und Funktionen, die die Erzeugung von klassifizierenden Unterschieden zum Inhalt haben (die Prüfung ist ein Beispiel Foucaults; vgl. Foucault 1998, 238ff.). In solch doppelter Weise in die macht-vollen Netze der Normalisierung verstrickt, sind Berufsfeministinnen heute sowohl Ziel- und Ansatzpunkte der Normalisierungsmacht als auch ihre aktiven Vollstreckerinnen. Nach Foucault gibt es ohnehin keine säuberliche Trennung zwischen Herrschen und Beherrschtwerden, zwischen der Konformisierung und Klassifizierung anderer und der normalisierenden Einpassung und Selbsteinpassung. Als aktueller Standort einer Theorie und Praxis, die mit dem Aufruf zur *Befreiung* angetreten ist, muss das feministische Verstricktsein in die Techniken der *Macht* heute unangenehm auffallen.

## Skeptisches Fazit

Das aktuelle Bild des Feminismus scheint nun aber doch etwas zu düster geraten zu sein; ein paar hoffnungsvolle Gegentendenzen sollen deshalb abschließend verzeichnet werden: das politische Engagement vieler junger Frauen für einen antirassistischen Feminismus, die Stärke und der Mut der Frauenbewegungen in den Ländern des Südens, die stetig zunehmende weltweite Vernetzung feministischer Aktivitäten, das wachsende kontinentale und internationale Bewusstsein der Aktivistinnen, das Engagement und Wachstum der Frauen-NGOs weltweit, ihre anerkannt wichtige politische Funktion, die Erfolge, die auf UN-Ebene erzielt werden, die frauenpolitisch geschärfte Politische Kultur in vielen Ländern der Erde und die zahlreichen guten feministischen Texte, die jährlich verfasst werden.

Doch auch die positiven Merkpunkte geben wenig her, um die mit Adorno und Foucault aufgeworfenen grundsätzlichen Fragen schnell zu entkräften. Etwas hämisch könnte man/frau resümieren, dass auch für den Feminismus Adornos lapidarer Satz gilt und dass die Bewegungs-Geschichte Foucault Recht gibt. Die Konformitätszwänge, die sowohl Foucault als auch die Kritischen Theoretiker als wichtige Funktionsmechanismen moderner Gesellschaften beschreiben, haben Feministinnen in macht-volle Netze eingefangen. Die Integration des Feminismus als institutionengebundener Berufsfeminismus in Politik und Wissenschaft oder als berufsfeministischer Jetset-Lobbyismus globaler Frauen-NGOs ist eine herrschaftsbeteiligte Integration. Sie politisiert eine »formelle« Gleichheit im Foucault'schen, eine »abstrakte« Gleichheit im Adorno'schen Sinne, eine Gleichheit also, die nicht mehr an die ursprüngliche Freiheitsemphase, nicht an die Utopie einer anderen, besseren Gesellschaft, nicht an das Ideal angstfreier Verschiedenheit und differenter Vielfalt gebunden scheint.

Um keine Missverständnisse aufkommen zu lassen: Gleiche Teilhabe an allen Feldern gesellschaftlicher Macht bleibt im Kontext des uneingelösten Gleichheitsversprechens eine *absolut* notwendige feministische Forderung. Doch ist es angesichts des Verlaufs der Bewegungsgeschichte unterdessen zweifelhaft, ob allein mit der formellen Teilhabe – und das heißt mit der Teilhabe an patriarchaler Herrschaft – eine sowohl für Feministinnen als auch für Außenstehende anziehende Frauenpolitik möglich ist. Im direkten Vergleich zwischen der Attraktivität des radikalen Feminismus der Aufbruchszeit und der Anziehungskraft des zeitgenössischen Berufsfeminismus schneidet Letzterer schlecht ab: *Kaum eine hat heute noch das Gefühl, etwas Aufregendes zu verpassen, wenn sie nicht dazugehört.* Aufregend und interessant wirkt heute v. a. die distanzierte Haltung, sie sichert Aufmerksamkeit.

Fast scheint die Entwicklung der Neuen Frauenbewegung allen alten und neuen Geschlechterdifferenz-Feministinnen Recht zu geben, die der identitätspolitischen Dürftigkeit des beruflichen Gleichheitsfeminismus Bilder vom schönen weiblichen Wesen entgegensetzen. Aber das aktuelle Problem feministischen Lebens »im falschen« ist nicht der Mangel individueller Identifikationsangebote, sondern der *Mangel an konkreten Utopien und gesellschaftspolitischen Alternativen* sowie der Mangel an radikalem Einspruch gegen die herrschaftlichen Zumutungen eines globalisierten Patriarchats. Die Neue Frauenbewegung ist ein wesentlicher Motor seiner Modernisierung und damit seiner politischen Stabilität. Es wäre allerdings verfehlt, »der Frauenbewegung« politische Homogenität zu unterstellen und alle Feministinnen in gleicher Weise eingebunden zu sehen. Selbst die dominanten Strömungen sind vielfältig: Die liberale und die postmoderne Theorie, die konventionelle Gleichstellungspolitik, der theoretisch ungebundene NGO-Lobbyismus unterscheiden sich deutlich voneinander und agieren in getrennten Teilöffentlichkeiten. Die professionelle Zusammenarbeit ist nur punktuell.

Den dominanten Strömungen stehen, wenn auch nur als AkteurInnen am Rande der politischen Aufmerksamkeit, Gruppen, Kontexte und Strömungen gegenüber, die die Ideale des radikalen Feminismus der sechziger und siebziger Jahre geduldig und unverdrossen weiter in praktische Politik umsetzen: Antirassistinnen und Antifaschistinnen, Ökofeministinnen und diejenigen, die sich an der Basis im oder für den Süden engagieren, Frauen in autonomen Projekten, Frauenrechte-Aktivistinnen, Anarchistinnen, Globalisierungskritikerinnen. Sie alle trotzen dem dominanten Bild feministischer Wohlanständigkeit. Ob sich in diesen Zusammenhängen tatsächlich rein quantitativ weniger Frauen bewegen als im feministischen Mainstream, lässt sich nicht beantworten; die Frauenbewegung führt keine Statistiken und kennt keine Mitgliedsausweise. Die politische Sichtbarkeit radikalfeministischer Gruppen ist gegenüber den berufsfeministischen Akteurinnen jedoch eingeschränkt. So entsteht fatalerweise der Eindruck, die Neue Frauenbewegung bestünde heute nur noch aus Gleichstellungsbeauftragten und Frauenforscherinnen. Doch dieser Eindruck ist falsch.

Wer heute von der Neuen Frauenbewegung spricht, wer heute den aktuellen Feminismus charakterisieren will, sollte alle Seiten sehen und auch die Vielfalt dieser Seiten berücksichtigen. Obgleich, wie im frühen Feminismus des 19. Jahrhunderts, wechselseitige »schweigsame« Abgrenzungen politische Konjunktur haben, ist doch der einzig angemessene Begriff von Feminismus heute ein breiter, *inklusiver* Begriff. Nicht der Ort des Engagements, ob Frauengruppe oder Partei, Projekt oder Institution, entscheidet über die Zugehörigkeit, sondern nach wie vor die politische Selbstbezeichnung. In diesem Puzzle aktueller »Feminismen« existieren Orte, die stärker in die Foucault'schen Netze der Macht verstrickt sind, und Orte, die gleichsam an den Netzen zerren und manchmal sogar neue Muster hervorrufen. All diese widersprüchlichen Orte sind mit Foucault (1991, 117) »einzelne Widerstände«, und zwar »mögliche, notwendige, unwahrscheinliche, spontane, wilde, einsame, abgestimmte, kriecherische, gewalttätige, unversöhnliche, kompromißbereite, interessierte oder opferbereite Widerstände«.

Folgt man/frau für einen Moment dieser etwas diffusen Foucault'schen Interpretation, so ist Widerstand heute kein vollständig illusionäres Projekt, sondern »nur« eines, bei dem die Widerständigen sich nicht allzu großen Illusionen hingeben sollten. Wenn Feministinnen derzeit antipatriarchal wirken wollen, *müssen sie ihre widersprüchliche Vielfalt betonen, statt ihre eigene Konformisierung und Homogenisierung voranzutreiben.* Sie sollten ihre lokalen Kämpfe, unausgetragenen Differenzen und subjektiven Potenziale entwickeln. Michel Foucault schreibt: »Wir müssen neue Formen der Subjektivität zustandebringen, indem wir die Art von Individualität, die man uns jahrhundertelang auferlegt hat, zurückweisen« (Foucault 1994, 259). Die kleinen Risse in den Netzen der Macht, die Brüche in den individuellen Biographien, die Unterschiedlichkeit der Widerstandsformen sind immerhin Möglichkeitsbedingungen, um Einspruch und Revolte nicht gänzlich zur notwendig »anderen Seite« macht-voller Herrschaft werden zu lassen. Keine kann garantieren, dass spezifische feministische Strategien jeweils tatsächlich »neue Formen der

Subjektivität« hervorbringen werden. Aber sogar im prekären Weltbild Foucaults ist dies immerhin einen Versuch wert.

Das Fazit zum heutigen Stand der Frauenbewegung(en) muss demnach recht zwiespältig ausfallen. International oder global betrachtet sind »Frauenfragen« – zumindest auf geduldigem Papier – durchaus erfolgreich verankert worden, die nationalen Fortschritte stagnieren jedoch bereits seit geraumer Zeit. Feministische Theoriebildung ist heute fast überall eine teilintegrierte professionelle akademische Arbeit, die ihre Verve jedoch weitgehend verloren hat. Feminismus hat sich als *Beruf* in Politik und Wissenschaft etabliert, seine ursprüngliche politische und wissenschaftliche Anziehungskraft ist damit allerdings diffus geworden. Gleichstellungs-AktivistInnen können in vielen Ländern Erfolge vorweisen, die angesichts der globalen Lage jedoch eher bedrücken: Die Diskrepanz zu dem, was nötig wäre, ist zu groß. Die Revolutionsemphase der Aufbruchszeit wurde zu Recht aufgegeben, doch mit ihr auch, bis auf wenige Ausnahmen, eine radikale Herrschaftskritik, die nach wie vor notwendig ist. Die Erfolge bei der Verankerung feministischer Anliegen in der politischen Kultur haben einen doppelten Preis gekostet: den weitgehenden Verlust der inneren Leidenschaft und den Verlust der Attraktivität nach außen. Ob dieser Preis dem Erreichten angemessen ist, mag jede und jeder selbst beurteilen.

In dieser widersprüchlichen, schwierigen Lage finden sich Feministinnen im Zeitalter der Globalisierung wieder. Die alten neuen Aufgaben im thematischen Kern der Frauenpolitik sind bekannt: Partizipationschancen und BürgerInnenrechte weiter einklagen und ausbauen, Arbeit, Armut und ökonomische Ungleichheit politisieren, gegen Gewalt und sexuelle Gewalt weltweit vorgehen und die Verwirklichung des Rechts auf Wissen und Bildung vorantreiben. In diesen Feldern stecken sowohl alte, noch nicht eingelöste Versprechen als auch neue Entwicklungstendenzen und manchmal sogar auch -chancen. Nicht immer unterscheiden sich die heutigen Antworten grundsätzlich von den ersten Antworten Mary Wollstonecrafts.

Das Ereignis Revolte liegt lange hinter uns – die Freiheit aber ist, im Sinne Simone de Beauvoirs, erst noch zu wagen. Dass heute neue AktivistInnen und neue Aktions- und Denkformen gebraucht werden, um den Herausforderungen zu begegnen, steht außer Frage.

## 2.3. Demokratische Politik im 21. Jahrhundert – feministisch betrachtet

Obwohl bereits die 48erInnen im vorletzten Jahrhundert in ganz Europa voller Leidenschaft von der Demokratie sprechen, brauchen Feministinnen der Neuen Frauenbewegung fast drei Jahrzehnte, um sich dem »großen« Begriff zu nähern. In den sechziger und siebziger Jahren darf allenfalls der Begriff der Basisdemokratie ausgesprochen werden; eine allgemeine Auseinandersetzung mit verschiedenen Demokratiemodellen oder gar eine Annäherung an die repräsentative Demokratie finden nicht statt. Voller Skepsis wagen sich erst Anfang der neunziger Jahre, also fast eineinhalb Jahrhunderte nach Louise Otto, Feministinnen an das misstrauisch beäugte Wort erneut heran. Anne Phillips' 1991 erscheinendes demokratietheoretisches Grundlagenwerk *Engendering Democracy* (Phillips 1991, dt. 1995b) bezeichnet den Schlusspunkt des langen Weges hin zum Thema Demokratie. Ab diesem Datum wird die Befassung mit »Demokratie« in all ihren Facetten schließlich zu einem wichtigen Thema.

### Privatheit, Öffentlichkeit, Partizipation

Die feministische Auseinandersetzung in Praxis und Theorie beginnt im Bereich des Politischen mit dem Anspruch auf Revolution und mit einer fundamentalen Kritik an der patriarchalen Zweiteilung der Gesellschaft in Öffentlichkeit und Privatheit. Der herrschende Politikbegriff wird von Anfang an mit der bekannten Parole »Das Private ist politisch« bzw. »The personal is (the) political« grundlegend in Frage gestellt. Dass sich »die Politik« nicht mit der Gewalt gegen Frauen im sozialen Nahraum befasst, dass Politik die gesellschaftlich notwendige Arbeit von Frauen in Haushalt und Familie ignoriert, dass der Frauenausschluss aus den Feldern konventioneller Politik (Parteien, Parlamente, Kabinette) offensichtlich nicht der Befassung für Wert befunden wird – all dies wird zum fundamentalen politischen Problem erklärt. Das Private – Gewalt, Ausbeutung, Ausschluss

– ist für Feministinnen nicht weniger eine Frage der Politik wie etwa die Außenpolitik, die Verkehrspolitik oder die Finanzpolitik. Es gilt als Zeichen der männlichen Dominanz in der Politik, dass Fragen, die den patriarchalen »weiblichen Lebenszusammenhang« (Ulrike Prokop (1976)) betreffen, nicht als politikwürdig angesehen werden.

Dass moderne Gesellschaften in eine wesentliche, politisch relevante, von Männern beherrschte öffentliche Sphäre der Freiheit und eine randständige, politisch irrelevante, von Frauen bewohnte private Sphäre aufgespalten sind, ist für Carole Pateman (1983, 281), zeitgenössische politische Theoretikerin, »ultimately, what the feminist movement is about«. Die Kritik der Dichotomie Privatheit/Öffentlichkeit stellt für Pateman das Kernstück des Feminismus seit 200 Jahren dar (vgl. ebd.). Im Laufe der Theorieentwicklung des neuen Feminismus wird dieses Kernstück allerdings unterschiedlich analysiert und v. a. unterschiedlich politisch bewertet. Zunächst ist die Dichotomie als Ausgrenzungsmechanismus gegen Frauen und deren politische Anliegen harter Kritik ausgesetzt; dann werden differenzbezogene Kategorien herangezogen, um eine Aufwertung des Privaten als Ort von Bindung, Freundschaft, Liebe, Vertrauen und Intimität zu betreiben; schließlich stellen in letzter Zeit einige Feministinnen die Realität der Dichotomie in unseren zeitgenössischen Gesellschaften in Frage. Ob Dichotomie-Kritik, Aufwertung privater Tugenden oder Zweifel an der Dichotomie: *Immer* ist die Relation Privatheit/Öffentlichkeit ein zentrales Strukturmerkmal feministischer Gesellschaftsanalyse, die sich zu dieser Frage stets innovativ und ausführlich äußert.

Nachdem der Mainstream der Politik, der politischen Theorie und der soziologischen Gesellschaftsanalyse diese zentrale feministische Kritik lange Zeit nicht ernst genommen haben, dürfen Frauen heute davon ausgehen, dass die Kritik sozialwissenschaftliches und politisches Allgemeingut geworden ist. Ein klassisches Beispiel ist hier die Einführung des Straftatbestands der Vergewaltigung in der Ehe, also die Anerkennung einer »privaten«, sexualisierten Gewaltform als öffentlich-politisch relevanter Tatsache. Viele Jahre feministischer Aufklärung waren nötig, um ein gesellschaftliches Bewusstsein dafür zu erzeugen, dass Vergewaltigung in der Ehe *nicht* zur schützenswerten Intimität des verheirateten Paares zu rechnen ist. Vergleichbares gilt für sexuelle Gewalt gegen Mädchen und für alle Formen sexueller Belästigung: Diese Gewaltformen werden heute nicht mehr als intime Fragen, sondern als Problemlagen, die politisches Handeln erfordern, betrachtet.

Auffällig scheint mir zu sein, dass die Anerkennung der feministischen Kritik der herrschenden Dichotomie gerade in einem historischen Zeitraum zu beobachten ist, an dem die Realität dieser grundlegenden gesellschaftlichen Spaltung nicht mehr eindeutig nachgewiesen werden kann. Politische Theorien wie die von Jürgen Habermas (1987, 1990) und Hannah Arendt (1989) oder soziologische Gesellschaftsanalysen wie die Richard Sennetts (1993) belegen, dass sich die scharfen Trennlinien zwischen Öffentlichkeit und Privatheit bereits seit geraumer Zeit in Auflösung befinden. Alle drei TheoretikerInnen beschreiben dies als einen alarmierenden gesellschaftlichen Zustand, da die Existenz einer exakt definierten, lebendigen, freien, von der Privatsphäre deutlich abgegrenzten gesellschaftlichen Öffentlichkeit für alle drei als demokratiepolitisch unverzichtbar gilt. Sie berücksichtigen die einschlägige feministische Kritik für ihre Analysen des Zerfalls der Öffentlichkeit nicht, können allerdings auch überzeugend darlegen, wie sich die Dichotomie allmählich v. a. durch eine schleichende Privatisierung des Öffentlichen auflöst (für eine ausführliche Diskussion vgl. Holland-Cunz 1994).

Trotz der grundlegenden feministischen Kritik an der Spaltung muss die Beobachtung eines Zerfalls der Öffentlichkeit auch die Neue Frauenbewegung beunruhigen, da sie wie alle sozialen Bewegungen auf eine starke politische Öffentlichkeit angewiesen ist, um Themen lautstark zu Gehör zu bringen. In der feministischen Theorie hat sich Nancy Fraser der Frage nach dem aktuellen Stand der Relation von Öffentlichkeit und Privatheit gewidmet. In ihrem interessanten Aufsatz »Sex, Lügen und die Öffentlichkeit: Überlegungen zur Bestätigung des Bundesrichters Clarence Thomas« (Fraser 1994) macht Fraser die öffentlichen Anhörungen zur Nominierung eines obersten Bundesrichters in den Vereinigten Staaten von Amerika zu einem Untersuchungsfeld für die klassische feministische Frage. Clarence Thomas steht unter dem Verdacht sexueller Belästigung, und zahlreiche politische AkteurInnen streiten im Kontext der Hearings über das Recht der Öffentlichkeit auf Auskunft gegen das Recht der betroffenen Personen auf Privatheit. Sexismus, Rassismus und Klassenzugehörigkeit werden in den (und um die) Anhörungen (herum) zum Thema.

In einem strittigen Diskussionsprozess, so Fraser (1994), wird verhandelt, wo die Grenzen zwischen dem öffentlichen und dem privaten Bereich und Interesse verlaufen. Fraser stellt fest,

> »daß hier letztlich die Bedeutung und die Grenzen des Konzepts der Öffentlichkeit auf dem Spiel standen. Zudem war der Verlauf der Auseinandersetzung an jedem Punkt davon abhängig, wer die Macht besaß, die Grenzlinie zwischen dem öffentlichen und dem privaten Bereich mit Autorität und Erfolg festzulegen, und wer die Macht besaß, diese Grenze zu kontrollieren und zu schützen« (Fraser 1994, 19).

Frasers Analyse macht deutlich, dass die Grenzen zwischen Öffentlichkeit und Privatheit heute nicht mehr klar und endgültig definiert sind, dass umstrittene Grenzlinien existieren, die durch Debatte, Inszenierung, Autorität und Macht immer wieder neu hergestellt werden müssen bzw. können. Fraser spricht deshalb zu Recht von dem »multivalenten, anfechtbaren Charakter der Kategorien Privatheit und Öffentlichkeit« (Fraser 1994, 42), den die feministische Theorie neu zu fassen hat.

Mit Frasers Analyse befindet sich die feministische Theoriebildung auf der Höhe der Zeit, die nicht nur durch die (u. a. mediale) Privatisierung der Öffentlichkeit, sondern auch durch deren verhandelbare Grenzlinien charakterisiert werden muss. Wesentliches Merkmal der sich auflösenden Dichotomie ist auch die zunehmende Integration von Frauen und frauenpolitischen Anliegen in die Felder der konventionellen Politik. Die alte, viel beschworene, feministisch kritisierte Spaltung – hier die freien Männer der Öffentlichkeit, dort die Frauen in der Unfreiheit des Privaten – entspricht weder rein quantitativ noch inhaltlich-qualitativ der heutigen politischen Wirklichkeit, zumindest nicht im Nordwesten der Erde. Selbst angesichts des noch immer unbefriedigenden Drittels weiblicher Bundestagsabgeordneter wird die alte feministische Behauptung vom Ausschluss der Frauen aus der politischen Öffentlichkeit allmählich unsinnig.

In den neunziger Jahren belegt eine Vielzahl empirischer Arbeiten zur Teilhabe von Frauen an der Politik (vgl. exemplarisch Hoecker 1995, 1998a, 2000; Meyer 1996, 1997; Penrose 1993), dass sich die Zeiten zugunsten von Frauen ändern, Mechanismen der herrschaftlichen Einbeziehung oder Ausgrenzung für die

Neu-Dazugehörigen allerdings trotzdem fortbestehen. Die quantitative Zunahme im Bereich der konventionellen Partizipation ist nicht zwangsläufig mit gelungener Integration und Anerkennung gleichzusetzen. Diejenige Studie, die hier die vielleicht deutlichsten Worte findet, allerdings auch besonders strittig diskutiert wird, ist die Untersuchung *Die Fremdheit der Politik* von Bärbel Schöler-Macher (1994). Der Titel signalisiert bereits, dass die befragten Landesparlamentarierinnen von der Autorin nicht umstandslos als dazugehörig interpretiert werden. Schöler-Macher isoliert vier exemplarische Strategien der Befragten, mit ihren Erfahrungen umzugehen: das Leiden am Vorgefundenen in der Politik, die Herausforderung des Vorgefundenen, das Paktieren damit und die reflektierte Nutzung (vgl. Schöler-Macher 1994, 234ff.).

Alle vier Strategien des Umgangs mit den Rahmenbedingungen in der politischen Sphäre belegen, dass sich die Parlamentarierinnen *nicht* ohne besondere Verhaltensmuster, also »normal« und unreflektiert auf dem parlamentarischen Terrain bewegen können. Die Befragten stilisieren sich selbst, passen sich an, rebellieren oder fühlen sich ohnmächtig, sind kämpferisch, sind wachsam gegenüber den männlichen Kollegen und brauchen Zivilcourage im Umgang mit den täglichen Zumutungen, die Befragten sind diplomatisch und/oder unauthentisch, bedienen Rollenklischees oder handeln gerade bewusst gegen sie, testen Spielräume aus, so sie sich ihnen bieten, erleben sich z. T. als Einzelkämpferinnen oder als geschlechtslose »Kumpels« (vgl. ebd.). In keinem der offenen Leitfaden-Interviews, die Schöler-Machers etwas schmale Untersuchungsgrundlage bilden, präsentiert sich eine Person, die nicht mit einem Arsenal von ausgewählten Strategien auf ihre berufliche Situation reagieren muss. So unterschiedlich die beschriebenen Strategien auch sein mögen, im Gesamtbild belegen sie einen erschreckenden Mangel an Selbstverständlichkeit, auf den Frauen in der Politik stoßen.

Mit einem Begriff, den die US-amerikanische Wissenschaftstheoretikerin Sandra Harding für die Perspektive von Feministinnen in der Wissenschaft geprägt hat, lässt sich auch die aktuelle Lage von Frauen in der Politik treffend beschreiben: Sie sind »outsiders within«, integrierte Außenseiterinnen (vgl. Harding 1994, 167, 228, 292). Harding will mit dieser Bezeichnung nicht nur eine soziale Position als Dazugehörige und zugleich am Rande Stehende markieren, Harding glaubt vielmehr an eine besondere Erkenntnisfähigkeit, die sich aus dieser zwiespältigen Lage ergibt. Schöler-Machers Annahmen sind davon nicht weit entfernt, denn sie sieht in der Erfahrung der Fremdheit eine Chance für Irritation und Stolz auf Eigenes; das »Denken-wie-üblich« funktioniert für Fremde aufgrund mangelnder Erfahrungen nicht (vgl. Schöler-Macher 1994, 33ff.). Fremde stellen in Frage, passen nicht in die fraglosen Kontexte einer Gruppe, sind »newcomer« auf von anderen erprobtem Terrain, gehören nicht zur »in-group« und kennen deren Muster und Rituale nicht ausreichend (vgl. Schöler-Macher 1994, 35, 34; vgl. auch Harding 1994, 140f.). Damit können »Fremde«, im Sinne Hardings, Informationen und Prozesse erkennen und deuten, die den »Alteingesessenen« aufgrund kultureller Fraglosigkeiten gar nicht in den Blick geraten.

Dass Schöler-Macher jedoch von der Fremdheit *der* Politik und nicht von der Fremdheit *in der* Politik spricht, deutet darauf hin, dass hier noch ein weiterer Aspekt mitschwingt. Schöler-Machers Hypothesen lassen sich auch differenzfeministisch interpretieren – sie können als Betonung des großen Unterschieds zwischen dem macht-vollen männlichen Terrain der Politik und den darin unschuldig handelnden Akteurinnen gelesen werden. Solche Überlegungen verweisen, wie viele in der feministischen Partizipationsforschung, unterschwellig auf ein anderes, gar »besseres« (etwa: humaneres, ökologischeres, weniger instrumentelles etc.) Politikverständnis von Frauen, das engagierte Wissenschaftlerinnen in den Selbstbildern der jeweils befragten Politikerinnen suchen und tatsächlich zu finden glauben (vgl. auch die treffende Kritik an der feministischen Partizipationsforschung bei Sauer 1994).

Was ein solches Verständnis des Politischen beinhaltet und was es politisch anrichten kann, hat der Gang durch die Ideengeschichte des Feminismus im 19. und 20. Jahrhundert deutlich gezeigt. Aus der Sicht einer Bevölkerungsmehrheit, die trotz des Gleichheitsversprechens der Französischen Revolution aus der Sphäre politischer Entscheidungen lange ausgeschlossen bleibt, ist die positive Stilisierung des eigenen Aufstiegs in die »fremden« Arenen der Macht aber durchaus verständlich: Die politischen Verletzungen durch Ausschluss und Nichtanerkennung werden so kompensiert. Die Botschaft vom »besseren« Politikverständnis der Frauen, die gegen Machtanmaßungen, symbolische oder instrumentelle Politiken, inhumane Entscheidungen und arrogante, selbstgerechte Politikstile immun sein sollen, signalisiert den männlichen Kollegen in Politik (Befragte) und Wissenschaft (Fragende) das bislang Versäumte. Die neue Forschung variiert hier das alte Motiv, dass es Staat und Gesellschaft entschieden besser ginge, würden sie die weiblichen Tugenden als Ergänzung des männlichen Prinzips einbinden.

Dass damit zugleich eine Konservierung polarer Geschlechtscharaktere einhergeht, ist – differenzfeministisch betrachtet – gegenüber der Möglichkeit zu Eigen-Würdigung und Selbst-Anerkennung unerheblich. Gleichheitsfeministische Sichtweisen scheinen an diesem Punkt wieder einmal für eine politische Identitätsbildung engagierter Frauen unattraktiv, bestehen Gleichheitsfeministinnen doch nur lapidar auf Teilhabe – zumal auf Teilhabe an einer Sphäre, deren gesellschaftliches Ansehen messbar im Niedergang begriffen ist. Für die Neu-Dazugehörigen bieten solche Konzepte wenig Identifikationsangebote, mit denen das Immer-noch-nicht-richtig-Dazugehören plausibel gemacht und im politischen Alltagsgeschäft innerlich ausgeglichen werden kann. Die Dominanz differenzorientierter Interpretationen in der feministischen Partizipationsforschung hat im Identifikations-Defizit der Gleichheitsposition eine wesentliche Ursache.

## »outsiders within«

Das Konzept der *Fremdheit der Politik* integriert also mehrere Dimensionen: Kompensation für lange verweigerte Integration und Anerkennung, ein positives Identitätsangebot für eine noch immer ungleiche Erfahrung und den Beleg eines politischen Versäumnisses, der sich an das männliche Gegenüber richtet. Im erkenntnistheoretischen Harding'schen Verständnis der »outsiders within« beschreibt Fremdheit jedoch v.a. die Chance auf geschärfte politische Wahrnehmungen und damit die Chance auf herrschaftsanalytische Erkenntnisse und herrschaftskritische Perspektiven. Schlüsselt man/frau das Prinzip der Fremdheit nicht geschlechterpolarisiert als männliche Macht vs. weibliche Unschuld auf, sondern betrachtet es als Erkenntnischance, so ergeben sich Möglichkeiten des radikalen Einspruchs, des Widerstands und der Entwicklung gesellschaftlicher Alternativen.

Folgen wir für einen Moment den Überlegungen Sandra Hardings, auch wenn sie sich nicht auf Politikerinnen beziehen. Integrierte Außenseiterinnen können »die Beziehung zwischen außen und innen, Rand und Zentrum besser aufdecken« (Harding 1994, 167), enthüllen damit »umfassende gesellschaftliche Widersprüche« (ebd.) und widersetzen sich der herrschenden gesellschaftlichen Logik (vgl. Harding 1994, 292). »Die zwei (oder mehr) Identitäten von integrierten AußenseiterInnen sind nicht einfach voneinander verschiedene: Als Gegensätze sind sie aufeinander bezogen« (ebd.). Die Perspektive auf die Relation zwischen Rand und Zentrum, so könnte man/frau im Anschluss an Sandra Harding sagen, schärft mit dem Blick für die Herrschaftsrelationen auch den Blick für beide Felder in ihren je eigenen Funktionsmechanismen: »outsiders within« kennen sich mit den Orten der Macht, denen des Widerstands und mit den Beziehungen zwischen beiden aus. Sie sind in diesen Feldern zugleich Einbezogene und Fremde, die die unvergleichliche Chance haben, einschlägige Rituale genau zu studieren.

Diese *Chance* übersetzt sich allerdings nicht automatisch in eine Realität. Hier unterscheidet sich Harding deutlich von den Grundannahmen Schöler-Machers, die mit dem Konzept der Fremdheit der Politik bei den Frauen eine sichere Irritation unterstellt, die nicht erst durch Deutung *erarbeitet* werden muss. Harding geht davon aus, dass Arbeit an der Wahrnehmung notwendig ist: Jede und jeder, unabhängig von der eigenen kulturellen und sozialen Herkunft, ist für Harding deshalb potenziell in der Lage, eine erkenntnis- und machtkritische Position durch kritische Reflexion des eigenen gesellschaftlichen Ortes einzunehmen. Herrschaftskritische Erkenntnis ist ausdrücklich nicht auf die Unterdrückten selbst beschränkt. Harding (1994, 294) weist zu Recht auf die »verdächtig[e]« Merkwürdigkeit hin, dass weiße Feministinnen heutzutage für sich in Anspruch nehmen, antirassistisch denken und handeln zu können, Männern aber häufig die Fähigkeit zu antisexistischem Denken und Handeln absprechen. Die *Reflexion* des vermeintlich richtigen, eigenen »spontane[n] Bewußtsein[s]« ist die notwendige, wenn auch »extrem schmerzvolle« Voraussetzung für jede Herrschaftskritik (Harding 1994, 304). Sich schließlich bewusst »disloyal gegenüber der Zivilisation« zu verhalten, ist die politische Konsequenz der Kritik (Harding 1994, 309). Integrierte AußenseiterInnen entscheiden sich im besten Falle also dafür, ihre Position zwischen den Stühlen anzunehmen und daraus »verräterische« politische Programme zu entwickeln (ebd.).

Ich präsentiere Sandras Hardings Überlegungen an dieser Stelle so ausführlich, weil sie eine der wenigen feministischen TheoretikerInnen ist, die sich auf beeindruckende Weise mit der Ambivalenz der Position derjenigen beschäftigt, die innerhalb der Institutionen frauenpolitisch wirken wollen. Hardings Bild von den wissenschaftlichen »outsiders within« spiegelt die in der feministischen Partizipationsforschung wortreich beklagte Lage der Politikerinnen: Sie arbeiten mittlerweile innerhalb der Arenen konventioneller Politik, doch gehören sie noch immer nicht richtig dazu; selbstverständliche Gleichheit und fraglose Anerkennung werden bis heute verweigert. Im Unterschied zu den Partizipationsforscherinnen macht Harding aus dieser schwierigen Situation jedoch keine Not, sondern bewusst eine politische Tugend. Die prekäre Stellung zwischen Rand und Zentrum, außen und innen, wird zu einem erkenntnispolitischen Programm umgedeutet. Fremd im Zentrum und entfernt von den Rändern können »outsiders within« Gesellschaftsanalyse und -kritik vorantreiben, wenn sie sich dafür entscheiden.

Damit formuliert Harding einen Ausweg aus den scheinbar ausweglosen Konzepten des falschen Lebens und des illusionären Widerstands, ohne die Rahmenbedingungen institutioneller Arbeit in irgendeiner Weise zu beschönigen oder Berufsfeministinnen zu Revolutionärinnen umzudeuten. Der »extrem schmerzvolle« Prozess der Selbstreflexion ist eine realistische Beschreibung der notwendigen intellektuellen Auseinandersetzung mit den Strukturvoraussetzungen und Handlungsoptionen institutioneller Politik und Wissenschaft. Hardings Argumente können direkt gegen die einschlägigen Klagen und positiven Stilisierungen in der Partizipationsforschung gerichtet werden. Die Darstellung von Politikerinnen als Opfer patriarchaler Macht oder als Heldinnen einer besseren weiblichen Humanität ist, um es vorsichtig zu sagen, wenig erkenntnisträchtig und zementiert den politischen Status quo. Engagierte Frauen bleiben so in den prototypischen Bildern patriarchaler Weiblichkeit gefangen: Sowohl als passiv Leidende als auch als bessere Menschen können Frauen nicht aus den Zuschreibungen aussteigen, die die Konstrukteure der Ungleichheit seit zwei Jahrhunderten vorsehen.

Hardings Idee der Disloyalität antwortet direkt auf solche Zumutungen und setzt auf aktive Verweigerung gegenüber den gesellschaftlichen Erwartungen weiblicher und feministischer Wohlanständigkeit. Der Anspruch der Disloyalität »gegenüber der Zivilisation« ist ein weitreichender Anspruch, von dem durchaus fraglich ist, ob er bei Feministinnen, jenseits der schönen abstrakten Idee, heute Aufmerksamkeit findet. Angesichts mangelnder Gleichheit, Freiheit und Anerkennung formuliert Harding jedoch mit diesem Anspruch nicht mehr (aber eben auch nicht weniger) als eine Haltung, die die eigene Nichtzugehörigkeit zu konsequentem Protest umwertet. Dass die Versprechen der Gleichheit und Freiheit noch immer nicht eingelöst sind, kann als illoyal, d. h. vertragsbrüchig und feindlich, gegenüber der weiblichen Mehrheit der StaatsbürgerInnen interpretiert werden. Gegenüber einem politischen System, das ausschließt bzw. nur mangelhaft einbezieht, könnte Disloyalität deshalb auch als angemessene politische Notwehr gelten. Die Alternative des stillen Abwartens auf Aufnahme ist für engagierte Frauen schließlich eine wenig überzeugende Perspektive.

Ich vermute jedoch, dass das Harding'sche Befreiungsprogramm auf wenig praktisches feministisches Interesse stößt, obgleich die Harding-Rezeption weltweit als gut bezeichnet werden kann. Die scheinbar prinzipielle Harmlosigkeit von Metatheorie täuscht leicht darüber hinweg, dass Hardings *Das Geschlecht des Wissens* ein radikales Buch ist. Das Konzept der »outsiders within« bietet eben nicht nur eine gut formulierte, identifikationsträchtige Beschreibung der ambivalenten Lage von Politikerinnen und Wissenschaftlerinnen. Harding verlangt vielmehr, dass »wir uns selbst als Andere neu erfinden« (Harding 1994, 284). »Wir beanspruchen Identitäten, die wir gelehrt wurden zu verachten«, und das erfordert Mut (Harding 1994, 289)... auch von selbst-bewussten, politisch motivierten, disloyalen »outsiders within«, »Menschen, die sich entscheiden, ›marginalisiert‹ zu *werden*« (Harding 1994, 311). Freiwillig eine soziale Position einzunehmen, die nicht mit Erfolg, beruflicher Anerkennung und einer Selbst-Verortung im Zentrum der Gesellschaft verbunden ist, verlangt von engagierten Frauen (und Männern) Verzicht – als Kompensation bietet Harding »nur« Erkenntnischancen an und einen kleinen Schritt hin zur Freiheit. Für RevolutionärInnen wäre dies mit Sicherheit eine ausreichende Belohnung, für müde gewordene Berufsfeministinnen, die die Freiheit täglich neu in weite Ferne rücken sehen, kaum.

Das Ideal der »outsiders within« gehört trotz bzw. gerade wegen seiner Schärfe zu den anregenden politischen Bildern der aktuellen feministischen Theorie. Seine Anziehungskraft liegt in der positiven Umdeutung einer negativen Situation: *Marginalisierte Partizipation*, d. h. Teilhabe ohne echte Anerkennung, wird persönlich erträglich, vielleicht sogar politisch attraktiv. Salopp formuliert: Wenn frau schon nicht richtig dazugehört, kann sie doch wenigstens etwas über die Funktionsmechanismen von Herrschaft lernen.

## Angemessene Repräsentation, neue Gleichheitshoffnungen

Zweifellos ist Hardings AußenseiterInnen-Ideal das Ideal für eine Minderheit. Frauen sind, obgleich sie die Bevölkerungsmehrheit bilden, bezogen auf die politischen Partizipationschancen in doppeltem Sinne Minderheit: Frauen sind zahlenmäßig unterrepräsentiert, und ihre Zugehörigkeit wird nicht ausreichend anerkannt. Feministische Alltags-Vermutungen gehen seit vielen Jahren davon aus, dass ein direkter Zusammenhang zwischen der kleinen Zahl und der mangelnden Anerkennung besteht. So richten sich viele Hoffnungen darauf, dass Männer in den politischen Öffentlichkeiten und Institutionen Frauen anerkennen werden, sobald sie angemessen repräsentiert sind. Strittig ist allerdings, ab wie viel – quotierten – Prozentpunkten dies der Fall sein könnte; die Vermutungen schwanken zwischen 30% und 40% Frauenanteil. Unterstellt wird, dass ab einer bestimmten Zahl die Quantität der Repräsentation in die Qualität selbstverständlicher Anerkennung und echter Zugehörigkeit umschlagen wird. Ob das Ziel eine genaue numerische Gleichheit zwischen Männern und Frauen oder eine exakte Wiedergabe des Bevölkerungsschnitts sein sollte, ist ungeklärt.

Diese liberalfeministischen Rechnungen kalkulieren zweierlei nicht mit ein: zum einen die gewachsenen sozialen Strukturen des patriarchalen Politikgeschäfts, das sich weitgehend unter Ausschluss von Frauen etabliert und entwickelt hat, zum anderen die Freiheitsperspektive, die eigentlich mehr will als eine rein zahlenmäßige Gleichstellung. Die Hoffnungen, die auf die schlichte Erhöhung des rechnerischen Anteils zielen, ignorieren also sowohl differenzfeministische als auch radikalfeministische Bedenken. Den Einwänden, dass mit der angemessenen Repräsentation weder veränderte soziale Strukturen in den Institutionen noch Utopien einer besseren Gesellschaft Wirklichkeit werden, wird mit der Unterstellung einer gleichsam automatischen Gesellschaftsveränderung begegnet. Nicht nur selbstverständliche Anerkennung gilt liberalfeministisch als sicher, aus ihr wird weitergehend auch eine tief greifende soziale Umorientierung der politischen Institutionen und Öffentlichkeiten abgeleitet. So stellt sich die Perspektive recht schlicht dar: Die angemessene Erhöhung des Frauenanteils sorgt für eine bessere Gesellschaft.

Selbstverständlich und unbestritten bedeutet ein Mehr an rein rechnerischer Gleichheit eine Verbesserung. Dennoch erscheint die schlichte Rechnung fragwürdig und etwas bequem. Sie entfernt sich zusehends von der Erkenntnis, dass frauenpolitische Modernisierungen *nicht* mit feministischen Träumen von Freiheit und Gleichheit verwechselt werden dürfen. Geht man/frau von einem Automatismus gesellschaftlichen Wandels aus, braucht sich keine mehr vielleicht eher anstrengenden Gedanken über neue Strategien und Politikformen auszusetzen. Quotierung und Frauenbeauftragung können dann unverändert die zentralen Felder feministischen Engagements bilden; »business as usual« bleibt dominant. Der Frage mangelnder Attraktivität des heutigen Feminismus lässt sich auf diesem Wege ausweichen – doch führt dieser Weg eben auch nicht aus der Sackgasse unzureichender Anziehungskraft.

Die neuen Gleichheitshoffnungen, durch angemessene Repräsentation zum Ziel zu gelangen, unterscheiden sich von den leidenschaftlichen Attacken und Appellen des alten Feminismus durch ihre gleichsam mathematisch-technische, ihre instrumentelle Vernünftigkeit. Im 19. Jahrhundert geht keine davon aus, dass eine ausschließlich zahlenmäßige Verbesserung ausreicht, um die »Sklaverei« zu beenden. Alte Differenzfeministinnen setzen auf die zivilisatorische Wirkung weiblicher Tugenden, alte Gleichheitsfeministinnen auf die radikale Erschütterung der männlichen Despotie. Es ist ein bemerkenswertes Phänomen, dass am Ende des 20. Jahrhunderts die Konzepte dagegen eher leidenschaftslos und deutlich zurückgenommen daherkommen. Die

Vermutung liegt nahe, dass der schon erreichte Stand der Partizipation und Repräsentation für die frauenpolitische Nüchternheit verantwortlich ist. Auch die einschlägige antifeministische Unterstellung, Freiheit und Gleichheit seien doch heute zum Greifen nahe, scheint ihre Wirkung auf Frauenbewegung und Frauenpolitik nicht zu verfehlen. So kann sich die schlichte Rechnung als dominante Zielvorgabe durchsetzen und weiter reichende theoretische Überlegungen und praktische Anstrengungen aus den feministischen Kontexten verdrängen.

Die angemessene Repräsentation von Frauen in den Arenen politischer Entscheidung ist nichtsdestotrotz eine *zentrale, unverzichtbare* feministische Forderung – problematisch ist nur die freiwillige Selbst-Beschränkung auf Strategien der Repräsentation. Etwas zugespitzt könnte man/frau sagen, dass angemessene Repräsentation die heutige Variante der alten Stimmrechtsfrage darstellt. Zwei einflussreiche zeitgenössische politische Theoretikerinnen des Feminismus, Anne Phillips und Iris Marion Young, widmen sich entsprechend ausführlich der Forderung nach angemessener Repräsentation. Anne Phillips hat in mehreren Arbeiten das Konzept der »fairen Repräsentation« entwickelt: Die Repräsentationsorgane demokratischer Gesellschaften müssen die Zusammensetzung der Bevölkerung spiegeln; die RepräsentanInnen dürfen jedoch nicht auf die Vertretung ihrer Gruppenidentitäten und -interessen festgelegt werden (vgl. Phillips 1991, 1993, 1995a). Die US-Amerikanerin Iris Marion Young setzt dagegen auf eine ausdrückliche Gruppen(interessen)vertretung durch die Angehörigen unterdrückter Gruppen, die für ihre Arbeit finanzielle und institutionelle Unterstützung erhalten sollen. Youngs Konzept der Gruppenrepräsentation (vgl. Young 1990, 1993, 1996) ist ein Versuch, dem liberalen Mythos unparteilicher Politik konkrete Hilfen für marginalisierte AußenseiterInnen entgegenzusetzen.

Die Arbeiten von Anne Phillips und Iris Marion Young sind die beiden prominentesten Konzepte, sich einer angemessenen Repräsentation von Frauen politiktheoretisch zu nähern. Auf die Gleichheit hoffen beide, doch mit unterschiedlichen Perspektiven: Phillips argumentiert stärker »rein rechnerisch« als Young, diese wiederum argumentiert stärker differenzorientiert als Phillips. Während Phillips sich explizit gegen eine Verbindung von sozialer Herkunft und politischem Interesse wendet, stellt Young diese Verbindung ausdrücklich her. Für Young kann nur eine bewusst geförderte Vielstimmigkeit der Politik deren Gemeinwohlorientierung garantieren, für Phillips richtet sich dieser Anspruch auf die einzelnen Abgeordneten. Da die Lage von Frauen in den Institutionen und Arenen konventioneller Politik noch immer durch massive Ungleichheit gekennzeichnet ist, stellen beide Konzepte wichtige und brauchbare Argumente bereit. Die Gleichheitshoffnungen auf angemessene Repräsentation werden durch beide Theoretikerinnen argumentativ beflügelt – gerade weil sie konträre Positionen einnehmen und damit eine Perspektiven-Debatte neu anregen.

## Partizipation und Repräsentation in der Europäischen Union

Die einschlägigen Daten zu Partizipation und Repräsentation bieten genügend Anlass, die demokratiepolitische Lage von Frauen noch lange in Begriffen marginalisierter Minderheiten zu denken. 98 Länder haben das Frauenwahlrecht erst in der *zweiten* Hälfte des 20. Jahrhunderts eingeführt (vgl. Seager 1998, 89) – ein Drittel der heutigen EU-Staaten (Belgien, Frankreich, Griechenland, Italien und Portugal) zwischen 1946 und 1974 (vgl. Hoecker 1998b, 389). Viele der alten StimmrechtsaktivistInnen wären wohl an der Langsamkeit dieses Fortschritts verzweifelt. Die insgesamt späte Gewährung des aktiven Wahlrechts spiegelt sich auch im passiven Wahlrecht und damit in den Parlamenten wider: Im Weltdurchschnitt gibt es 1999 nur elf Prozent Frauen in den Nationalparlamenten (*Die Frauen der Welt* 2000, 166); Uta Ruppert (2001, 79) hat für 2001 einen Frauenanteil von 14% im Weltdurchschnitt und von 15,5% für Europa/OSZE-Mitgliedsstaaten errechnet. In nur acht Ländern der Erde liegt derzeit der Frauenanteil in den Parlamenten über 30% (vgl. ebd.). Der unbefriedigende Anteil von Frauen im Deutschen Bundestag ist also tatsächlich ein Spitzenwert.

Mitte 1995 liegt der Anteil von Frauen in Kabinetten in nur 15 Ländern der Erde bei wenigstens einem Fünftel; Anfang 2000 ist die Europäische Union mit neun Ländern hier dabei (vgl. Seager 1998, 90; Hoecker 2000, 32). In 13 Ländern der Erde sind 1998 keine Frauen auf Minister- oder Ministerialebene vertreten; Anfang 2001 sind es 20 Länder ohne weibliche Regierungsbeteiligung (vgl. *Die Frauen der Welt* 2000, 167; Ruppert 2001, 79). Zwischen 1995 und heute kann ein minimaler Anstieg von sechs auf acht Prozent Ministerinnen im Weltdurchschnitt verzeichnet werden (vgl. Ruppert 2001, 79). Bei der medienwirksamen Weltfrauenkonferenz der Vereinten Nationen in Beijing aber sind 1995 189 Regierungen vertreten (vgl. Seager 1998, 13). Obgleich die meisten Staaten der Erde, mittlerweile über 160, CEDAW (Convention on the Elimination of All Forms of Discrimination against Women), die UN-Konvention zur Beseitigung jeder Form der Diskriminierung von Frauen, unterzeichnet und ratifiziert haben, hat sich an der frauenpolitischen Lage weltweit nur wenig verändert (vgl. Pansieri 2000, 107; Seager 1998, 104). Der einleitend angeführten Jahreszahl 2490 liegt vielleicht doch eine zu optimistische Schätzung zugrunde...

In der Europäischen Union liegt der Frauenanteil in den nationalen Parlamenten Anfang 2000 im Gesamtdurchschnitt bei 22,3 %, in den nationalen Regierungen bei 23,4%, im Europäischen Parlament bei 30,0%, in der Europäischen Kommission bei 25,0%, im Rat der EU/Außenminister bei 20,0%, im Europäischen Rat bei 9,7%, im Europäischen Gerichtshof bei kläglichen 6,6% (d. h. konkret: eine Richterin) (vgl. Hoecker 2000, 31-33). Zahlen von einem Fünftel bis zu einem Viertel sind folglich bereits frauenpolitisch »gute Zahlen«. Die Partizipationsforscherin Beate Hoecker kommentiert: »Dieser weitgehende Ausschluss von Frauen ist nicht nur anachronistisch, sondern zugleich ein Armutszeugnis für die ansonsten so auf Modernität bedachten europäischen Demokratien« (Hoecker 2000, 33). Je nach nationalstaatlichem Entwicklungsstand bildet das Europäische Parlament also eine positive oder negative Ausnahme von der eigenen nationalen politischen Kultur. Für die nordischen Staaten ist der EU-Parlamentarismus ein rechnerisches Ärgernis, für die südlichen und nordwestlichen ein Vorbild. Zwischen Schweden mit einem Frauenanteil von 43,6% und Griechenland mit einem Frauenanteil von 6,3 % (vgl. Hoecker 2000, 31) spiegeln die nationalen Parlamente der Union alle denkbaren Varianten... freilich bis auf die u. a. in Kuwait noch vorhandene des reinen Männerwahlrechts. Seager (1998, 96-103) listet sieben weitere Staaten auf, in denen Frauen ebenfalls nicht wählen dürfen.

Beate Hoecker legt 1998 auch eine Darstellung vor, aus der ersichtlich wird, in welchen Relationen die parlamentarische Repräsentanz, das Jahr der Einführung des Frauenwahlrechts, die politische Kultur eines Landes, sein Wahlsystem, die Quotierung und die Erwerbsquote von Frauen zueinander stehen (vgl. Hoecker 1998b, 392f. u. 394ff.). Die Tabelle, die sich auf die EU plus Norwegen bezieht, dokumentiert, dass zwischen all diesen Faktoren deutliche Relationen bestehen. So haben beispielsweise Länder, die einen hohen Frauenanteil in ihren nationalen Parlamenten aufweisen, das Frauenwahlrecht verhältnismäßig früh eingeführt; die politische Kultur ist egalitär orientiert, das Wahlsystem sieht das Verhältniswahlrecht vor, und die Frauenerwerbsquote ist hoch (vgl. Hoecker 1998b, 392, 394). Hoecker (1998b, 394) betont, dass die politische Kultur den für die Partizipation/Repräsentation entscheidenden Einflussfaktor darstellt. Immerhin sieben der 16 erfassten europäischen Staaten, alle ausgestattet mit einer »eher patriarchalischen« politischen Kultur, werden von Hoecker (1998b, 392) in die schlechteste Gruppe einsortiert.

Die »so auf Modernität bedachten europäischen Demokratien« können letztlich nur deshalb frauenpolitisch halbwegs »glänzen«, weil sich die Lage andernorts auf der Welt häufig noch schlechter darstellt; alle fundamentalistischen Staaten bilden hier das frauenpolitische Schlusslicht. Die Europäische Union stellt aber nicht nur einen interessanten Rahmen für eine ländervergleichende Perspektive zur Partizipations-Lage von Frauen dar. EU-Europa verdeutlicht zugleich, dass der demokratiepolitische Blick heute *insgesamt* erweitert werden muss: auf die transnationale Ebene, d.h. die Ebene jenseits der Nationalstaaten. Demokratie ist heute eine Frage, die nicht mehr nur in den engen nationalen Grenzen gedacht und praktiziert werden kann.

Die Europäische Union stellt hier einen interessanten, nach Meinung von ExpertInnen besonders vorbildlichen oder besonders problematischen »Fall« dar. Denn EU-Europa, dieser stetig enger werdende Zusammenschluss von derzeit 15 Demokratien, ist ein politisches Gebilde, das neben der zwischenstaatlichen, exekutiven (der so genannten intergouvernementalen) Zusammenarbeit auch bereits stark integrierte gemeinsame Politiken mit eigenständigen Gremien wie dem Parlament kennt. Sie begründen den so genannten supranationalen Charakter der Union. In diesem Sinne kann die EU weder als Bundesstaat noch als Staatenbund bezeichnet werden und steht als Kooperationsmodell einzig in der Welt da. Die Politikwissenschaft spricht deshalb in einer gewissen begrifflichen Hilflosigkeit von einem politischen Gebilde »sui generis«, d. h. von einem einzigartigen, besonderen, eine eigene Klasse bildenden Gebilde (vgl. exemplarisch die EU-Einführung von Frank R. Pfetsch 1997, 12, 117). Strittig ist allerdings, wie demokratisch dieser Zusammenschluss von Demokratien tatsächlich ist. Insbesondere die schwache Funktionsbestimmung des Europäischen Parlaments und die dominante Rolle der nationalen RegierungsvertreterInnen werden in Politik und Politikwissenschaft mit dem Schlagwort vom Demokratiedefizit umschrieben. Die erfolgreiche Friedenssicherung und die Einzigartigkeit der supranationalen Vergemeinschaftung ehemals souveräner Staaten gelten dagegen als Vorzüge des »Gebildes« EU.

Die einschlägigen Daten zur Partizipation belegen, dass die Einbeziehung der transnationalen Demokratie-Ebene im Vergleich zur nationalstaatlichen weder zwangsläufig frauenfreundlichere noch automatisch frauenfeindlichere Ergebnisse zeitigt. Der Frauenanteil im relativ machtlosen Europäischen Parlament, das keine echte Legislative ist, nimmt rechnerisch einen Platz im oberen Drittel der nationalen EU-Parlamente ein, der Frauenanteil jenseits der rein parlamentarischen Beteiligung liegt auf einem mittleren (Europäische Kommission) bis unteren Rang (Europäischer Rat). So spiegelt die geschlechterpolitische Zusammensetzung des Letzteren ziemlich exakt den marginalen Status von Frauen im Kabinett Portugals (nach Hoecker 2000, 32, liegt hier der Frauenanteil bei 9,4 %), das unter den EU-Regierungen den vorletzten Platz belegt. Von einer angemessenen Partizipation/Repräsentation von Frauen kann hier, selbst bei großzügigster Auslegung des Wortes »angemessen«, nicht mehr gesprochen werden.

Die feministisch-kritische Vermutung liegt nahe, dass das Europäische Parlament nur deshalb einen für heutige Verhältnisse nicht unbeträchtlichen Frauenanteil aufweist, weil hier keine bedeutenden politischen Entscheidungen getroffen werden – die Machtlosigkeit des EP ist in Europa ja fast schon sprichwörtlich. Umgekehrt wiederum legt der niedrige Frauenanteil im Europäischen Rat die – bekanntermaßen zutreffende – Unterstellung nahe, dass es sich hier um einen wesentlichen Ort politischer Macht in EU-Europa handelt. Eine alte feministische Erkenntnis besagt, dass zwischen dem rechnerischen Frauenanteil in spezifischen Feldern von Politik und Erwerbsarbeit und ihrer jeweiligen Macht bzw. ihrer Einflusslosigkeit eine unmittelbare Relation beobachtet werden kann. Je geringer der Frauenanteil, desto sicherer darf davon ausgegangen werden, dass das Politik- oder Arbeitsfeld gesellschaftlich bedeutsam ist. Eine Steigerung seines Frauenanteils kündigt fast immer einen Niedergang seiner Bedeutung, seines Ansehens, seines Einflusses und gesellschaftlichen Werts an. Männlicher Widerstand gegen eine verstärkte Integration von Frauen in das je eigene Politik- oder Arbeitsfeld ist deshalb im Sinne männlicher Selbstbewertung durchaus folgerichtig, selbst wenn sich die zeitliche Reihenfolge von Integration und Abwertung nicht immer genau definieren lässt.

Auch dass das innerhalb der Europäischen Union bereits heute stark supranational organisierte Politikfeld, die Wirtschafts- und Währungspolitik, ein deutlich von männlichen AkteurInnen besetztes Feld ist, stellt ein frauenpolitisches Indiz dar. Zwar hat eine Frau, die deutsche Grüne Michaele Schreyer, die Verantwortlichkeit für den Haushalt der Union, doch die Zuständigkeiten für Wettbewerb, Landwirtschaft, Binnenmarkt, Wirtschaft und Finanzen sowie Handel befinden sich fest in der Hand von Kommissaren. Der Frauenanteil im beratenden Wirtschafts- und Sozialausschuss liegt Anfang 2000 nur bei 17,1 %, während im Frauen-Ausschuss des EU-Parlaments der Anteil bei 89,5 % liegt (vgl. Hoecker 2000, 33) – vermutlich bedeutet dies leider nur, dass sich sehr wenige männliche Mitglieder des EP ernsthaft für die Gleichheit engagieren wollen. Frauenpolitik gilt überall als uninteressantes, wenig Karriere-förderliches Politikfeld.

Dass Frauen in der Politik noch immer v. a. in den »weichen« Politikfeldern zu finden sind, zeigen auch weitere Zuständigkeiten innerhalb der Kommission. Neben Schreyer besetzen Frauen die Politikfelder Umwelt (Margot Wallström, Schweden), Beschäftigung und Soziales (Anna Diamantopoulou, Griechenland), Bildung und Kultur (Viviane Reding, Luxemburg), Beziehungen zum EP/Verkehr/Energie (Loyola de Palacio del Valle-Lersundi, Spanien) (vgl. The European Commission 1999). Letztere ist zugleich Vizepräsidentin der Kommission. Im Unterschied zu ihrem direkten Kollegen, dem prominenten Briten Neil Kinnock, ist sie medial jedoch kaum präsent. Die vergleichsweise »gute Zahl« von 25 % Frauenanteil in der Kommission relativiert sich demnach, wenn der Blick sich nicht nur auf eine rein rechnerische Betrachtung richtet. Das »Viertel Beteiligung« kann, angesichts wichtiger und weniger wichtiger Verantwortlichkeiten, gleichsam zu einer Beteiligung »ein Viertel minus X« zusammenschrumpfen. Es scheint an dieser Stelle fast überflüssig zu erwähnen, dass die Kommission noch nie von einer Präsidentin geleitet wurde.

In dieser Situation setzen heute nicht wenige GleichstellungspolitikerInnen ihre Hoffnungen auf ein Instrument neueren Datums: das so genannte Gender Mainstreaming. Das soziale Geschlecht (»gender«) soll damit zu einem integrativen Teil aller dominanten Politiken (»main stream«) werden; der Prozess hin auf eine geschlechtergerechte Politik (»mainstreaming«) steht im Zentrum des Interesses. Im Unterschied zur klassischen Frauenförderpolitik, die nur Frauen anspricht und meist nur von Frauen ausgeht, sowie in diffuser Abgrenzung zum gleichstellungspolitischen Konzept »Querschnittsaufgabe«, das auf die Integration frauenpolitischer Belange in alle Politikfelder zielt, soll die Strategie des Gender Mainstreaming nun dafür sorgen, dass sich Frauen *und Männer* für Fortschritte im Geschlechterverhältnis gleichermaßen engagieren. Die Verantwortlichkeit für gleichstellungspolitische Belange wird gleichsam von einer »bottom-up«- auf eine »top-down«-Strategie umgestellt: Statt Basisaktivistinnen und Frauenbeauftragte sind jetzt v. a. Entscheidungsträger in Politik und Wirtschaft in der Verantwortung für die Gleichheit.

Nach den Vereinten Nationen (Beijing 1995) und der Europäischen Union (Amsterdamer Vertrag 1997) ist der Begriff und die Strategie mittlerweile auch in der deutschen Politik relevant, aber unter langjährigen AktivistInnen der Gleichstellungspolitik heftig umstritten. Während die einen im Gender Mainstreaming einen neuen, auch Männer endlich einbindenden Aufbruch für die Gleichstellungspolitik sehen, meinen die anderen, dass sich hier nur ein altes Konzept in modernisiertem Gewand zeigt, in einem Gewand allerdings, das die feministischen Anteile in den Hintergrund drängt (vgl. die aktuellen Diskussionen und Kontroversen: Jung/Küpper 2001, *CEWS-Newsletter* 4/2001 u. 5/2001, Ruppert 2001, Thürmer-Rohr 2001). Christina Thürmer-Rohr (2001, 10) pointiert die Kritik so: »Feminism did not want to be a mainstream movement, but a radical and critical current«; mit einer auf die Integration in den Mainstream zielenden Strategie werden Ausschlüsse von separatistischen und/oder Minderheitenpositionen im Feminismus wahrscheinlich.

Entgegen frauenpolitischer Hoffnungen auf die Ebene jenseits der Nationalstaaten einerseits und entgegen dem gleichermaßen vorhandenen feministischen Pessimismus angesichts der Globalisierungsprozesse andererseits ist zumindest für die Europäische Union die Frage der frauenpolitischen Chancen auf der transnationalen Ebene nicht auf den ersten Blick zu entscheiden. Die aus der Frauenbewegungsgeschichte abzuleitende These, dass in den vergangenen Jahren jenseits der Nationalstaaten größere Erfolge zu verbuchen sind als innerhalb der jeweiligen Grenzen, ist auf die EU nicht einfach zu übertragen. Deren »Zwittercharakter« zwischen »Super-Staat« und Staatenbund dokumentiert die Schwierigkeiten heutiger Beurteilungen deutlich. Die strittigen Debatten zur transnationalen bzw. globalen Politik der Geschlechterverhältnisse können an dieser Stelle nicht eindeutig entschieden werden (vgl. die kontroversen Einschätzungen sowohl in Klingebiel/Randeria 1998 als auch in Holland-Cunz/Ruppert 2000). Eine ausführlichere Befassung mit der aktuellen globalisierten Lage ist nötig, um die transnationalen demokratiepolitischen Konsequenzen angemessen einschätzen zu können.

## Globalisierung und globalisierte Geschlechterverhältnisse

Als der britische Demokratietheoretiker David Held 1991 in zwei wichtigen Texten sowohl die Neuorientierung der politischen Theorie durch ihre stärkere Anbindung an die Forschung zu Internationalen Beziehungen als auch das Problem von Globalisierung und Demokratie erstmals skizziert, verändert er die politikwissenschaftliche Debatte grundlegend (vgl. »Editor's Introduction«, Held 1991b; »Democracy, the Nation-State and the Global System«, Held 1991c; in *Political Theory Today*, Held 1991a). Held greift auf, was das Jahr 1989 an Veränderungen provoziert hat: Die Welt scheint näher zusammengerückt zu sein, und die politische Theorie kann dies nicht länger ignorieren.

Schnell gewinnt die Debatte an Dynamik und Einfluss, und eine Frage darin lautet stets: Ist das, was mit dem Begriff Globalisierung und seinen stetig anwachsenden Bedeutungsdimensionen beschrieben wird, *eine politische Chance oder eine politische Katastrophe*? Während der Mainstream der neoliberalen Politik in

Seattle, Davos, Genua und anderswo nicht müde wird, die Globalisierung als große Chance anzupreisen, geht der kritisch orientierte Mainstream der Politikwissenschaft eher vom Bild der politischen Katastrophe aus. So spricht der US-amerikanische Demokratietheoretiker Benjamin Barber in *Coca-Cola und Heiliger Krieg. Wie Kapitalismus und Fundamentalismus Demokratie und Freiheit abschaffen* (Barber 1996, 96, 247, 157, 150) von der »darwinistischen Welt räuberischer Konzerne« und dem »neuen Kommerzimperialismus«, von der »Raubtiermentalität der neuen Medienmonopole«, gar vom »kommerzielle[n] Totalitarismus«. Die neuen Entwicklungen sind für Barber (1996, 252) explizit eine »Katastrophe«.

In der hierzulande viel gelesenen Studie von Elmar Altvater und Birgit Mahnkopf *Grenzen der Globalisierung* (Altvater/Mahnkopf 1996) wird die Globalisierung ebenfalls als »Katastrophe«, aber auch als »Unterwerfung von Politik und Gesellschaft unter die Gesetze des Marktes« gebrandmarkt (Altvater/Mahnkopf 1996, 17, 503; vgl. auch die Kritik bei Narr/Schubert 1994; vgl. ausführlicher Holland-Cunz 1998b). Angesichts der Heftigkeit und Allgegenwärtigkeit der Debatten warnt Bob Jessop (1998, 288) jedoch davor, die Globalisierung »zum neuesten totalisierenden Meta-Diskurs hochzustilisieren, mit dem alles erklärt werden kann«.

Die eher nüchterne Beschreibung des heterogenen Bündels von widersprüchlichen, ungleichzeitigen Phänomenen, die unter den Begriff gerechnet werden, zentriert sich um folgende Aspekte:

a) Bedeutungsverlust bzw. Bedeutungswandel des Nationalstaats: Durch die zunehmenden transnationalen politischen Entscheidungsebenen, von der EU bis zur UN, verliert der Nationalstaat objektiv an souveräner politischer Entscheidungsmacht; er delegiert, bewusst und freiwillig, politische Verantwortung an Gremien und Strukturen jenseits seiner geographischen Grenzen. Einflussmindernd sind aber auch Veränderungsprozesse, die nicht *unmittelbar* aus selbst gewählter Entscheidungsabgabe entstehen, doch die politischen Handlungsoptionen ebenfalls deutlich einschränken. Hier ist v. a. die fortschreitende Internationalisierung der Ökonomie zu nennen, insbesondere die wachsenden Konzentrationen zu immer weniger, immer größeren Konzernen, deren Entscheidungen nicht mehr national steuerbar, aber einschneidend national wirksam sind. Während zu Beginn der Globalisierungsdebatte meist vom Bedeutungs*verlust* des Nationalstaats gesprochen wurde, verändern sich die Diskussionen zunehmend hin zu der Annahme seines Bedeutungswandels. Jessop (1998, 264) spricht deshalb nicht von der »Erosion«, sondern von der »Reorganisation des Staates«. Der Grund für diese neueren Interpretationsweisen ist schlicht, aber folgenreich: *Die Nationalstaaten selbst* haben den Reorganisationsprozess initiiert und durch politische bzw. wirtschaftspolitische Entscheidungen in den vergangenen zwei Jahrzehnten den eigenen Machtverlust hervorgebracht. Nationalstaaten sind nicht die Opfer der transnationalisierten Ökonomie, Globalisierung ist nicht naturgegebenes Schicksal.

Die nicht mehr begrenzbare Territorialität ökologischer Prozesse wird ebenfalls unter die Globalisierungsfragen gerechnet. Die Wirkungen nationaler Entscheidungen in der Umweltpolitik sind nicht mehr deckungsgleich mit nationalstaatlich verliehener politischer Macht, und wirksame umweltpolitische Maßnahmen können nur noch in internationalen Vereinbarungen erzielt werden.

Zeitgleich mit diesen Entwicklungen, die bislang nationalstaatlich verliehene Entscheidungskompetenzen freiwillig bzw. halb freiwillig auf Gremien und Prozesse jenseits des Nationalstaats verlagern (kontinentale (»regionale«) Zusammenschlüsse, internationale Organisationen und Verträge, transnationale Konzerne und globaler Markt), gewinnt die lokale Ebene an politischer Bedeutung. Im konkreten Standortwettbewerb um wirtschaftliche Chancen ist die Kommune die entscheidende, »lokalisierbare« Akteurin, die mit anderen vergleichbaren AkteurInnen um Möglichkeiten wirtschaftlicher Ansiedelung konkurriert. Die Kommune ist in der globalisierten Welt außerdem ein unverzichtbarer sozialer und kultureller Integrationsfaktor, da die Kommune, demokratiepolitisch gesprochen, eine zugängliche, überblickbare, konkrete, identifikationsstiftende, Loyalität erzeugende, gleichsam heimatliche, bürgerInnennahe politische Öffentlichkeit darstellt. Globalisierung und Lokalisierung werden in der Debatte oft als zwei Seiten der gleichen Medaille betrachtet. Altvater/Mahnkopf (1996, 28) benutzen den Begriff der »Glokalisierung«, um dies plastisch zu machen.

b) Transnationalisierung der Ökonomie: Einige Fakten sprechen dafür, dass sich die seit dem 19. Jahrhundert zu beobachtenden ökonomischen Internationalisierungsformen in den vergangenen Jahren deutlich verändert haben. Altvater/Mahnkopf (1996) und Beisheim/Dreher/Walter/Zangl/Zürn (1999) nennen hier die Deregulierung der Märkte, grenzüberschreitende Produktion und transnationalen Warenverkehr, die Bedeutung der internationalen Finanzmärkte, weitreichende technologische Zusammenarbeit zwischen Großkonzernen, strategische Allianzen, zunehmende ausländische Direktinvestitionen, die ökonomische Vereinheitlichung der Gesellschaften, die intensivierte Konkurrenz zwischen Staaten und Regionen, abnehmende politische Einflussmöglichkeiten auf das weltweite Marktgeschehen. Niedrige Transportkosten lassen die Entfernungen zwischen einzelnen Weltgegenden, ökonomisch gesehen, zusammenschmelzen; nicht nur Rohstoffe, sondern auch Arbeit kann dort gekauft werden, wo sie am billigsten sind. »Der Globus ist raum- und zeitkompakt [...] rekonstruiert geworden, und darin besteht das eigentlich Neue der Globalisierung am Ende des 20. Jahrhunderts«, so Altvater/Mahnkopf (1996, 42). Das Tempo ökonomischer Prozesse hat sich extrem beschleunigt. Jessop (1998, 278) spricht von »einer ›Raum-Zeit-Ausdehnung‹ (mit der Folge einer raum-zeitlichen Expansion sozialer Verhältnisse)«, einer »Raum-Zeit-Kompression« und einer Geschwindigkeitserhöhung materieller und immaterieller Ströme um den Globus. Die extreme Beschleunigung finanzieller Transaktionen ist die wichtigste dieser Entwicklungen.

Die sozialen Folgen sind erheblich. Die Tertiarisierung des Arbeitsmarktes (d. h. der Aufschwung der »Dienstleistungsgesellschaft«) geht mit einer Flexibilisierung und »Feminisierung« der Beschäftigung einher. Der neu entstehende Arbeitsmarkt ist zunehmend stärker informell organisiert, rationalisierungsanfällig, teilweise häuslich (daten)basiert, mit fließenden Grenzen zwischen legalen und illegalen Beschäftigungsformen, außerhalb des Rahmens der Arbeitsgesetzgebung. In den Weltmarktfabriken arbeiten viele Frauen ohne gewerkschaftliche Organisierung und ohne entsprechenden Schutz. Aber auch die klassischen, bislang geschützten Arbeitsverhältnisse sind durch vielfältige Formen der Flexibilisierung bedroht. Teilzeitarbeit ohne die Chance einer eigenständigen Existenzsicherung wird immer mehr zu einem normalen Arbeitsverhältnis. Den wenigen GewinnerInnen des sich neu formierenden Arbeitsmarktes stehen viele VerliererInnen in der ersten, zweiten und dritten Welt gegenüber. Spaltungen, Ungleichheiten, soziale Ausschließungen und Ungerechtigkeiten verschärfen sich beträchtlich. Claudia von Werlhof, Maria Mies und Veronika Bennholdt-Thomsen (1988) haben schon Anfang der achtziger Jahre einen großen Teil dieser Entwicklungsdynamiken als »Hausfrauisierung der Arbeit« beschrieben und vorausgesagt. Mit diesem Begriff bringen sie zum Ausdruck, dass nicht mehr der organisierte und abgesicherte Arbeitnehmer, sondern die weder rechtlich noch finanziell gesicherte Hausfrau das Zukunftsbild der Arbeit repräsentiert.

In seinem Essay *Der flexible Mensch. Die Kultur des neuen Kapitalismus* umreißt Richard Sennett (1998) die unmittelbaren Konsequenzen für das individuelle Arbeitsleben. Im sich neu formierenden flexiblen Kapitalismus können beträchtliche Auswirkungen »auf den persönlichen Charakter« beobachtet werden (Sennett 1998, 11). »Heute muß ein junger Amerikaner mit mindestens zweijährigem Studium damit rechnen, in vierzig Arbeitsjahren wenigstens elfmal die Stelle zu wechseln und dabei seine Kenntnisbasis wenigstens dreimal auszutauschen«, prognostiziert Sennett (1998, 25). Dieser Flexibilitätsdruck erzeugt Unsicherheit, man/frau kann sich nicht mehr auf einen voraussehbaren Weg durch die eigene Erwerbsbiographie verlassen. »Instabilität ist normal [...] ›Nichts Langfristiges‹ desorientiert auf lange Sicht jedes Handeln, löst die Bindungen von Vertrauen und Verpflichtung und untergräbt die wichtigsten Elemente der Selbstachtung« (Sennett 1998, 38).

Mit diesem neuen Modus des Arbeitslebens geht die Vorstellung einer größeren Freiheit einher, doch diese Vorstellung ist eine Illusion. Mit fast Foucault'schen Begriffen beschreibt Sennett die Auswirkungen des unsicheren, zerstückelten Lebens und Erwerbslebens: »In unserer Zeit aber hat die Ablehnung der bürokratischen Routine neue Macht- und Kontrollstrukturen ins Leben gerufen, die nichts mit Freiheit zu tun haben. Im modernen Gebrauch des Wortes ›Flexibilität‹ verbirgt sich ein Machtsystem« (Sennett 1998, 58f.). Diese neue, diffuse, nicht zentralisierte Macht ist die der Selbstkontrolle (z. B. in der industriellen Teamarbeit), der Verinnerlichung von Disziplin und einer herrschaftlichen Form der Selbstregierung, die Sennett (1998, 178) selbst mit Foucault in Verbindung bringt.

In diesem Sinne am deutlichsten ist die Textstelle, an der Sennett (1998, 187) von den »bloße[n] Knotenpunkte[n] im globalen Netz« spricht, als die insbesondere konkrete Orte heute erscheinen. Mit Bezug auf Saskia Sassen stellt Sennett (1998, 188) fest, dass die neue globale Ökonomie keineswegs ortlos »draußen im Weltall« schwebt, sondern sich an konkreten Orten niederlässt bzw. niederschlägt. Wie viele andere gehen Sennett und Sassen (1999, 2000) davon aus, dass die globalisierte Ökonomie ihre Lokalisierung mit produziert.

c) Weltumspannende elektronische Kommunikation: Hier ist die Diskussion am deutlichsten widersprüchlich und kontrovers. Während die einen durch das Internet die globale Demokratie heraufziehen sehen und die demokratiepolitischen Chancen der neuen Technologien betonen, sehen die anderen in der neuen Medienökonomie langfristig v. a. die Homogenisierung aller sozialen und kulturellen Hervorbringungen der Welt. Für Erstere meint Globalisierung das per Mausklick basisdemokratisch vernetzte globale Dorf, für Letztere heißt Globalisierung der weltweite Export geschmackloser »soaps« und gefilterten »infotainments«. Trotz aller Ideale des Multikulturalismus und der politischen Toleranz, die auf die Stärke und Lebendigkeit zunehmend multiethnischer Gesellschaften setzen, kann die Tendenz zu einer weltweiten kulturellen Homogenisierung nicht geleugnet werden. Benjamin Barber (1996) fängt sie im anschaulichen Begriff »McWorld« ein.

Auch hier gibt es eine zweite Seite der Medaille, die allerdings nicht minder problematisch ist. Barber kennzeichnet sie mit »Jihad«, dem Heiligen Krieg. Dem zunehmenden ökonomischen Internationalismus und zivilgesellschaftlichen Kosmopolitismus stehen »tribalistische (stammesähnliche)« Formen der Vergemeinschaftung (Jessop 1998, 275) gegenüber. Die großen Medienkonzerne dominieren – im *unmittelbaren* Sinne des Wortes – das Bild der Welt und ebnen viele kulturelle Unterschiede ein. Dadurch wird ein ethnisch, religiös, rassistisch oder nationalistisch inspirierter Fundamentalismus gefördert, der sich gegen die hegemoniale nordwestliche Weltsicht mit dem Verweis auf den eigenen Traditionsbestand auflehnt. »Jihad« und »McWorld« unterminieren zeitgleich die Traditionen der offenen, demokratischen Gesellschaft. Wie weit die kulturelle Homogenisierung tatsächlich geht, ist jedoch strittig, da alle global erzeugten Waren immer auch den jeweiligen regionalen/nationalen/lokalen Märkten angepasst werden müssen (vgl. die Einschätzung der Chancen und Grenzen elektronischer Demokratieformen von Rainer Schmalz-Bruns 2001).

d) Beschleunigung: Durch all diese Veränderungen wird das menschliche Verhältnis zu Raum und Zeit neu strukturiert. Die extreme Beschleunigung zahlreicher gesellschaftlicher Prozesse passt nicht zum eher bedächtigen Zeitrhythmus demokratischer Entscheidungen, passt ebenfalls nicht zum Zeitempfinden des Alltags. Zeitbezogene Effizienzsteigerungen gehen in der Demokratie immer zu Lasten der Partizipationschancen, und Beschleunigungen im Alltag gehen zu Lasten der psychischen und physischen Erfahrungsmöglichkeiten von Menschen. Intensivierung der Arbeit, Verdichtung der Handlungs- und Entscheidungsnotwendigkeiten, Beschleunigung gesellschaftlicher Veränderungen produzieren eine potenzielle Überforderung des menschlichen Zeitgefühls. Die Ausdehnung des räumlichen Bezugsrahmens durch Internationalisierung von Politik, Ökonomie und Kommunikation, eine Ausdehnung, die einem Zusammenziehen der realen territorialen Maßstäbe gleichkommt, stellt ebenfalls eine Herausforderung an menschliche Sinnesempfindungen dar. Das Raumgefühl muss sich abstrahieren, es bewegt sich immer mehr in virtuellen Räumen und Entfernungen. Dies ist einer von vielen Aspekten, die mit dem Begriff der Entgrenzung markiert werden.

Fazit: Die Transnationalisierungsprozesse der Ökonomie produzieren eine Situation, die die politischen Handlungsoptionen der Nationalstaaten in beunruhigender Weise beschränken. So bitter dies für die nationalen politischen AkteurInnen sein mag, und so erkennbar deren Erschrecken darüber mittlerweile wächst: Die heterogenen ökonomischen Prozesse wurden durch nationale und internationale politische Entscheidungen zumindest initiiert und angelegt, d. h., sie sind das *Ergebnis von Politik, nicht die Ursache* aktueller politischer Bedrängnis. Der klassische Nationalstaat erinnert mit seiner neoliberalen Politik an Goethes »Zauberlehrling«: »Die ich rief, die Geister / Werd ich nun nicht los.«

GlobalisierungskritikerInnen zeichnen ein pessimistisch stimmendes Gesamtbild: Regime der Ökonomie, verschärfte Ausbeutung der Arbeit weltweit, riskanter Test für die ökologischen Grenzen, Armut und sich abschottender Reichtum, Homogenisierung von Information, Gleichschaltung der Kulturen. Doch der politische und ökonomische Neoliberalismus beschreibt die globalisierte Welt in optimistischen Bildern: Der freie Markt wird die Freiheitschancen für alle erhöhen; Information und Kommunikation werden unmittelbarer und damit demokratischer. Nichts deutet bislang darauf hin, dass die freundlichen Prognosen richtig sind.

In diesen zweigeteilten, einerseits idyllischen, andererseits dramatischen Bildern haben sich in den vergangenen Jahren auch feministische WissenschaftlerInnen bewegt und verortet (vgl. die Zusammenfassung der Ergebnisse von Altvater, Mahnkopf, Jessop, Sassen u. a. durch Brigitte Young 1998). *Noch stärker* als viele ihrer Kollegen hegen Feministinnen v. a. *Befürchtungen* angesichts der Globalisierung. Diese beziehen sich hauptsächlich auf die neuen und zukünftigen Arbeitsbedingungen von Frauen und auf Fragen sozialer Ungleichheit. Die ökonomischen Entwicklungen, weniger die Politik oder die politische Kultur bilden den Kern der Globalisierungsdebatten und -szenarien in der feministischen Forschung. Christa Wichterichs 1998 erschienenes Buch, *Die globalisierte Frau. Berichte aus der Zukunft der Ungleichheit*, verdeutlicht die verbreitete frauenpolitische Einschätzung der Globalisierung am prägnantesten.

Wichterich (1998, 11) beschreibt einleitend die konkrete Lage von Frauen folgendermaßen:

»Textilarbeiterinnen aus der Oberlausitz verlieren ihre Arbeitsplätze an Frauen in Bangladesh. Philippinas putzen Gemüse und Küchen in Kuwait. Brasilianische Prostituierte bieten sich im Frankfurter Bahnhofsviertel an. Polinnen pflegen zu Dumping-Preisen Alte in Deutschland. Frauen in der Karibik tippen die Buchungen US-amerikanischer Banken in den Computer.«

Die »zunehmende Angleichung« der »Lebens- und Arbeitswelten« von Frauen erfolgt auf niedrigstem Niveau:

»mehr Beschäftigung, aber überwiegend in niedrigentlohnten, ungesicherten Arbeitsverhältnissen, Zuwachs sozialer Aufgaben, Zunahme von Konkurrenz und sexistischer Gewalt, ein konservatives Rollback, als neue Kultur eine überbordende Konsumwelt, die Suche nach neuen Identitäten bei wachsender sozialer Ungleichheit« (ebd.).

Derzeit profitieren Billiglohnländer und Schwellenländer v. a. von der Frauenarbeit; in den Exportfabriken mit schlechten Arbeitsbedingungen liegt der Frauenanteil bei 70% bis 90% (vgl. Wichterich 1998, 15, 16). »Jung, flexibel und duldsam, sind Frauen die Joker in diesen Verschleißindustrien«, schreibt Wichterich (1998, 18). Mit zahlreichen Beispielen aus vielen Ländern des Südens dokumentiert sie, unter welch dramatischen Bedingungen Frauen heute für den Weltmarkt produzieren. Hungerlöhne, sehr lange Arbeitszeiten, Rechtlosigkeit, Gewaltdrohungen, mangelnde Sicherheitsvorkehrungen, keinerlei Chancen auf Organisierung, Drohungen mit Arbeitsplatzverlust und entwürdigende Disziplinarmaßnahmen kennzeichnen den Arbeitsalltag auch bei angesehenen Firmen von Nike bis Quelle. Kinderarbeit ist keine Seltenheit.

Die politische Bewertung dieser Entwicklungen scheint auf den ersten Blick uneindeutig zu sein, gehört doch eigenes Einkommen zu den wichtigen Schritten auf dem Weg zu einem unabhängigen Leben. Christa Wichterich (1998, 49): »Die Zunft der Volkswirtschaftler macht häufig die einfache Gleichung auf: Frauenbeschäftigung ist Frauenbefreiung.« Doch der Weg in die Fabrik »ist für junge Frauen, die aus einer rigiden familialen und dörflichen Kontrolle kommen, ein kultureller Bruch, mehr Schock als Befreiung« (Wichterich 1998, 50). Wie Sennett betont auch Wichterich (1998, 51) damit die Verunsicherungen, die die neuen mobilen, flexiblen Arbeitsverhältnisse erzeugen. Für die neuen Lohnarbeiterinnen im Süden kommt jedoch noch verschärfend hinzu, dass sie ihres Lohnes gegenüber ihren Männern keineswegs sicher sein können und dass die geschlechtsspezifische Arbeitsteilung sich durch die außerhäusliche Arbeit kaum verändert (vgl. ebd.). Auch die Vereinten Nationen stellen fest, dass die Globalisierung rein rechnerisch mehr Frauen als Männern Arbeitsplätze verschafft hat – doch bezogen auf Lohn, Arbeitsqualität und die gesamte ökonomische Lage stünden Frauen heute vermutlich schlechter da als Männer (vgl. Wichterich 1998, 54f.).

Dass eine rein rechnerische Verbesserung nicht zur Befreiung führt, wird an dieser Stelle einmal mehr deutlich. Angesichts von Ausbeutung, Doppelbelastung, Schutz- und Rechtlosigkeit klingt die Rede von der Frauenbefreiung durch Frauenbeschäftigung eher zynisch. Und noch mit einem anderen Mythos räumt Wichterich auf: mit der Vorstellung, dass die »Dienstleistungsgesellschaft« der Frauenarbeit einen großen Aufschwung bescheren wird. Auch hier lässt sich eine rechnerische Zunahme verzeichnen, doch die Beschäftigungsformen entsprechen in keiner Weise den klassischen Normalarbeitsverhältnissen. Feminisierung geht mit Flexibilisierung und Informalisierung einher, d. h., die dienstleistenden Berufe bieten Teilzeit- und Leiharbeit, scheinselbstständige Beschäftigungen, Aushilfsarbeiten, Teleheimarbeit, Zeitverträge, Freiberuflichkeit, ungesicherte Jobs (vgl. Wichterich 1998, 63-83). Migrantinnen sind die neuen Putzfrauen, Dienstbotinnen, Prostituierten (vgl. Wichterich 1998, 94-108). Doch all dies erscheint fast noch als frauenpolitische Chance angesichts der Tatsache, dass fast 70% der auf der Erde insgesamt geleisteten Arbeit unbezahlt ist und zwei Drittel aller Frauenarbeiten unbezahlt bleiben – Arbeit im geschätzten Wert von elf Billionen US-Dollar (vgl. Wichterich 1998, 149).

Zusammenfassend stellt Wichterich (1998, 237) fest, dass die Globalisierung »Wachstum ohne Jobs im Norden, Strukturanpassung im Süden, Privatisierung im Osten und staatlichen Sozialabbau überall auslöst«. Die Märkte einen die Welt, soziale Polarisierungen trennen (vgl. ebd.). Nur starke politische Strategien, die auf Partizipation plus Transformation, Bündnisse und Regionalisierung setzen, sind in der Lage, potenzielle Chancen der Globalisierung für Frauen zu realisieren; doch Wichterich (1998, 237-253) bleibt insgesamt skeptisch und betont abschließend noch einmal die wachsenden Ungleichheiten in der globalisierten Welt. Frauen sind die Verliererinnen, v. a. aufgrund der Umstrukturierung des Arbeitsmarktes. Der rein rechnerische Zuwachs täuscht nicht über die Abnahme qualitativ hochwertiger, rechtlich abgesicherter Arbeitschancen hinweg. Feminisierung und Flexibilisierung sind nicht nur verwandt klingende Worte...

Auch kritische WissenschaftlerInnen des Mainstream befassen sich mit diesem eng geknüpften Zusammenhang. Richard Sennett (1998, 72) sieht die Entstehung der flexiblen Arbeitszeit mit dem Eintritt von »mehr Frauen« ins Berufsleben gekoppelt.

»Der Eintritt von mehr Frauen aus der Mittelschicht in den Arbeitsmarkt beförderte größere Innovationen bei der Flexibilisierung von Vollzeit- wie Teilzeitstellen. Inzwischen haben diese Veränderungen die Geschlechtergrenze überschritten, so daß auch Männer flexiblere Zeitpläne haben« (Sennett 1998, 73).

Folgt man/frau der Sennett'schen Interpretation, so wären Frauen letztlich diejenigen, die mit ihren Vereinbarkeitswünschen (»Teilzeitkräfte« und »Vollzeiteltern«; Sennett 1998, 72) den Modernisierungsschub zum flexiblen Kapitalismus ausgelöst hätten. Diese Hypothese scheint mir wenig überzeugend zu sein – richtig ist hingegen, dass der »neue Kapitalismus« (Richard Sennett) ohne die besonders ausbeutbaren Frauenarbeitsplätze nicht funktionieren kann.

Altvater/Mahnkopf (1996, 294) setzen sich wie Wichterich der Frage aus, ob die Tertiarisierung der Beschäftigung »eine Chance für Frauen« darstellt, und legen in der Analyse ebenfalls einen Schwerpunkt auf die Relation von Feminisierung und Flexibilisierung der Arbeit. Die beiden BerlinerInnen beobachten neben der engen Koppelung der Prozesse zugleich eine »Ent-Feminisierung« traditioneller Arbeitsplätze in der Industrie (Altvater/Mahnkopf 1996, 297). Die Gesamtentwicklung von formeller zu informeller Beschäftigung schließt also die klassischen Arbeitsplätze gegen Frauen noch stärker ab als früher. Deshalb beschreiben Altvater/Mahnkopf einen Dreiklang der Entwicklung: Die Tertiarisierung der Beschäftigung geht mit einer geschlechtsspezifischen Segmentierung des Arbeitsmarktes einher, die zunehmende Erwerbsbeteiligung von Frauen geht mit der Flexibilisierung der Arbeit einher, die Arbeitsmärkte verändern sich durch Informalisierung (vgl. Altvater/Mahnkopf 1996, 307). »Die geschlechtsspezifischen Ungleichheiten nehmen lediglich eine neue Form an. Vor allem hinsichtlich der Arbeitszeit wächst die Polarisierung zwischen den Geschlechtern«, schreiben Altvater/Mahnkopf (1996, 319) und dokumentieren damit, dass auch sie nicht an die neuen Chancen der »globalisierten Frau« glauben. Flexibilisierung schafft nicht neue Freiheit – durch den unsicheren Status der mit ihr verbundenen Formen von Arbeit bringt Flexibilisierung neue Unfreiheit.

All dies sind keine Szenarien unseriöser ScharlatanInnen, sondern Beobachtungen, Trendaussagen und Prognosen wissenschaftlicher ExpertInnen, die ihre Argumente mit zahlreichen Daten und Beispielen belegen können. Die Texte lassen eigentlich nur einen ernsthaften Schluss zu: Die bundesdeutsche Neue Frauenbewegung sollte sich hier und sofort der wachsenden Bewegung der GlobalisierungskritikerInnen anschließen und dafür streiten, dass die Politik sich nicht vollständig aus der Regulierung der Ökonomie verabschiedet und sich dem Markt freiwillig unterwirft. Nur eine neue politische Revolte für gleiche Freiheit kann gegen die neoliberalen Hymnen der globalisierten Freiheit helfen. Denn die Prozesse der Globalisierung insgesamt, die globalisierten Geschlechterverhältnisse und insbesondere die aktuellen geschlechtsspezifischen Arbeitsverhältnisse haben eines gemeinsam: *Sie sind eine höchst brisante Weise, die patriarchale Herrschaft der Ungleichheit auf globalem Niveau neu zu strukturieren.* In der Mischung aus Altbekanntem (geschlechtsspezifische Arbeitsmarkt-Segmentierungen; hoher Anteil an unbezahlter Frauenarbeit; Entwertung ganzer Branchen durch Feminisierung) und Neuem (Tertiarisierung, Flexibilisierung, Informalisierung) zeichnet sich eine (keineswegs nur) für Frauen eher düster wirkende Zukunft ungleicher Arbeits- und Lebensverhältnisse ab.

Es braucht wenig seherische Fähigkeiten, die sich daraus ergebenden Chancen für angemessene politische Partizipation/Repräsentation und einen gewaltfreieren Alltag abzuschätzen. Wo die elementaren Mittel für ein besseres Leben – Ausbildung, Erwerbsarbeit, Einkommen – zunehmend begrenzt werden, können Frauen kaum darauf hoffen, dass die neoliberalen Sonntagsreden zukünftige Lebensrealitäten angemessen abbilden. Die in zwei Jahrhunderten mühsam erkämpften Möglichkeiten sind für die neuen Lohnarbeiterinnen, die neuen Dienstbotinnen und die neuen Kleinstunternehmerinnen bereits heute kaum real. Sennetts »neuer« Kapitalismus erinnert für Frauen in mancher Hinsicht eher an das *alte 19. Jahrhundert*, insbesondere im Hinblick auf die eklatante Recht- und Schutzlosigkeit der globalisierten Arbeitsverhältnisse. Das 21. Jahrhundert findet sich dagegen in den Tendenzen der Flexibilisierung und Feminisierung gespiegelt. Wer um das tägliche Auskommen ringen muss, wird wenig Zeit und Energie für die Verbesserung der politischen Beteiligung aufbringen können. In diesem Sinne muss die Frage, die ich am Ende des »europäischen Abschnitts« gestellt habe, zunächst einmal mit einer eher skeptischen Antwort bedacht werden: Da auch EU-Europa nicht den Verschärfungen innergesellschaftlicher Ungleichheiten entgehen wird, ist es um die demokratiepolitischen Chancen transnationaler Kontexte nicht günstig bestellt.

Der düstere Blick in die globalisierte Zukunft korrespondiert auf unschöne Weise mit den eher düsteren Perspektiven, die sich aus dem aktuellen Stand von Frauenbewegung und Frauenpolitik ergeben. Die weiter oben aufgeworfene Frage, wie die müde gewordene Frauenbewegung (in ihrer ganzen Breite) den neuen, globalen Herausforderungen begegnen will, drängt sich an dieser Stelle erneut vehement auf. Aktivistinnen wie Christa Wichterich (1998), Flavia Pansieri von UNIFEM (United Nations Development Fund for Women), Viviene Taylor von DAWN (Development Alternatives with Women for a New Era), Helen O'Connell von WIDE (Women in Development Europe) oder Thais Corral von WEDO (Women's Environment and Development Organization) betonen jedoch auch das Engagement und die Erfolge in den transnationalen frauenpolitischen Zusammenhängen (vgl. Pansieri 2000, Taylor 2000, O'Connell 2000, Corral 2000).

Die in der bereits angesprochenen Serie von UN-Konferenzen der neunziger Jahre erstrittenen Erfolge können namhaft gemacht werden; beschrieben und anerkannt werden in den Papieren: Partizipationsrechte und umwelt- sowie entwicklungspolitische Kompetenzen von Frauen beim »Erdgipfel« 1992 in Rio de Janeiro (vgl. Bundesministerium o. J.), Gewalt gegen Frauen als Menschenrechtsverletzung beim Gipfel 1993 in Wien, die reproduktiven Rechte von Frauen auf der Weltbevölkerungskonferenz 1994 in Kairo und eine umfassende Sammlung frauenpolitischer Ziele und Maßnahmen in der Aktionsplattform der Vierten Weltfrauenkonferenz 1995 in Beijing (vgl. Bundesministerium 1996, Wichterich 2000). Auch wenn die politische Verbindlichkeit der Papiere – im Wesentlichen Erklärungen, globale Aktionsprogramme, nationale Selbstverpflichtungen – letztlich fragwürdig bleibt, bieten die Dokumente doch eine überall auf der Welt brauchbare Basis für lokale und nationale Frauenpolitiken. Die umfangreiche, in Rio de Janeiro erarbeitete Agenda 21 ist beispielsweise völkerrechtlich nicht verbindlich, nutzt jedoch AktivistInnen weltweit, um in ihren jeweiligen Kommunen eine Lokale Agenda 21 politisch durchzusetzen. Im Idealfall verbindet sie basisdemokratische Beteiligungsformen mit ökonomischen, ökologischen, sozialen, entwicklungs- und frauenpolitischen Zielvorgaben, auf die sich die Kommunalpolitik langfristig verpflichtet. Lokale-Agenda-Prozesse bringen in vielen Städten und Gemeinden der erlahmten Frauenpolitik neue Impulse und neue

Bündnisse, neue AktivistInnen und v. a. neue Hoffnung und politische Leidenschaft. Das ist nicht wenig.

Insbesondere das professionelle Lobbying der international agierenden Frauen-NGOs trägt dazu bei, dass auch in globalisierten Zeiten Rechte und soziale Lagen von Frauen in den weltweiten Verhandlungsprozessen zumindest begrenzte Aufmerksamkeit erhalten. Prominente Frauen-NGOs wie DAWN oder WEDO sorgen, ebenso wie ihre zahllosen nichtfeministischen »Brüder-Organisationen«, in den vergangenen Jahren für eine veränderte politische Stimmung auf dem internationalen Parkett. Seit dem »Erdgipfel« in Rio de Janeiro erleben die Vereinten Nationen eine Zivilgesellschaft, die sich in die internationalen Belange kompetent und lautstark einmischt. Doch Macht und Einfluss der NGOs gegenüber den nationalen Regierungen und den internationalen Gremien sind nach wie vor gering. Bestenfalls geben NGOs Anregungen, setzen neue Themen auf die politische Tagesordnung, politisieren Fragen, die in der Diplomatie sonst unter den Tisch fallen würden; in dieser Initiativfunktion liegt die Stärke von NGO-Politik.

Brand/Brunnengräber/Schrader/Stock/Wahl (2000, 134) fragen in *Global Governance. Alternative zur neoliberalen Globalisierung?*, ob heute von einer »NGOisierung« des internationalen Systems gesprochen werden kann. Trotz einer in den Sozialwissenschaften weit verbreiteten Vorliebe, gar Emphase für NGO-Politik und die »globale Zivilgesellschaft« fällt die Stellungnahme von Brand u. a. (2000, 136) zu Recht eher kritisch aus. Viele NGOs sind unterdessen selbst Teil der Dominanzstrukturen des Nordens über den Süden und der Regierungen über die Zivilgesellschaft geworden. Auch Konkurrenz zwischen den Nicht-Regierungs-AkteurInnen und mangelnde innere Demokratie ihrer Organisationen trüben das Bild von den bürgerInnenschaftlichen, kritischen HeldInnen des internationalen Systems. Auch Christa Wichterichs Wort von der »transkulturelle[n] Klasse von Jet-set-Lobbyistinnen« kommt hier neu in den Blick. So stehen NGOs heute sowohl für die wachsende politische Aufmerksamkeit der Zivilgesellschaft gegenüber der konventionellen Politik als auch für die potenzielle Integration kritischer Stimmen in die internationale Ordnung der Ungleichheit.

Der Begriff »NGOisierung« trifft aber nicht nur eine strittige Realität des aktuellen internationalen Systems, er trifft auch eine

Realität des zeitgenössischen Feminismus. Der alte Bewegungsbegriff scheint angesichts der Verberuflichung der Frauenpolitik zunehmend unangemessen zu sein, eine schlichte Auflösung von Frauenbewegungs-Aktivitäten kann jedoch auch nicht beobachtet werden. Tatsächlich haben sich weniger die (schon lange gültigen) Themen, sondern viel mehr die feministischen *Organisationsformen* verschoben: von den autonomen Kleingruppen der siebziger Jahre zu den ersten Institutionalisierungs-Erfolgen der achtziger Jahre hin zu den u. a. NGO-geprägten neunziger Jahren. Selbsterfahrungsgruppen stehen prototypisch für die siebziger Jahre, die ersten kommunalen Frauenbeauftragten für die achtziger, WEDO, gegründet 1990 (vgl. Corral 2000, 134), für die neunziger Jahre des neuen Feminismus. Ein *inklusives* Verständnis von Feminismus, wie ich es angesprochen habe, sollte diese strategischen Akzentverschiebungen zur Kenntnis nehmen und ihre Folgen bedenken, zugleich aber die Vielfalt heutiger »Feminismen« als angemessenen Ausdruck einer heterogenen Welt anerkennen. Abgrenzungswut, wie sie sich die KlassikerInnen des 19. Jahrhunderts in einer Hoch-Zeit der Bewegung glaubten leisten zu können, schwächt heute nur eine ohnehin schwache Bewegung.

Auch politische Abgrenzungen gegen andere soziale Bewegungen sind in Zeiten der Globalisierung ein politischer Luxus. Warum Feministinnen bislang in den Reihen der GlobalisierungskritikerInnen nicht als Gruppe der besonders betroffenen Frauen präsent sind, ist für mich eine offene Frage, die nur schwer zu beantworten ist. Vielleicht entsprechen die gewählten politischen Formen, etwa die geradezu militärisch genaue Planung der Aktionen oder die globale elektronische Vernetzung im Vorfeld von Großereignissen, zu wenig den bisher erprobten frauenpolitischen Strategien: Dieser wohl organisierte, medienwirksame »Krieg der Pazifisten«, wie ihn Wolfgang Uchatius (2000) plastisch beschreibt, ist möglicherweise wirklich ein Krieg der Pazifisten, nicht der PazifistInnen.

Es ist jedenfalls ein Krieg der jungen Generation:

»Sie sind so jung wie ihr Gegner, und der heißt Globalisierung, weltweite Verbreitung und Beschleunigung des Kapitalismus, absolute Herrschaft der Marktwirtschaft. Dieses Regiment machen sie verantwortlich für den großen sozialen Trend des neuen Jahrtausends: den wachsenden Abstand zwischen Reichen und Armen auf der Welt, die zunehmende Ungleichheit unter den Menschen« (Uchatius 2000, 17).

Die Neue Frauenbewegung scheint dagegen in Amt und Würden ergraut, zu alt und zu angepasst zu sein. Einige der Hauptakteure der bekämpften Gipfel, ob in Seattle oder Prag, kommen allerdings aus den Bastionen patriarchaler Herrschaft: IWF, Weltbank, Welthandelsorganisation (WTO). Sie entsprechen am ehesten dem Bild dessen, was Eva Kreisky (1992) »Männerbund« nennt. Schreckt all dies feministische AktivistInnen ab, oder hoffen Frauen, doch noch zu den GewinnerInnen der globalisierten Geschlechterverhältnisse zu gehören?

Die Neue Frauenbewegung könnte hier eine politische Chance verpassen, denn die gesellschaftliche Akzeptanz der Globalisierung nimmt deutlich ab (vgl. Uchatius 2000, 23). National orientierte feministische Konzentration auf die Absicherung des frauenpolitisch Erreichten oder auf den Ausbau nördlicher Privilegien erscheinen gegenüber dem radikalen, menschenfreundlichen, pazifistischen HeldInnentum wenig ansprechend. Ergraute Gleichstellungsbeauftragte oder Frauenforschungs-Professorinnen wirken gegenüber jungen, besorgten, engagierten, medienwirksam handelnden GlobalisierungskritikerInnen als egoistische Verteidigerinnen von Privilegien. Dass die Neue Frauenbewegung weltweit aber mitten in die Reihen der GlobalisierungskritikerInnen gehört, machen die versammelten Daten deutlich. Der Feminisierung des Kapitalismus müsste eine kritische feministische Perspektive gegenüberstehen. Denn der Prozess der Globalisierung ist kein natürliches Schicksal, keine unausweichliche Tragödie, kein politischer Zufall, sondern das Ergebnis systematischen politischen Handelns von Nationalstaaten in internationalen Gremien und Organisationen.

Die soziale Bewegung gegen die Globalisierung politisiert heute ureigenste Themen des Feminismus. Genau genommen wirft die neue Bewegung der GlobalisierungskritikerInnen eine zentrale alte Frage des neuen Feminismus neu auf: die Frage, ob es Freiheit ohne Gleichheit geben kann. Eingedenk der Sonntagsreden zur neuen Freiheit im neuen Kapitalismus ist diese Frage sehr brisant. Die Antwort der aktuellen Bewegung spiegelt die feministische Antwort der Anfangsjahre: Freiheit und Gleichheit sind untrennbar miteinander verbunden. Ohne Gleichheit gibt es keine Freiheit, die über das individuelle, gleichsam negative Verständnis des Liberalismus hinausweist. Die zunehmende weltweite Ungleichheit entlarvt damit die Lobreden auf die Globalisierung als Ideologie einer neoliberalen politischen und ökonomischen Klasse von »Davos-Man« (Uchatius 2000, 18). Dass die sich jährlich in Davos zum Weltwirtschaftsforum Versammelnden v. a. »Davos-Männer« sind, sollte stärker in das öffentliche Bewusstsein rücken. Für Richard Sennett (1998, 77) verkörpert Microsoft-Gründer Bill Gates den »*Homo Davosiensis*« am medienwirksamsten.

Maria Mies, eine der deutschen AktivistInnen/WissenschaftlerInnen, die sich schon lange mit Fragen globaler Gerechtigkeit befassen, gehört zu den ersten Feministinnen, die sich der Bewegung der GlobalisierungskritikerInnen ausführlich widmet. In *Globalisierung von unten. Der Kampf gegen die Herrschaft der Konzerne* (Mies 2001) verdeutlicht Mies, »dass der Protest von Seattle kein spontanes, einmaliges Ereignis war, sondern dass viele verschiedene Widerstandsbewegungen und Kampagnen in der ganzen Welt in Seattle zusammenflossen« (Mies 2001, 39). Die langjährigen Aktivitäten von Frauen- und Ökologiebewegung, der Bewegungen des Südens, aber auch von Gewerkschaften und christlichen Initiativen fließen heute zu neuen Allianzen zusammen; herrschaftliche Spaltungen werden überwunden (vgl. Mies 2001, 45ff.). Mies (2001, 22, 10), die selbst als Mitglied des Frauennetzwerks »Diverse Women for Diversity« in Seattle den Aufbruch der neuen Bewegung miterlebt, richtet ihr Augenmerk auch kurz auf das Verhältnis von Frauen und Anti-Globalisierungs-Bewegung: Mies kritisiert das mangelnde feministische Bewusstsein einschlägiger Kampagnen, obgleich doch Analysen vorlägen (vgl. Mies 2001, 125f.; vgl. auch 121-132, 202-208).

In der feministischen Politisierung der Globalisierungsfragen liegt eine der Aufgaben frauenpolitischer AktivistInnen, seien sie an der bewegten Basis, in den staatlichen Institutionen oder in den internationalen NGOs engagiert. Nicht als männliche Menschen, sondern als Repräsentanten einer *äußerst macht-vollen patriarchalen (Neu-)Ordnung der Ungleichheit* gehören die »Davos men« in den Blick feministischer Politik und Theorie. An den »Davos men« kann dokumentiert werden, dass die Globalisierung »man made« ist. Vielleicht ist die aktuelle Schwäche der deutschen Neuen Frauenbewegung auch der Tatsache geschuldet, dass Feministinnen hierzulande, wie so viele andere BürgerInnen der Welt, der dominanten politischen Ideologie Glauben schenken, dass der *naturwüchsigen* Globalisierung nichts entgegengesetzt werden kann. Der Markt als globaler Ort der Selbstregulierung, der automatisch Reichtum für alle Fleißigen ermöglicht, muss verstärkt als *politisch hergestellter* Ort thematisiert werden, der in seiner heutigen Form in den vergangenen Jahren erst geschaffen wurde und deshalb auch verändert werden kann. AktivistInnen, die die politisch gewollte Struktur der neuen globalen Ökonomie erkennen, können bewusst gegen sie handeln. Nur wer an Unausweichlichkeit glaubt, kennt keine Alternativen. Diese Überlegungen sind im deutschen Feminismus noch nicht ausgeprägt.

## Verstaatlichte Frauenpolitik, bedrängter Nationalstaat

Es ist weder Zufall noch Schicksal, dass die alte neue »Frauenfrage« in genau jenem Moment institutionalisierte staatliche Anerkennung erfährt, in dem der klassische Nationalstaat durch die heterogenen Prozesse der Globalisierung von »oben« und »unten« in Bedrängnis gerät. Die erfolgreiche *Verstaatlichung der Frauenfrage*, so der treffende Titel einer älteren Studie zur Gleichstellungspolitik von Uta Krautkrämer-Wagner (1989), verläuft parallel zum Umbau bzw. Abbau des Sozialstaats und der Transnationalisierung nationalstaatlicher Entscheidungsmöglichkeiten. Frauenpolitisch betrachtet spiegelt damit auch die »Verstaatlichung der Frauenfrage« den typischen Prozess: Die Aufnahme von Frauen an einen politischen oder Arbeits-Ort geht mit seiner Entwertung einher. Auch hier lässt sich kein eindeutiges Ursache-Wirkungs-Verhältnis ausmachen – »Verstaatlichung der Frauenfrage« und Globalisierung von Politik und Ökonomie werden in den achtziger und neunziger Jahren zeitgleich politisch initiiert.

Als 1982 in Köln die erste kommunale Gleichstellungsstelle ihre Arbeit aufnimmt, ist von Globalisierung noch keine Rede. Als Mitte/Ende der neunziger Jahre die Etablierung der Gleichstellungspolitik auf kommunaler, Landes- und Bundesebene ihren Höhepunkt erreicht, wird heftig über die Globalisierung gestritten. Zu diesem Zeitpunkt gibt es überall in der Republik, West wie Ost, etwa *eineinhalbtausend* kommunale Frauenbüros; Landes- und Bundesgesetze zur Gleichstellung sind verabschiedet; Landes- und Bundesministerien (mit wechselnden Ressortzuschnitten) wachen über die Frauenpolitik; in den Parteien garantieren Frauenquoten bzw. -quoren einen verbesserten Zugang zu Ämtern und Mandaten; zahllose Frauenförderpläne und Gleichstellungsstellen entfalten ihre Wirkung in unzähligen Institutionen und Betrieben. In nur 20 Jahren ist ein riesiger *Apparat* mit vielfältigen Anforderungen an die Berufsfeministin entstanden. Ob die geschaffenen Institutionen sich als Ort der Frauen- oder der Gleichstellungspolitik verstehen, ist für die typischen Arbeitsinhalte unerheblich: AdressatInnen der verstaatlichten Frauenfrage sind fast ausschließlich Frauen, denen als gesellschaftlich Benachteiligte Unterstützung zugedacht wird.

Die kommunalen Frauenbeauftragten beispielsweise haben derzeit alle Hände voll zu tun, um die erlahmende Frauenpolitik in Städten, Gemeinden und Landkreisen von Tag zu Tag neu zu aktivieren und sich gleichzeitig – um der politischen Stärkung willen – zunehmend miteinander zu vernetzen. Die Globalisierungsdebatten gehen bis heute fast vollständig an den kommunalen Frauenbüros vorbei – trotz der wichtigen Rolle lokaler Verankerungen von Globalisierungsprozessen. Die durch die konkrete Arbeitssituation erzwungene Alltags-Besessenheit der Gleichstellungspolitik bildet seit Jahren eines ihrer größten Probleme. Jedes Einstellungsverfahren muss kritisch geprüft und mühsam begleitet werden; Berichtspflichten zwingen gleichzeitig zu einer Betonung der begrenzten Erfolge; die Betreuung von Einzelfällen lässt wenig Zeit für politische Initiativen oder den Blick über die eigene Kommune hinaus; die zu vertretenden Frauen wollen angesprochen, motiviert und entscheidungsbeteiligt werden, während die Vorgesetzten keine Kämpfe und Verfahrensverzögerungen wünschen – und dabei ist das aufschiebende Veto (d. h. die erzwungene Verschiebung einer Entscheidung auf eine neu einzuberufende Sitzung) oft die einzige Sanktionsmöglichkeit, die einer Frauenbeauftragten zu Gebote steht.

Mit diesen widersprüchlichen Anforderungen stellt die Frauen- bzw. Gleichstellungspolitik ein berufsfeministisches Arbeitsfeld dar, das bei allen Beteiligten eigentlich nur Unzufriedenheit auslösen kann. Erfüllt die Frauenbeauftragte ihren Auftrag im Sinne des jeweiligen Vorgesetzten (etwa des Bürgermeisters), wird sie Unmut in der kommunalen Frauenszene hervorrufen. Richtet sich die Frauenbeauftragte nach den Bedürfnissen der Szene (Projektfinanzierung, öffentliche Kampagnen, teure Veranstaltungen), riskiert sie Streit am Arbeitsplatz. In beiden Fällen hat v. a. sie den Ärger. Hin- und hergerissen zwischen staatlichem Verwaltungshandeln und feministischer Oppositionspolitik, verkörpert jede Frauenbeauftragte in ihrer Person das ganze Dilemma der verstaatlichten Frauenfrage und muss es in sich selbst täglich neu ins Reine bringen. Macht die Frauenbeauftragte ihre Arbeit gut, d. h., balanciert sie die widerstreitenden Interessen immer wieder angemessen aus, muss sie letztlich ohne persönliche Anerkennung von irgendeiner Seite auskommen. Die mittelbare staatliche Anerkennung der »Frauenfrage« als ein politisch zu lösendes Anliegen steht im Widerspruch zu dem Anerkennungsdefizit, das die einzelne Frauenbeauftragte auf der individuellen Ebene aushalten muss.

Die Ermüdungs- und Verschleißerscheinungen in den Reihen der berufsfeministischen AktivistInnen sind entsprechend hoch. Auch diejenigen, die mit politischer Leidenschaft und innerer Überzeugung ihre gleichstellungspolitischen Arbeitsplätze ursprünglich angetreten haben, verspüren schnell die eigenen und die von außen gesetzten Grenzen. Denn erschwerend kommt zu den bereits genannten Problemen hinzu, dass die politischen Erfolge der Gleichstellungspolitik sehr viel geringer ausfallen, als sich viele Feministinnen in den institutionalisierungsfreudigen achtziger Jahren ausgemalt haben. Das Verhältnis zwischen Engagement und Ergebnis kann nur als deprimierend bezeichnet werden. An den Hochschulen etwa ist der Anteil der Professorinnen nur um wenige Prozentpunkte auf mittlerweile ca. zehn Prozent gestiegen – trotz Quotenbeschlüssen, Förderplänen, Frauenbeauftragten, Gremienbesetzungsmodellen, Aufstiegsprogrammen, Stipendien, Vetorechten und Minderheitenvoten. Eines ist deshalb gar nicht verwunderlich: Nach mehreren Jahren gleichstellungspolitischer Arbeit hoffen Frauenbeauftragte meist auf einen Ausstieg in andere Berufe oder einen Aufstieg in der Verwaltung, der auf ein anderes Tätigkeitsfeld führt. Unter OptimistInnen gilt Frauenbeauftragung als ein potenzielles Karrieresprungbrett.

Alltags-Besessenheit, widerstreitende Interessen, Anerkennungsdefizite und schmale Erfolgsbilanzen prägen die verstaatlichte Frauenpolitik heute. In nicht wenigen von WissenschaftlerInnen oder Frauenbeauftragten verfassten Arbeiten werden die Probleme der Gleichstellungspolitik gesehen, doch sind sie aufgrund der Struktur des Berufs nicht leicht systematisch zu lösen (vgl. aus der Fülle der Literatur die neueren Arbeiten: Stetson/Mazur 1995, Cordes 1996, von Wrangell 1996, Blattert 1998, von Wrangell u.a. 1998, von Wahl 1999, Henninger 2000, Epstein 2000, Holland-Cunz 2001a). Der Staat als Arbeitgeber von Berufsfeministinnen und Ort der Frauenpolitik anerkennt und institutionalisiert sie, zugleich aber wird der ursprüngliche, kritische Impuls damit integriert, bürokratisiert und entpolitisiert. Aus politischem Handeln wird Verwaltungshandeln. Annette Henninger (2000) weist zudem defensive Situationsdeutungen bei frauenpolitischen Expertinnen nach; sie sehen die Frauenförderung ständig bedroht. Margit Epstein (2000) kann zeigen, dass die sprachlichen Formen frauenpolitischer Äußerungen traditionelle Geschlechter-Konstruktionen nicht aufweichen, sondern im Gegenteil bestätigen. Suzanne Franzway, Dianne Court und R.W. Connell (1989) schließlich haben bereits vor über einem Jahrzehnt die Probleme treffend so zusammengefasst: Franzway u.a. sprechen von einer Bürokratisierung des Feminismus und nennen die AktivistInnen ketzerisch »femocrats«, Femokratinnen, ein Begriff, der die strukturelle Lage recht drastisch bezeichnet.

Um Missverständnissen vorzubeugen, möchte ich ausdrücklich betonen, dass der gesamte gewachsene gleichstellungspolitische Apparat – diese Unmenge von Vorschriften, Plänen und Beauftragten – keineswegs ein lästiges, verzichtbares feministisches Übel darstellt. Der ketzerische Begriff »femocrats« könnte den Verdacht aufkommen lassen, dass man/frau heute für die Abschaffung der mühsam in zwei Jahrzehnten geschaffenen institutionellen Kontrollen plädieren sollte. Dies wäre fatal, denn die gleichstellungspolitischen Erfahrungen in allen gesellschaftlichen Feldern, insbesondere in den Parteien und an den Hochschulen, zeigen, dass freiwillige Halb-Verpflichtungen und sonntägliche Absichtserklärungen keinerlei Änderungen bewirken. In diesem Sinne stellt der femokratische Apparat ein unverzichtbares Instrumentarium dar, um die Ideale der Gleichheit und Gerechtigkeit immer wieder neu thematisieren zu können. Zugleich ist aber auch nicht zu übersehen, dass der gleichstellungspolitische Berufsfeminismus einer doppelten Erneuerung und Modernisierung bedarf. Weder die alltagsbesessene Ignoranz gegenüber der veränderten, globalisierten Welt noch die extremen persönlichen Belastungen aufgrund widersprüchlicher Erwartungen können noch länger hingenommen und den Frauenbeauftragten als Last alleine überlassen werden. StellvertreterInnen-Politik hat die einst emphatische feministische Vorstellung von einer Politik »in erster Person« weitgehend abgelöst – zum Schaden sowohl der Vertretenen als auch der Vertretenden.

Das selbst gemachte Dilemma des bürokratisierten Feminismus ist nur schwer aufzulösen. Einerseits erzeugt die Arbeit der Frauenbeauftragten feministische Bequemlichkeit, denn frauenpolitische Verantwortlichkeiten lassen sich an den femokratischen Apparat delegieren. Andererseits sähe die derzeitige frauenpolitische Lage ohne das Engagement der Frauenbeauftragten schlechter aus, denn meist gehören sie zu den wenigen noch übrig gebliebenen Dauer-AktivistInnen einer Kommune oder Institution. Sie sorgen also *gleichermaßen* für die Erlahmung und die Aufrechterhaltung frauenpolitischer Aktivitäten und Ansprüche. Um den neuen Herausforderungen, die zu den zahlreichen bereits bekannten in Zeiten der Globalisierung hinzukommen (müssten), gerecht werden zu können, haben AktivistInnen der Gleichstellungspolitik ein Anrecht auf politische Entlastung. Doch keine lautstarke Bewegung steht zu ihrer Entlastung bereit – die institutionellen AktivistInnen sind auf sich selbst zurückverwiesen und werden durch fehlende Solidarität zusätzlich entmutigt.

Dass die frauenpolitischen Bürokratinnen heute in einem Rahmen arbeiten, der gegenüber dem klassischen souveränen Nationalstaat eingeschränkte Kompetenzen aufweist, ist in die gleichstellungspolitischen Vorstellungen bisher nicht ausreichend eingegangen (vgl. dagegen Wiechmann/Kißler 1997 zur Verwaltungsmodernisierung). Femokratinnen sind Repräsentantinnen einer geschwächten Struktur, die starke finanzielle Einschränkungen verordnet, zunehmend weniger politische Akzente setzt, dem Markt das Feld überlässt und soziale Unterstützungen abbaut. Der Delegation politischer Entscheidungen an die Ökonomie entspricht auch eine Delegation von Politik an die Verwaltung, ohne dass die Verwaltenden größere finanzielle und gestalterische Spielräume hätten. Gerade die lokalisierte kommunale Frauenpolitik erscheint so häufig als die femokratische Verwaltung des Mangels. Gegenüber den Ansprüchen von Frauen vor Ort sind oft die kommunalen Frauenbeauftragten diejenigen, die Gelderkürzungen politisch zu vertreten haben, ohne sie politisch entscheiden zu können.

So erzeugen die neuen globalisierten Verhältnisse neue lokalisierbare Spannungen. Da aber die bereits bekannten Niederungen des alltäglichen Handelns die kommunale Frauenbeauftragte als »ganze Person« (über)beanspruchen, kann sich der kritische Blick auf die neuen Verhältnisse und auf den Zusammenhang von Globalisierung und lokalisierter Politik nur schwer entwickeln. Dabei wären, bei genauerer Betrachtung der Lage vor Ort, die Verbindungen schnell zu entschlüsseln, z. B. im kommunalen Standortwettbewerb um Unternehmensansiedelungen (Infrastruktur, lokaler Arbeitsmarkt) einschließlich der Förderung der so genannten weichen Standortfaktoren wie der lokalen Kultur und Natur. Das örtlich verankerte, lokalisierbare Leben von Frauen ist von der Globalisierung ebenso abhängig wie das der Männer. Angesichts der weltweiten Neustrukturierung der Arbeits- und Ungleichheitsverhältnisse lässt sich sogar die These formulieren, dass die frauenspezifische Abhängigkeit potenziell größer ist und deshalb der besonderen gleichstellungspolitischen Aufmerksamkeit bedarf. Doch dafür bleibt weder Zeit noch Kraft.

Ohne die Kooperation mit Bewegungs-AktivistInnen können kommunale Frauenbeauftragte die nötige Neuorientierung nicht leisten. Die neuen Verantwortlichkeiten beanspruchen Reflexion, Selbstreflexion und die Erneuerung der politischen Leidenschaft. In Kommunen, in denen die MitarbeiterInnen des Frauenbüros zu den AktivistInnen im Lokalen-Agenda-Prozess zählen, sind die Zusammenhänge zwischen dem Lokalen und dem Globalen und die Empörung über die weltweit wachsenden Ungleichheiten deutlich präsent. Die doppelte gesellschaftliche Bewegung Globalisierung/Lokalisierung, diese beiden Seiten der den Nationalstaat bedrängenden Medaille, setzt die Frauenpolitik unter Handlungsdruck, hilft aber zugleich, »Sinn« in der eigenen berufsfeministischen Arbeit neu zu entdecken. Erweiterte Perspektiven, über die eigene Kommune, auch die Institution oder den Betrieb hinaus, provozieren ein frauenpolitisches Handeln, das die Verbindungen zwischen den Lebenszusammenhängen von Frauen überall auf der Welt hervortreten lässt. Die Leben von Frauen im Süden, Osten und Nordwesten sind heute sehr viel stärker in wechselseitige Abhängigkeiten verstrickt als noch vor 20 Jahren, die Relation zwischen dem Kleinen/Lokalen und dem Großen/ Globalen ist eng geknüpft. Der Blick über den eigenen »Tellerrand« hinaus auf die neue Weltordnung schärft gerade auch die Analyse des Eigenen, der lokalen Lebensrealität. Die Kommune als unverzichtbarer Ort der politischen, sozialen und kulturellen Integration in Zeiten der Globalisierung könnte so der Ausgangspunkt einer neuen Chance für die Frauenpolitik sein.

Eine »Internationalisierung« der Gleichstellungspolitik in Kommunen, Betrieben und Institutionen hätte einige zusätzliche Effekte. Die bislang noch kaum bestehende Zusammenarbeit zwischen Frauenbeauftragten und transnational agierenden Frauen-NGOs etwa in der Frage der neuen Arbeitsverhältnisse könnte befördert werden; die »Jet-set-Lobbyistinnen« ließen sich so auch im Nordwesten der Erde stärker lokal einbinden. Von der internationalisierten Frauenbewegung wiederum profitieren lokale AktivistInnen durch neue Kräfte, Hoffnungen und Perspektiven. NGO- und frauenbeauftragte Berufsfeministinnen könnten sich wechselseitig beflügeln. Dies hätte idealerweise zur Folge, dass die Kritik an der patriarchalen Herrschaft erneuert und geschärft werden könnte und dass dem typischen Frauenbild der Gleichstellungspolitik – die Frau, die Unterstützung braucht – die Bedeutungsebenen der Schwäche und Hilflosigkeit dauerhaft entzogen würden.

Ein solidarisches Netzwerk könnte eine neue politische Perspektive erarbeiten, ein Netzwerk, das die autonomen AktivistInnen an der lokalen Basis, die Frauenbeauftragten an ihren institutionellen Orten, NGO-Frauen auf allen Politikebenen und die neuen AktivistInnen gegen die Globalisierung zu einem wechselseitigen Austausch vereint. Ein solches Netzwerk versammelt hinreichend Kompetenz und praktisch-politische Erfahrung, um die alten neuen »Frauenfragen« auf eine aktuell überzeugende Weise neu zu politisieren und politische Leidenschaft erneut zu entfachen. Nicht die individuelle Verantwortlichkeit von Frauen für »ihre« Misere und die professionelle Verantwortlichkeit der Femokratinnen für »ihre« Frauen stünden dann im Mittelpunkt der Aufmerksamkeit, sondern die politische Verantwortlichkeit der Konstrukteure der Ungleichheit, die sowohl im Globalen als auch im Lokalen die patriarchale Herrschaft heute neu strukturieren. Gegen sie hilft nur die Entbürokratisierung und Repolitisierung der verstaatlichten Frauenpolitik: Solange sie v. a. um sich selbst und ihre Erhaltung kreist, solange die Individualisierung frauenpolitischer Probleme dominant bleibt, solange sich der

Blick vorwiegend auf die Verwaltung von Frauen (politik) richtet, wird sich die femokratische Struktur nicht öffnen können. Die Frauenbeauftragten als die klassischen Reformerinnen im Sinne von Ferree/Hess sollten sich mit den neuen ExtremistInnen verständigen.

## Lokalisiert: Alltag der Geschlechterverhältnisse

Bleiben wir noch für einen kurzen Abschnitt bei den »kleinen«, lokalisierbaren Geschlechterverhältnissen, wie sie sich heute darstellen. Denn, so paradox es klingen mag, der vermutlich weitreichendste geschlechterpolitische Wandel seit Beginn der Neuen Frauenbewegung vollzieht sich im Stillen. Nicht die wenigen unbefriedigenden Prozentpunkte, die der Frauenanteil in politischen, ökonomischen und kulturellen Leitungspositionen seit 1963/1968 steigt, sondern die *vielfältigeren Lebenswege*, die Frauen zu Beginn des 21. Jahrhunderts wählen können, markieren den eigentlichen Erfolg der feministischen Freiheitsrevolte. Die Demokratisierung demokratischer Gesellschaften ist auf den Feldern des Politischen weit weniger gelungen als in der privaten Lebensführung. Hier haben sich die Träume der ersten TheoretikerInnen und AktivistInnen von einer feministischen Kulturrevolution wesentlich stärker verwirklicht als bei den »großen« Streitpunkten. Wenn überhaupt von messbaren Erfolgen der Freiheitsrevolte gesprochen werden kann, dann dort, wo das private Leben seinen lokalisierbaren, alltäglichen Ort hat – zumindest im Nordwesten der Erde. Die Chancen von Frauen auf bessere Bildung und Ausbildung, Zugang zu Beruf und eigenem Einkommen und schließlich auf eine freiere Wahl der LebenspartnerInnen, Wohnformen und Zahl der Kinder haben sich deutlich verbessert. Dieses Private ist hoch politisch.

Seit den sechziger Jahren unterliegt die Familie einem starken Wandel. Neben der klassischen Kleinfamilie etablieren sich zunehmend nichtfamiliale Lebensformen; die Verbindlichkeiten lebenslanger Ehebeziehungen, des Zusammenwohnens und der Monogamie nehmen ab (vgl. Peuckert 1999, 39, 38). Während 1972 50,6% aller westdeutschen Haushalte ohne Kinder leben (26,2% Ein-Personen-Haushalte), sind es 1996 schon 65,2% (36,4% Ein-Personen-Haushalte). Die klassische Kleinfamilie als

Zwei-Generationen-Haushalt verheirateter Eltern mit ledigen Kindern ist nur mit einem Anteil von 26,9% (Westdeutschland 1996) bzw. 28,3% (Ostdeutschland 1995) aller Haushalte vertreten; 1972 sind es dagegen im Westen noch fast 40% (vgl. Peuckert 1999, 31). Zwischen 1960 und 1997 verdreifachen sich die Scheidungen in Westdeutschland, in der DDR verdoppeln sie sich zwischen 1960 und 1989 (vgl. Peuckert 1999, 29). Seit 1972 hat sich zudem die Zahl der Haushalte mit kinderlosen nichtehelichen Lebensgemeinschaften mehr als verzehnfacht (vgl. Peuckert 1999, 32). *Dass das allgemein und ganz besonders für Frauen noch immer propagierte gesellschaftliche Ideal der Kleinfamilie im gemeinsamen Haushalt nur in einem guten Viertel aller deutschen Haushalte gelebt wird, stellt eine äußerst bedeutende kulturelle Veränderung dar.*

Während konservative PolitikerInnen bereits den Staat am Zusammenbruch der traditionellen Familie untergehen sehen, erfreuen sich Feministinnen an der neuen, nachhaltigen, wenigsten »kleinen« Freiheit einer Vervielfältigung weiblicher Lebensmuster. Doch hält sich auch diese kleine Freiheit in überschaubaren Grenzen, denn trotz gestiegener Frauenerwerbstätigkeit leben nur wenige Paare in »streng egalitäre[n] Beziehungen« (Peuckert 1999, 35). Nur jede 20. berufstätige Frau würde jedoch lieber ausschließlich im Haushalt arbeiten (vgl. Peuckert 1999, 37). Den neuen Optionen im weiblichen Lebenszusammenhang entspricht auch ein seit etwa 25 Jahren konstant niedriges Geburtenniveau und ein gestiegenes Alter der Mütter (vgl. Peuckert 1999, 102, 109). Aus der globalen Bevölkerungspolitik ist bekannt, dass Bildung und Ausbildung die Faktoren Geburtenzahl und Alter der Mütter bei der Geburt der Kinder stark beeinflussen. Während für den Süden deshalb Mädchenbildung gefördert werden soll, beklagen die nordwestlichen Industrienationen die weibliche »Geburtenunwilligkeit«. Die veränderten Faktoren verweisen auf das Bildungsniveau von Mädchen und jungen Frauen, das heute so hoch ist wie nie zuvor in der deutschen Geschichte.

Die viel und strittig diskutierte Pluralisierung der Lebensformen hängt eng mit den veränderten Lebensplänen und -chancen *von Frauen* zusammen: ihrer deutlich gewachsenen Bildungs- und Berufsorientierung, der abnehmenden reinen Familienorientierung und den entsprechenden Vereinbarkeitswünschen. Frauen sind heute davon überzeugt, dass sie sich im Laufe einer

Generation sehr viel stärker verändert haben als Männer – und die feministische Soziologie der sozialen Ungleichheit gibt dieser Überzeugung weitgehend Recht (zum aktuellen Stand der Forschungs- und Theoriediskussion vgl. Hornung 2000a, Schäfgen 2000, Gottschall 2000, Cyba 2000). In einem aufschlussreichen Sammelband über *Die ungleiche Gleichheit. Junge Frauen und der Wandel im Geschlechterverhältnis* präsentieren Mechtild Oechsle und Birgit Geissler (1998a) einschlägige Analysen zum geschlechterpolitischen Wandel in der jüngeren Generation.

In der Einleitung schildern die Herausgeberinnen Oechsle/Geissler (1998b, 9) die Lage folgendermaßen:

»Mit großer Selbstverständlichkeit beanspruchen Mädchen und junge Frauen heute Gleichheit mit ihren Brüdern, Freunden und Kollegen. Die Grenzen der Freiheit, die wirtschaftlichen, sozialen und ökologischen Risiken der nachindustriellen Gesellschaft scheinen die junge Generation als ganze zu treffen, nicht das eine Geschlecht mehr als das andere. Ein Blick auf die Lebensrealität junger Erwachsener zeigt: in der Lebensphase vor der Familiengründung sind im Geschlechterverhältnis eher Gemeinsamkeiten als Unterschiede festzustellen. Dennoch treffen verdeckte oder offene Benachteiligungen im Bildungswesen und im Arbeitsmarkt und Ungleichheiten in der Partnerbeziehung auch die junge Frauengeneration. Die ›Selbstverständlichkeit‹ der Gleichheit hat Grenzen.«

Junge Frauen gehen von gleichen Freiheitschancen aus, die »ihnen durch den gesellschaftlichen Prozeß der Pluralisierung von Lebensformen und der kulturellen Liberalisierung verbürgt« erscheinen; im Gegensatz zu ihren Müttern haben sie tatsächlich vervielfältigte biographische Möglichkeiten (Oechsle/Geissler 1998b, 10).

Oechsle/Geissler (1998b, 11, 12) sprechen deshalb von der Notwendigkeit einer bewussten Lebensplanung, einem Prozess, der nie beendet ist, und sie charakterisieren junge Frauen als aktive »Akteurinnen des Wandels«. »Mit wenigen Ausnahmen gehen alle von uns befragten Frauen davon aus, daß sich der weibliche Lebenslauf tiefgreifend verändert [hat] und daß dies nicht nur für sie selbst relevant ist« (Oechsle/Geissler 1998b, 13). Junge Frauen müssen gleichsam härter an der Konstruktion ihres Lebens arbeiten als gleichaltrige Männer und ältere Frauen (vgl. ebd.). Dies geschieht unter der vielfach nachgewiesenen schwierigen Bedingung, dass Mädchen heute vor oder während des Jugendalters entdecken, dass sie ihre positiven Selbsteinschätzungen gesellschaftlich zurücknehmen müssen – eine erschreckende Tatsache, die sowohl Carol Hagemann-White (1998, 31f.) als auch Karin Flaake (1998, 47) im gleichen Band diskutieren. »Verlust an Selbstvertrauen und Selbstbewußtsein« und »Tendenzen zur Selbstzurücknahme« stellt Flaake (ebd.) im weiblichen Jugendalter ebenso fest wie eine noch immer problematisch verlaufende Aneignung weiblicher Körperlichkeit (vgl. Flaake 1998, 48ff.). Erfahrungen um die erste Menstruation etwa zeigen hier und heute »erstaunliche Ähnlichkeiten zu Ritualen [...] in Stammesgesellschaften« (Flaake 1998, 51). Aus der Sicht einer aufgeklärten modernen Gesellschaft sind diese empirischen Befunde bedenklich: Das Selbstbild junger Frauen wird physisch und psychisch schwer erschüttert. Simone de Beauvoirs Beschreibungen weiblicher Begrenzungs- und Körpererfahrungen scheinen doch noch kein halbes Jahrhundert vergangen zu sein...

Selbst gleiche Bildungschancen und vergleichbare Qualifikationen nutzen Mädchen und jungen Frauen wenig, wenn es um den Einstieg in die Ausbildung und schließlich in die Berufstätigkeit geht, wie Doris Lemmermöhle (1998, 74f.) belegen kann. Ungleiche Chancen bleiben an diesen beiden Entscheidungspunkten der weiblichen Biographie bestehen. Trotz solcher Hemmnisse arbeiten heute sehr viel mehr Frauen außerhäuslich als zu Beginn der Neuen Frauenbewegung. Die Erwerbsquote der Frauen, d. h. der prozentuale Anteil der Erwerbstätigen und Arbeitssuchenden an einer Bevölkerungsgruppe, ist von 46% im Jahr 1970 auf 60% im Jahr 1998 gestiegen, wobei allerdings 40% unter 30 Stunden in der Woche, d. h. Teilzeit, arbeiten (vgl. Peuckert 1999, 207). Insbesondere verheiratete Frauen und Mütter sind heute in höherem Maße berufstätig als früher (vgl. ebd.), wobei in Ostdeutschland die Müttererwerbstätigkeit viel selbstverständlicher betrachtet wird als im Westen (vgl. Peuckert 1999, 211f.). Im Gegensatz zum westdeutschen Selbstbild, den moderneren, liberaleren Teil der Republik zu repräsentieren, finden sich auch noch mehr als ein Jahrzehnt nach dem Mauerfall in Westdeutschland traditionellere Vorstellungen zum Geschlechterverhältnis als in Ostdeutschland. Scharfe Kritiken (auch von Feministinnen) an der verordneten sozialistischen Frauenpolitik treffen zumindest in Bezug auf Einstellungen in der Bevölkerung demnach nicht ganz die Realität. Die konkreten Erfahrungen ostdeutscher Männer und Frauen mit der Frauenerwerbstätigkeit und mit Angeboten zur Vereinbarkeit von Familie und Beruf haben offensichtlich eine stabile Basis für moderne geschlechterpolitische Vorstellungen geschaffen (vgl. dazu auch Hempel 1998, Hornung 2000a).

Interessant für die aktuelle Struktur der privaten Geschlechterverhältnisse sind schließlich Daten, die die Arbeitsteilung im Haushalt betreffen. Vor und nach der Geburt eines Kindes sieht die geschlechtsspezifische Arbeitsteilung unterschiedlich aus: Selbst aus einer halbwegs egalitären Verteilung der Hausarbeiten (waschen, bügeln, kochen, einkaufen, putzen) wird nach der Geburt wesentlich Frauenarbeit (vgl. Peuckert 1999, 217). »*Kinder* verstärken – selbst bei Erwerbstätigkeit der Mütter – die herkömmliche Rollenverteilung. Je älter die Kinder sind, um so traditionaler ist die Arbeitsteilung, und mit zunehmender Ehedauer nimmt die Gleichverteilung weiter ab« (Peuckert 1999, 218). Im Unterschied zur positiven Selbststilisierung akademisch gebildeter Milieus kann v. a. bei jungen Facharbeitern ein »pragmatisch motivierte[r] Egalitarismus« nachgewiesen werden, wie Michael Meuser (1998, 252), engagierter Geschlechterforscher, überraschend feststellt (vgl. aus demselben Arbeitszusammenhang an der Universität Bremen dagegen die Ergebnisse zur älteren Generation von Cornelia Behnke 2000).

Das Bild, das sich vom Alltag der Geschlechterverhältnisse zusammenfassend zeichnen lässt, ist auf ermutigende Weise widersprüchlich. Zumindest jüngere Frauen formulieren ihre Ansprüche auf Freiheit und Gleichheit sehr viel selbstverständlicher und alltagsbezogener als die Frauengeneration davor, obgleich sich die strukturellen Bedingungen nur begrenzt verbessert haben. Der älteren Frauengeneration der Revolte scheint bis heute weder das programmatische Freiheitsideal noch die erkämpfte verbesserte Realität wirklich selbstverständlich geworden zu sein. Aus dieser Haltung der »Unselbstverständlichkeit«, so ließe sich vermuten, erwächst die z. T. bittere Haltung gegen die Jüngeren, die als feministisch desinteressiert wahrgenommen und deshalb der Undankbarkeit gescholten werden. Stattdessen sollten sich ältere feministische AktivistInnen lieber daran erfreuen, mit welcher Selbstbewusstheit junge Frauen heute zugleich Beruf und Familie, Bildung und eigenes Einkommen, Liebe und Erfolg anstreben. Ich vermute, dass sich hinter der zweifellos antifeministischen Haltung vieler jüngerer Frauen die berechtigte Angst verbirgt, die noch immer bestehenden massiven gesellschaftlichen Barrieren zu genau wahrzunehmen: Die feministische Analyse führt hauptsächlich die Barrieren, nicht die Chancen vor. Sich dadurch *nicht entmutigen zu lassen*, könnte ein Motiv der Distanzierung sein – zumal das typische Argument der Jüngeren, der Feminismus argumentiere stets aus der Opferperspektive, ein Indiz in diese Richtung liefert. Sicher ist es auch nicht unerheblich, dass junge Frauen heute in einer Kultur bzw. Ideologie der Gleichheit aufwachsen, die die Sicht auf und die Sensibilisierung für noch immer bestehende Ungleichheiten behindert und zu deren Verleugnung führen kann.

Die Vervielfältigung der weiblichen Lebenswege und die neuen globalisierten Arbeitsverhältnisse erzeugen heute hohe Anforderungen an junge Frauen, einen individuellen Lebensplan zu konstruieren. Die Ausbalancierung zahlreicher gesellschaftlicher Widersprüche und Konflikte muss in der eigenen Biographie geleistet werden. Die Strukturvoraussetzungen (gesellschaftliche Einstellungen und Leitbilder, Angebote zur Vereinbarkeit, berufliche Chancenstrukturen) sind ungünstiger, als sich viele Feministinnen noch in den achtziger Jahren für das 21. Jahrhundert erträumten. Die Vereinbarkeit von Familie und Beruf, einer der Kernpunkte heutiger frauenpolitischer Bemühungen, wird noch immer nicht als eine gesellschaftliche und auch männliche Verpflichtung betrachtet, sondern als »Frauenproblem« verhandelt – ein illegitimer Umgang mit dem gesellschaftlichen Eigeninteresse der Reproduktion. Vielleicht kann es deshalb als *geschlechterpolitische Klugheit* gewertet werden, wenn sich junge Frauen heute von feministischen Thematisierungsweisen des Geschlechterverhältnisses distanzieren, nicht nur, um sich nicht von vorneherein beirren und abschrecken zu lassen. Die soziologische Forschung legt zugleich nahe, dass individuelles Aushandeln und pragmatischer Umgang im Privaten von jüngeren Männern eher akzeptiert werden als geschlechterpolitische Grundsatzdebatten. Letztere erzeugen offensichtlich Verunsicherung, damit Abwehr, schließlich Überdruss und in der Folge geringere Bereitschaft zu egalitärem Handeln (vgl. Meuser 1998, 1999). Inwieweit die *Leugnung von Ungleichheit* für (junge) Frauen einen dauerhaft erfolgreichen biographischen Umgang darstellt, bleibt freilich eine offene Frage.

Dass dies auch für die verstaatlichte Frauenpolitik bedenkenswerte Befunde darstellen, versteht sich von selbst – der politische Ausweg aus der aktuellen Ermüdung wird damit keineswegs leichter sichtbar. Die globalisierten Geschlechterverhältnisse fordern zu einer neuen politischen *Radikalisierung* heraus, die Geschlechterverhältnisse im »lokalisierten« privaten und beruflichen Alltag scheinen eher einen stillen *Pragmatismus* nahe zu legen. Die verstaatlichte Frauenpolitik steht zwischen beiden Stühlen, scheint zugleich lauter/radikaler und leiser/pragmatischer werden zu müssen. Vielleicht könnte eine geschlechterpolitische »Arbeitsteilung« aus dem Dilemma herausführen: Kommunale Frauenbeauftragte kooperieren lautstark mit internationalen Frauen-NGOs und GlobalisierungskritikerInnen, um die weltweite Neuordnung der Ungleichheiten vor Ort zu politisieren – kommunale Frauenbeauftragte kooperieren leise mit einzelnen Frauen, um deren konkrete Lebenspläne zu unterstützen. Wo die politischen Prioritäten jeweils zu setzen sind, kann wiederum nur die einzelne berufsfeministische Aktivistin entscheiden.

Die Tatsache, dass ein pragmatischer Umgang mit allen Fragen der Gleichheit derzeit offensichtlich erfolgreicher wirkt als flammende Reden, löst bei langjährigen Berufsfeministinnen widerstreitende Reaktionen aus. Einerseits verweisen die einschlägigen Erkenntnisse darauf, endlich auch Männer in die politische Verantwortung für die gesellschaftliche Freiheit und Gleichheit aller zu nehmen. Wenn es stimmt, dass Frauen in der Veränderung ihrer konkreten Lebenspläne heute »moderner« sind als Männer, gehören Strategien der politischen Ansprache und Einbindung solidarischer Männer zum gleichstellungspolitischen Instrumentarium. Andererseits aber verschärfen sich weltweit die Ungleichheiten und Gewalttätigkeiten im Geschlechterverhältnis, so dass flammende Reden eher angemessen erscheinen als ein stilles und vorsichtiges Aushandeln. Auch hier ist die einzelne Aktivistin diejenige, die die Prioritäten in ihrer Arbeit alleine setzen muss.

Die veränderten gesellschaftlichen Geschlechterverhältnisse am Beginn des 21. Jahrhunderts, die »großen« globalisierten ebenso wie die »kleinen« lokalisierten, legen die Vermutung nahe, dass Frauen heute in vieler Hinsicht individualisierter, *vereinzelter* entscheiden und handeln müssen, als der kollektive Aufbruch in den sechziger Jahren hätte erwarten lassen. Im konkreten partnerInnenschaftlichen Alltag, in häuslicher und außerhäuslicher

Arbeitsteilung, in allen Feldern des Berufsfeminismus und der Frauenpolitik zeigt sich ein Trend, der als Zumutung an die Einzelne beschrieben werden kann. Sie muss die privaten und öffentlichen geschlechterpolitischen Aushandlungsprozesse für sich selbst in einer Zeit zum Erfolg bringen, in der die neuen Strukturen der Ungleichheit ihre konkreten Lebenspläne durchdringen. Die politische Kultur, die durch die neoliberalen Ideologien an entsolidarisierender Härte zugenommen hat, befindet sich gleichsam auf einem (Rück-)Marsch zum Kampf aller gegen alle. Nicht Solidarität, auch nicht die zwischen Frauen, sondern nur das vereinzelte beharrliche Bestehen auf den eigenen Zielen scheint gegenwärtig zum Erfolg zu führen.

Insofern beeinflussen die globalisierten Verhältnisse der neuen Ungleichheit die lokalisierten Lebenszusammenhänge von Frauen unmittelbar. Die neuen globalen Ungleichheiten scheinen sich gar mit den neuen lokalen, »kleinen« Freiheiten der Vielfalt auf undurchsichtige Weise zu vermischen. Die gewandelten privaten Lebenspläne könnten solidarische Politik durch potenzielle Spaltungen zwischen Frauen gefährden: Bittere Abgrenzungen zwischen Frauen mit differenten Plänen sind ja feministisch keineswegs unbekannt... Und so lange noch jede hoffen darf, in den ungleichen Verhältnissen zu den GewinnerInnen zu zählen, ist herrschaftskritische feministische Politik schwierig. Aber nicht nur die neuen Ungleichheiten und der neue Kampf aller gegen alle wirken gegen feministische Politik, sogar die neuen Vereinheitlichungen bleiben nicht ohne Wirkung. Die sexistischen Bilder und Produkte, die die kulturellen Homogenisierer aus den Zentralen von »McWorld« täglich um den Globus schicken, stehen aktuellen Solidarisierungen insofern im Wege, als diese Bilder das neu strukturierte Patriarchat hemmungslos anpreisen. Während also die patriarchal vereinheitlichende globalisierte Kultur gegen feministisches Engagement durch eine Art medialer Gehirnwäsche einnimmt, nehmen die vervielfältigten lokalisierten Verhältnisse durch potenziell strittige Differenzen gegen gemeinsame Politik ein. Aus den »kleinen« Freiheiten könnten so antifeministische Emotionen entstehen.

Es ist bedrückend und ernüchternd, sich vorzustellen, dass sogar aus den hart erkämpften neuen privaten Lebenschancen noch Streitigkeiten und Entsolidarisierungen entstehen könnten. Dass aber ausgerechnet die Kulturrevolution im Stillen, die neue Differenzen bzw. Trennungen schafft, eine neue Eintracht erzeugen sollte, scheint angesichts der Geschichte des Feminismus nicht gerade realistisch anzunehmen. Die Demokratisierung demokratischer Politik im 21. Jahrhundert kann deshalb nur gelingen, wenn viele einzelne Frauen – und Männer – im Privaten, im lokalen, nationalen und internationalen Berufs- und Bewegungsfeminismus weiterhin beharrlich daran arbeiten, der gleichen Freiheit täglich ein Stück näher zu kommen. Dass Frauen und solidarische Männer sich dabei keineswegs einig sein müssen, sondern im Gegenteil gerade durch Differenzen stärker wirken können, sollte aus der Geschichte des Feminismus ebenfalls deutlich geworden sein. In diesem Sinne sind die vervielfältigten Optionen eine Chance – freilich nur, wenn die neuen Differenzen nicht als Trennungen, sondern als gemeinsame Möglichkeiten zur Freiheit erlebt werden.

## 2.4. Transnationalisierung – Perspektiven feministischer Theorie und Politik

Ohne eine solidarische frauenpolitische Verankerung in den lokalisierten Geschlechterverhältnissen können die gesellschaftlichen Auseinandersetzungen um die Zukunft der Demokratie auf den Ebenen *jenseits* der Nationalstaaten nicht »gewonnen« werden. Wie wichtig diese Ebenen für den Erfolg und Fortschritt gleicher Freiheiten politisch sind, dokumentieren, wie beschrieben, die neunziger Jahre des vergangenen Jahrhunderts mit ihrer »NGOisierung« des internationalen Systems. Die Verbindungen zwischen der lokalen, nationalen und internationalen Ebene des Politischen werden immer enger: Politische Anregungen aus lokalen Kontexten beflügeln die nationalen und internationalen Frauenpolitiken; diese wiederum geben durch die (papierne) Verankerung von Rechten und Freiheiten für Frauen den AkteurInnen an der lokalen Basis die Chance, ihre Anliegen mit internationalem Ansehen und Gewicht zu versehen. Doch heute müssen die politischen Modelle und Perspektiven über diese »Austauschbeziehungen« zwischen den einzelnen Ebenen des Politischen hinausgehen.

Der Begriff der Transnationalisierung steht hier summarisch für eine Reihe von Konzepten, Thesen und Problemen, die politische Fragen berühren, die nicht mehr auf der nationalstaatlichen Ebene beantwortet werden können; der Begriff steht auch für politiktheoretische Konzepte, die Formen und Chancen *demokratischer Entscheidungsprozesse jenseits von Nationalstaaten* thematisieren. Transnationale Integration (als Prozess demokratischer Zusammenführung oder Vereinigung jenseits der Nationalstaaten, im Unterschied zur sozialen und kulturellen Integration innerhalb von nationalstaatlich verfassten Gesellschaften) nationalstaatlicher Politiken fällt heute unterschiedlich stark aus: Der Supranationalismus der Europäischen Union geht weiter als der Internationalismus der Vereinten Nationen. Hier bleiben, jedenfalls vorerst und entgegen ersten Hoffnungen nach 1989, die Nationalstaaten die mächtigsten Akteure auf der weltpolitischen Bühne.

Der politiktheoretische Begriff der Transnationalisierung ist allerdings ein diffuser Begriff und unterscheidet sich zudem von dem in der politikwissenschaftlichen Teildisziplin Internationale Beziehungen verwendeten Terminus. Dieser bezieht sich auf intergesellschaftliche Beziehungen, die die international(staatlich)en Beziehungen beeinflussen (vgl. Meyers 1993). Die Diffusität des *politiktheoretischen* Begriffs ist für die folgenden Überlegungen jedoch kein Hindernis. Im Gegenteil: Alle derzeit diskutierten Konzepte, von denen hier nur der kleine frauenpolitische Ausschnitt präsentiert wird, legen sich auf den Bezugspunkt Staat oder einen Bezugspunkt Gesellschaft nicht fest, sondern beziehen die Visionen einer Demokratisierung jenseits der Nationalstaaten meist wenig trennscharf auf beide Ebenen. Ich verwende den Begriff der Transnationalisierung auch deshalb, weil die wörtliche Bedeutung von »trans« als »jenseits« des Nationalen die offene, vielfältige, grenzüberschreitend orientierte Thematisierungsweise der aktuellen politischen Theorie am besten spiegelt. Bilder demokratischer Transnationalisierung und transnationaler Demokratie sind das Thema dieses Abschnitts.

Dass demokratische politische Integration auf den Ebenen jenseits der Nationalstaaten heute ein zentrales Anliegen darstellt, kann angesichts der Herausforderungen durch die Globalisierung niemand verwundern. Von den heterogenen Lebensplänen im Kleinen bis zu den neuen Ungerechtigkeiten im Großen scheint die Welt zur Zeit eher auseinander zu fallen als sich zusammenzufinden. Gleichzeitig haben alle politischen Fragen (von der Friedenssicherung bis zum Klimaschutz) eine Dimension wechselseitiger globaler Abhängigkeit erreicht, die einzelstaatliches Handeln unverantwortlich macht. Bilder für die Transnationalisierung demokratischer Entscheidungen, Ideen für politische Integrationsformen stellen deshalb nicht nur schöne Ideale dar, die sich politische TheoretikerInnen und PolitikerInnen in Mußestunden ausdenken. Transnationale demokratische Integration – man/frau muss es so drastisch sagen – ist überlebensnotwendig. Von einem autoritären Weltstaat träumen heute glücklicherweise aber nur noch wenige; Integration meint enge Kooperation und Aufgabe einiger Souveränitätsrechte, aber nicht globale Unterwerfung.

Demokratische Integrationsformen in Zeiten der Globalisierung beschäftigen den Mainstream der politischen Theorie entsprechend ausführlich (vgl. den demokratietheoretischen Überblick bei Schmalz-Bruns 1999). Auch feministische TheoretikerInnen beteiligen sich an den Überlegungen, wie die neu geordnete Welt demokratisch zusammengeführt werden kann: sowohl in jeweils einzelnen multikulturellen/multiethnischen Gesellschaften als auch in der Gemeinschaft der Gesellschaften.

Die US-amerikanische politische Theoretikerin Seyla Benhabib (2000) fragt in *Kulturelle Vielfalt und demokratische Gleichheit*, wie das Verhältnis zwischen Differenzen und Gleichheit gestaltet werden muss. Benhabibs (2000, 15) Ausgangspunkt ist der Widerspruch zwischen weltweiter wirtschaftlicher und kommunikativer Integration im Zeichen der Globalisierung und den Formen »kultureller und kollektiver Desintegration«. Das ehemalige Jugoslawien, Ruanda oder die Demokratische Republik Kongo stehen als exemplarische Stichworte für dieses Phänomen (vgl. ebd.). Überall auf der Welt handeln derzeit politische Gruppen, die für sich eine spezifische Identität und daraus abgeleitete Rechte, Chancen und Anerkennung reklamieren. Mit einem gebräuchlichen politiktheoretischen Terminus bezeichnet Benhabib diese Politikform als »Politik der ›Identität‹«; Identitätspolitik politisiert Differenzen, seien sie ethnischer, nationaler, religiöser oder kultureller Art (vgl. ebd.).

Identitätspolitik beruht, Benhabib zufolge, jedoch auf der Illusion, dass wesentliche, natürliche (»essentielle«) Differenzen zwischen Menschen festgestellt werden können (vgl. Benhabib 2000, 18ff.), d.h., identitätspolitische Bewegungen sind »nicht Ausdruck *gegebener* Unterschiede der Identität, sondern haben diese *geschaffen*« (Benhabib 2000, 24). Identitätspolitische Bewegungen, zu denen häufig auch die Neue Frauenbewegung gerechnet wird, politisieren ihr Anderssein v. a., um gesellschaftliche Anerkennung und/oder vorenthaltene politische Rechte zu erhalten. Das Bild der eigenen Identität konstituiert sich in solchen Bewegungen über politisch hergestellte Differenzen zu anderen Gesellschaftsmitgliedern.

Nach ausführlichen Erörterungen zu den Problemen politischer Anerkennung und zur StaatsbürgerInnenschaft formuliert Benhabib (2000, 113) am Schluss ihrer Arbeit die Frage, inwieweit es möglich ist, identitätsstiftende »Kollektiverzählungen« so abzufassen, dass sie keine Feindlichkeit, Aggression und Intoleranz »gegenüber den ›anderen‹« rechtfertigen. Gleiche Chancen für alle Gruppen, am öffentlichen, zivilgesellschaftlichen Gespräch teilzunehmen und gute Gründe für ihre Anliegen vorzubringen, markieren für Benhabib (2000, 54-70) zentrale Aspekte demokratischer Gleichheit in kultureller Vielfalt. Leider bleibt Benhabib weiterführende Antworten auf ihre abschließende Frage schuldig.

Was LeserInnen dennoch produktiv aufnehmen können, ist Benhabibs Problematisierung identitätspolitischer Politiken in einer Welt, die wesentlich durch vielfältige Differenzen geprägt ist. Eine Politisierung von »sich selbst« als *homogene* Gruppe mit spezifischen *stabilen* Eigenschaften und Merkmalen, speziellen Anerkennungsdefiziten und -ansprüchen erfolgt tatsächlich immer über Abgrenzung, selbst dann, wenn sie nicht feindselig und aggressiv formuliert wird. An der Geschichte des Feminismus war nachzuvollziehen, wie die männlichen Konstrukteure der Ungleichheit Bilder von Frauen entwerfen, die zu einer gespiegelten Konstruktion von identitätspolitischen Frauen-Selbstbildern sowie Bildern über den männlichen »Anderen« führen. »Frauen«, das belegt auch Simone de Beauvoir ausführlich, sind gleichsam eine gesellschaftliche Erfindung, schon gar dann, wenn die Bilder und Selbstbilder in unzulässig realitätsferner Weise einheitlich ausgemalt werden. Gleichzeitig allerdings scheinen alle Befreiungsbewegungen eine homogene politisierte Selbst-Konstruktion zu benötigen: zur politischen Gemeinschaftsstiftung innerhalb der Gruppe, zur gesellschaftlichen Sinnstiftung im Sinne einer Rechtfertigung der eigenen Anliegen und zur Identitätsstiftung für die Gruppenmitglieder, die ihre Diskriminierungserfahrungen verarbeiten, abbauen und positiv wenden müssen.

Benhabib skizziert also ein Dilemma: Selbst-Konstruktionen beinhalten immer Fremd-Konstruktionen von »Anderen«, untergraben mit diesem Verweis auf Differenz(en) aber zugleich das eigentliche Anliegen der Gleichheit. Einschlägige Lösungen aus der feministischen Geschichte sind bekannt. Von Lange bis Braun verbinden sich die weiblichen Selbst-Stilisierungen auf unterschiedlich künstliche Weise mit einem Gleichheitsanspruch, der teilweise kaum noch als solcher zu erkennen ist. Für die Debatten um die Transnationalisierung demokratischer Ansprüche und Verfahren lässt sich daraus lernen, wie schwierig die anstehenden Probleme sind, wenn bereits die innergesellschaftlichen Integrationsprozesse offensichtlich nur über die Politisierung von Differenz(en) verlaufen – obgleich sie sich hier nur auf eine einzige nationalstaatliche politische Kultur beziehen. Im demokratischen Gespräch *zwischen* Gesellschaften/Kulturen vervielfältigen sich die Differenzen in einer Weise, die kaum noch zu überblicken ist. Die heftigen (inter)nationalen Debatten um die Interpretation der Menschenrechte legen davon Zeugnis ab: etwa die Uneinigkeit über die Relation von individuellen Rechten und gemeinschaftlichen Bindungen oder die Debatte um den »Schutz« lokaler »Traditionen« wie beispielsweise der Genitalverstümmelung.

Identitätspolitische und politisch-kulturelle Differenzen innerhalb von Nationalstaaten und zwischen Nationalstaaten lassen die Relation von natürlicher und gesellschaftlicher Gleichheit bzw. Ungleichheit in neuem »Glanz« erscheinen: Neu naturalisierte Gruppenzuschreibungen bilden die Basis der aktuellen Politisierungen von Differenz(en). Trotz der akuten Gefahren von Gruppen-Konstruktionen, die gerade Feministinnen allzu gut kennen, scheinen Gruppenbilder und -selbstbilder auf der (inter)nationalen Ebene jedoch kaum vermeidbar zu sein. Im Gespräch zwischen Gesellschaften/Kulturen bildet allein schon die jeweilige nationalstaatliche StaatsbürgerInnenschaft eine inklusive Gruppenkonstruktion, eine politisch-kulturelle »Kollektiverzählung«, die einige Privilegierte ein- und viele andere herrschaftlich ausschließt. Selbst nichtnaturalisierte Kollektivkonstruktionen, die auf eine vernünftige BürgerInnenschaft, nicht auf eine »essentielle« Volksgemeinschaft setzen, definieren Kollektive durch Differenz(en). Probleme der Politisierung von Identität und Differenz(en), wie sie Benhabib aufwirft, bilden demnach den »Bodensatz« für alle gegenwärtigen Versuche, transnationale Integration demokratisch zu denken.

Diese beschäftigt auch denjenigen, auf den sich Seyla Benhabib in der ihr eigenen Weise im Laufe des Textes immer wieder bezieht: den politischen Philosophen Jürgen Habermas. In seinem in kurzer Zeit berühmt gewordenen Aufsatz »Die postnationale Konstellation und die Zukunft der Demokratie« (Habermas 1998) skizziert Habermas das »Wagnis einer postnationalen Demokratie« an der Europäischen Union, die ihm als deren »erste Gestalt« gilt (Habermas 1998, 134, 135).

Wie viele andere vor ihm stellt Habermas einen bedeutsamen Unterschied zwischen der politischen und der ökonomischen Integration der Union fest; er unterscheidet das Bild eines neoliberalen »Markteuropa« von der Vision eines demokratischen

Bundesstaates (Habermas 1998, 149). Ein solches Europa hält Habermas für möglich und wünschenswert, wenn die BürgerInnen Europas »lernen, sich über die nationalen Grenzen hinweg gegenseitig als Angehörige desselben politischen Gemeinwesens anzuerkennen« (ebd.) und solidarisch »*füreinander* einzustehen« (Habermas 1998, 150). Nicht nur institutionalisierte demokratische Verfahren, sondern eine »gemeinsame *Praxis* der Meinungs- und Willensbildung, die sich aus den Wurzeln einer europäischen Bürgergesellschaft speist« (Habermas 1998, 151), wäre nötig, ist aber noch nicht vorhanden.

Interessant sind Habermas' Anregungen zu der schon einige Jahre politiktheoretisch umstrittenen Frage, ob ein Bundesstaat Europa ein europäisches »Volk« braucht, um zu Existenz und politischer Legitimation zu gelangen. Einschlägigen Konzepten in dieser Richtung erteilt Habermas (1998, 152ff.) eine überzeugende Absage, indem er einen modernen Begriff von Verfassungsstaatlichkeit aufruft, der nicht »aufopferungswillige Schicksalsgenossen«, sondern sich freiwillig bindende »Rechtsgenossen« innerhalb seiner Grenzen integriert (Habermas 1998, 152). Verfassungsstaaten sind Kommunikationszusammenhänge, keine Schicksalsgemeinschaften. In diesem Sinne sind Verfassungsstaaten Orte einer »staatsbürgerliche[n] Solidarität unter Fremden« (Habermas 1998, 154). Gerade aufgrund der wechselvollen, kriegerischen Geschichte Europas haben EuropäerInnen die große Chance, den Wert der »anspruchsvollen Anerkennungsverhältnisse einer postnationalen Demokratie« zu erkennen (Habermas 1998, 156).

Habermas' Bild einer transnationalen Demokratie ist zugleich angemessen anspruchsvoll und angemessen schlicht: anspruchsvoll in den konkret praktischen, politisch-kulturellen Ansprüchen an eine moderne BürgerInnenschaft, schlicht in den Bindungsansprüchen, die naturalisierte »Kollektiverzählungen« dagegen so gerne weitreichend bestimmen. Mit Habermas gedacht kann Integration auf einer entnaturalisierten Basis sehr gut gelingen, weder Identitäten noch Differenzen müssen im modernen Gesellschaftsverständnis notwendig politisiert werden. Während Habermas für die Union Optimismus entfaltet, hält er die politische Integration jenseits der EU für weder möglich noch wünschenswert (vgl. Habermas 1998, 163), da jenseits eines Zusammenschlusses wie der Union keine kollektive Identität ausgebildet werden kann. Man/frau mag dieses Argument für schwach halten, bezogen auf den aktuellen Zustand der Vereinten Nationen ist es sicher realistisch (vgl. Habermas 1998, 156-169).

Wer der Habermas'schen Unterscheidung zwischen einer positiven Perspektive transnationaler *kontinentaler* Integration und den schwachen Chancen transnationaler *globaler* Integration folgen will, muss ihre/seine Hoffnungen auf den fortschreitenden europäischen Integrationsprozess setzen bzw. beschränken. AktivistInnen nationaler und transnationaler sozialer Bewegungen und NGOs engagieren sich für die längerfristige Institutionalisierung der (bislang nur proklamierten) »Charta der Grundrechte der Europäischen Union« in eine europäische Verfassung. Der Prozess hin auf eine künftige Verfassung könnte die eingeklagte »Praxis der Meinungs- und Willensbildung« befördern, die Verfassung schließlich EU-Europa als einen Ort etablieren, in dem die Perspektiven politischer Demokratisierung nicht ständig zugunsten der ökonomischen Integration an den Rand gedrängt werden. Umfragen zufolge wünschen sich 70% der Unions-BürgerInnen (Deutschland: zwei Drittel) eine europäische Verfassung (*Frankfurter Allgemeine Zeitung*, 25.7. 2000, S. 1). Die Bereitschaft zur EU-europäischen »Solidarität unter Fremden« ist demnach offensichtlich hoch, die Idee der europäischen Integration nicht mehr nur ein abgehobenes Projekt politischer Eliten.

Das demokratietheoretisch überzeugende Ideal einer »Solidarität unter Fremden« (Jürgen Habermas) stellt sich als ein Ideal dar, das von der nationalen auf die transnationale Ebene gut übertragen werden kann, *ja hier sogar noch einmal zusätzliche Kraft und besonderen Sinn gewinnt*: So fremd sich die BürgerInnen eines Staates auch sein mögen, Fremdheitserfahrungen nehmen jenseits der eigenen Grenzen eindeutig zu. Geht man/frau aber davon aus, dass die BürgerInnen der Europäischen Union in ihren jeweiligen nationalen Verfassungsstaaten »Solidarität unter Fremden« lange genug eingeübt und praktiziert haben, so darf erwartet werden, dass eine »echte«, d. h. demokratiepolitisch anspruchsvolle, hoch integrierte Unions-BürgerInnenschaft heute gelingen kann. Sie wäre eine Kombination aus staatbürgerlicher Verantwortlichkeit für das europäische »Ganze« einschließlich der anders lebenden »Anderen« und der Achtung kultureller, religiöser und sprachlicher Vielfalt, wie sie die Charta – wenn auch erst unverbindlich – festschreibt.

Der/die »unionsbürgerInnschaftliche Andere« als der/die Fremde, dem/der Solidarität gebührt, repräsentiert eine Figur der Fremdheit, die mit der Figur bei Schöler-Macher und Harding (»outsiders within«) verwandt, aber nicht identisch ist. Die metatheoretische Figur der Fremdheit verweist, wie beschrieben, auf eine Reihe von Erkenntnischancen: potenziell herrschaftskritisches Wissen gegen kulturelle Fraglosigkeiten, kritische Reflexion des eigenen gesellschaftlichen Orts, Kritik des »spontanen Bewusstseins«. Diese erkenntniskritischen Möglichkeiten ließen sich ohne weiteres in demokratiepolitische Tugenden übersetzen: Sie würden in Diskussionen und Beratungen insofern fruchtbar wirken, als die Standpunkte der jeweils eigenen politischen Kultur durch das Gespräch mit Anderen in der fraglosen Wahrnehmung kontrolliert, kritisiert und gegebenenfalls verändert werden könnten. Dürfen aufgrund der transnationalen Struktur der Diskussionen und Beratungen keinerlei kulturelle Fraglosigkeiten vorausgesetzt werden, d. h., müssen sich alle *wechselseitig als Fremde anerkennen*, könnten politische Phantasien, Politikkritiken und Lösungskompetenzen in hohem Maße freigesetzt werden. In einer postnationalen Demokratie sind alle fremd, und in dieser Fremdheit sind alle gleich.

Das Konzept der »Fremdheit« sowohl im ersten Sinne einer »Solidarität unter Fremden« als auch im zweiten Sinne der erkenntnistheoretischen Figur der »outsiders within« erweist sich als ein Konzept, das für die transnationale politische Welt wie geschaffen scheint. Dass in populistischen und nationalistischen Debatten und Zusammenhängen das Bild der/des Fremden häufig mit dem Gegenteil dieser positiven Konstruktionen ausgemalt wird, dass das negative Bild der Fremdheit sogar das gesellschaftlich gängigere sein dürfte, will ich selbstverständlich nicht bestreiten. Das Bild der/des Fremden ist auf dem Stammtischterrain ein hässliches und hasserfülltes Bild, dessen Relation zu den Bildern einer gelungenen transnationalen Demokratie noch einer genaueren Bestimmung bedarf.

Die österreichische feministische Politikwissenschaftlerin Erna Appelt hat ein Buch vorgelegt, in dem der Zusammenhang *Demokratie und das Fremde* (Appelt 2001 a) ausführlich erörtert wird. In ihrem eigenen Beitrag zu diesem von ihr herausgegebenen Sammelband schreibt Appelt (2001 b, 11): »Nationalstaatliche Demokratien leben davon, dass sie zwischen den *Staatsbür-*

*gerInnen* und AusländerInnen, zwischen dem *Wir* und den *Fremden* unterscheiden.« Für Appelt (2001 b, 14) ist es ein zentrales demokratiepolitisches Kriterium, wie der Status der/des Fremden definiert wird: als »Übergangsstatus oder als Dauerstatus«.

»Wird dieser Status als Übergangsstatus definiert, dann werden sich Wohnbevölkerung und StaatsbürgerInnen immer wieder aneinander angleichen, dann wird es à la longue zu einer Übereinstimmung zwischen Wohnbevölkerung und StaatsbürgerInnen kommen, dann können *Fremde* ›heimisch‹ werden. Wird der Status der *Fremden* jedoch als Dauerzustand konzipiert, dann bleiben *Fremde* dauerhaft aus dem demokratischen Gleichheitsgrundsatz ausgeschlossen, dann wird das demokratische Selbstbestimmungsrecht anhaltend verletzt. [...] In diesem Fall wird Xenophobie (rechtsstaatlich) institutionalisiert« (ebd.).

Fremde werden so zu »*Objekten* der politischen Auseinandersetzung« (ebd.), zu NichtbürgerInnen und »in letzter Konsequenz« zu »›Nicht-(Mit)Menschen‹« (Appelt 2001 b, 15). Dass diese Gefahr gleichsam *in der Demokratie selbst angelegt ist*, macht Appelt deutlich:

»Die Konstruktion der *Fremden* gehört zu den Bausteinen nationalstaatlicher Demokratien. Da die Konstruktion eines *kollektiven Wir* die Konstruktion der als *Kollektiv* konstruierten *Anderen* voraussetzt, ist die Ausgrenzung gegenüber Fremden, d.h. Fremdenfeindlichkeit in gewisser Weise *normal*, die Norm« (Appelt 2001 b, 21).

Um dieser menschenverachtenden Norm zu entgehen, müssen, Appelt (2001 b, 22) zufolge, Differenzen in »Diversität«, in Vielfalt aufgelöst werden.

Ich zitiere Erna Appelt so ausführlich, weil mit ihren Überlegungen dreierlei deutlich wird: wie das hasserfüllte (dritte) Bild der/des Fremden demokratiepolitisch entstehen kann, wie es gleichsam in die Fundamente von Demokratien unmittelbar eingebaut ist und schließlich, wie »Fremdheit« zu einem Übergangsstatus werden und damit durch Integration aufgelöst werden kann. Eindrücklich ist Appelts Nachweis, dass die Figur der/des Fremden nicht die fixe Idee nationalistischer rechter PopulistInnen ist, sondern aus der würdevollen, im doppelten Wortsinne exklusiven Logik von StaatsbürgerInnenschaft selbst entspringt: aus der Konstruktion des Selbst und der Anderen. Wie viele zeitgenössische politische TheoretikerInnen setzt auch Appelt deshalb ihre Hoffnungen auf die Umdefinition der Differenzen zu einer positiven Vielfalt. Sie präzisiert zudem: »Ziel wäre es [...], die Veränderlichkeit von Selbst- und Fremd-Sein anzuerkennen und wertzuschätzen« (ebd.), d.h. *sich von den statischen, homogenen Bildern des Selbst und der Anderen endlich zu verabschieden.* Dass statische Konzepte in einer sich rasant verändernden, globalisierten Welt schlicht unsinnig sind, ist, so denke ich, jedem und jeder leicht einsichtig.

Von den drei hier betrachteten Bedeutungsebenen der Figur der Fremdheit kommen also zwei einem transnationalen Demokratie-Ideal unmittelbar zugute, die Dritte steht ihm direkt und unvereinbar entgegen. Diese negative Figur des/der Fremden, die das hasserfüllte Zerrbild marginalisierter, unerwünschter oder gar verfolgter konkreter *Personen* ist, könnte und sollte heute positiv zu einem demokratiepolitischen Bild gewendet werden: der/die Fremde als das idealtypische Bild, das den Status *aller* AkteurInnen in transnationalen politischen Zusammenhängen beschreibt. Der geschärfte Blick der Fremdheit könnte als Bereicherung des Wissens über die je eigene politische Kultur und über das andere Leben der »Anderen« verstanden werden. *Sich selbst* jeweils als fremd zu beschreiben, ruft den Harding'schen Anspruch in Erinnerung, dass »wir uns selbst als Andere neu erfinden« (Harding 1994, 284). »Wir beanspruchen Identitäten, die wir gelehrt wurden zu verachten« (Harding 1994, 289), und eignen uns, so ließe sich Harding fortsetzen, das abgelehnte dritte Bild des/der Fremden als positives Selbstbild an. Dies wäre eine Chance, in postnationalen demokratischen Verfahren und Debatten Demokratie neu zu erleben: Fremde(s) kennen zu lernen und sich vertraut zu machen, Fraglosigkeiten zu durchschauen und über sich selbst Neues zu erfahren, die eigene politisch-kulturelle Identität als einen Prozess zu verstehen und ungewohnte Perspektiven auf politische Fragen einzunehmen.

Eine solche transnationale, interkulturelle Belebung demokratischer Kultur könnte wiederum auf die nationalen politischen Kulturen zurückwirken und »innerkulturelle« feindliche »Fremdheiten« abbauen helfen. Denn »feindliche Fremdheiten« bezeichnen Herrschaftsverhältnisse, auch innergesellschaftlich: Rassismus, Sexismus, Klassenherrschaft, Ethnozentrismus, Antisemitismus, Heterosexismus. Der nationalstaatliche Ursprung des Ideals einer »Solidarität unter Fremden« bezieht sich ja gerade auf die »anderen Anderen«, denen die StaatsbürgerInnen innerhalb ihrer eigenen Gesellschaft trotz Fremd- und Andersartigkeit mit Respekt begegnen sollen. Respekt und Solidarität gegenüber jenen zu praktizieren, mit denen konkrete Einzelne innerhalb ihrer eigenen Gesellschaft das biologische Geschlecht, die soziale Herkunft, die Religion und die sexuelle Orientierung teilen, ist eine leichte Übung. Erst die verfassungsstaatliche Anforderung, Respekt und Solidarität auch gegenüber StaatsbürgerInnen zu praktizieren, die auf »fremde«, vielleicht ungewollte, schwer zu akzeptierende Weise anders sind, macht den Wert des Ideals wirklich deutlich.

Aufmerksamen BeobachterInnen der feministischen Forschung dürfte nicht entgehen, dass ein solches Bild (trans)nationaler »Solidarität unter Fremden« für Frauen ein Problem darstellen könnte. Angesichts weithin akzeptierter feministischer Konzepte von einer weiblichen Ethik fürsorglicher Personenbezogenheit muss vermutet werden, dass Frauen von der abstrakten Ethik des Ideals wenig angesprochen werden – »weibliche« Solidarität bezieht sich nach allgemeiner Auffassung v. a. auf den Nahbereich, die Familie, das Eigene und Bekannte. Eine abstrakte Ethik der Gerechtigkeit und der Rechtsansprüche gilt im feministischen Verständnis als männlich, eine Ethik der Bindung als weiblich (vgl. exemplarisch Gilligan 1985). Autonomie und Separatheit werden als zentrale Aspekte des sozial männlichen Geschlechtscharakters identifiziert, Bindungsbezogenheit wird als sozial weibliches Selbstgefühl definiert (vgl. exemplarisch Chodorow 1986). Nach diesen Ergebnissen muss vermutet werden, dass allenfalls der bindende, personenbezogene Aspekt Solidarität die sozial weibliche Ethik anspricht, nicht jedoch der Aspekt der Fremdheit. Das zusammengesetzte Ideal »Solidarität unter Fremden« kann in einer sozial weiblichen Ethik deshalb eigentlich nicht funktionieren.

Nimmt man/frau die einschlägigen Erkenntnisse der feministischen Psychoanalyse ernst, hätte dies zur Folge, dass der generalisierten Mehrheit »Frauen« unterstellt werden müsste, dass sie mit den Anforderungen an transnationale Demokratien wenig anzufangen weiß. Augenscheinlich bestätigend wirkt es, dass die feministische Partizipationsforschung davon ausgeht, dass Frauen lokalen politischen Zusammenhängen und konkreten politischen Inhalten näher stehen als »entfernten« Orten und abstrakten Themen. Getreu den Vorstellungen des Differenzfeminismus, der in Psychoanalyse und Partizipationsforschung stark vertreten ist, werden Orientierungen am Kleinen, Nahen, Eigenen in klassischer Weise positiv stilisiert – ein fataler Hintergrund für transnationales demokratisches Engagement im Feminismus! In der gesamten Forschung gibt es erschreckend wenig Anhaltspunkte, die dieses Bild einer Fremdheit gegen Fremdes widerlegen können. Doch in der konkreten politischen Praxis finden sich Gegenbilder, Gegenbeispiele: etwa die viel geringere Gewaltbereitschaft von Frauen gegen MigrantInnen, das auf den Süden bezogene Engagement der Frauen-NGOs oder die Initiativen der basisdemokratisch organisierten Antirassistinnen. Politisch engagierte Frauen und Feministinnen kennen offensichtlich keine Fremdheit gegen Fremdes und erleben den Bezug auf das Kleine, Nahe, Eigene nicht als besondere weibliche Tugend.

Die nicht ganz unbeträchtliche demokratietheoretische und -politische Abstinenz des Feminismus gegenüber den sonst überall diskutierten Fragen transnationaler Demokratie ist vielleicht trotzdem ein Indiz – zumindest dafür, dass feministische *TheoretikerInnen* den Fremdheiten transnationaler Politik eher fremd gegenüberstehen. Zu den wenigen, die sich hier schon seit vielen Jahren engagieren, gehören die Philosophinnen Gayatri Chakravorty Spivak und Martha C. Nussbaum. Beide denken/schreiben in globalen Maßstäben der Gerechtigkeit und Herrschaftskritik, die nicht ausschließlich auf das Geschlechterverhältnis, sondern wesentlich auch auf das Nord-Süd-Verhältnis bezogen sind.

Spivak, Theoretikerin des Postkolonialismus, beschreibt in *Imperative zur Neuerfindung des Planeten* 1999 eine gegen die Globalisierung gerichtete neue politische Ethik:

»Im Zeitalter der galoppierenden Globalisierung schlage ich also vor, den Globus mit dem Planeten zu überschreiben. [...] Es ist keine Übertreibung zu sagen, daß das Koordinatensystem des elektronischen Kapitals etwas dem Globus Vergleichbares darstellt – so wie einst der Äquator und die Breitengrade gezogen wurden –, jetzt allerdings durchzogen von den virtuellen Linien des geographischen Informationssystems. [...] Der Globus ist auf unserem Computer. Doch niemand lebt auf ihm, und wir machen uns vor, daß wir diese Form der Globalität beherrschen. Der Planet hingegen besteht im Zeichen der Alterität« (Spivak 1999, 45).

Spivaks (1999, 47) Vorschlag, »im Zeichen der Alterität zu denken«, zielt auf Verantwortung im globalen Maßstab: auf »kollektive Verantwortung als ein Recht« (Spivak 1999, 57).

Eine Haltung, die Recht und Verantwortung nicht als getrennte Werte begreift, sondern als Recht auf Verantwortung miteinander verschmilzt, verweist für Spivak (1999, 59, 83) auf vorkapitalistische Haltungen. Diese will sie ausdrücklich gegen den neuen Kapitalismus richten, damit wir »uns als Ureinwohner und Treuhänder der Erde [...] verhalten« (Spivak 1999, 61, 69). »Verantwortlichkeit-als-Recht« (Spivak 1999, 73) ist eine soziale Praxis, die »sich von unterschiedlichen ›kulturellen‹ Perspektiven her artikuliert«, sie ist keine Identitätspolitik, eher eine »Dialogik der Rechenschaftsablegung« (Spivak 1999, 73, 79, 87). In diesem Sinne wendet sich Spivak (1999, 61, 63) auch scharf gegen alle aktuellen biotechnologischen Formen der Ausbeutung (Patentierungen indigenen Wissens, Besitzansprüche auf DNA, Bio-Piraterie im Süden).

Spivaks Bild eines Menschenrechts auf Verantwortung trifft sich in einem wichtigen Aspekt mit den Überlegungen Nussbaums (1995, 1999a, 1999b): dem einer stark wertenden Kritik der Ausbeutung. Obgleich Spivak essenzialistische (d.h. wesensbezogene) Denkweisen ablehnt, während Nussbaum sie ausdrücklich befürwortet, machen beide Philosophinnen auf ihre jeweils eigene Art klar, dass globale Ungerechtigkeiten absolut inakzeptabel sind. Nussbaums Konzeption einer globalen Gerechtigkeit ist ausgearbeiteter als die Spivaks und basiert auf der Hypothese, dass Menschen sich auch interkulturell darüber einigen können, was ein »gutes menschliches Leben« auszeichnet (vgl. Nussbaum 1999b, 28). Auch Nussbaum (1999b, 31) bemüht den Planeten, um die Bedeutung ihrer Konzeption zu unterstreichen: »Wenn wir als Gattung und als Planet überleben wollen, müssen wir weltweit und gemeinsam über Wohlergehen und Gerechtigkeit nachdenken.« Nussbaum, die mit dem Ökonomie-Nobelpreisträger Amartya Sen zusammenarbeitet, will damit unmissverständlich ausdrücken, dass nationalstaatliche Perspektiven nicht nur in der Politik, sondern auch in der politischen Theorie und Philosophie hoffnungslos, ja geradezu unverantwortlich veraltet sind.

Nussbaum (1999b, 49-58) formuliert zwei Listen, die ihrer Ansicht nach interkulturell übereinstimmend die menschliche

Lebensform und die menschlichen Grundfähigkeiten treffend skizzieren. Die Bedingungen des Menschseins sind: Sterblichkeit und Abneigung gegen den Tod, körperliche Bedürfnisse wie Hunger, Durst und sexuelles Verlangen, das Erlebnis der Freude und die Abneigung gegen Schmerz, kognitive Fähigkeiten, den Wunsch und die Fähigkeit zur Lebensplanung, Verbundenheit mit anderen Menschen und mit der Natur, Erholung und Spiel sowie die Möglichkeit, für sich zu sein. Diese grundlegenden Möglichkeiten und Fähigkeiten müssen politisch garantiert werden, damit ein menschliches Leben als gutes Leben gelebt werden kann ... nicht durch vorzeitigen Tod zu früh beendet, sondern ausgezeichnet durch Gesundheit, gute Ernährung, befriedigende Sexualität, Freude und Vermeidung unnötiger Schmerzen, intellektuelle Fähigkeiten, Bindungschancen und vielfältige Bindungsformen, selbstbestimmte Lebensplanung, Naturnähe und einen selbst gewählten sozialen Kontext für alle Menschen überall.

Vielleicht hört sich Nussbaums Konzeption für die eine oder den anderen wie eine Banalität an, und manche LeserInnen mögen sich fragen, für was eine solche Philosophie überhaupt nötig ist. Die Antwort ist einfach: Nussbaums Arbeit steht im Kontext des entwicklungspolitischen Engagements der UN, und Nussbaum wendet sich immer wieder deutlich gegen eine vermeintlich politisch korrekte positive Stilisierung und Festschreibung kultureller Differenzen, die letztlich nur Herrschaft und Ausbeutung legitimiert (vgl. dazu plastisch Nussbaum 1995, 324-326). V.a. relativistische Kritiken universalistischer Menschenrechtsvorstellungen, Kritiken, die aus vorgeblichem Respekt für andere Kulturen jede Ungerechtigkeit als anerkennenswerte »Andersartigkeit« akzeptieren, sind Nussbaum ein Problem, um nicht zu sagen: ein Graus. Wer etwa Menstruationstabus mit dem Hinweis auf die schöne Lebensweise traditioneller Kulturen rechtfertigt und Kritik daran zum typisch westlichen Herrschaftsgestus erklärt, muss mit Nussbaums scharfer Gegenargumentation rechnen (vgl. ebd.). »Menschen, die sich selbst für fortschrittlich, feministisch und antirassistisch halten, nehmen Positionen ein, die [...] mit den Positionen der Reaktion, der Unterdrückung und des Sexismus konvergieren« (Nussbaum 1995, 326). Eine in vergleichbarer Weise lange umkämpfte Frage stellt die Genitalverstümmelung dar, auch wenn sich *heute* kaum jemand mehr vorstellen kann, dass gegen diese entsetzliche Gewalt gegen Frauen mit Verweis auf selbstbestimmte kulturelle Traditionen international nicht vorgegangen wurde.

In der weltweiten Debatte über Menschenrechte sind Nussbaum'sche Positionen deshalb so wenig banal, weil sie – entgegen allgemeiner Annahme – keineswegs unumstritten sind. Die Universalität bestimmter Grundformen und -fähigkeiten eines guten menschlichen Lebens wird tatsächlich theoretisch von den relativistischen Positionen, die sich zur Postmoderne oder zum Kommunitarismus rechnen, massiv angefochten. In der Auseinandersetzung um Menstruationstabus, die Nussbaum (1995, 324) so anschaulich schildert, versucht sich die relativistische Position mit dem gleichsam letztgültigen Verweis auf Michel Foucault ins Recht zu setzen. Da in der internationalen Theoriedebatte Foucault »viel zählt«, muss sich eine universalistische Position der Menschenrechte mit vielen Einwänden befassen und gegen den Strom des Kulturrelativismus argumentieren. Es ist deshalb sehr angemessen, dass Nussbaum (1999b, 49) selbst ihre Konzeption als stark und vage bezeichnet: stark in der Annahme einer gemeinsamen Grundstruktur menschlichen Lebens, vage und offen in den jeweils konkreten kulturellen Ausformungen dieser Vorstellung.

Noch vor zehn, vielleicht sogar noch vor fünf Jahren wäre eine Position wie die von Martha Nussbaum politiktheoretisch angefeindet worden, auch von Feministinnen. Doch das heraufziehende Zeitalter der Globalisierung hat die theoretischen Gewichte erkennbar verschoben. Die offensichtliche Zunahme sozialer Ungerechtigkeiten im Weltmaßstab »vertreibt« die postmodernen Positionen, die sich um diese Fragen wenig bekümmern, aus dem Zentrum der wissenschaftlichen Aufmerksamkeit. Nur wenigen TheoretikerInnen scheint es wie Spivak zu gelingen, aus einer Essenzialismus-kritischen Position heraus radikal universalistisch zu denken. Dass die Transnationalisierung demokratischer Verfahren und Institutionen nicht ohne einen »gewissen« Universalismus auskommt, und sei es nur der Universalismus einer »Solidarität unter Fremden«, liegt auf der Hand.

Doch diese politiktheoretische Intuition kann täuschen, denn in den offenen Debatten finden sich zurzeit alle möglichen denkbaren Phantasien zum Verhältnis von kulturellen Differenzen und universellen Ansprüchen und Regelungen. In diesem Sinne möchte ich schließlich auf Iris Marion Young zu sprechen kommen, die ebenfalls zu denjenigen feministischen politischen TheoretikerInnen gehört, die sich mit Fragen transnationaler Demokratie befassen. In »Selbstbestimmung und globale Demokratie« (Young 1998) schlägt Young vor, das staatszentrierte Konstrukt Nation durch das real integrierende Ideal des Volkes als politischem Subjekt zu ersetzen. Ihren bisherigen Arbeiten folgend, in denen (wie gesehen) Gruppenrepräsentation im Mittelpunkt des Repräsentationsmodells steht, will Young die Nationalstaaten in ihrer dominanten Rolle auf dem internationalen Parkett deutlich aus dem Zentrum rücken. Auf der globalen Ebene, so der Vorschlag von Young (1998, 453), werden einige allgemein gültige Regelungen zu den Feldern Frieden, Umwelt, Handel, Kapital, Kommunikation, Menschenrechte, StaatsbürgerInnenschaft und Migration festgelegt, an welche sich die sich selbst regierenden lokalen Einheiten zu halten haben. Sie sind gleichsam die andere Seite eines »dezentrierten, vielseitigen demokratischen Föderalismus« (ebd.).

Einmal abgesehen von dem Unbehagen, das man/frau in Deutschland mit einem Vorschlag haben kann, der den Begriff des Volkes (wenn auch mit Abschwächungen) gegenüber dem der Nation aufwertet, versteckt sich in Youngs Überlegungen ein weiterer bedenklicher Aspekt. Obgleich die Dezentralisierung demokratischer Entscheidungen grundsätzlich demokratietheoretisch zu begrüßen ist, muss doch gefragt werden, ob Young mit ihrem Vorschlag nicht eigentlich der herrschaftlichen Logik der Globalisierung/Lokalisierung folgt, wenn die demokratischen Entscheidungswege und -orte unterhalb und oberhalb des Nationalstaats gleichsam befestigt werden. Die Eleganz dieses, wie Young (1998, 457) selbst einräumt, noch recht diffusen Vorschlags ist nicht zu bestreiten, zumal die Realität zunehmender transnationaler Regelungen ihm direkt entgegenkommt. Doch gleichzeitig dokumentiert der Text in idealtypischer Weise, wie schwer es DemokratietheoretikerInnen heutzutage damit haben, Institutionenarrangements zu »erfinden«, die der herrschaftlichen neuen Logik nicht allzu weit folgen. Wirkliche Lösungen sind noch nicht gefunden, weder im Mainstream noch im Feminismus: Angesichts der Tatsache, dass die Demokratietheorie mehrere Jahrhunderte rein nationalstaatlichen Denkens überwinden muss, scheint mir dies nach nur zehn Jahren Debatte verzeihlich zu sein.

Einen wichtigen Aspekt macht Young dennoch klar: In einer politisch, ökonomisch, kulturell und ökologisch eng vernetzten Welt sind Gerechtigkeitsargumente, die sich nur auf den eigenen nationalstaatlichen Rahmen beziehen, illegitim. »In einer Welt globaler Abhängigkeiten gelten Gerechtigkeitspflichten [...] global« (Young 1998, 432; vgl. auch 440, 446). So wie das Ideal der »Solidarität unter Fremden« spiegeln die Worte von den globalen Gerechtigkeits*pflichten* oder Verantwortungs*rechten* die neue Lage, in der Freiheit und Gleichheit nur noch transnational angemessen gedacht und gelebt werden können. Wie schon im vorletzten Jahrhundert wird das Gleichheitsargument auch heute wieder dadurch erheblich geschärft, dass der politiktheoretische Bezug sich auf den Begriff der Gerechtigkeit richtet. Seine gesellschaftsbezogene Eindeutigkeit und seine politische Eindringlichkeit sind auch heute noch bzw. wieder entschieden unabweisbarer als die des Begriffs der Gleichheit.

Die demokratiepolitischen Konsequenzen all dieser Überlegungen zum Transnationalismus lassen sich für das Geschlechterverhältnis nun vielleicht besser einschätzen als zum Ende des Abschnitts zur Europäischen Union. Globalisierung und globalisierte Geschlechterverhältnisse lassen die Zukunft für Frauen eher düster aussehen, doch finden sich auf der transnationalen Ebene auch politische Anhaltspunkte für Frauenbewegung und Frauenpolitik: das Engagement der NGOs ebenso wie das der GlobalisierungskritikerInnen und die transnational orientierten Konzepte von einigen politischen TheoretikerInnen. Das mag etwas dürftig erscheinen, doch sollte insbesondere die Existenz der Anti-Globalisierungs-Bewegung anregend auf den Feminismus wirken. Die Aufgabe von AktivistInnen und TheoretikerInnen sollte es in den kommenden Jahren sein, verstärkt Diskussionen um transnationale Demokratisierung innerhalb feministischer Zusammenhänge zu initiieren und das *Aufregende der Aufgabe anregend* zu beschreiben.

Wie aufregend und inspirierend es sein kann, »wenn man [...] die Welt als Ganzes denkt und nicht nur den Nationalstaat« (Spivak 1999, 87), hat die Neue Frauenbewegung schon einmal erlebt: in den Hoch-Zeiten von Ökologie- und Friedensbewegung, in denen sich viele Frauen selbstbewusst als Feministinnen engagierten. Hier ging schon einmal der Blick weit über das Kleine, Lokale, Eigene hinaus auf die Welt als (fremdes) Ganzes, und dies wurde ausdrücklich als besondere Fähigkeit *von Frauen* gedeutet. Das Kleine, Lokale, Eigene war unattraktiv gegen die Visionen der eigenen wichtigen Rolle bei der Rettung des Planeten. *Weltverantwortlichkeit* ist gleichsam die maßlose Variante der kleinen weiblichen Ethik der Fürsorge – und mehr Maßlosigkeit ist angesichts der grenzenlosen Globalisierungsprozesse frauenpolitisch heute angeraten.

Das »Maßloseste«, das feministische Theorie und Politik in dieser Hinsicht derzeit anzubieten hat, stellen die Debatten um »Global Governance« dar, an denen sich Feministinnen weltweit seit Jahren engagiert beteiligen (vgl. Holland-Cunz/Ruppert 2000). Global Governance steht als Stichwort für politikwissenschaftliche und politische Konzepte, die sich der Frage widmen, wie die nach 1989 neu strukturierte Welt transnational und kooperativ »regiert« werden könnte. Doch beziehen sich Governance-Konzepte nicht auf ein klassisches Verständnis von Regierung (»government«) oder gar Weltregierung, sondern auf internationale oder globale *Verhandlungsprozesse*, in die nicht nur nationalstaatliche RegierungsvertreterInnen, sondern auch AktivistInnen der Zivilgesellschaft, RepräsentantInnen der Ökonomie, wissenschaftliche ExpertInnen, »einfache« BürgerInnen etc. einbezogen werden sollen, um zu »guten« Entscheidungen zu kommen. Der Begriff Global Governance war in diesem Textteil immer dort impliziert, wo die beträchtlichen politischen Erfolge der NGO-Frauen und Frauen-NGOs angesprochen wurden; auch das Stichwort der »NGOisierung« des internationalen Systems stammt aus dem Wortschatz der Governance-Debatten.

Den (nichtfeministischen) Debattenursprung markiert eine hochrangige internationale Kommission, die den Vereinten Nationen Mitte der neunziger Jahre einen Vorschlag unterbreitet, in dem eine solch integrative und inklusive Form des globalen Verhandelns vorgeschlagen wird. Die »Commission on Global Governance« (*Our Global Neighbourhood* 1995) geht davon aus, dass nach 1989 die politischen Chancen auf kooperative globale Problemlösungen deutlich gestiegen sind und im Interesse aller Nationalstaaten, Unternehmen, sozialen Bewegungen und WeltbürgerInnen liegen. Im Unterschied zu vielen anderen Vorschlägen zur Transnationalisierung haben die Governance-Debatten (vgl. nochmals den Überblick von Brand u. a. 2000) mehrere Vorteile auf ihrer Seite: Sie richten sich auf eine Stärkung und einen

Ausbau der Vereinten Nationen, auf eine inklusive Entscheidungsstruktur, eine kritische, problemorientierte Vorstellung von »Globalität« und auf eine realistische, d. h. hier nationalstaatlich akzeptable Sicht der Dezentrierung nationalstaatlichen Regierens. Governance-Konzepte gehen *grundsätzlich* davon aus, dass die Struktur des internationalen Systems demokratisiert werden muss und dass dies zu globalen Regelungen und Lösungen führen wird, die den Problemen der Welt angemessen sind. Governance-Konzepte setzen darauf, dass viele, differente Entscheidungsbeteiligte bessere Lösungsvorschläge erarbeiten können als kleine exklusive Verhandlungsrunden. Die Lösungsfähigkeiten von Governance-Prozessen werden entsprechend hoch eingeschätzt.

Ob GlobalisierungskritikerInnen mit dem Konzept Global Governance allerdings einverstanden sein können, muss bezweifelt werden. Aus einer radikal-kritischen Sicht auf die Globalisierung können Governance-Überlegungen als eine modernisierte Sicht korporatistischen Regierens erscheinen, in dem die Exekutive mit Interessengruppen und Verbänden politische Lösungen in einem Prozess aushandelt (»auskungelt«), der am legitimen Ort demokratischer Entscheidung, der Legislative, vorbeigeht. Die Einschätzungen der Chancen und Grenzen des Governance-Konzepts variieren aber auch zwischen den unmittelbar Debatten-Beteiligten – die Bandbreite reicht von der Grundsatzkritik bis zum Enthusiasmus. Während die PessimistInnen befürchten, dass Global Governance nur eine schöne Worthülse für neue Formen patriarchaler Herrschaft darstellt, setzen die OptimistInnen auf das demokratische Potenzial einer global gestärkten Zivilgesellschaft. Die *Komplexität* des Konzepts stellt allerdings niemand in Frage: Von allen bislang existierenden Überlegungen zur notwendigen Transnationalisierung der Demokratie bieten Governance-Diskussionen vielleicht nicht die besten, zumindest aber die derzeit ausgearbeitetsten und präzisesten Lösungswege.

Und das ist nicht wenig, nicht nur aus der Sicht einer Erneuerung der Demokratie. Oft genug müssen sich feministische TheoretikerInnen den Vorwurf des Mainstream gefallen lassen, gesellschaftstheoretische und -politische Überlegungen des Feminismus seien nicht ausreichend komplex und intellektuell anregend. Angesichts der komplizierten gesellschaftlichen Verhältnisse scheinen nur komplexe, ja komplizierte Vorschläge demokratietheoretisch und -politisch angemessen. Mangelnde Komplexität lässt sich der Governance-»Architektur« aber nicht nachsagen. Auch ließe sich der Wert von Komplexität als solcher durchaus anfechten, sosehr die Komplexität und Präzision des Commission-Konzepts und seiner Nachfolge-Debatten begeistern können.

So kann schließlich eine genau gegenläufige Hypothese gerechtfertigt werden: Angesichts der komplexen, widersprüchlichen, heterogenen, zunehmend undurchsichtigen und hoch dynamischen gesellschaftlichen Prozesse, die unter das Stichwort Globalisierung fallen, braucht Demokratie, ob national oder transnational, v. a. *Transparenz*: Durchsichtigkeit und Zugänglichkeit der Entscheidungswege. Zeitgenössische Demokratietheorie braucht eine dazu »passende« strukturelle Schlichtheit, die die politischen Herausforderungen angemessen in transparente Institutionenarrangements übersetzt. Die Schlichtheit der Theorie müsste hier die gewünschte Transparenz spiegeln. Nicht die banale, populistische Schlichtheit einer personalisierten Parteipolitik oder einer autoritären Staatsform ist gemeint, sondern die gleichsam komplexe Schlichtheit zugänglicher, verständlicher, vermittelbarer Sachentscheidungen und entsprechender Entscheidungswege und -orte. Gegen die Vorliebe vieler Demokratietheoretiker des Mainstream für nahezu undurchdringliche institutionelle Arrangements sollte feministische Demokratietheorie gleichsam auf die Schönheit der Schlichtheit und Transparenz setzen (vgl. dazu ausführlicher Holland-Cunz 2001 b).

Wie intellektuell eindrucksvoll und philosophisch anspruchsvoll theoretische Schlichtheit sein kann, dokumentiert wohl keine andere feministische Theoretikerin so überzeugend wie Martha C. Nussbaum. Angesichts ihrer wissenschaftlich wie politisch einflussreichen Überlegungen blamieren sich viele intellektuell groß angelegte Künstlichkeiten, gerade auch die der Postmoderne. Wer sich mit Fragen der »Aufführung« von Geschlechtsidentitäten befasst, während Herrschaft gerade grundlegend neu strukturiert wird, kann kaum erwarten, mehr als einen gewissen Unterhaltungswert für sich zu beanspruchen.

Politische Theorieansätze heute dürfen nicht ignorieren, was die patriarchale Welt für Frauen noch immer existenziell bedeutet: sexualisierte Gewalt, ausbeuterische Arbeitsverhältnisse, internationaler Frauenhandel, weltweite Zwangsprostitution, Genitalverstümmelung, Mitgiftmorde, Schläge, sexuelle Belästigung, fundamentalistischer Entzug der Menschenrechte, Zwangssterilisationen, Kleidervorschriften, Abtreibung weiblicher Embryonen, Ausbildungsverweigerung, Mädchenarbeit, gewalttätige Pornographie, Kauf von Ehefrauen, Sextourismus, Kinderprostitution, sexuelle Gewalt gegen Mädchen, Abtreibungsverbote, Vergewaltigung, kriegerische Massenvergewaltigungen, Analphabetismus, Flucht, Hunger, bitterste Armut.

Eine politische Theorie/Praxis, die längerfristig ignoriert, welch ein *furchtbarer Horror* die patriarchale Welt für Frauen noch immer ist, wird über kurz oder lang an politischer Bedeutung verlieren. Dass feministische Menschenrechts-NGOs wie »terre des femmes« heute großes Ansehen und Zuspruch genießen, ist freilich ein gutes Zeichen für die Zukunft des engagierten Feminismus. Angesichts des Horrors sind sogar die in Vergessenheit geratenen starken Worte aus dem vorletzten Jahrhundert neu angebracht: *Tyrannei*, *Despotie*, *Sklaverei* gibt es für Frauen bis heute. Da sind die neuen Frauenfragen noch immer auf erschütternde Weise die alten.

## 2.5. Die alte neue Frauenfrage – Resümee

Deshalb sind auch die alten Perspektiven, die Mary Wollstonecraft am Beginn der Moderne so eindrücklich skizziert, noch nicht überholt. Die Utopie der Freundschaft zwischen den Geschlechtern, die Wollstonecraft 1792 formuliert, zielt nicht auf eine Gesellschaft liebloser Langeweile. Auch Beauvoir weigert sich, diese patriarchale Ideologie zu akzeptieren:

»Unter anderem scheint mir nichts zweifelhafter als das Schlagwort, das der neuen Welt Gleichförmigkeit und somit Langeweile voraussagt. Ich kann nicht finden, daß in der jetzigen Welt die Langeweile fehlt, noch daß jemals Freiheit Gleichförmigkeit erzeugt« (Beauvoir 1978, 681).

Die feministischen TheoretikerInnen glauben an die Möglichkeit einer gewaltfreien, lebendigen, vielfältigen, demokratischen Gesellschaft von Frauen und Männern, die sich als Freie und Gleiche begegnen und anerkennen. So weit entfernt diese Utopie noch sein mag: Für ausgeschlossen bzw. utopistisch halten sie nur wenige (Mary Daly ist eine dieser wenigen). Simone de Beauvoir sah vor einem halben Jahrhundert die Frauen noch ganz am Anfang stehen. Über die Frage, wie lange auf die Verwirklichung der Utopie gewartet werden muss, ist sicher keine Einigkeit zu erzielen.

Dennoch lassen sich über zwei Jahrhunderte zahlreiche Gemeinsamkeiten beobachten, Gemeinsamkeiten, die sich v. a. um das inhaltliche Ziel einer grundlegenden Demokratisierung patriarchaler Gesellschaften zentrieren. Die Kernfragen sind im alten und neuen Feminismus unstrittig: das Recht auf politische Teilhabe, die Chance zu ökonomischer Unabhängigkeit, das Recht auf Wissen/Bildung und v. a. die Möglichkeit, ein selbstbestimmtes Leben ohne Gewalt führen zu können. Körperliche, »seelische« und geistige Unversehrtheit betrachten alle KlassikerInnen von Wollstonecraft bis Nussbaum als Bedingung der Möglichkeit von Freiheit und Gleichheit für Frauen. Und eine Selbstverständigung unter Frauen – diesen isolierten, bis ins Private an Herrschaft gebundenen Unterdrückten – erkennen alle als notwendige Voraussetzung feministischer Politik an. Dies gilt sogar für diejenigen, die, wie Clara Zetkin, die Frauenfrage in vermeintlich wichtigere Fragen integrieren wollen.

In den Kernbereichen feministischer Themen/Inhalte kann also gut begründet von einer Kontinuität ausgegangen werden. Sie »verdankt« sich der bitteren Tatsache, dass längst nicht alles, das bereits Wollstonecraft als legitimes Recht erkannte, für Frauen heute Wirklichkeit geworden ist. Dass heutige LeserInnen in den alten Texten Sätze finden, die aus einer gerade geschriebenen Publikation stammen könnten, haben nicht Feministinnen zu verantworten, sondern diejenigen, die sich den gerechten demokratischen Ansprüchen seit zwei Jahrhunderten widersetzen. Angesichts des z. T. lebenslangen Engagements von so vielen Feministinnen, angesichts des Wagemuts von nicht wenigen, wäre es außerdem eine Fehleinschätzung, der Alten und Neuen Frauenbewegung mangelnde Erfolge vorzuwerfen. Viel ist seit Wollstonecrafts Schrift erreicht worden, und mehr konnte offensichtlich nicht erreicht werden. Die Jahreszahl 2490, die ich eingangs genannt habe, deutet darauf hin, dass erst zwei Siebtel der Wegstrecke gegangen sind. Patriarchale Herrschaft hat sich als sehr viel stabiler und dauerhafter erwiesen, als die ersten AktivistInnen vermutet haben. *Die inhaltliche Kontinuität der »Frauenfrage« ist weder der politischen Konsistenz noch dem politischen Versagen der feministischen Bewegung, sondern der Veränderungs-Resistenz patriarchaler Herrschaft geschuldet.*

Über eine Frist von fast genau *700 Jahren* nicht in politische Verzweiflung zu geraten ist nicht eben leicht. Das hoffnungsvolle Engagement, das jede neue Generation feministisch politisierter Frauen zunächst auszeichnet, ist insofern eine frauengeschichtliche und -politische Notwendigkeit. Hätten Wollstonecraft und de Gouges oder die 48erInnen, hätten die GründerInnen der Alten Frauenbewegung oder der ArbeiterInnenbewegung, hätten Simone de Beauvoir oder die Ersten der Neuen Frauenbewegung die heute von den Vereinten Nationen ausgerechnete Jahreszahl auch nur *geahnt*, die feministische Arbeit wäre vielleicht gar nicht begonnen worden. Dass dieses Wissen jetzt vorhanden ist, wird nur durch die schon errungenen Erfolge erträglich; in beschränktem Maße und noch immer örtlich begrenzt ist es heute möglich, als Frau in Würde zu leben.

Die Kontinuität der Themen/Inhalte ist aber nicht die einzige Beobachtung, die man/frau in Bezug auf die »Frauenfrage« rückblickend machen kann. Der alte Feminismus des 19. Jahrhunderts setzt in der einschlägigen Themenliste andere Schwerpunkte als der Feminismus der Neuen Frauenbewegung. Da sind zunächst die kleinen Verschiebungen in den Thematisierungen: Die Forderung nach politischer Teilhabe variiert in ihrer Präzisierung entlang des demokratischen Fortschritts (vom Wahlrecht zur angemessenen Repräsentation); die Forderung nach Wissen/Bildung richtet sich in gleicher Weise im Zeitverlauf an unterschiedliche Institutionen (von der angemessenen Mädchenschulbildung zur gerechten Verteilung der Professuren). Größer sind die Tendenzverschiebungen bei der Frage der ökonomischen Unabhängigkeit, in der für den Nordwesten der Erde nicht wenig erreicht wurde. Hier hat sich mittlerweile die frauenpolitische Aufmerksamkeit vom eigenen Elend den weltweiten Ausbeutungsverhältnissen zugewandt. Fragen von Frauenarmut sind heute v. a. Fragen des Nord-Süd-Verhältnisses, bedingt auch des Ost-West-Verhältnisses.

Die größten thematischen Akzentverschiebungen lassen sich jedoch in den körperpolitischen Fragen beobachten. In diese Kategorie gehören alle Kämpfe gegen Gewalt gegen Frauen, die Sicherung der körperlichen, »seelischen« und geistigen Unversehrtheit von Frauen und schließlich die Auseinandersetzung mit den neuen Biotechnologien und Biopolitiken. Die reproduktive und die sexuelle Selbstbestimmung können als das zentrale Anliegen des neuen Feminismus betrachtet werden. Erst Beauvoir und noch mehr die Neue Frauenbewegung sprechen offen über Gewalt und sexualisierte Gewalt gegen Frauen. In der Alten Frauenbewegung befasst sich nur eine Minderheit, zu der die radikale Sexualreformerin Helene Stöcker gehört, mit körperpolitischen Problemen; das Thema Gewalt wird viel mehr unter dem Stichwort »Despotie« als strukturelle Gewalt diskutiert (die Anarchistin Emma Goldman gehört ebenfalls zu den wenigen mutigen »Körperpolitikerinnen«). In der Neuen Frauenbewegung dagegen stehen körperpolitische Anliegen zunächst im Zentrum und bleiben trotz veränderter Schwerpunkte wichtige Felder feministischen Engagements. Die systematische Analyse struktureller Gewalt folgt erst in einem zweiten Schritt. Eine zugegebenermaßen gewagte Pointierung wäre es, den alten Feminismus in erster Linie mit der geistigen und »seelischen« Unversehrtheit von Frauen befasst zu sehen, den neuen Feminismus hingegen v. a. mit der »seelischen« und körperlichen Unversehrtheit. Dass diese thematische Akzentverschiebung den beträchtlichen Erfolgen der Alten Frauenbewegung in Sachen Bildung, Ausbildung, Studium und Beruf zu verdanken ist, möchte ich ausdrücklich betonen.

Mit dieser *thematischen* Akzentverschiebung geht auch eine gleichsam strategische Verschiebung, gehen Veränderungen der politischen *Formen* einher. Die der körperpolitischen Bewusstheit verwandte Form psychischer Selbstverständigung setzt eine neue Qualität für die persönlichen Bezüge unter Frauen. Frauenliebe und Freundinnenschaft gibt es schon in der Alten Frauenbewegung, doch erst die Neue Frauenbewegung kultiviert die systematische, selbstkritische Reflexion aller Emotionen von und zwischen Frauen als politische Strategie (Selbsterfahrung). Ob damit dem latenten Selbst- und Frauenhass tatsächlich wirkungsvoll begegnet werden konnte, vermag ich nicht sicher zu entscheiden. Angesichts der Schärfe zahlreicher Auseinandersetzungen in den vergangenen drei Jahrzehnten bleiben Zweifel. Dass die Praxis der Selbsterfahrung als »Eintritt« in die Frauenbewegung schon lange nicht mehr praktiziert wird, halte ich für einen Fehler. Außer bell hooks (1994a, 332) scheint aber keine diese Meinung zu vertreten: hooks hält es für problematisch, dass sich die feministische »Erziehungsarbeit« heute weitgehend »im Frauenstudium und auf Konferenzen« sowie durch Bücher vollzieht. »Man sollte die Kleingruppe wieder als einen Ort der Herausbildung kritischen Bewußtseins propagieren« (ebd.). Dort könnten »Selbsttransformation«, »kritische Selbstbefragung«, antisexistische und antirassistische »Selbsterneuerung befördert« werden, meint hooks (1994a, 333).

Eine weitere Form-bezogene Modifikation, die das Selbstbild zeitgenössischer Feministinnen lange bestimmte, kann dagegen heute nicht mehr aufrechterhalten werden: Das viel gepriesene Prinzip der Autonomie, d. h. die bewusste Distanz der Neuen Frauenbewegung zu konventionellen Politikformen und gemischtgeschlechtlichen Organisationen, hat sich längst überlebt. Feministinnen arbeiten in Parteien, Parlamenten, Verwaltungen und in unterschiedlichsten Gremien und Institutionen. Das Autonomieprinzip, eine v. a. bundesdeutsche »Erfindung« der Neuen Frauenbewegung, wurde als praktische Kritik potenzieller Herrschafts-Integration formuliert. Verglichen mit diesem radikalen Gestus erscheint die Alte Frauenbewegung mit ihren staatlichen Ausschmückungsphantasien schlicht staatstragend.

Doch erst 1908 erhalten Frauen die Vereinsfreiheit – und so könnte man/frau sarkastisch anmerken, dass die alten Feministinnen, wenn auch gezwungenermaßen, weit weniger staatstragend waren, als es die neuen heute sind ...

In diesem Kontext komme ich schließlich auf die vielleicht augenfälligste Unterscheidung zwischen dem vergangenen und dem gegenwärtigen Feminismus zu sprechen, eine Unterscheidung, die ebenfalls die politische Form betrifft: den Kontrast zwischen Leidenschaft und Nüchternheit in der sprachlichen Bearbeitung der »Frauenfrage«. Auch *jenseits* der sprachlichen Gewohnheiten des 19. im Vergleich zu denen des 20. Jahrhunderts ist die begriffliche Ernüchterung des aktuellen Feminismus tief greifend. Abgesehen von der Verve in den Werken der Schwarzen Theoretikerinnen finden sich heute fast keine Texte mehr, die in ihrer Leidenschaft für die Frauenbefreiung mit der Arbeit der (zurückhaltenden!) Mary Wollstonecraft und selbst noch mit Betty Friedans Buch von 1963 vergleichbar wären. Die Professionalisierung und Verwissenschaftlichung der »Frauenfrage« verleiht heutigen Texten eine stilistische Form, die nur als intellektuelle Herausforderung attraktiv ist. Auf Heroismus und Pathos lässt sich getrost verzichten, sie sind keine zeitgemäßen Ausdrucksweisen mehr. Aber sogar Selbstfindung und Selbsterfindung sind kognitiven (d. h. die Erkenntnis betreffenden), rationalen Auseinandersetzungsformen gewichen, ohne dass die psychische Selbstverständigung von Frauen in patriarchalen Gesellschaften als erledigt betrachtet werden kann. *Vernünftigkeit dominiert*, selbst im direkten Vergleich mit den feministischen Anfängen in den sechziger Jahren. Die daraus entstehenden emotionalen Defizite des Feminismus wirken sich, so vermute ich, ungünstig auf die politische Anziehungskraft aus.

Das Resümee liefert also kein einheitliches Gesamtbild. Einer herrschaftlich erzwungenen Kontinuität der Themen, Inhalte und Anliegen stehen Akzentverschiebungen der Thematisierungen und Schwerpunkte sowie v. a. der politischen Formen gegenüber, die einerseits auf die körperpolitische Offenheit, andererseits auf die politische Nüchternheit verweisen. Zugespitzt formuliert: Die alte neue Frauenfrage ist eine der alten Anliegen und der neuen Formen.

Doch diese Zuspitzung kann sogleich auch wieder bestritten werden: Die aktuellen politischen Herausforderungen, bezeichnet durch die Stichworte Globalisierung und demokratische Transnationalisierung, stellen sich nicht nur als alte Fragen im neuen Gewand dar. Die neuen Herausforderungen verändern die alten Themen in einer Weise, so dass die entsprechenden Anliegen, allen voran die Armutsfragen, heute neu formuliert und politisiert werden müssen. Wenn es stimmt, dass sich die aktuellen globalen Frauenarbeits-Verhältnisse wie eine brisante Mischung aus dem 19. und dem 21. Jahrhundert darstellen, können die politischen Antworten nicht aus dem 20. Jahrhundert stammen. Der nationalstaatliche Rahmen, die Konzentration auf Aufstiegschancen in akademischen Berufen, Vereinbarkeitsfragen und Probleme der privaten Arbeitsteilung reichen als Bezugspunkte für die globalisierten, flexibilisierten, geographisch polarisierten Frauenarbeits-Verhältnisse nicht aus. Hier wird die alte Frage von Frauenarbeit/Frauenarmut zu einer neuen werden müssen – etwa in dem Sinne, wie GlobalisierungskritikerInnen das Anliegen globaler Gerechtigkeit heute erneut auf die politische Tagesordnung setzen.

Zu den Herausforderungen durch die Globalisierung und zum notwendigen Engagement für die Transnationalisierung der Demokratie wird in den kommenden Jahr(zehnt)en ein weiteres großes, schwer wiegendes Feld politischer Auseinandersetzungen hinzukommen: die Biopolitik. Ganz den damals verwegen anmutenden Überlegungen Gena Coreas aus den achtziger Jahren des vergangenen Jahrhunderts gemäß, müssen sich Feministinnen zukünftig wieder ausführlich mit Fragen reproduktiver Selbstbestimmung befassen. Doch es gibt eine neue Dimension: Mit der Tatsache, dass *wir alle*, Frauen wie Männer, in Kürze mit den ersten Experimenten zum Klonen von Menschen konfrontiert werden, *wird eine ehemals klassische körperpolitische »Frauenfrage« zu einer bioethischen Menschheitsfrage, deren moralische Dimensionen und philosophische Implikationen heute noch niemand wirklich überblickt.*

Interessant ist der Vergleich der biopolitischen Argumentationslinien zu Beginn der Neuen Frauenbewegung mit den heutigen »Fronten«. In den siebziger Jahren vertreten Feministinnen mit der Forderung nach reproduktiver Selbstbestimmung eine klassisch liberale Position: Frauen müssen selbst entscheiden können, ob sie Kinder wünschen oder nicht; kein Gesetzgeber hat das Recht, in diese Entscheidung durch Strafgesetze einzugreifen.

Die GegnerInnen der Freigabe der Abtreibung argumentieren zu dieser Zeit mit dem Lebensrecht des ungeborenen Lebens. Heute dagegen scheinen Embryonen kein – gegen mutwillige Frauen! – zu schützendes Leben mehr zu sein; Embryonen sind Grundstoff für Forschung. Feministinnen stehen nun auf der Seite derjenigen, die auf den Gesetzgeber hoffen, um menschliches Leben vor dem *herrschaftlichen Zugriff* von Reproduktionsmedizinern, Gentechnologen und Wissenschaftstechnokraten zu schützen. Diese wiederum argumentieren mit großen Visionen gegen vermeintlich kleinliche Bedenken: Die Selektion von Leben durch die Präimplantations- und Pränataldiagnostik, der »Verbrauch« von Embryonen für Forschungszwecke, so genanntes therapeutisches Klonen und andere weitreichende Eingriffe in die Grundstruktur menschlichen Lebens werden sämtlich mit dem Hinweis auf die Heilung von Krankheiten oder die Realisierung unerfüllter Kinderwünsche legitimiert.

Der intellektuelle Höhepunkt einschlägiger Legitimationsdiskurse wird durch die Position Hubert Markls, damals Präsident der Max-Planck-Gesellschaft, repräsentiert, der es für schlechten Biologismus hält, die wissenschaftlichen Möglichkeiten zur Befreiung von den »Schicksalszwängen der Natur« nicht auszunutzen:

> »[E]s entspricht durchaus einer konsistenten Argumentation in der Begründung menschlicher Verantwortung und menschlicher Kultur, dass der im Laufe seiner Evolution zu Freiheit von Urteil und Handeln aus genetischem Naturzwang entlassene Mensch tun kann, was die Natur im Tierreich sonst durch genetisches Programm erledigt, wenn er es so richtig findet« (Markl 2001, 24).

Die biotechnologischen Möglichkeiten sind »nicht Ausdruck der Fortschrittshybris verblendeter Wissenschaftler, sondern unverzichtbarer Teil unserer Menschlichkeit und Menschenwürde« (ebd.). Markl endet mit der zweifelhaften und wenig beruhigenden Versicherung, dass »die große Mehrzahl der Forscher [...] nicht nur besinnungslos nach Erkenntnis oder Profit« strebe und von keinen »Frankenstein-Fantasien« getrieben werde (ebd.).

So stehen wir gegenwärtig *alle* vor den bioethischen Fragen, die Mary Wollstonecrafts Tochter Mary Shelley 1818 mit der prägnanten literarischen Figur des Dr. Victor Frankenstein aufgeworfen hat. In *Das Jahrhundert des Gens* (Keller 2001) mahnt uns die feministische Wissenschaftshistorikerin und -philosophin Evelyn Fox Keller (2001, 19) heute neu zu wissenschaftlicher Bescheidenheit, die gerade der Erfolg in der Forschung nahe legt: »Fast fünfzig Jahre lang wiegten wir uns in dem Glauben, wir hätten mit der Entdeckung der molekularen Basis der genetischen Information das ›Geheimnis des Lebens‹ gefunden« (ebd.). Die Entschlüsselung der menschlichen DNA-Sequenz hat jedoch *nicht* erklären können, »wer wir sind«, sondern im Gegenteil gelehrt, »wie wenig wir wissen« (Keller 2001, 10). Die Forschung des vergangenen Jahrhunderts, die Keller (2001) darstellt, dokumentiert v. a. die Komplexität bei der Erzeugung und Verarbeitung genetischer Informationen im Organismus. Die reine Sequenzinformation reicht für das »Verständnis der biologischen Funktion« offensichtlich nicht aus (Keller 2001, 17; vgl. auch 176). Das Gen ist nur »ein Mitspieler« in einem komplexen, dynamischen, von vielen Wechselwirkungen bestimmten Prozess (vgl. Keller 2001, 97; vgl. 91-98, 186ff.). Das Wissen über diesen Prozess steht noch am Anfang. Die wissenschaftsgläubige Frage, »Können wir aus unserer DNA-Sequenz wirklich ablesen, wer wir sind?« (Keller 2001, 8), muss mit Keller verneint werden. Um so gefährlicher und unverantwortlicher sind Experimente, die aus dem rudimentären Teilwissen schon heute weitreichende praktische Konsequenzen ziehen. Severino Antinori ist der real gewordene Victor Frankenstein.

Das Geflecht der Herrschaftsverhältnisse wird neu geknüpft. Die Biopolitik impliziert bevölkerungspolitische und körperpolitische Fragen: Wer wird/darf sich reproduzieren und zu welchen Bedingungen? Welche Rolle wird darin den Körpern von Frauen zugedacht? Wie werden sich soziale und biologische Elternschaft angesichts des biotechnologischen Instrumentariums auseinander entwickeln? Neue familienpolitische Ideologien sind zu erwarten, die das Recht auf den erfüllten Kinderwunsch ins Zentrum ihrer Legitimationsbemühungen stellen. Daraus ergeben sich Konsequenzen für Frauenerwerbsarbeit und häusliche Arbeitsteilung einerseits, den Abbau heterosexistischer Vorurteile andererseits. Biopolitik hat aber auch internationale Konsequenzen: In der Biopiraterie des Nordens in den Ländern des Südens zeigen sich bereits neue Formen herrschaftlicher Aneignung natürlicher Ressourcen und rassistischer Ausbeutung. Auch die weltweiten Anstrengungen zur »Bevölkerungsregulierung«

werden sich in unbekannter Richtung verändern; dies tangiert immer auch Fragen der Lebens- und Bildungschancen von Mädchen sowie Fragen inner- und interkontinentaler Migration und damit wiederum Fragen von Einwanderung und Ausgrenzung. Werden die neuen Biopolitiken den Sexismus verschärfen, wie Corea dies vor vielen Jahren prognostizierte?

*Die alten Frauenfragen werden jedenfalls zu einem neuen patriarchalen Herrschaftsmuster zusammengesetzt. Die neue Zusammensetzung der alten Elemente, die inhaltlichen Akzentverschiebungen und neuen Formen in diesen Elementen lassen die neuen Fragen nicht leichter lösbar aussehen als die alten. Angesichts des akuten Mangels an politischer Leidenschaft auf der feministischen Seite der politischen GegnerInnen ist Skepsis realistisch.* Denn wie Wollstonecrafts Utopie der Freundschaft zwischen Freien und Gleichen angesichts solcher Fragen realisiert werden kann, ist unklar. Es bleibt zu hoffen, dass die politischen Antworten von Feministinnen auf Globalisierung, Transnationalisierung und Biopolitik so entschieden ausfallen werden wie bei Wollstonecrafts Tochter Shelley. Erst wenn angemessene Antworten auf die neuen Frauenfragen gefunden sind, wird das Gleichheitsversprechen eingelöst und die Freiheitsrevolte erfolgreich abgeschlossen sein... wenn weibliche und männliche Individuen der Gattung Mensch als freie Gleiche »ohne Angst verschieden sein« können. Vielleicht muss an diesem Projekt tatsächlich noch bis zum Jahre 2490 gearbeitet werden.

Noch einmal mit den unnachahmlichen Worten Simone de Beauvoirs (1978, 592):

> »Die Freiheit ist in jedem ganz. Allein aus der Tatsache heraus, daß sie bei der Frau abstrakt und leer bleibt, vermag sie sich mit sich selbst nur in der Auflehnung authentisch abzufinden: Das ist der einzige Weg, der denen offensteht, die keine Möglichkeit haben, etwas aufzubauen. Sie müssen die Grenzen ihrer Situation ablehnen und sich Wege in die Zukunft zu eröffnen suchen. Resignation ist nur Abdankung und Flucht. Es gibt für die Frau keinen andern Ausweg, als an ihrer Befreiung zu arbeiten.«

Der einzig sichere Lohn, den es für diese harte Arbeit gibt, ist nicht der Erfolg, sondern die Würde.

# Literatur


Adorno, Theodor W., *Minima Moralia. Reflexionen aus dem beschädigten Leben*, Frankfurt am Main: Suhrkamp 1976, 31.-33. Tsd. (1951).

Alemann, Claudia von/Jallamion, Dominique/Schäfer, Bettina (Hg.), *Das nächste Jahrhundert wird uns gehören. Frauen und Utopie 1830 bis 1840*, Frankfurt am Main: Fischer 1981.

Allen, Ann Taylor, *Feminismus und Mütterlichkeit in Deutschland, 1800-1914*, Weinheim: Deutscher Studien Verlag 2000 (1991).

Altvater, Elmar/Mahnkopf, Birgit, *Grenzen der Globalisierung. Ökonomie, Ökologie und Politik in der Weltgesellschaft*, Münster: Westfälisches Dampfboot 1996.

Anneke, Mathilde Franziska, *Mutterland. Memoiren einer Frau aus dem badisch-pfälzischen Feldzuge 1848/1849*, Münster: tende 1982 (1853).

Appelt, Erna (Hg.), *Demokratie und das Fremde. Multikulturelle Gesellschaften als demokratische Herausforderung des 21. Jahrhunderts*, Innsbruck/Wien/München: StudienVerlag 2001 a.

– »Demokratie oder die Kunst der Grenzziehung«, in: *Demokratie und das Fremde. Multikulturelle Gesellschaften als demokratische Herausforderung des 21. Jahrhunderts*, hg. v. Erna Appelt, Innsbruck/Wien/München: StudienVerlag 2001 b, S. 9-23.

Arendt, Hannah, *Elemente und Ursprünge totaler Herrschaft*, München/Zürich: Piper 1991, 2. Aufl. (1951).

– *Vita Activa oder Vom tätigen Leben*, München/Zürich: Piper 1989, 6. Aufl. (1958).

– *Über die Revolution*, München/Zürich: Piper 1994, 4. Aufl. (1963).

– *Eichmann in Jerusalem. Ein Bericht von der Banalität des Bösen*, München/Zürich: Piper 1995, 9. Aufl. (1963).

Bair, Deirdre, *Simone de Beauvoir. Eine Biographie*, München: Goldmann 1992 (1990).

Barber, Benjamin R., *Coca-Cola und Heiliger Krieg. Wie Kapitalismus und Fundamentalismus Demokratie und Freiheit abschaffen*, Bern/München/Wien: Scherz 1996 (1995).

Bäumer, Gertrud, *Die Frau in der Krisis der Kultur*, Berlin: Herbig 1926.

– *Die Frau im neuen Lebensraum*, Berlin: Herbig 1931.

Beauvoir, Simone de, *Das andere Geschlecht. Sitte und Sexus der Frau*, Reinbek bei Hamburg: Rowohlt 1978, 171.-188. Tsd. (1949).

Bebel, August, *Die Frau und der Sozialismus*, Berlin: Dietz 1979, 11. (65.) Aufl. (1879).

Becker-Schmidt, Regina/Knapp, Gudrun-Axeli, *Feministische Theorien zur Einführung*, Hamburg: Junius 2000.

Behnke, Cornelia, »›Und es war immer, immer der Mann‹. Deutungsmuster von Mannsein und Männlichkeit im Milieuvergleich«, in: *Männlichkeitsentwürfe. Wandlungen und Widerstände im Geschlechterverhält-*

*nis*, hg. v. Hans Bosse/Vera King, Frankfurt am Main/New York: Campus 2000, S. 124-138.

Beisheim, Marianne/Dreher, Sabine/Walter, Gregor/Zangl, Bernhard/Zürn, Michael, *Im Zeitalter der Globalisierung? Thesen und Daten zur gesellschaftlichen und politischen Denationalisierung*, Baden-Baden: Nomos 1999.

Benhabib, Seyla, *Kulturelle Vielfalt und demokratische Gleichheit. Politische Partizipation im Zeitalter der Globalisierung*, Frankfurt am Main: Fischer 2000, 2. Aufl. (1999).

Berg, Tanja, *Freiheit – Demokratie – Geschlecht. Zum Verhältnis von Freiheit und Geschlecht in der zeitgenössischen Philosophie*, Berlin: unveröff. Diplomarbeit 1996.

– »Intersubjektive Freiheit und diskursive Demokratie«, in: *femina politica*, Heft 1/1998, S. 51-58.

Bereswill, Mechthild/Wagner, Leonie (Hg.), *Bürgerliche Frauenbewegung und Antisemitismus*, Tübingen: edition discord 1998a.

– »›Eine rein persönliche Angelegenheit‹. Antisemitismus und politische Öffentlichkeit als Konfliktfeld im ›Bund Deutscher Frauenvereine‹«, in: *Bürgerliche Frauenbewegung und Antisemitismus*, hg. v. Mechthild Bereswill/Leonie Wagner, Tübingen: edition discord 1998b, S. 45-63 (1997).

Beyer, Jutta, »The Subjection of Women«, in: *Hauptwerke der politischen Theorie*, hg. v. Theo Stammen/Gisela Riescher/Wilhelm Hofmann, Stuttgart: Kröner 1997, S. 337-342.

Blattert, Barbara Maria, *Aus(sen)wirkungen staatlicher Frauenpolitik. Eine Untersuchung des Verhältnisses von Gleichstellungsstelle und Frauenprojekten in Berlin*, Frankfurt am Main/Berlin/Bern/New York/Paris/Wien: Lang 1998.

Bouvier, Beatrix W., »Einleitung«, in: Lily Braun, *Die Frauenfrage. Ihre geschichtliche Entwicklung und ihre wirtschaftliche Seite*, Berlin/Bonn: Dietz Nachf. 1979, S. XIII-XXII.

Bradish, Paula, »Zur deutschen Ausgabe«, in: Corea, Gena, *Mutter-Maschine. Reproduktionstechnologien – von der künstlichen Befruchtung zur künstlichen Gebärmutter*, Berlin: Rotbuch 1986, S. 287-295.

Brand, Ulrich/Brunnengräber, Achim/Schrader, Lutz/Stock, Christian/Wahl, Peter, *Global Governance. Alternative zur neoliberalen Globalisierung?*, Eine Studie von Heinrich-Böll-Stiftung und WEED, Münster: Westfälisches Dampfboot 2000.

Braun, Christina von/Stephan, Inge (Hg.), *Gender-Studien. Eine Einführung*, Stuttgart/Weimar: Metzler 2000.

Braun, Kathrin/Fuchs, Gesine/Lemke, Christiane/Töns, Katrin (Hg.), *Feministische Perspektiven der Politikwissenschaft*, München/Wien: Oldenbourg 2000.

Braun, Lily, *Die Frauenfrage. Ihre geschichtliche Entwicklung und ihre wirtschaftliche Seite*, Berlin/Bonn: Dietz Nachf. 1979 (1901).

Broek, Lida van den, *Am Ende der Weißheit. Vorurteile überwinden. Ein Handbuch*, Berlin: Orlanda 1988.

Bruns, Gabriele, »Das verstaubte lila Gewand. Oder: Warum sich der Feminismus in Deutschland modernisieren muss«, in: *Frankfurter Rundschau*, 16. Dezember 2000a, S. 6.

– »Was will der Feminismus heute?«, in: *Gewerkschaftliche Monatshefte*, Heft 12/2000b, S. 669-677.

Bührmann, Andrea/Diezinger, Angelika/Metz-Göckel, Sigrid, *Arbeit, Sozialisation, Sexualität: Zentrale Felder der Frauen- und Geschlechterforschung*, Opladen: Leske + Budrich 2000.

Bundesministerium für Familie, Senioren, Frauen und Jugend (Hg.), *Dokumentation der Erklärung und Aktionsplattform der 4. Weltfrauenkonferenz 1995. Gleichberechtigung Entwicklung Frieden*, Bonn: Bundesministerium 1996.

Bundesministerium für Umwelt, Naturschutz und Reaktorsicherheit (Hg.): *Umweltpolitik. Agenda 21. Konferenz der Vereinten Nationen für Umwelt und Entwicklung im Juni 1992 in Rio de Janeiro. Dokumente*, Bonn: Bundesministerium o. J.

Butler, Judith, *Das Unbehagen der Geschlechter*, Frankfurt am Main: Suhrkamp 1991 (1990).

*CEWS-Newsletter* Nr. 4/2001 (Newsletter des Kompetenzzentrums Frauen in Wissenschaft und Forschung. Center of Excellence Women and Science. CEWS, Universität Bonn), in: http://www.cews.uni-bonn.de.

*CEWS-Newsletter* Nr. 5/2001 (Newsletter des Kompetenzzentrums Frauen in Wissenschaft und Forschung. Center of Excellence Women and Science. CEWS, Universität Bonn), in: http://www.cews.uni-bonn.de.

Chodorow, Nancy, *Das Erbe der Mütter. Psychoanalyse und Soziologie der Geschlechter*, München: Frauenoffensive 1986, 2. Aufl. (1978).

Conrad, Anne/Michalik, Kerstin (Hg.), *Quellen zur Geschichte der Frauen. Band 3. Neuzeit*, Stuttgart: Reclam 1999.

Cordes, Mechthild, *Frauenpolitik: Gleichstellung oder Gesellschaftsveränderung. Ziele – Institutionen – Strategien*, Opladen: Leske + Budrich 1996.

Corea, Gena, *MutterMaschine. Reproduktionstechnologien – von der künstlichen Befruchtung zur künstlichen Gebärmutter*, Berlin: Rotbuch 1986 (1985).

Corral, Thais, »Towards an Advocacy Strategy to Strengthen Women's Participation in Global Governance«, in: *Frauenpolitische Chancen globaler Politik. Verhandlungserfahrungen im internationalen Kontext*, hg. v. Barbara Holland-Cunz/Uta Ruppert, Opladen: Leske + Budrich 2000, S. 133-139.

Cottmann, Angelika/Kortendiek, Beate/Schildmann, Ulrike (Hg.), *Das undisziplinierte Geschlecht. Frauen- und Geschlechterforschung – Einblick und Ausblick*, Opladen: Leske + Budrich 2000.

Cyba, Eva, *Geschlecht und soziale Ungleichheit. Konstellationen der Frauenbenachteiligung*, Opladen: Leske + Budrich 2000.

Dackweiler, Regina/Holland-Cunz, Barbara, »Strukturwandel feministischer Öffentlichkeit«, in: *beiträge zur feministischen theorie und praxis*, Heft 30-31/1991, S. 105-122.

Daly, Mary, *Gyn/Ökologie. eine Meta-Ethik des radikalen Feminismus*, München: Frauenoffensive 1985, 3. Aufl. (1978).

Damm, Dorothee, »Meine Mutter, die '68erin«, in: *Wie weit flog die Tomate? Eine 68erinnen-Gala der Reflexion*, hg. v. Heinrich-Böll-Stiftung/Feministisches Institut, Berlin: Heinrich-Böll-Stiftung 1999, S. 25-29.

»Declaration of sentiments«, in: Helene Lange, *Die Anfänge der Frauenbewegung*, Berlin: Herbig 1927, S. 43-45 (1848).

Démar, Claire, »Appell einer Frau an das Volk über die Emanzipation der Frau«, in: *Das nächste Jahrhundert wird uns gehören. Frauen und Utopie 1830 bis 1840*, hg. v. Claudia von Alemann/Dominique Jallamion/Bettina Schäfer, Frankfurt am Main: Fischer 1981a, S. 191-199 (1833).

– »Meine Moral der Zukunft«, in: *Das nächste Jahrhundert wird uns gehören. Frauen und Utopie 1830 bis 1840*, hg. v. Claudia von Alemann/Dominique Jallamion/Bettina Schäfer, Frankfurt am Main: Fischer 1981b, S. 209-240 (1833).

Dohm, Hedwig, *Emanzipation*, Zürich: Ala 1982, 2. Aufl. (Reprint von: *Die wissenschaftliche Emancipation der Frau*) (1874).

– *Der Frauen Natur und Recht*, Neunkirch: Ala 1986 (1876).

Dölle, Gilla/Hering, Sabine, *Lila ist Trumpf. Eine Bildergeschichte der deutschen Frauenbewegung*, Münster: Westfälisches Dampfboot 1997.

Dornemann, Luise, *Clara Zetkin. Leben und Wirken*, Berlin: Dietz 1979, 7. Aufl. (1957).

Drewing, Lesley/Witte, Agnes, »Von Frau zu Frau. Das ›verstaubte lila Gewand‹: Eine Antwort auf Gabriele Bruns«, in: *Frankfurter Rundschau*, 9. Februar 2001, S. 9.

Ebbinghaus, Angelika (Hg.), *Opfer und Täterinnen. Frauenbiographien des Nationalsozialismus*, Nördlingen: Greno 1987.

*Ehe? Zur Reform der sexuellen Moral*, von Hedwig Dohm, Anita Augspurg, Helene Stöcker, Adele Schreiber, Käthe Schirmacher u. a., Berlin: Internat. Verlagsanstalt für Kunst und Literatur 1911.

Epstein, Margit K., *Sprache macht Geschlecht. Die Kategorien »Mann« und »Frau« in Texten zur Gleichstellungspolitik*, Frankfurt am Main/New York: Campus 2000.

Falk, Candace, *Liebe und Anarchie & Emma Goldman. Ein erotischer Briefwechsel. Eine Biographie*, Berlin: Kramer 1987 (1984).

Faludi, Susan, *Die Männer schlagen zurück. Wie die Siege des Feminismus sich in Niederlagen verwandeln und was Frauen dagegen tun können*, Reinbek bei Hamburg: Rowohlt 1993 (1991).

Ferree, Myra Marx/Hess, Beth B., *Controversy and Coalition: The New Feminist Movement*, Boston: Twayne 1985.

Firestone, Shulamith, *Frauenbefreiung und sexuelle Revolution. »The Dialectic of Sex«*, Frankfurt am Main: Fischer 1976, 26.-32. Tsd. (1970).

Flaake, Karin, »Weibliche Adoleszenz – Neue Möglichkeiten, alte Fallen? Widersprüche und Ambivalenzen in der Lebenssituation und den Orientierungen junger Frauen«, in: *Die ungleiche Gleichheit. Junge Frauen und der Wandel im Geschlechterverhältnis*, hg. v. Mechtild Oechsle/Birgit Geissler, Opladen: Leske + Budrich 1998, S. 43-65.

Flexner, Eleanor, *Hundert Jahre Kampf. Die Geschichte der Frauenrechtsbewegung in den Vereinigten Staaten*, hg. v. Gisela Bock, Frankfurt am Main: Syndikat 1978 (1959/1975).

Foucault, Michel, *Überwachen und Strafen. Die Geburt des Gefängnisses*, Frankfurt am Main: Suhrkamp 1998, 14. Aufl. (1975).

– *Der Wille zum Wissen*, Sexualität und Wahrheit Band 1, Frankfurt am Main: Suhrkamp 1991, 4. Aufl. (1976).

– »Das Subjekt und die Macht«, in: Hubert L. Dreyfus/Paul Rabinow, *Michel Foucault. Jenseits von Strukturalismus und Hermeneutik*, Weinheim: Beltz Athenäum 1994, 2. Aufl., S. 241-261 (1982).

Fourier, Charles, *Theorie der vier Bewegungen und der allgemeinen Bestimmungen*, hg. v. Theodor W. Adorno, Frankfurt am Main/Wien: EVA/Europa 1966 (1808).

Francis, Claude/Gontier, Fernande, *Simone de Beauvoir. Die Biographie*, Reinbek bei Hamburg: Rowohlt 1993, 21.-23. Tsd. (1985).

Franzway, Suzanne/Court, Dianne/Connell, R. W., *Staking A Claim. Feminism, Bureaucracy and the State*, Cambridge UK: Polity 1989.

Fraser, Nancy, »Sex, Lügen und die Öffentlichkeit: Überlegungen zur Bestätigung des Bundesrichters Clarence Thomas«, in: *Geschlechterverhältnisse und Politik*, hg. v. Institut für Sozialforschung Frankfurt, Frankfurt am Main: Suhrkamp 1994, S. 19-42 (1992).

Frauen aus der Frauengruppe Freiburg, »Kleingruppen – Erfahrungen und Regeln«, in: *Frauenjahrbuch 1*, hg. v. Frankfurter Frauen, Frankfurt am Main: Roter Stern 1975, S. 184-198.

[*Die*] *Frauen der Welt 2000 – Trends und Statistiken*, Vereinte Nationen New York 2000, hg. v. Bundesministerium für Familie, Senioren, Frauen und Jugend, Bonn: Bundesministerium 2000 (2000).

Frederiksen, Elke (Hg.), *Die Frauenfrage in Deutschland 1865-1915. Texte und Dokumente*, Stuttgart: Reclam 1994.

Freeman, Jo, »The Women's Liberation Movement: Its Origins, Structure, Activities, and Ideas«, in: *Women. A Feminist Perspective*, ed. by Jo Freeman, Palo Alto: Mayfield 1984, 3. Aufl., S. 543-556 (1975).

Friedan, Betty, *Der Weiblichkeitswahn oder Die Selbstbefreiung der Frau. Ein Emanzipationskonzept*, Mit einem neuen Vorwort und Epilog anläßlich des zehnten Jahrestages der Erstveröffentlichung, Reinbek bei Hamburg: Rowohlt 1984, 161.-164. Tsd. (1963).

Gerhard, Ute, »Menschenrechte auch für Frauen. Der Entwurf der Olympe de Gouges«, in: *Kritische Justiz*, Heft 2/1987, S. 127-149.

– *Gleichheit ohne Angleichung. Frauen im Recht*, München: Beck 1990a.

– (unter Mitarbeit von Ulla Wischermann), *UNERHÖRT. Die Geschichte der deutschen Frauenbewegung*, Reinbek bei Hamburg: Rowohlt 1990b.

– /Hannover-Drück, Elisabeth/Schmitter, Romina (Hg.), *»Dem Reich der Freiheit werb' ich Bürgerinnen«. Die Frauen-Zeitung von Louise Otto*, Frankfurt am Main: Syndikat 1979.

Gilligan, Carol, *Die andere Stimme. Lebenskonflikte und Moral der Frau*, München/Zürich: Piper 1985, 2. Aufl. (1982).

Godwin, William, »Erinnerungen an Mary Wollstonecraft«, in: Mary Wollstonecraft, *Das Unrecht an den Frauen oder: Maria. Ein Fragment*/ William Godwin, *Erinnerungen an Mary Wollstonecraft*, Frankfurt am Main/Berlin: Ullstein 1993, S. 191-288 (1798).

Goldman, Emma, *Frauen in der Revolution*, Band 2, Berlin: Kramer 1977 (1906ff.).

– *Gelebtes Leben. »Living My Life«. In drei Bänden*, Band 1, Berlin: Kramer 1988, 3. Aufl. (1931).

– *Gelebtes Leben. »Living My Life«. In drei Bänden*, Band 2, Berlin: Kramer 1979 (1931).

– *Gelebtes Leben. »Living My Life«. In drei Bänden*, Band 3, Berlin: Kramer 1990, 2. Aufl. (1931).

Göttert, Margit, *Macht und Eros. Frauenbeziehungen und weibliche Kultur um 1900 – eine neue Perspektive auf Helene Lange und Gertrud Bäumer*, Königstein/Taunus: Helmer 2000.

Gottschall, Karin, *Soziale Ungleichheit und Geschlecht. Kontinuitäten und Brüche, Sackgassen und Erkenntnispotentiale im deutschen soziologischen Diskurs*, Opladen: Leske + Budrich 2000.

Grab, Walter (Hg.), *Die Revolution von 1848/49. Eine Dokumentation*, Stuttgart: Reclam 1998.

Gravenhorst, Lerke/Tatschmurat, Carmen (Hg.), *TöchterFragen. NS-Frauengeschichte*, Freiburg i. Br.: Kore 1990.

Grubitzsch, Helga/Lagpacan, Loretta, *»Freiheit für die Frauen – Freiheit für das Volk!« Sozialistische Frauen in Frankreich 1830-1848*, Frankfurt am Main: Syndikat 1980.

Habermas, Jürgen, *Strukturwandel der Öffentlichkeit. Untersuchungen zu einer Kategorie der bürgerlichen Gesellschaft*, Darmstadt/Neuwied: Luchterhand 1987, 17. Aufl. (1962).

– »Vorwort zur Neuauflage 1990«, in: Jürgen Habermas, *Strukturwandel der Öffentlichkeit. Untersuchungen zu einer Kategorie der bürgerlichen Gesellschaft*, Frankfurt am Main: Suhrkamp 1990, S. 11-50.
– »Die postnationale Konstellation und die Zukunft der Demokratie«, in: Jürgen Habermas, *Die postnationale Konstellation. Politische Essays*, Frankfurt am Main: Suhrkamp 1998, S. 91-169.
Hagemann-White, Carol, »Identität – Beruf – Geschlecht«, in: *Die ungleiche Gleichheit. Junge Frauen und der Wandel im Geschlechterverhältnis*, hg. v. Mechtild Oechsle/Birgit Geissler, Opladen: Leske + Budrich 1998, S. 27-41.
Hall, Stuart, *Rassismus und kulturelle Identität. Ausgewählte Schriften 2*, Hamburg: Argument 1994 (1980ff.).
Hampele Ulrich, Anne, *Der Unabhängige Frauenverband. Ein frauenpolitisches Experiment im deutschen Vereinigungsprozeß*, Berlin: Berliner Debatte 2000.
Harding, Sandra, *Das Geschlecht des Wissens. Frauen denken die Wissenschaft neu*, Frankfurt am Main/New York: Campus 1994 (1991).
Hark, Sabine (Hg.), *Dis/Kontinuitäten: Feministische Theorie*, Opladen: Leske + Budrich 2001.
Hausen, Karin, »Die Polarisierung der ›Geschlechtscharaktere‹ – Eine Spiegelung der Dissoziation von Erwerbs- und Familienleben«, in: *Sozialgeschichte der Familie in der Neuzeit Europas*, hg. v. Werner Conze, Stuttgart: Klett 1976, S. 363-393.
Heinrich-Böll-Stiftung/Feministisches Institut (Hg.), *Wie weit flog die Tomate? Eine 68erinnen-Gala der Reflexion*, Mit einer Einleitung v. Halina Bendkowski, Berlin: Heinrich-Böll-Stiftung 1999.
Held, David (Ed.), *Political Theory Today*, Cambridge UK: Polity 1991a.
– »Editor's Introduction«, in: *Political Theory Today*, ed. by David Held, Cambridge UK: Polity 1991b, S. 1-21.
– »Democracy, the Nation-State and the Global System«, in: *Political Theory Today*, ed. by David Held, Cambridge UK: Polity 1991c, S. 197-235.
Helwerth, Ulrike/Schwarz, Gislinde, *Von Muttis und Emanzen. Feministinnen in Ost- und Westdeutschland*, Frankfurt am Main: Fischer 1995.
Hempel, Marlies, »Lebensentwürfe von Mädchen und Jungen in Ostdeutschland«, in: *Die ungleiche Gleichheit. Junge Frauen und der Wandel im Geschlechterverhältnis*, hg. v. Mechtild Oechsle/Birgit Geissler, Opladen: Leske + Budrich 1998, S. 87-105.
Henninger, Annette, *Frauenförderung in der Arbeitsmarktpolitik. Feministische Rückzugsgefechte oder Zukunftskonzept?*, Opladen: Leske + Budrich 2000.
Hervé, Florence (Hg.), *Geschichte der deutschen Frauenbewegung*, Köln: PapyRossa 2001, 7. verbesserte u. überarb. Aufl.

Hobbes, Thomas, *Leviathan oder Stoff, Form und Gewalt eines kirchlichen und bürgerlichen Staates*, hg. v. Iring Fetscher, Frankfurt am Main: Suhrkamp 1994, 6. Aufl. (1651).

Hoecker, Beate, *Politische Partizipation von Frauen. Kontinuität und Wandel des Geschlechterverhältnisses in der Politik. Ein einführendes Studienbuch*, Opladen: Leske + Budrich 1995.

– (Hg.), *Handbuch Politische Partizipation von Frauen in Europa*, Opladen: Leske + Budrich 1998a.

– »Politische Partizipation und Repräsentation von Frauen im europäischen Vergleich«, in: *Handbuch Politische Partizipation von Frauen in Europa*, hg. v. Beate Hoecker, Opladen: Leske + Budrich 1998b, S. 379-398.

– »Geschlechterdemokratie im europäischen Kontext. Die Konzepte der Europäischen Union zur Förderung der politischen Beteiligung von Frauen«, in: *Aus Politik und Zeitgeschichte*, Heft 31-32/2000, S. 30-38.

Holland-Cunz, Barbara, *Utopien der Neuen Frauenbewegung. Gesellschaftsentwürfe im Kontext feministischer Theorie und Praxis*, Meitingen: Corian 1988.

– »Öffentlichkeit und Intimität – demokratietheoretische Überlegungen«, in: *Demokratie oder Androkratie? Theorie und Praxis demokratischer Herrschaft in der feministischen Diskussion*, hg. v. Elke Biester/Barbara Holland-Cunz/Birgit Sauer, Frankfurt am Main/New York: Campus 1994, S. 227-246.

– »Frauenbewegung und die mediale Konstruktion der Wirklichkeit«, in: *Frauen in der Defensive? Zur backlash-Debatte in Deutschland*, hg. v. Mechtild M. Jansen/Sigrid Bahringhorst/Martina Ritter, Münster: Lit 1995, S. 76-86.

– »Trennendes und Verbindendes. Zum Selbstverständnis und Berufsethos kommunaler Frauenbeauftragter«, in: *Frauenbeauftragte. Zu Ethos, Theorie und Praxis eines jungen Berufes*, hg. v. Ute von Wrangell/Renate Wurms/Maren Wichmann/Ulrike Bittner/Liselotte Lemke/Rosemarie Lück, Königstein/Taunus: Helmer 1998a, S. 80-102.

– »Die Wiederentdeckung der Herrschaft. Begriffe des Politischen in Zeiten der Transformation«, in: *Geschlechterverhältnisse im Kontext politischer Transformation*, hg. v. Eva Kreisky/Birgit Sauer, PVS-Sonderheft 28/1997, Opladen/Wiesbaden: Westdeutscher Verlag 1998b, S. 83-97.

– »Probleme des Erfolgs – Überlegungen zu den ambivalenten Anforderungen institutioneller feministischer Theorie und Politik«, in: *Geschlechterpolitik an Hochschulen: Perspektivenwechsel. Zwischen Frauenförderung und Gender Mainstreaming*, hg. v. Claudia Batisweiler/Elisabeth Lembeck/Mechtild Jansen, Opladen: Leske + Budrich 2001a, S. 45-55.

– »Komplexität oder Schlichtheit: Wie soll sich die Demokratietheorie auf die neuen Herausforderungen einstellen?«, in: *femina politica*, Heft 2/2001b, S. 62-76.
– /Ruppert, Uta (Hg.), *Frauenpolitische Chancen globaler Politik. Verhandlungserfahrungen im internationalen Kontext*, Opladen: Leske + Budrich 2000.
hooks, bell, »Feminismus – eine transformative Politik«, in: *SELBST BEWUSST. Frauen in den USA*, hg. v. Nancy Kaiser, Leipzig: Reclam 1994a, S. 323-337 (1989).
– *Sehnsucht und Widerstand. Kultur, Ethnie, Geschlecht*, Berlin: Orlanda 1996 (1990; gekürzt).
– *Black Looks. Popkultur – Medien – Rassismus*, Berlin: Orlanda 1994b (1992).
Hornung, Ursula, »Stachel ›Geschlecht‹. Der soziologische Diskurs über den Wandel und die Zukunft in Arbeit, Ökonomie und Geschlechterverhältnis – ein Überblick«, in: *Soziologie*, Heft 3/2000a, S. 5-19.
– »Geschlechterdemokratie in neoliberaler Zeit. Feministische Politik- und Partizipationskonzepte und sozio-ökonomischer Wandel – ein Anachronismus?«, in: *Gewerkschaftliche Monatshefte*, Heft 12/2000b, S. 689-697.
Jessop, Bob, »Nationalstaat, Globalisierung, Gender«, in: *Geschlechterverhältnisse im Kontext politischer Transformation*, hg. v. Eva Kreisky/Birgit Sauer, PVS-Sonderheft 28/1997, Opladen/Wiesbaden: Westdeutscher Verlag 1998, S. 262-292.
Jung, Dörthe/Küpper, Gunhild, *Gender Mainstreaming und betriebliche Veränderungsprozesse*, Bielefeld: Kleine 2001.
Kahlau, Cordula (Hg.), *Aufbruch! Frauenbewegung in der DDR. Dokumentation*, München: Frauenoffensive 1990.
Keller, Evelyn Fox, *Das Jahrhundert des Gens*, Frankfurt am Main/New York: Campus 2001 (2000).
Kleinau, Elke, *Die freie Frau. Soziale Utopien des frühen 19. Jahrhunderts*, Düsseldorf: Schwann 1987.
Klingebiel, Ruth/Randeria, Shalini (Hg.), *Globalisierung aus Frauensicht. Bilanzen und Visionen*, Bonn: Dietz Nachf. 1998.
Klinger, Cornelia, »Déjà-vu oder die Frage nach den Emanzipationsstrategien im Vergleich zwischen der ersten und zweiten Frauenbewegung«, in: *Die Kommune*, Heft 12/1986, S. 57-72.
Kontos, Silvia, »Jenseits des hydraulischen Bewegungsmodells: Einwände gegen das backlash-Konzept«, in: *Frauen in der Defensive? Zur backlash-Debatte in Deutschland*, hg. v. Mechtild M. Jansen/Sigrid Bahringhorst/Martina Ritter, Münster: Lit 1995, S. 29-57.
Koonz, Claudia, *Mütter im Vaterland. Frauen im Dritten Reich*, Reinbek bei Hamburg: Rowohlt 1994 (1986).

Krautkrämer-Wagner, Uta, *Die Verstaatlichung der Frauenfrage. Gleichstellungsinstitutionen der Bundesländer – Möglichkeiten und Grenzen staatlicher Frauenpolitik*, Bielefeld: Kleine 1989.

Kreisky, Eva, »Der Staat als ›Männerbund‹. Der Versuch einer feministischen Staatssicht«, in: *Staat aus feministischer Sicht*, hg. v. Elke Biester/Brigitte Geißel/Sabine Lang/Birgit Sauer/Petra Schäfter/Brigitte Young, Berlin: (Freie Universität) 1992, S. 53-62.

Lange, Helene, *Die Frauenbewegung in ihren modernen Problemen*, Leipzig: Quelle und Meyer 1914, 2. umgearb. Aufl. (1908).

– *Die Anfänge der Frauenbewegung*, Berlin: Herbig 1927.

– *Kampfzeiten. Aufsätze und Reden aus vier Jahrzehnten*, Zweiter Band, Berlin: Herbig 1928.

Lemmermöhle, Doris, »Geschlechter(un)gleichheiten und Schule«, in: *Die ungleiche Gleichheit. Junge Frauen und der Wandel im Geschlechterverhältnis*, hg. v. Mechtild Oechsle/Birgit Geissler, Opladen: Leske + Budrich 1998, S. 67-86.

Lorde, Audre, *Die Quelle unserer Macht. Gedichte*, Zweisprachige Ausgabe, Berlin: Orlanda 1994 (1978ff.).

– *Zami. Ein Leben unter Frauen*, Frankfurt am Main: Fischer 1996, 11.-12. Tsd. (1982).

Marco, Yolanda, »Einführung«, in: Flora Tristan, *Arbeiterunion. Sozialismus und Feminismus im 19. Jahrhundert*, hg. v. Paul B. Kleiser, Frankfurt am Main: isp 1988, S. 27-51 (1977).

Markl, Hubert, »Der Mensch hat die Pflicht zur Selbstverantwortung«, in: *Frankfurter Rundschau*, 3. Juli 2001, S. 24.

März, Ursula, »War's das? Disponibel und seltsam entwurzelt: Das erschöpfte Paradigma der Gleichberechtigung«, in: *Frankfurter Rundschau*, 4. Januar 2001, S. 17.

Merkel, Ina, »Ohne Frauen ist kein Staat zu machen«, in: *die tageszeitung*, 9. Dezember 1989, S. 11.

Messner, Dirk/Nuscheler, Franz (Hg.), *Weltkonferenzen und Weltberichte. Ein Wegweiser durch die internationale Diskussion*, Institut für Entwicklung und Frieden (INEF), Bonn: Dietz Nachf. 1996.

Meuser, Michael, »Gefährdete Sicherheiten und pragmatische Arrangements. Lebenszusammenhänge und Orientierungsmuster junger Männer«, in: *Die ungleiche Gleichheit. Junge Frauen und der Wandel im Geschlechterverhältnis*, hg. v. Mechtild Oechsle/Birgit Geissler, Opladen: Leske + Budrich 1998, S. 237-255.

– »Die Transformation der Geschlechterordnung und die widersprüchliche Modernisierung von Männlichkeit«, Vortrag am 10. November 1999 an der Justus-Liebig-Universität Gießen im Rahmen der Ringvorlesung »2000«, Vortragsmitschrift.

Meyer, Birgit, »Amerika, hast Du es besser? Zur politischen Partizipation von Frauen in den USA«, in: *Aus Politik und Zeitgeschichte*, Heft 21-22/1996, S. 35-45.
– *Frauen im Männerbund. Politikerinnen in Führungspositionen von der Nachkriegszeit bis heute*, Frankfurt am Main/New York: Campus 1997.
Meyers, Reinhard, »Transnationale Politik«, in: *Internationale Beziehungen. Lexikon der Politik*, Band 6, hg. v. Andreas Boeckh, München: Beck, 1993, S. 543-547.
Mies, Maria, *Globalisierung von unten. Der Kampf gegen die Herrschaft der Konzerne*, Hamburg: EVA/Rotbuch 2001.
Miles, Robert, *Rassismus. Einführung in die Geschichte und Theorie eines Begriffs*, Hamburg/Berlin: Argument 1992, 2. Aufl. (1989).
Mill, John Stuart/Mill, Harriet Taylor/Taylor, Helen, *Die Hörigkeit der Frau*, hg. v. Ulrike Helmer, Königstein/Taunus: Helmer 1991 (1869).
Millett, Kate, *Sexus und Herrschaft. Die Tyrannei des Mannes in unserer Gesellschaft*, Reinbek bei Hamburg: Rowohlt 1985 (1969).
Narr, Wolf-Dieter/Schubert, Alexander, *Weltökonomie. Die Misere der Politik*, Frankfurt am Main: Suhrkamp 1994.
Nave-Herz, Rosemarie, *Die Geschichte der Frauenbewegung in Deutschland*, Bonn: Bundeszentrale für politische Bildung 1997, 5. überarb. u. ergänzte Aufl. (1981).
Nussbaum, Martha C., »Der aristotelische Sozialdemokratismus«, in: Martha C. Nussbaum, *Gerechtigkeit oder Das gute Leben*, hg. v. Herlinde Pauer-Studer, Frankfurt am Main: Suhrkamp 1999b, S. 24-85 (1990).
– *Gerechtigkeit oder Das gute Leben*, hg. v. Herlinde Pauer-Studer, Frankfurt am Main: Suhrkamp 1999a.
– »Menschliches Tun und soziale Gerechtigkeit. Zur Verteidigung des aristotelischen Essentialismus«, in: *Gemeinschaft und Gerechtigkeit*, hg. v. Micha Brumlik/Hauke Brunkhorst, Frankfurt am Main: Fischer 1995, 7.-8. Tsd., S. 323-361 (1992).
O'Connell, Helen, »Putting Gender on the Agenda: WIDE and the Lomé Negotiation«, in: *Frauenpolitische Chancen globaler Politik. Verhandlungserfahrungen im internationalen Kontext*, hg. v. Barbara Holland-Cunz/Uta Ruppert, Opladen: Leske + Budrich 2000, S. 117-121.
Oechsle, Mechtild/Geissler, Birgit (Hg.), *Die ungleiche Gleichheit. Junge Frauen und der Wandel im Geschlechterverhältnis*, Opladen: Leske + Budrich 1998a.
– »Die ungleiche Gleichheit. Zur widersprüchlichen Modernisierung weiblicher Lebensführung«, in: *Die ungleiche Gleichheit. Junge Frauen und der Wandel im Geschlechterverhältnis*, hg. v. Mechtild Oechsle/Birgit Geissler, Opladen: Leske + Budrich 1998b, S. 9-24.
Offen, Karen, *European Feminisms 1700-1950. A Political History*, Stanford: Stanford University Press 2000.

Omran, Susanne, *Frauenbewegung und »Judenfrage«. Diskurse um Rasse und Geschlecht nach 1900*, Frankfurt am Main/New York: Campus 2000.

Otto, Louise, *Das Recht der Frauen auf Erwerb. Blicke auf das Frauenleben der Gegenwart*, mit einem Vorwort von Joseph Heinrichs, Hamburg: Hoffmann und Campe 1866.

*Our Global Neighbourhood. The Report of The Commission on Global Governance*, Oxford/New York u. a.: Oxford University Press 1995.

Pansieri, Flavia, »Global Governance for the Promotion of Local Governance. The Case of CEDAW«, in: *Frauenpolitische Chancen globaler Politik. Verhandlungserfahrungen im internationalen Kontext*, hg. v. Barbara Holland-Cunz/Uta Ruppert, Opladen: Leske + Budrich 2000, S. 105-115.

Pateman, Carole, »Feminist Critiques of the Public/Private Dichotomy«, in: *Public and Private in Social Life*, ed. by Stanley I. Benn/Gerald F. Gaus, London/Canberra/New York: Croom Helm/St. Martin's Press 1983, S. 281-303.

Penrose, Virginia, *Orientierungsmuster des Karriereverhaltens deutscher Politikerinnen. Ein Ost-West-Vergleich*, Bielefeld: Kleine 1993.

Peuckert, Rüdiger, *Familienformen im sozialen Wandel*, Opladen: Leske + Budrich 1999, 3. völlig überarb. u. erw. Aufl. (1991).

Pfetsch, Frank R. (unter Mitarbeit von Timm Beichelt), *Die Europäische Union. Geschichte, Institutionen, Prozesse*, München: Fink 1997.

Phillips, Anne, *Engendering Democracy*, Cambridge UK: Polity 1991.

– *Democracy and Difference*, Cambridge UK: Polity 1993.

– *The Politics of Presence*, Oxford: Clarendon 1995 a.

– *Geschlecht und Demokratie*, Hamburg: Rotbuch 1995 b (1991).

Piercy, Marge, *Woman on the Edge of Time*, London: The Women's Press 1983, 4. Aufl. (1976).

Planert, Ute (Hg.), *Nation, Politik und Geschlecht. Frauenbewegungen und Nationalismus in der Moderne*, Frankfurt am Main/New York: Campus 2000 a.

– »Vater Staat und Mutter Germania: Zur Politisierung des weiblichen Geschlechts im 19. und 20. Jahrhundert«, in: *Nation, Politik und Geschlecht. Frauenbewegungen und Nationalismus in der Moderne*, hg. v. Ute Planert, Frankfurt am Main/New York: Campus 2000 b, S. 15-65.

– »Die Nation als ›Reich der Freiheit‹ für Staatsbürgerinnen: Louise Otto zwischen Vormärz und Reichsgründung«, in: *Nation, Politik und Geschlecht. Frauenbewegungen und Nationalismus in der Moderne*, hg. v. Ute Planert, Frankfurt am Main/New York: Campus 2000 c, S. 113-130.

Prokop, Ulrike, *Weiblicher Lebenszusammenhang. Von der Beschränktheit der Strategien und der Unangemessenheit der Wünsche*, Frankfurt am Main: Suhrkamp 1976.

Rödel, Ulrich/Frankenberg, Günter/Dubiel, Helmut, *Die demokratische Frage*, Frankfurt am Main: Suhrkamp 1989.

Ruppert, Uta (Hg.), *Lokal bewegen – global verhandeln. Internationale Politik und Geschlecht*, Frankfurt am Main/New York: Campus 1998a.

– »Geschlechterverhältnisse in der Internationalen Politik. Eine Einführung«, in: *Lokal bewegen – global verhandeln. Internationale Politik und Geschlecht*, hg. v. Uta Ruppert, Frankfurt am Main/New York: Campus 1998b, S. 7-24.

– »Frauen- und Geschlechterpolitik«, in: *Globale Trends 2002. Fakten Analysen Prognosen*, hg. v. Stiftung Entwicklung und Frieden/Ingomar Hauchler u. a., Frankfurt am Main: Fischer 2001 (nach dem Manuskript zitiert).

Sander u. a., Helke, »Rede des ›Aktionsrates zur Befreiung der Frauen‹«, in: *Autonome Frauen. Schlüsseltexte der Neuen Frauenbewegung seit 1968*, hg. v. Ann Anders, Frankfurt am Main: Athenäum 1988, S. 39-47 (1975).

Sassen, Saskia, »Digitale Netzwerke und Macht«, in: *Globalisierung und Demokratie. Wirtschaft, Recht, Medien*, hg. v. Hauke Brunkhorst/Matthias Kettner, Frankfurt am Main: Suhrkamp 2000, S. 330-346 (1996).

– »Die De-Nationalisierung von Raum und Zeit«, in: *Tausend Jahre Abendland. Die großen Umbrüche 1000, 1500, 2000*, hg. v. ZDF-nachtstudio, Frankfurt am Main: Suhrkamp 1999, S. 168-180.

Sauer, Birgit, »Was heißt und zu welchem Zwecke partizipieren wir? Kritische Anmerkungen zur Partizipationsforschung«, in: *Demokratie oder Androkratie? Theorie und Praxis demokratischer Herrschaft in der feministischen Diskussion*, hg. v. Elke Biester/Barbara Holland-Cunz/Birgit Sauer, Frankfurt am Main/New York: Campus 1994, S. 99-128.

Schäfgen, Katrin, *Die Verdopplung der Ungleichheit. Sozialstruktur und Geschlechterverhältnisse in der Bundesrepublik und in der DDR*, Opladen: Leske + Budrich 2000.

Schenk, Herrad, *Die feministische Herausforderung. 150 Jahre Frauenbewegung in Deutschland*, München: Beck 1992, 6. unveränd. Aufl. (1980).

Schmalz-Bruns, Rainer, »Deliberativer Supranationalismus. Demokratisches Regieren jenseits des Nationalstaats«, in: *Zeitschrift für Internationale Beziehungen*, Heft 2/1999, S. 185-244.

– »Internet-Politik. Zum demokratischen Potenzial der neuen Informations- und Kommunikationstechnologien«, in: *Politik und Technik. Analysen zum Verhältnis von technologischem, politischem und staatlichem Wandel am Anfang des 21. Jahrhunderts*, hg. v. Georg Simonis/Renate Martinsen/Thomas Saretzki, PVS-Sonderheft 31/2000, Wiesbaden: Westdeutscher Verlag 2001, S. 108-131.

Schöler-Macher, Bärbel, *Die Fremdheit der Politik. Erfahrungen von Frauen in Parteien und Parlamenten*, Weinheim: Deutscher Studien Verlag 1994.
Schröder, Hannelore, »Nachwort«, in: John Stuart Mill/Harriet Taylor Mill/Helen Taylor, *Die Hörigkeit der Frau*, Königstein/Taunus: Helmer 1991, S. 167-201 (1976).
– /Sauter, Theresia, »Zur politischen Theorie des Feminismus. Die Deklaration der Rechte der Frau und Bürgerin von 1791«, in: *Aus Politik und Zeitgeschichte*, Heft 48/1977, S. 29-54.
Schultz, Dagmar (Hg.), *Macht und Sinnlichkeit. Ausgewählte Texte von Adrienne Rich und Audre Lorde*, Berlin: sub rosa Frauenverlag 1983 (1977ff.).
Schunter-Kleemann, Susanne, »Femmage an Sigrid Damm-Rüger«, in: *Wie weit flog die Tomate? Eine 68erinnen-Gala der Reflexion*, hg. v. Heinrich-Böll-Stiftung/Feministisches Institut, Berlin: Heinrich-Böll-Stiftung 1999, S. 30-39.
Schwarz, Gislinde, »Aufbruch der Hexen. Die Revolution der Frauen in der DDR«, in: *Aufbruch! Frauenbewegung in der DDR. Dokumentation*, hg. v. Cordula Kahlau, München: Frauenoffensive 1990, S. 8-24.
Schwarzer, Alice, *Simone de Beauvoir heute. Gespräche aus zehn Jahren. 1971-1982*, Reinbek bei Hamburg: Rowohlt 1991, 20.-22. Tsd. (1972ff.).
– *So fing es an! Die neue Frauenbewegung*, München: dtv 1983 (1981).
– (Hg.), *Man wird nicht als Frau geboren. 50 Jahre nach dem »Anderen Geschlecht« ziehen Schriftstellerinnen und Politikerinnen gemeinsam Bilanz: Wo stehen die Frauen heute?*, Köln: Kiepenheuer & Witsch 2000a.
– »Vorwort«, in: *Man wird nicht als Frau geboren. 50 Jahre nach dem »Anderen Geschlecht« ziehen Schriftstellerinnen und Politikerinnen gemeinsam Bilanz: Wo stehen die Frauen heute?*, hg. v. Alice Schwarzer, Köln: Kiepenheuer & Witsch 2000b, S. 11-21.
Seager, Joni, *DER FISCHER FRAUEN-ATLAS*, Frankfurt am Main: Fischer 1998 (1997).
Seemann, Birgit, »Stieftöchter der ›deutschen Nation‹: Der Jüdische Frauenbund 1904-1938 und in der Bundesrepublik«, in: *Nation, Politik und Geschlecht. Frauenbewegungen und Nationalismus in der Moderne*, hg. v. Ute Planert, Frankfurt am Main/New York: Campus 2000, S. 309-327.
Sennett, Richard, *Verfall und Ende des öffentlichen Lebens. Die Tyrannei der Intimität*, Frankfurt am Main: Fischer 1993, 15.-16. Tsd. (1974).
– *Der flexible Mensch. Die Kultur des neuen Kapitalismus*, Berlin: Berlin 1998 (1998).
Shelley, Mary, *Frankenstein oder Der moderne Prometheus*, Frankfurt am Main/Leipzig: Insel 1988 (1818).

Sichtermann, Barbara, »Nachwort. Gewinnt euch selbst!«, in: Mary Wollstonecraft, *Ein Plädoyer für die Rechte der Frau*, Weimar: Hermann Böhlaus Nachf. 1999, S. 271-282.

Speck, Ulrich, *1848. Chronik einer deutschen Revolution*, Frankfurt am Main/Leipzig: Insel 1998.

Spivak, Gayatri Chakravorty, *Imperative zur Neuerfindung des Planeten. Imperatives to Re-Imagine the Planet*, hg. v. Willi Goetschel, Wien: Passagen 1999.

Stammen, Theo/Riescher, Gisela/Hofmann, Wilhelm (Hg.), *Hauptwerke der politischen Theorie*, Stuttgart: Kröner 1997.

Stefan, Verena, *Häutungen. Autobiographische Aufzeichnungen Gedichte Träume Analysen*, München: Frauenoffensive 1978, 13. Aufl. (1975).

Stetson, Dorothy McBride/Mazur, Amy (Eds.), *Comparative State Feminism*, Thousand Oaks/London/New Delhi: Sage 1995.

Stöcker, Helene, *Die Liebe und die Frauen*, Minden: Bruns 1908, 2. durchges. u. vermehrte Aufl. (1893ff./1906).

– *Liebe*, Berlin: Verlag der Neuen Generation 1927, veränderte 12. bis 17. Aufl. (1922).

Süssmuth, Rita, »Der Einfluss von Simone de Beauvoir auf mein Leben«, in: *Man wird nicht als Frau geboren. 50 Jahre nach dem »Anderen Geschlecht« ziehen Schriftstellerinnen und Politikerinnen gemeinsam Bilanz: Wo stehen die Frauen heute?*, hg. v. Alice Schwarzer, Köln: Kiepenheuer & Witsch 2000, S. 47-54.

Taylor, Viviene, »Political Restructuring and Social Transformation: Feminist Perspectives«, in: *Frauenpolitische Chancen globaler Politik. Verhandlungserfahrungen im internationalen Kontext*, hg. v. Barbara Holland-Cunz/Uta Ruppert, Opladen: Leske + Budrich 2000, S. 77-90.

Terkessidis, Mark, »Globale Kultur in Deutschland oder: Wie unterdrückte Frauen und Kriminelle die Hybridität retten«, in: *Kultur – Medien – Macht. Cultural Studies und Medienanalyse*, hg. v. Andreas Hepp/Rainer Winter, Opladen/Wiesbaden 1999 (nach dem Manuskript zitiert).

*The European Commission 2000-2005*, Luxemburg: Office for Official Publications of the European Communities 1999.

Thürmer-Rohr, Christina, *Vagabundinnen. Feministische Essays*, Berlin: Orlanda 1987 (1983ff.).

– *Verlorene Narrenfreiheit. Essays*, Berlin: Orlanda 1994 (1990ff.).

– »perhaps not yet, perhaps no longer«, in: *LOLApress*, Heft 15/2001, S. 8-13.

Tristan, Flora, *Fahrten einer Paria. Band I: Reise von Bordeaux nach Peru; Band II: Arequipa; Band III: Lima*, Zürich: Ala 1983, 1985, 1987 (in zwei Bänden 1837/1838).

– *Arbeiterunion. Sozialismus und Feminismus im 19. Jahrhundert*, hg. v. Paul B. Kleiser, Frankfurt am Main: isp 1988 (1843).

Uchatius, Wolfgang, »Der Krieg der Pazifisten«, in: *Die Zeit*, 21. September 2000, S. 17-23.

Unabhängiger Frauenverband und Argument-Frauenredaktion (Hg.), *Ohne Frauen ist kein Staat zu machen*, Hamburg: Argument 1990.

Wahl, Angelika von, *Gleichstellungsregime. Berufliche Gleichstellung von Frauen in den USA und in der Bundesrepublik Deutschland*, Opladen: Leske + Budrich 1999.

Walzer, Michael, *Vernunft, Politik und Leidenschaft. Defizite liberaler Theorie*, Frankfurt am Main: Fischer 1999.

Wawrzyn, Heidemarie, »Als die ›Mütter der Nation‹ Abschied nahmen von den Menschenrechten: Über Antisemitismus in den bürgerlichen Frauenbewegungen 1865-1918«, in: *Nation, Politik und Geschlecht. Frauenbewegungen und Nationalismus in der Moderne*, hg. v. Ute Planert, Frankfurt am Main/New York: Campus 2000, S. 182-197.

Werlhof, Claudia von/Mies, Maria/Bennholdt-Thomsen, Veronika, *Frauen, die letzte Kolonie. Zur Hausfrauisierung der Arbeit*, Reinbek bei Hamburg: Rowohlt 1988, 8.-15. Tsd. (1980ff.).

Wichterich, Christa, *Die globalisierte Frau. Berichte aus der Zukunft der Ungleichheit*, Reinbek bei Hamburg: Rowohlt 1998.

– *Wir wollen unsere Rechte jetzt – und zwar mit Zinsen. Fünf Jahre nach der 4. Weltfrauenkonferenz in Peking: Bilanzen, Positionen, Perspektiven*, hg. v. Heinrich-Böll-Stiftung, Berlin: Heinrich-Böll-Stiftung 2000.

Wickert, Christl, *Helene Stöcker. 1869-1943. Frauenrechtlerin, Sexualreformerin und Pazifistin. Eine Biographie*, Bonn: Dietz Nachf. 1991.

Wiechmann, Elke/Kißler, Leo, *Frauenförderung zwischen Integration und Isolation. Gleichstellungspolitik im kommunalen Modernisierungsprozeß*, Berlin: edition sigma 1997.

Windaus-Walser, Karin, »Gnade der weiblichen Geburt? Zum Umgang der Frauenforschung mit Nationalsozialismus und Antisemitismus«, in: *Feministische Studien*, Heft 1/1988, S. 102-115.

Wollstonecraft, Mary, *Ein Plädoyer für die Rechte der Frau*, Weimar: Hermann Böhlaus Nachf. 1999 (1792).

Wrangell, Ute von (Hg.), *So arbeiten Frauenbüros. Ein Reader*, Bielefeld: Kleine 1996.

– /Wurms, Renate/Wichmann, Maren/Bittner, Ulrike/Lemke, Liselotte/ Lück, Rosemarie (Hg.), *Frauenbeauftragte. Zu Ethos, Theorie und Praxis eines jungen Berufes*, Königstein/Taunus: Helmer 1998.

Young, Brigitte, »Politik und Ökonomie im Kontext der Globalisierung. Eine Geschlechterkritik«, in: *Geschlechterverhältnisse im Kontext politischer Transformation*, hg. v. Eva Kreisky/Birgit Sauer, PVS-Sonderheft 28/1997, Opladen/Wiesbaden: Westdeutscher Verlag 1998, S. 137-151.

Young, Iris Marion, »Humanismus, Gynozentrismus und feministische Politik«, in: *Denkverhältnisse. Feminismus und Kritik*, hg. v. Elisabeth

List/Herlinde Studer, Frankfurt am Main: Suhrkamp 1989, S. 37-65 (1985).
– *Justice and the Politics of Difference*, Princeton: University Press 1990.
– »Fünf Formen der Unterdrückung«, in: *Politische Theorie. Differenz und Lebensqualität*, hg. v. Herta Nagl-Docekal/Herlinde Pauer-Studer, Frankfurt am Main: Suhrkamp 1996, S. 99-139 (1990).
– »Das politische Gemeinwesen und die Gruppendifferenz. Eine Kritik am Ideal des universalen Staatsbürgerstatus«, in: *Jenseits der Geschlechtermoral. Beiträge zur feministischen Ethik*, hg. v. Herta Nagl-Docekal/Herlinde Pauer-Studer, Frankfurt am Main: Fischer 1993, S. 267-304.
– »Selbstbestimmung und globale Demokratie. Zur Kritik des liberalen Nationalismus«, in: *Deutsche Zeitschrift für Philosophie*, Heft 3/1998, S. 431-457.
Zetkin, Clara, *Die Arbeiterinnen- und Frauenfrage der Gegenwart*, Berlin: Volks-Tribüne 1889.
– *Zur Geschichte der proletarischen Frauenbewegung Deutschlands*, Frankfurt am Main: Roter Stern 1971 (1906/1928).

*Dritter Teil*

# Bibliographie

## Eine kommentierte Auswahl wichtiger Arbeiten

*Unter Mitarbeit von*
*Maren Kolkhorst und Lea Rosenberg*

## 1. Einführungen und Überblicksdarstellungen

Unter diesem Stichwort sind zwei Arten von Texten bzw. Textsammlungen verzeichnet: Arbeiten, die sich explizit als Einführungen und/oder Lehrbücher verstehen, sowie Arbeiten, die aufgrund der Vielfalt und Breite der zusammengestellten Aufsätze wie ein einführender Überblick in ein Themengebiet gelesen werden können. Unter die erste Kategorie fallen die Arbeiten von Becker-Schmidt/Knapp (2000), Braun u. a. (Lehrbuch mit Textsammlung), von Braun/Stephan, Brück u. a., Bührmann u. a. (Lehrbuch mit Textsammlung) und Hark (Lehrbuch mit Textsammlung). Unter die zweite Kategorie sind zu rechnen: Appelt/Neyer, Becker-Schmidt/Knapp (1995), Brückner/Meyer, Cottmann u. a., Diezinger u. a. (eine der wenigen Textsammlungen zur Methodik; dazu auch Althoff u. a.), Institut für Sozialforschung, Kreisky/Sauer (1995 und 1998), Kulawik/Sauer, Nagl-Docekal/Pauer-Studer und Hornung u. a. Mit jedem dieser Sammelbände lässt sich ein guter Überblick über Teilbereiche der sozialwissenschaftlichen, insbesondere der politikwissenschaftlichen Frauen- und Geschlechterforschung gewinnen. Ältere Überblicksbände, die wegen ihrer einflussreichen Texte aufgenommen wurden, sind die Editionen von Beer, Gerhard u. a., Helwig/Nickel, Knapp/Wetterer, List/Studer (empfehlenswert), Müller/Schmidt-Waldherr und die Monographie von Jaggar zu den verschiedenen Strömungen des Feminismus (leider nicht übersetzt). Zu historischen Fragen informieren die Textsammlungen von Conrad/Michalik und Frederiksen. LeserInnen, die eine Auseinandersetzung mit dem feministischen Postmodernismus suchen, seien auf die Einführung von Becker-Schmidt/Knapp (2000) verwiesen.

Althoff, Martina/Bereswill Mechthild/Riegraf, Birgit, *Feministische Methodologien und Methoden. Traditionen, Konzepte, Erörterungen*, Opladen: Leske + Budrich 2001.

Appelt, Erna/Neyer, Gerda (Hg.), *Feministische Politikwissenschaft*, Wien: Gesellschaftskritik 1994.

Becker-Schmidt, Regina/Knapp, Gudrun-Axeli (Hg.), *Das Geschlechterverhältnis als Gegenstand der Sozialwissenschaften*, Frankfurt am Main/New York: Campus 1995.

Becker-Schmidt, Regina/Knapp, Gudrun-Axeli, *Feministische Theorie zur Einführung*, Hamburg: Junius 2000.

Beer, Ursula (Hg.), *Klasse Geschlecht. Feministische Gesellschaftsanalysen und Wissenschaftskritik*, Bielefeld: AJZ 1987.

Braun, Christina von/Stephan, Inge (Hg.), *Gender-Studien. Eine Einführung*, Stuttgart/Weimar: Metzler 2000.

Braun, Kathrin/Fuchs, Gesine/Lemke, Christiane/Töns, Katrin (Hg.), *Feministische Perspektiven der Politikwissenschaft*, München/Wien: Oldenbourg 2000.

Brück, Brigitte/Kahlert, Heike/Krüll, Marianne/Milz, Helga/Osterland, Astrid/Wegehaupt-Schneider, Ingeborg, *Feministische Soziologie. Eine Einführung*, Frankfurt am Main/New York: Campus 1999, 2. aktualisierte Aufl.

Brückner, Margrit/Meyer, Birgit, *Die sichtbare Frau. Die Aneignung der gesellschaftlichen Räume*, Freiburg (Breisgau): Kore 1994.

Bührmann, Andrea/Diezinger, Angelika/Metz-Göckel, Sigrid, *Arbeit, Sozialisation, Sexualität: Zentrale Felder der Frauen- und Geschlechterforschung*, Opladen: Leske + Budrich 2000.

Conrad, Anne/Michalik, Kerstin (Hg.), *Quellen zur Geschichte der Frauen. Band 3. Neuzeit*, Stuttgart: Reclam 1999.

Cottmann, Angelika/Kortendiek, Beate/Schildmann, Ulrike (Hg.), *Das undisziplinierte Geschlecht. Frauen- und Geschlechterforschung – Einblick und Ausblick*, Opladen: Leske + Budrich 2000.

Diezinger, Angelika/Kitzer, Hedwig/Anker, Ingrid/Bingel, Irma/Haas, Erika/Odierna, Simone (Hg.), *Erfahrung mit Methode. Wege sozialwissenschaftlicher Frauenforschung*, Freiburg (Breisgau): Kore 1994.

Frederiksen, Elke (Hg.), *Die Frauenfrage in Deutschland 1865-1915. Texte und Dokumente*, Stuttgart: Reclam 1994.

Gerhard,Ute/Jansen, Mechtild/Maihofer, Andrea/Schmid, Pia/Schultz, Irmgard (Hg.), *Differenz und Gleichheit. Menschenrechte haben (k)ein Geschlecht*, Frankfurt am Main: Helmer 1990.

Hark, Sabine (Hg.), *Dis/Kontinuitäten: Feministische Theorie*, Opladen: Leske + Budrich 2001.

Helwig, Gisela/Nickel, Hildegard Maria (Hg.), *Frauen in Deutschland 1945-1992*, Berlin: Akademie 1993.

Hornung, Ursula/Gümen, Sedef/Weiland, Sabine (Hg.), *Zwischen Emanzipationsvision und Gesellschaftskritik: (Re)Konstruktionen der Geschlechterordnung in Frauenforschung – Frauenbewegung – Frauenpolitik*, Münster: Westfälisches Dampfboot 2001.

Institut für Sozialforschung Frankfurt (Hg.), *Geschlechterverhältnisse und Politik*, Frankfurt am Main: Suhrkamp 1994.

Jaggar, Alison M., *Feminist Politics and Human Nature*, Totowa/New York: Rowman + Allanheld 1983.

Knapp, Gudrun-Axeli/Wetterer, Angelika (Hg.), *TraditionenBrüche. Entwicklungen feministischer Theorie*, Freiburg (Breisgau): Kore 1992.

Kreisky, Eva/Sauer, Birgit (Hg.), *Geschlechterverhältnisse im Kontext politischer Transformation.* PVS Sonderheft 28/1997, Opladen/Wiesbaden: Westdeutscher Verlag 1998.

Kreisky, Eva/Sauer, Birgit (Hg.), *Feministische Standpunkte in der Politikwissenschaft. Eine Einführung*, Frankfurt am Main/New York: Campus 1995.

Kulawik, Teresa/Sauer, Birgit (Hg.), *Der halbierte Staat. Grundlagen feministischer Politikwissenschaft*, Frankfurt am Main/New York: Campus 1996.

List, Elisabeth/Studer, Herlinde (Hg.), *Denkverhältnisse. Feminismus und Kritik*, Frankfurt am Main: Suhrkamp 1989.

Müller, Ursula/Schmidt-Waldherr, Hiltraud (Hg.), *FrauenSozialKunde. Wandel und Differenzierung von Lebensformen und Bewußtsein*, Bielefeld: AJZ 1989.

Nagl-Docekal, Herta/Pauer-Studer, Herlinde (Hg.), *Politische Theorie. Differenz und Lebensqualität*, Frankfurt am Main: Suhrkamp 1996.

Seager, Joni, *Der Fischer Frauen-Atlas*, Frankfurt am Main: Fischer 1998.

## 2. KlassikerInnen

Eine ausführliche Orientierung über die älteren KlassikerInnen (zentrale Thesen, politischer Standort, theoriegeschichtliche Bedeutung) bietet der erste Textteil zum Gleichheitsversprechen (deshalb an dieser Stelle keine weiteren Kommentierungen). Die KlassikerInnen der Neuen Frauenbewegung sind in der Bibliographie dagegen meist (nur) unter dem einschlägigen inhaltlichen Stichwort zu finden. Von dieser Regel ausgenommen sind Autorinnen bzw. Texte, die aufgrund ihres Einflusses einen allgemeinen Einblick in die Denkweisen der neuen feministischen Theorie erlauben: die ersten englischsprachigen Theoretikerinnen Friedan, Firestone, Millett (vgl. auch 4.) und Greer, die in ihren Arbeiten alle Aspekte des Lebens von Frauen beleuchten; die heute viel gelesenen Autorinnen Benhabib und Fraser (vgl. beide auch unter 5.), deren anspruchsvolle Texte zur politischen Theorie zählen (die Arbeiten von Young werden bei 4./5. angeführt); die psychoanalytisch orientierten Autorinnen Mitchell, Chodorow, Dinnerstein und Gilligan, die den feministischen Blick auf soziale Weiblichkeit bestimmen; die Wissenschaftskritikerinnen Harding, Haraway und Keller; die ökofeministischen Klassikerinnen Daly (Spiritualistin) und Merchant (Wissenschaftshistorikerin); die zentrale postmoderne Theoretikerin Butler (vgl. auch 12.); die Schwarzen Theoretikerinnen Lorde und hooks (vgl. beide auch unter 11.); die politischen Philosophinnen Nussbaum (vgl. auch 8.) und Pateman (vgl. auch 4. und 5.). Eine der ersten deutschen Theoriearbeiten der Neuen Frauenbewegung stammt von Prokop; bis heute ist ihr Titel ein gebräuchlicher Begriff der feministischen Theorie. Dies gilt auch für den später erschienenen Aufsatz von Hausen. Eines der dickleibigsten Werke unter dem Stichwort »KlassikerInnen« ist die Arbeit der Journalistin Faludi, die sich mit dem Antifeminismus befasst: als umstrittene Problemanalyse zu empfehlen. Wollte man/frau aus der folgenden Literaturliste nur eine einzige Autorin als gleichsam idealtypische Vertreterin der heutigen feministischen Theorie nennen, so könnte die Wahl auf Fraser fallen.

Anneke, Mathilde Franziska, *Mutterland. Memoiren einer Frau aus dem badisch-pfälzischen Feldzuge 1848/1849*, Münster: tende 1982.

Bäumer, Gertrud, *Die Frau in der Krisis der Kultur*, Berlin: Herbig 1926.

Bäumer, Gertrud, *Die Frau im neuen Lebensraum*, Berlin: Herbig 1931.

Beauvoir, Simone de, *Das andere Geschlecht. Sitte und Sexus der Frau* (Neuübersetzung), Reinbek bei Hamburg: Rowohlt 1998.

Bebel, August, *Die Frau und der Sozialismus*, Berlin: Dietz 1979.

Benhabib, Seyla, *Selbst im Kontext*, Frankfurt am Main: Suhrkamp 1995.

Braun, Lily, Die *Frauen und die Politik*, Berlin: Buchhandlung Vorwärts 1906.

Braun, Lily, *Die Frauenfrage. Ihre geschichtliche Entwicklung und ihre wirtschaftliche Seite*, Berlin/Bonn: Dietz 1979.

Butler, Judith, *Das Unbehagen der Geschlechter*, Frankfurt am Main: Suhrkamp 1991.

Butler, Judith, *Körper von Gewicht. Die diskursiven Grenzen des Geschlechts*, Frankfurt am Main: Suhrkamp 1997.

Chodorow, Nancy, *Das Erbe der Mütter. Psychoanalyse und Soziologie der Geschlechter*, München: Frauenoffensive 1985.

Daly, Mary, *Gyn/Ökologie. Eine Meta-Ethik des radikalen Feminismus*, München: Frauenoffensive 1981.

Daly, Mary, *Reine Lust. Elemental-feministische Philosophie*, München: Frauenoffensive 1986.

Démar, Claire, »Appell einer Frau an das Volk über die Emanzipation der Frau«, in: *Das nächste Jahrhundert wird uns gehören. Frauen und Utopie 1830 bis 1840*, hg. v. Claudia von Alemann/Dominique Jallamion/Bettina Schäfer, Frankfurt am Main: Fischer 1981, S. 191-199.

Démar, Claire, »Meine Moral der Zukunft«, in: *Das nächste Jahrhundert wird uns gehören. Frauen und Utopie 1830 bis 1840*, hg. v. Claudia Alemann/Dominique Jallamion/Bettina Schäfer, Frankfurt am Main: Fischer 1981, S. 209-240.

Dinnerstein, Dorothy, *Das Arrangement der Geschlechter*, Stuttgart: DVA 1979.

Dohm, Hedwig, *Emanzipation*, Zürich: Ala 1982, 2. Aufl.

Dohm, Hedwig, *Der Frauen Natur und Recht*, Neukirch: Ala 1986.

Faludi, Susan, *Die Männer schlagen zurück. Warum die Siege des Feminismus sich in Niederlagen verwandeln und was Frauen dagegen tun können*, Reinbek bei Hamburg: Rowohlt 1993.

Firestone, Shulamith, *Frauenbefreiung und sexuelle Revolution*, Frankfurt am Main: Fischer 1975.

Fraser, Nancy, *Widerspenstige Praktiken. Macht, Diskurs, Geschlecht*, Frankfurt am Main: Suhrkamp 1994.

Fraser, Nancy, *Die halbierte Gerechtigkeit. Schlüsselbegriffe des postindustriellen Sozialstaats*, Frankfurt am Main: Suhrkamp 2001.

Friedan, Betty, *Der Weiblichkeitswahn oder Die Selbstbefreiung der Frau. Ein Emanzipationskonzept*, Reinbek bei Hamburg: Rowohlt 1970.

Friedan, Betty, *Der zweite Schritt. Ein neues feministisches Manifest*, Reinbek bei Hamburg: Rowohlt 1982.

Gerhard, Ute, »Menschenrechte auch für Frauen. Der Entwurf der Olympe de Gouges«, in: *Kritische Justiz*, Heft 2/1987, S. 127-149.

Gerhard, Ute/Hannover-Drück, Elisabeth/Schmitter, Romina (Hg.), *»Dem Reich der Freiheit werb' ich Bürgerinnen«. Die Frauen-Zeitung von Louise Otto*, Frankfurt am Main: Syndikat 1979.

Gilligan, Carol, *Die andere Stimme. Lebenskonflikte und Moral der Frau*, München/Zürich: Piper 1984.

Goldman, Emma, *Das Tragische an der Emanzipation der Frau. Frauen in der Revolution*, Berlin: Kramer 1987, 3. Aufl.

Goldman, Emma, *Gelebtes Leben. »Living My Life«. Band 1-3*, Berlin: Kramer 1988, 1990, 1990, 3. Aufl., 3. Aufl., 2. Aufl.

Greer, Germaine, *Der weibliche Eunuch. Aufruf zur Befreiung der Frau*, Frankfurt am Main: Fischer 1974.

Hagengruber, Ruth (Hg.), *Klassische philosophische Texte von Frauen*, München: dtv 1998.

Haraway, Donna, *Primate Visions. Gender, Race, and Nature in the World of Modern Science*, New York: Routledge 1989.

Harding, Sandra, *Feministische Wissenschaftstheorie. Zum Verhältnis von Wissenschaft und sozialem Geschlecht*, Hamburg: Argument 1990.

Harding, Sandra, *Das Geschlecht des Wissens. Frauen denken die Wissenschaft neu*, Frankfurt am Main/New York: Campus 1994.

Hausen, Karin, »Die Polarisierung der ›Geschlechtscharaktere‹. Eine Spiegelung der Dissoziation von Erwerbs- und Familienleben«, in: *Sozial-*

*geschichte der Familie in der Neuzeit Europas*, hg. v. Werner Conze, Stuttgart: Klett 1976, S. 363-393.

Heymann, Lida Gustava/Augspurg, Anita, *Erlebtes, Erschautes. Deutsche Frauen kämpfen für Freiheit, Recht und Frieden 1850-1940*, hg. v. Margrit Twellmann, Meisenheim am Glan: Hain 1972.

hooks, bell, *Ain't I a Woman: Black Women and Feminism*, Boston: South End Press 1981.

Keller, Evelyn Fox, *Liebe, Macht und Erkenntnis. Männliche oder weibliche Wissenschaft?*, München/Wien: Hanser 1986.

Keller, Evelyn Fox, *Secrets of Life, Secrets of Death. Essays on Language, Gender and Science*, New York/London: Routledge 1992.

Lange, Helene, *Die Frauenbewegung in ihren modernen Problemen*, Leipzig: Quelle + Meyer 1914, 2. umgearb. Aufl.

Lange, Helene, *Die Anfänge der Frauenbewegung*, Berlin: Herbig 1927.

Lange, Helene, *Kampfzeiten. Aufsätze und Reden aus vier Jahrzehnten*, Zweiter Band, Berlin: Herbig 1928.

Lange, Helene/Bäumer, Gertrud (Hg.), *Handbuch der Frauenbewegung. 1. Teil: Die Geschichte der Frauenbewegung in den Kulturländern*, Weinheim/Basel: Beltz 1980.

Lorde, Audre, *Zami. Ein Leben unter Frauen*, Frankfurt am Main: Fischer 1993.

Merchant, Carolyn, *Der Tod der Natur. Frauen, Ökologie und neuzeitliche Naturwissenschaft*, München: Beck 1987.

Merchant, Carolyn, *Ecological Revolutions. Nature, Gender, and Science in New England*, Chapel Hill/London: Univ. of North Carolina Press 1989.

Mill, John Stuart/Harriet Taylor Mill/Helen Taylor, *Die Hörigkeit der Frau*, hg. v. Ulrike Helmer. Mit einem Nachwort von Hannelore Schröder, Königstein/Taunus: Helmer 1991.

Millett, Kate, *Sexus und Herrschaft. Die Tyrannei des Mannes in unserer Gesellschaft*, Reinbek bei Hamburg: Rowohlt 1985.

Mitchell, Juliet, *Psychoanalyse und Feminismus. Freud, Reich, Laing und die Frauenbewegung*, Frankfurt am Main: Suhrkamp 1976.

Nussbaum, Martha C., *Gerechtigkeit oder Das gute Leben*, Frankfurt am Main: Suhrkamp 1999.

Otto, Luise, *Das Recht der Frauen auf Erwerb. Blicke auf das Frauenleben der Gegenwart*, Hamburg: Hoffmann + Campe 1866.

Pateman, Carole, *The Sexual Contract*, Cambridge UK: Polity 1988.

Prokop, Ulrike, *Weiblicher Lebenszusammenhang. Von der Beschränktheit der Strategien und der Unangemessenheit der Wünsche*, Frankfurt am Main: Suhrkamp 1976.

Rich, Adrienne, *Von Frauen geboren. Mutterschaft als Erfahrung und Institution*, München: Frauenoffensive 1979.

Schröder, Hannelore/Sauter, Theresia, »Zur politischen Theorie des Feminismus. Die Deklaration der Rechte der Frau und Bürgerin von 1791«, in: *Aus Politik und Zeitgeschichte*, Heft 48/1977, S. 29-54.
Schultz, Dagmar (Hg.), *Macht und Sinnlichkeit. Ausgewählte Texte von Adrienne Rich und Audre Lorde*, Berlin: sub rosa Frauenverlag 1983.
Stöcker, Helene, *Die Liebe und die Frauen*, Minden: Bruns 1908, 2. durchgeseh. u. vermehrte Aufl.
Stöcker, Helene, *Liebe*, Berlin: Verlag der Neuen Generation 1927, veränderte 12. bis 17. Aufl.
Tristan, Flora, *Fahrten einer Paria Band I: Reise von Bordeaux nach Peru; Band II: Arequipa; Band III: Lima*, Zürich: Ala 1983, 1985, 1987.
Tristan, Flora, *Arbeiterunion, Sozialismus und Feminismus im 19. Jahrhundert*, hg. v. Paul B. Kleiser, Frankfurt am Main: isp 1988.
Wollstonecraft, Mary, *Ein Plädoyer für die Rechte der Frau*, Weimar: Hermann Böhlaus Nachf. 1999.
Zetkin, Clara, *Die Arbeiterinnen- und Frauenfrage der Gegenwart*, Berlin: Volks-Tribüne 1889.
Zetkin, Clara, *Zur Geschichte der proletarischen Frauenbewegung Deutschlands*, Frankfurt am Main: Roter Stern 1971.

## 3. Frauenbewegung

Die Liste der Arbeiten zum Verlauf, den Strategien und Problemen der Alten und Neuen Frauenbewegung beansprucht keine Vollständigkeit. Aufgeführt werden Quellensammlungen zum alten und neuen Feminismus (z. B. Alemann u. a. zum alten, Anders oder Linnhoff zum neuen Feminismus), Frauenbewegungsgeschichte(n), sozialwissenschaftliche Analysen zu Inhalten und Strukturfragen (Bührmann, Clemens, Dackweiler, Freeman, Klinger, Wobbe), Bilanzierungen (z. B. Dackweiler/Schäfer, Schlaeger) und Politik- bzw. Strategiekritiken (z. B. Giebeler, Haug, Thürmer-Rohr, bedingt auch Rich). Die gebräuchlichsten Frauenbewegungsgeschichten zum deutschsprachigen Feminismus wurden von Gerhard (und Wischermann) sowie von Nave-Herz verfasst (vgl. aber auch Hervé, Schenk, Wiggershaus). Für den neuen US-amerikanischen Feminismus der sechziger bis achtziger Jahre ist die Arbeit von Ferree/Hess lohnenswert zu lesen. Selbstkritische Analysen der heutigen Frauenforschung zum alten und neuen Feminismus verdienen einen gesonderten Hinweis: Hier sind v. a. die Texte bzw. Textsammlungen von Koppert, Modelmog/Gräßel, Omran, Bereswill/Wagner und Planert zu nennen – während dagegen die Arbeiten von Schwarzer nicht unwesentlich der Würdigung der eigenen Aktivitäten dienen. Für weitere Literaturangaben sei auf Lenz u. a. (1996) verwiesen.


Alemann, Claudia von/Jallamion, Dominique/Schäfer, Bettina (Hg.), *Das nächste Jahrhundert wird uns gehören. Frauen und Utopie 1830 bis 1840*, Frankfurt am Main: Fischer 1981.

Anders, Ann (Hg.), *Autonome Frauen. Schlüsseltexte der Neuen Frauenbewegung seit 1968*, Frankfurt am Main: Athenäum 1988.

Bereswill, Mechthild/Wagner, Leonie (Hg.), *Bürgerliche Frauenbewegung und Antisemitismus*, Tübingen: diskord 1998.

Boetcher Joeres, Ruth-Ellen, *Die Anfänge der deutschen Frauenbewegung: Louise Otto-Peters*, Frankfurt am Main: Fischer 1983.

Bührmann, Andrea D., *Das authentische Geschlecht. Die Sexualitätsdebatte der Neuen Frauenbewegung und die Foucaultsche Machtanalyse*, Münster: Westfälisches Dampfboot 1995.

Clemens, Bärbel, *»Menschenrechte haben kein Geschlecht«: zum Politikverständnis der bürgerlichen Frauenbewegung*, Pfaffenweiler: Centaurus 1988.

Dackweiler, Regina, *Ausgegrenzt und eingemeindet. Die neue Frauenbewegung im Blick der Sozialwissenschaften*, Münster: Westfälisches Dampfboot 1995.

Dackweiler, Regina/Schäfer, Reinhild, »Bilanzen und Perspektiven der Frauenbewegungen. International oder gar nicht«, in: *Forschungsjournal Neue Soziale Bewegungen*, 11. Jg., Heft 1/1998, S. 113-130.

Dölle, Gilla/Hering, Sabine, *Lila ist Trumpf. Eine Bildergeschichte zur deutschen Frauenbewegung*, Münster: Westfälisches Dampfboot 1997.

Evans, Richard J., *Sozialdemokratie und Frauenemanzipation im deutschen Kaiserreich*, Berlin/Bonn: Dietz 1979.

Ferree, Myra Marx/Hess, Beth B., *Controversy and Coalition: The New Feminist Movement*, Boston: Twayne Publications 1985.

Freeman, Jo, »The Women's Liberation Movement: Its Origins, Structure, Activities, and Ideas«, in: *Women. A Feminist Perspective*, hg. v. Jo Freeman, Palo Alto: Mayfield 1984, S. 543-556, 3. Aufl.

*Forschungsjournal Neue Soziale Bewegungen, Geschlechtsblinder Diskurs. Frauenbewegung im internationalen Vergleich*, 14. Jg., Heft 2/2001.

Gerhard, Ute, *Atempause. Feminismus als demokratisches Projekt*. Frankfurt am Main: Fischer 1999.

Gerhard, Ute, unter Mitarbeit von Ulla Wischermann, *Unerhört. Die Geschichte der deutschen Frauenbewegung*, Reinbek bei Hamburg: Rowohlt 1990.

Giebeler, Cornelia, »Institutionalisierung der Empörung. Zum Verhältnis ›Bewegung‹ und ›Institution‹ am Beispiel der Frauenforschung«, in: *beiträge zur feministischen theorie und praxis*, 9. Jg., Heft 18/1986, S. 65-81.

Grubitzsch, Helga/Lagpacan, Loretta, *»Freiheit für die Frauen – Freiheit für das Volk!«. Sozialistische Frauen in Frankreich 1830-1848*, Frankfurt am Main: Syndikat 1980.

Haug, Frigga, *Frauen-Politiken*, Hamburg: Argument 1996.

Hervé, Florence (Hg.), *Geschichte der deutschen Frauenbewegung*, Köln: PapyRossa 2001, 7. verbesserte u. überarb. Aufl.

Hessische Landeszentrale für politische Bildung (Hg.), *Freiheit – Gleichheit – Schwesterlichkeit. Männer und Frauen zur Zeit der Französischen Revolution*, Wiesbaden: Landeszentrale 1989.

Holland-Cunz, Barbara, *Utopien der Neuen Frauenbewegung. Gesellschaftsentwürfe im Kontext feministischer Theorie und Praxis*, Meitingen: Corian 1988.

Kahlau, Cordula (Hg.), *Aufbruch! Frauenbewegung in der DDR. Dokumentation*, München: Frauenoffensive 1990.

Kleinau, Elke, *Die freie Frau. Soziale Utopien des frühen 19. Jahrhunderts*, Düsseldorf: Schwann 1987.

Klinger, Cornelia, »Déjà-vu oder die Frage nach den Emanzipationsstrategien im Vergleich zwischen der ersten und zweiten Frauenbewegung«, in: *Kommune*, 4. Jg., Heft 12/1986, S. 57-72.

Klinger, Cornelia: Abschied von der Emanzipationslogik? Die Gründe ihn zu fordern, zu feiern oder zu fürchten, in: Kommune, 6. Jg., Heft 1/1988, S. 39-53.

Koppert, Claudia (Hg.), *Glück, Alltag und Desaster. Über die Zusammenarbeit von Frauen*, Berlin: Orlanda 1993.

Lenz, Ilse/Szypulski, Anja/Molsich, Beate (Hg.), *Frauenbewegung international. Eine Arbeitsbibliographie*, Opladen: Leske + Budrich 1996.

Lenz, Ilse/Mae, Michiko/Klose, Karin (Hg.), *Frauenbewegungen weltweit. Aufbrüche, Kontinuitäten, Veränderungen*, Opladen: Leske + Budrich 2000.

Linnhoff, Ursula, *Die Neue Frauenbewegung. USA – Europa seit 1968*, Köln: Kiepenheuer + Witsch 1974.

Modelmog, Ilse/Gräßel, Ulrike (Hg.), *Konkurrenz und Kooperation. Frauen im Zwiespalt?*, Münster: Lit 1995.

Nave-Herz, Rosemarie, *Die Geschichte der Frauenbewegung in Deutschland*, Bonn: Bundeszentrale für politische Bildung 1997, 5. überarb. Auflage.

Omran, Susanne, *Frauenbewegung und »Judenfrage«. Diskurse um Rasse und Geschlecht nach 1900*, Frankfurt am Main/New York: Campus 2000.

Planert, Ute (Hg.), *Nation, Politik und Geschlecht. Frauenbewegungen und Nationalismus in der Moderne*, Frankfurt am Main/New York: Campus 2000.

Rich, Adrienne, *Um die Freiheit schreiben. Beiträge zur Frauenbewegung*, Frankfurt am Main: Suhrkamp 1990.

Schenk, Christina/Schindler, Christiane, »Frauenbewegung in Ostdeutschland – Eine kleine Einführung«, in: *beiträge zur feministischen theorie und praxis*, 16. Jg., Heft 35/1993, S. 131-145.
Schenk, Herrad, *Die feministische Herausforderung. 150 Jahre Frauenbewegung in Deutschland*, München: Beck 1992, 6. Aufl.
Schlaeger, Hilke (Hg.), *Mein Kopf gehört mir. Zwanzig Jahre Frauenbewegung*, München: Frauenoffensive 1988.
Schrupp, Antje, *Nicht Marxistin und auch nicht Anarchistin. Frauen in der Ersten Internationale*, Königstein/Taunus: Helmer 1999.
Schwarzer, Alice (Hg.), *Schwesternlust & Schwesternfrust – 20 Jahre Frauenbewegung.* EMMA Sonderband, Köln: Emma-Frauenverlag 1991.
Schwarzer, Alice, *So fing es an! Die neue Frauenbewegung*, München: dtv 1983.
Thönnessen, Werner, *Frauenemanzipation. Politik und Literatur der Deutschen Sozialdemokratie zur Frauenbewegung 1863-1933*, Frankfurt am Main: EVA 1969.
Thürmer-Rohr, Christina, *Vagabundinnen. Feministische Essays*, Berlin: Orlanda 1987.
Thürmer-Rohr, Christina, *Verlorene Narrenfreiheit. Essays*, Berlin: Orlanda 1994.
Twellmann, Margrit, *Die deutsche Frauenbewegung. Ihre Anfänge und erste Entwicklung 1843-1889*, Kronberg: Athenäum 1976.
Wickert, Christl (Hg.), *»Heraus mit dem Frauenwahlrecht«: die Kämpfe der Frauen in Deutschland und England um die politische Gleichberechtigung*, Pfaffenweiler: Centaurus 1990.
Wiggershaus, Renate, *Geschichte der Frauen und der Frauenbewegung in der Bundesrepublik Deutschland und der Deutschen Demokratischen Republik nach 1945*, Wuppertal: Hammer 1979.
Wobbe, Theresa, *Gleichheit und Differenz: politische Strategien von Frauenrechtlerinnen um die Jahrhundertwende*, Frankfurt am Main/New York: Campus 1989.

## 4. Macht – Herrschaft – Gewalt

Es mag auf den ersten Blick überraschen, dass an dieser Stelle nicht viele Seiten bibliographischer Angaben folgen, denn es existiert kaum eine feministische Analyse, die sich nicht mit mindestens einem dieser drei Begriffe/Stichworte verbinden ließe. Der Übersichtlichkeit halber sind im Folgenden jedoch nur solche Arbeiten angegeben, die sich ausdrücklich/ausschließlich mit dem Themenfeld in einem engeren Sinne befassen. Dies sind v. a. Texte und Textsammlungen, die sich mit den klassischen feministischen Fragen von Gewalt und sexualisierter Gewalt gegen Frauen beschäftigen (wichtig hier: Hagemann-White, Heiliger/Engelfried, Brockhaus/Kolshorn, Schröttle), aber auch solche Arbeiten, die sich der Analyse von Militarismus und Krieg (Albrecht-Heide, Eifler/Seifert, Rumpf) oder Nationalsozialismus (Ebbinghaus, Gravenhorst/Tatschmurat, Koonz) als Ausdrucksformen patriarchaler Herrschaft widmen. Die Bücher von Brownmiller zur Vergewaltigung (vgl. dazu aktuell Stiglmayer) und von Dworkin zur Pornographie stellen in diesem Themenfeld »Klassikerinnen« dar und sind auch heute noch lesenswert. Lerner wiederum hat eine aufschlussreiche historische Arbeit über die Entstehungsbedingungen des Patriarchats vorgelegt, die Klassikerin Pateman über sein neuzeitliches Selbstverständnis (leider nicht vollständig übersetzt). LeserInnen, die sich für die erste, grundlegende Analyse der Neuen Frauenbewegung zu patriarchaler Gewalt und Herrschaft interessieren, sollten die Monographie von Millett aus der Literaturliste auswählen. Für die heutige deutsche und internationale Theorie-Diskussion ist Arendts nichtfeministische Analyse zu Macht und Gewalt bedeutsam, da sich viele Autorinnen positiv auf Arendts Machtbegriff beziehen. Wer jedoch mit nur einem Aufsatz einen guten analytischen Einblick/Überblick erhalten möchte, sollte sich für den anspruchsvollen Text von Young entscheiden.


Albrecht-Heide, Astrid, *Frauen im Militär: dokumentiert am Beispiel der Vereinigten Staaten von Amerika*, Frankfurt am Main: Haag + Herchen 1981.

Albrecht-Heide, Astrid/Bujewski-Crawford, Utemaria, *Militärdienst für Frauen?* Frankfurt am Main/New York: Campus 1982.

Albrecht-Heide, Astrid/Bujewski-Crawford, Utemaria, *Frauen, Krieg, Militär: Images und Phantasien*, Tübingen: Verein für Friedenspädagogik 1991.

Arendt, Hannah, *Macht und Gewalt*, München/Zürich: Piper 1985, 5. Aufl.

Barrett, Michèle, *Das unterstellte Geschlecht. Umrisse eines materialistischen Feminismus*, Berlin: Argument 1983.

Becker-Schmidt, Regina, »Geschlechterverhältnis als Herrschaftsgefüge. Frauenpolitische Strategien«, in: *Wider das schlichte Vergessen: der deutsch-deutsche Einigungsprozeß. Frauen im Dialog*, hg. v. Christine Kulke/Heidi Kopp-Degethoff/Ulrike Ramming, Berlin: Orlanda 1992, S. 216-236.

*beiträge zur feministischen theorie und praxis. Gegen welchen Krieg – für welchen Frieden?*, 6. Jg., Heft 8/1983.
Brockhaus, Ulrike/Kolshorn, Maren, *Sexuelle Gewalt gegen Mädchen und Jungen. Mythen, Fakten, Theorien*, Frankfurt am Main/New York: Campus 1993.
Brownmiller, Susan, *Gegen unseren Willen. Vergewaltigung und Männerherrschaft*, Frankfurt am Main: Fischer 1980.
Dworkin, Andrea, *Pornographie. Männer beherrschen Frauen*, Köln: Emma-Frauenverlag 1987.
Ebbinghaus, Angelika (Hg.), *Opfer und Täterinnen. Frauenbiographien des Nationalsozialismus*, Nördlingen: Greno 1987.
Eckart, Christel (Hg.), *Sackgasse der Selbstbehauptung: feministische Analysen zu Rechtsradikalismus und Gewalt*, Kassel: Jenio + Preßler 1995.
Eifler, Christine/Seifert, Ruth (Hg.), *Soziale Konstruktionen – Militär und Geschlechterverhältnis*, Münster: Westfälisches Dampfboot 1999.
French, Marilyn, *Der Krieg gegen die Frauen*, München: Goldmann 1992.
Gravenhorst, Lerke/Tatschmurat, Carmen (Hg.), *TöchterFragen. NS-Frauengeschichte*, Freiburg (Breisgau): Kore 1990.
Hagemann-White, Carol, *Hilfen für mißhandelte Frauen: Abschlußbericht der wissenschaftlichen Begleitung des Modellprojekts Frauenhaus Berlin*, Stuttgart/Berlin/Köln/Mainz: Kohlhammer 1981.
Hagemann-White, Carol, *Strategien gegen Gewalt im Geschlechterverhältnis: Bestandsanalyse und Perspektiven*, Pfaffenweiler: Centaurus 1992.
Heiliger, Anita/Engelfried, Constance, *Sexuelle Gewalt. Männliche Sozialisation und potentielle Täterschaft*, Frankfurt am Main/New York: Campus 1995.
Jansen, Mechtild M./Baringhorst, Sigrid/Ritter, Martina (Hg.), *Frauen in der Defensive? Zur backlash-Debatte in Deutschland*, Münster: Lit. 1995.
Koonz, Claudia, *Mütter im Vaterland. Frauen im Dritten Reich*, Reinbek bei Hamburg: Rowohlt 1994.
Lenz, Ilse/Luig, Ute (Hg.), *Frauenmacht ohne Herrschaft. Geschlechterverhältnisse in nichtpatriarchalen Gesellschaften*, Berlin: Orlanda 1990.
Lerner, Gerda, *Die Entstehung des Patriarchats*, Frankfurt am Main/New York: Campus 1991.
Millett, Kate, *Sexus und Herrschaft. Die Tyrannei des Mannes in unserer Gesellschaft*, München: dtv 1977, 2. Aufl.
Pateman, Carol, *The Sexual Contract*, Cambridge UK: Polity 1988.
Pateman, Carole, »Feminismus und Ehevertrag«, in: *Politische Theorie. Differenz und Lebensqualität*, hg. v. Herta Nagl-Docekal/Herlinde Pauer-Studer, Frankfurt am Main: Suhrkamp 1996, S. 174-219.
Pateman, Carole, »Gleichheit, Differenz, Unterordnung. Die Mutterschaftspolitik und die Frauen in ihrer Rolle als Staatsbürgerinnen«, in: *Feministische Studien*, 10. Jg., Heft 1/1992, S. 54-69.

Ruf, Anja, *Frauenrechte – Menschenrechte: Dokumentation der internationalen Kampagne und Debatte von Frauen zur UN-Weltkonferenz über Menschenrechte*, Frankfurt am Main: epd-Entwicklungspolitik 1993.
Rumpf, Mechthild, »Staatsgewalt, Nationalismus und Krieg. Ihre Bedeutung für das Geschlechterverhältnis«, in: *Feministische Standpunkte in der Politikwissenschaft. Eine Einführung*, hg. v. Eva Kreisky/Birgit Sauer, Frankfurt am Main/New York: Campus 1995, S. 223-254.
Schröttle, Monika: *Politik und Gewalt im Geschlechterverhältnis. Eine empirische Untersuchung über Ausmaß, Ursachen und Hintergründe von Gewalt gegen Frauen in ostdeutschen Paarbeziehungen vor und nach der deutsch-deutschen Vereinigung*, Bielefeld: Kleine 1999.
Stiglmayer, Alexandra (Hg.), *Massenvergewaltigung. Krieg gegen die Frauen*, Frankfurt am Main: Fischer 1993.
Werlhof, Claudia von/Mies, Maria/Bennholdt-Thomsen, Veronika, *Frauen, die letzte Kolonie: zur Hausfrauisierung der Arbeit*, Zürich: Rotpunktverlag 1992, 3. unveränd. Neuaufl.
Wickert, Christl, *Frauen gegen die Diktatur – Widerstand und Verfolgung im nationalsozialistischen Deutschland*, Berlin: Ed. Hentrich 1995.
Young, Iris Marion, »Fünf Formen der Unterdrückung«, in: *Politische Theorie. Differenz und Lebensqualität*, hg. v. Herta Nagl-Docekal/Herlinde Pauer-Studer, Frankfurt am Main: Suhrkamp 1996, S. 99-139.

## 5. Demokratie und Partizipation

Da die Frauenbewegung seit ihren Anfängen im 18. Jahrhundert wesentlich eine *Demokratisierungsbewegung* ist und da die Forderungen nach politischer Teilhabe (vom Wahlrecht bis zur gerechten Mandatsverteilung) zu den zentralen feministischen Forderungen gehören, ist die Literatur zu diesem Themenfeld mittlerweile recht umfangreich – auch wenn die feministische Forschung den Begriff Demokratie erst neuerdings wieder selbstverständlich verwendet. Empirische Orientierung zum konkreten Stand der politischen Teilhabe von Frauen in Deutschland bieten die zahlreichen Partizipationsstudien von Brinkmann to Broxten, Corneließen, Hoecker, Meyer, Penrose, Schaeffer-Hegel (und u. a.), Schöler-Macher, Schwarting, Volk und Weber u. a. Daneben verzeichnet die folgende Liste eine ganze Reihe von Textsammlungen, in denen sowohl empirische Arbeiten zur Partizipation als auch eher demokratietheoretisch orientierte Aufsätze versammelt sind: Abels/Sifft, Appelt, Biester u. a., Maleck-Lewy/Penrose sowie Penrose/Rudolph. Diese Editionen verdeutlichen schon durch ihre Art der Textzusammenstellung, dass sich Partizipationsforschung und Demokratietheorie im Laufe der neunziger Jahre nahezu parallel entwickelt haben. Die neuere Demokratietheorie nimmt ihren Anfang bei Pateman (vgl. auch unter 2. und 4.) und wird von Phillips dann in mehreren viel gelesenen Arbeiten systematisiert. Young (Gruppenrepräsentation), Benhabib (Deliberation) und Mouffe (Radikaldemokratie; dazu auch Fraser) sind derzeit wichtige Protagonistinnen demokratietheoretischer Positionen. Die Analysen von Coole und Elshtain (1981) stehen dagegen beispielhaft für die entwickelte feministische Kritik an der politischen Theorie, eine Kritik, die die theoriegeschichtliche Basis feministischer Demokratietheorien bildet. Den besten Ein- und Überblick zur feministischen Debatte finden LeserInnen in Phillips' deutscher Publikation von 1995, der Übersetzung ihres Hauptwerks von 1991. Ein für die frauenpolitischen Diskussionen relevanter Titel des Mainstream ist ebenfalls verzeichnet: die ausführliche Arbeit von Cohen/Arato zur Theorie der Zivilgesellschaft.


Abels, Gabriele/Sifft, Stefanie (Hg.), *Demokratie als Projekt. Feministische Kritik an der Universalisierung einer Herrschaftsform*, Frankfurt am Main/New York: Campus 1999.

Appelt, Erna (Hg.), *Demokratie und das Fremde. Multikulturelle Gesellschaften als demokratische Herausforderung des 21. Jahrhunderts*, Innsbruck/Wien/München: StudienVerlag 2001.

Benhabib, Seyla, »Demokratie und Differenz. Betrachtungen über Rationalität, Demokratie und Postmoderne«, in: *Gemeinschaft und Gerechtigkeit*, hg. v. Micha Brumlik/Hauke Brunkhorst, Frankfurt am Main: Fischer 1993, S. 97-116.

Benhabib, Seyla, *Selbst im Kontext. Kommunikative Ethik im Spannungsfeld von Feminismus, Kommunitarismus und Postmoderne*, Frankfurt am Main: Suhrkamp 1995.

Berg, Tanja, »Intersubjektive Freiheit und diskursive Demokratie«, in: *femina politica*, 7. Jg., Heft 1/1998, S. 51-58.

Biester, Elke/Holland-Cunz, Barbara/Sauer, Birgit, *Demokratie oder Androkratie? Theorie und Praxis demokratischer Herrschaft in der feministischen Diskussion*, Frankfurt am Main/New York: Campus 1994.

Brinkmann to Broxten, Eva, *Nicht mehr ohne Geld und Macht. Vom politischen Reden und Handeln der Frauen im Hessischen Landtag 1970-1995*, Königstein/Taunus: Helmer 1996.

Cohen, Jean L./Arato, Andrew, *Civil Society and Political Theory*, Cambridge, Mass.: MIT Press 1992.

Coole, Diana H., *Women in Political Theory. From Ancient Misogyny to Contemporary Feminism*, New York/London/Toronto u. a.: Harvester/ Wheatsheaf 1993, 2. Aufl.

Cornelißen, Waltraud, »Politische Partizipation von Frauen in der alten Bundesrepublik und im vereinten Deutschland«, in: *Frauen in Deutschland 1945-1992*, hg. v. Gisela Helwig/Hildegard Maria Nickel, Berlin: Akademie 1993, S. 321-350.

Elshtain, Jean Bethke, *Public Man, Private Woman. Women in Social and Political Thought*, Princeton: University Press 1981.

Elshtain, Jean Bethke, *Democracy on Trial*, New York: Basic 1995.

*femina politica. Staats- und Demokratietheorien*, 7. Jg., Heft 1/1998.

Fraser, Nancy, »Equality, Difference, and Radical Democracy. The United States Feminist Debates Revisited«, in: *Radical Democracy. Identity, Citizen-ship, and the States*, hg. v. David Trend, New York/London: Routledge 1996, S. 197-208.

Gruppe Feministische Öffentlichkeit (Hg.), *Femina Publica. Frauen – Öffentlichkeit – Feminismus*, Köln: PapyRossa 1992.

Hoecker, Beate, *Frauen in der Politik. Eine soziologische Studie*, Opladen: Leske + Budrich 1987.

Hoecker, Beate, *Politische Partizipation von Frauen. Kontinuität und Wandel des Geschlechterverhältnisses in der Politik. Ein einführendes Studienbuch*, Opladen: Leske + Budrich 1995.

Hoecker, Beate, »Politische Partizipation von Frauen im vereinigten Deutschland. Ein Ost-West-Vergleich«, in: *Aus Politik und Zeitgeschichte*, Heft 21-22/1996, S. 23-33.

Hoecker, Beate, »Zwischen Macht und Ohnmacht: Politische Repräsentation von Frauen in den Staaten der Europäischen Union«, in: *Aus Politik und Zeitgeschichte*, Heft 52/1997, S. 3-14.

Hoecker, Beate (Hg.), *Handbuch Politische Partizipation von Frauen in Europa*, Opladen: Leske + Budrich 1998.

Hoecker, Beate, »Geschlechterdemokratie im europäischen Kontext. Die Konzepte der Europäischen Union zur Förderung der politischen Beteiligung von Frauen«, in: *Aus Politik und Zeitgeschichte*, Heft 31-32/2000, S. 30-38.

Holland-Cunz, Barbara, *Feministische Demokratietheorie. Thesen zu einem Projekt*, Opladen: Leske + Budrich 1998.

Holzhauer, Johanna/Steinbauer, Agnes, *Frauen an der Macht. Profile prominenter Politikerinnen*, Frankfurt am Main: Eichborn 1994.

Kahlweit, Cathrin, *Damenwahl. Politikerinnen in Deutschland*, München: Beck 1994.

Kenngott, Eva-Maria, »Feminismus und Demokratie«, in: *Leviathan*, Heft 3/1995, S. 351-375.

Leyrer, Katja, *Damenwahl im Senat. Frauen in der Politik*, Freiburg (Breisgau): Kore 1992.

Maleck-Lewy, Eva/Penrose, Virginia (Hg.), *Gefährtinnen der Macht. Politische Partizipation von Frauen im vereinigten Deutschland – eine Zwischenbilanz*, Berlin: sigma 1995.

Meyer, Birgit, »Die ›unpolitische‹ Frau. Politische Partizipation von Frauen oder: Haben Frauen ein anderes Verständnis von Politik?«, in: *Aus Politik und Zeitgeschichte*, Heft 25-26/1992, S. 3-13.

Meyer, Birgit, »Über das schwierige aber notwendige Verhältnis von Feminismus und Demokratie«, in: *Staat aus feministischer Sicht*, hg. v. Elke Biester/Brigitte Geißel/Sabine Lang/Birgit Sauer/Petra Schäfter/Brigitte Young, Berlin: Freie Universität 1992, S. 63-74.

Meyer, Birgit, »›Hat sie heute denn überhaupt gekocht?‹ Frauen in der Politik von der Nachkriegszeit bis heute«, in: *Die sichtbare Frau. Die Aneignung der gesellschaftlichen Räume*, hg. v. Margrit Brückner/Birgit Meyer, Freiburg (Breisgau): Kore 1994, S. 369-412.

Meyer, Birgit, »Amerika, hast Du es besser? Zur politischen Partizipation von Frauen in den USA«, in: *Aus Politik und Zeitgeschichte*, Heft 21-22/1996, S. 35-45.

Meyer, Birgit, *Frauen im Männerbund. Politikerinnen in Führungspositionen von der Nachkriegszeit bis heute*, Frankfurt am Main/New York: Campus 1998.

Molitor, Ute, *Wählen Frauen anders? Zur Soziologie eines frauenspezifischen politischen Verhaltens in der Bundesrepublik Deutschland*, Baden-Baden: Nomos 1992.

Mouffe, Chantal (Hg.), *Dimensions of Radical Democracy. Pluralism, Citizenship, Community*, London/New York: Verso 1992.

Mouffe, Chantal, »Feminism, Citizenship and Radical Democratic Politics«, in: *Feminists Theorize the Political*, hg. v. Judith Butler/Joan W. Scott, New York/London: Routledge 1992, S. 369-384.

Mouffe, Chantal, »Radical or Liberal Democracy?«, in: *Radical Democracy. Identity, Citizenship, and the State*, hg. v. David Trend, New York/London: Routledge 1996, S. 19-26.

Mouffe, Chantal, »Feministische Politik und die Frage der Identität«, in: *Demokratie und Differenz. Feministische Bündnispolitik auf dem Weg zu einer Zivilgesellschaft*, hg. v. Frauenanstiftung, Hamburg: Frauenanstiftung o. J. (1997), S. 33-38.

Pateman, Carole, *Participation and Democratic Theory*, London/New York: Cambridge University Press 1974, 4. Aufl.

Pateman, Carole, *The Disorder of Women. Democracy, Feminism and Political Theory*, Cambridge UK: Polity 1989.

Penrose, Virginia, *Orientierungsmuster des Karriereverhaltens deutscher Politikerinnen. Ein Ost-West-Vergleich*, Bielefeld: Kleine 1993.

Penrose, Virginia/Rudolph, Clarissa (Hg.), *Zwischen Machtkritik und Machtgewinn. Feministische Konzepte und politische Realität*, Frankfurt am Main/New York: Campus 1996.

Phillips, Anne, *Engendering Democracy*, Cambridge UK: Polity Press 1991.
Phillips, Anne, *Democracy and Difference*, Cambridge UK: Polity Press 1993.
Phillips, Anne, *The Politics of Presence*, Oxford: Oxford University Press 1995.
Phillips, Anne, *Geschlecht und Demokratie*, Hamburg: Rotbuch 1995.
Phillips, Anne, *Which Equalities Matter?*, Cambridge UK: Polity Press 1999.
Schaeffer-Hegel, Barbara, »Ist Politik noch Männersache? Ergebnisse einer Untersuchung über den Berliner Frauensenat von 1989-1990«, in: *Aus Politik und Zeitgeschichte*, Heft 45/1993, S. 3-13.
Schaeffer-Hegel, Barbara/mit Foster, Helga/Lukoschat, Helga/Mersmann, Rita/Ude, Silke/Weber, Ulla: *Frauen mit Macht. Zum Wandel der politischen Kultur durch die Präsenz von Frauen in Führungspositionen*, Pfaffenweiler: Centaurus 1995.
Schnitger, Elke, *Frauen und Parlamente. Verhältnisse und Verhinderungen*, Oldenburg: Bibliotheks- und Informationssystem der Universität Oldenburg 1990.
Schöler-Macher, Birgit, »Fremd(körper) in der Politik. Die Normalität des politischen Alltags in Parteien und Parlamenten aus der Sicht von Frauen«, in: *ifg Frauenforschung*, 9. Jg., Heft 1-2/1991, S. 98-116.
Schöler-Macher, Bärbel, »Frauen in der Politik. Anmerkungen zu einer spannungsreichen Beziehung«, in: *Geschlechterverhältnisse – schlechte Verhältnisse? Verpaßte Chancen der Moderne*, hg. v. Susanne Lang/Dagmar Richter, Marburg: Schüren 1994, S. 138-148.
Schöler-Macher, Bärbel, *Die Fremdheit der Politik. Erfahrungen von Frauen in Parteien und Parlamenten*, Weinheim: Deutscher Studien Verlag 1994.
Schwarting, Frauke, *»Manchmal hast du das Gefühl, du stimmst nicht ganz«. Erfahrungen von Frauen in Parlamenten*, Münster: Agenda 1995.
Volk, Inge (Hg.), *Gibt es eine weibliche Politik? Gespräche mit Politikerinnen*, Berlin/Weinheim: Quadriga 1992.
Weber, Ulla/Esch, Marion/Schaeffer-Hegel, Barbara, »Politikerin als Beruf. Ergebnisse einer Untersuchung zur politischen Bildung und Professionalisierung von Frauen für die Politik«, in: *Aus Politik und Zeitgeschichte*, Heft 22-23/1998, S. 3-11.
Young, Iris Marion, *Justice and the Politics of Difference*, Princeton: University Press 1990.
Young, Iris Marion, »Das politische Gemeinwesen und die Gruppendifferenz. Eine Kritik am Ideal des universalen Staatsbürgerstatus«, in: *Jenseits der Geschlechtermoral. Beiträge zur feministischen Ethik*, hg. v. Herta Nagl-Docekal/Herlinde Pauer-Studer, Frankfurt am Main: Fischer 1993, S. 267-304.

Young, Iris Marion, »Geschlecht als serielle Kollektivität: Frauen als soziales Kollektiv«, in: *Geschlechterverhältnisse und Politik*, hg. v. Institut für Sozialforschung Frankfurt, Frankfurt am Main: Suhrkamp 1994, S. 223-261.

## 6. Sozialstaat und Staatsvorstellungen

Eine allgemeinere feministische Staatsdiskussion ist erst jüngeren Datums (hierzulande relevant für den Beginn: Biester u. a.); denn viele Jahre haben sich Feministinnen v. a. mit der Analyse des Sozialstaats befasst. Einen analytischen Überblick über die gesamte Diskussion einschließlich ihrer unterschiedlichen Teilbereiche liefert die Monographie von Seemann (1996), die deshalb als grundlegender Text empfohlen wird, obgleich sie keinen Einführungscharakter hat. Klassische Sozialstaatsanalysen, die zeitlich vor den Staatsanalysen publiziert wurden, stellen die Textsammlungen von Gerhard u. a. und Gordon dar, v. a. aber die »klassischen« Aufsätze von Hernes und Nelson. Für die Lektüre von MacKinnon (1989) sollten sich LeserInnen entscheiden, die sich für den Grundlagentext zur feministischen Staatstheorie in der internationalen Diskussion interessieren (leider nicht übersetzt); für die Texte von Kreisky sollten sich diejenigen entscheiden, die eine einflussreiche deutschsprachige Position kennen lernen möchten. Die neuere Staatstheorie orientiert sich allerdings an postmodernen Lesweisen, exemplarisch nachzulesen bei Pringle/Watson. Dass unterdessen die Analysen tiefer gehen, lässt sich an Sammelbänden wie jenem von Kerchner/Wilde ablesen. Die aktuellste Studie schließlich ist die Arbeit von Sauer.

Biester, Elke/Geißel, Brigitte/Lang, Sabine/Sauer, Birgit/Schäfter, Petra/Young, Brigitte (Hg.), *Staat aus feministischer Sicht*, Berlin: Freie Universität 1992.

Eisenstein, Zillah R., »The Patriarchal Relations of the Reagan State«, in: *Signs*, 10. Jg., Heft 2/1984, S. 329-337.

Gerhard, Ute/Schwarzer, Alice/Slupik, Vera (Hg.), *Auf Kosten der Frauen. Frauenrechte im Sozialstaat*, Weinheim/Basel: Beltz 1988.

Gordon, Linda (Hg.), *Women, the State, and Welfare*, Madison: University of Wisconsin Press 1990.

Hernes, Helga Maria, »Women and the Welfare State: the Transition from Private to Public Dependence«, in: *Women and the State. The Shifting*

*Boundaries of Public and Private*, hg. v. Anne Showstack Sasson, London/New York: Routledge 1987, S. 72-92.
Kerchner, Brigitte/Wilde, Gabriele (Hg.), *Staat und Privatheit. Aktuelle Studien zu einem schwierigen Verhältnis*, Opladen: Leske + Budrich 1997.
Kreisky, Eva, »Der Staat als ›Männerbund‹. Der Versuch einer feministischen Staatssicht«, in: *Staat aus feministischer Sicht*, hg. v. Elke Biester/Brigitte Geißel/Sabine Lang/Birgit Sauer/Petra Schäfter/Brigitte Young, Berlin: Freie Universität 1992, S. 53-62.
Kreisky, Eva, »Der Staat ohne Geschlecht? Ansätze feministischer Staatskritik und feministischer Staatserklärung«, in: *Feministische Standpunkte in der Politikwissenschaft. Eine Einführung*, hg. v. Birgit Sauer/Eva Kreisky, Frankfurt am Main/New York: Campus 1995, S. 203-222.
Kreisky, Eva, »Der Stoff, aus dem die Staaten sind. Zur männerbündischen Fundierung politischer Ordnung«, in: *Das Geschlechterverhältnis als Gegenstand der Sozialwissenschaften*, hg. v. Regina Becker-Schmidt/Gudrun-Axeli Knapp, Frankfurt am Main/New York: Campus 1995, S. 85-124.
MacKinnon, Catharine A., »Feminismus, Marxismus, Methode und der Staat: Ein Theorieprogramm«, in: *Denkverhältnisse. Feminismus und Kritik*, hg. v. Elisabeth List/Herlinde Studer, Frankfurt am Main: Suhrkamp 1989, S. 86-132.
MacKinnon, Catharine A., *Toward a Feminist Theory of the State*, Cambridge, Mass./London: Harvard University Press 1989.
Nelson, Barbara J., »The Origins of the Two-Channel Welfare State: Workmen's Compensation and Mother's Aid«, in: *Women, the State, and Welfare*, hg. v. Linda Gordon, Madison: University of Wisconsin Press 1990, S. 123-151.
Pringle, Rosemary/Watson, Sophie, »›Women's Interests‹ and the Post-Structuralist State«, in: *Destabilizing Theory. Contemporary Feminist Debates*, hg. v. Michèle Barrett/Anne Phillips, Cambridge UK: Polity 1992, S. 53-73.
Sasson, Anne Showstack (Hg.), *Women and the State. The Shifting Boundaries of Public and Private*, London/New York: Routledge 1987.
Sauer, Birgit, *Die Asche des Souveräns. Staat und Demokratie in der Geschlechterdebatte*, Frankfurt am Main/New York: Campus 2001.
Schaeffer-Hegel, Barbara (Hg.), *Vater Staat und seine Frauen. Erster Band: Beiträge zur politischen Theorie*, Pfaffenweiler: Centaurus 1990.
Schaeffer-Hegel, Barbara (Hg.), *Vater Staat und seine Frauen. Zweiter Band: Studien zur politischen Kultur*, Pfaffenweiler: Centaurus 1990.
Schunter-Kleemann, Susanne, »Wohlfahrtsstaat und Patriarchat – Ein Vergleich europäischer Länder«, in: *Herrenhaus Europa – Geschlechterverhältnisse im Wohlfahrtsstaat*, hg. v. Susanne Schunter-Kleemann, Berlin: sigma 1992, S. 141-327.

Seemann, Birgit, *Feministische Staatstheorie. Der Staat in der deutschen Frauen- und Patriarchatsforschung*, Opladen: Leske + Budrich 1996.
Seemann, Birgit, »›Feminism Has No Theory of the State‹? Perspektiven feministisch-politikwissenschaftlicher Staatsforschung in der BRD«, in: *femina politica*, 7. Jg., Heft 1/1998, S. 15-25.
Werlhof, Claudia von, »Zum Verhältnis von ›Staat‹ und ›Kapital‹ und ›Patriarchat‹«, in: *beiträge zur feministischen theorie und praxis*, 8. Jg., Heft 13/1985, S. 63-78.
Young, Brigitte, »Der Staat – eine ›Männerdomäne‹? Überlegungen zur feministischen Staatsanalyse«, in: *Staat aus feministischer Sicht*, hg. v. Elke Biester/Brigitte Geißel/Sabine Lang/Birgit Sauer/Petra Schäfter/Brigitte Young, Berlin: Freie Universität 1992, S. 7-18.

## 7. Innovationen des Politischen

Die in diesem Abschnitt versammelten Arbeiten repräsentieren das Spektrum der politischen »Neuerfindungen«, die die Neue Frauenbewegung in den achtziger und v. a. in den neunziger Jahren hervorgebracht hat: Gleichstellungsgesetze, betriebliche Frauenförderung, kommunale Frauenbeauftragte, Quotenregelungen und andere strategische Instrumente der Gleichstellungspolitik. Die Autorinnen widmen sich meist entweder einem spezifischen Ort der Gleichstellungspolitik (so beispielsweise Batisweiler u. a. den Hochschulen, von Wrangell u. a. den kommunalen Frauenbüros), oder sie analysieren ein bestimmtes Politikfeld wie etwa Henninger, die sich der Frauenförderung in der Arbeitsmarktpolitik widmet. Für eine Auseinandersetzung mit den grundlegenden philosophischen Fragen, die durch Quotenregelungen berührt werden, ist der von Rössler herausgegebene Sammelband mit wichtigen theoretischen Aufsätzen empfehlenswert. Die Aufsatzsammlung von Stetson/Mazur wendet sich an LeserInnen, die sich einen international vergleichenden Überblick zum staatlichen Feminismus verschaffen möchten. Die gleichstellungspolitischen Debatten der ersten Jahren sind in der Bibliographie von Richelmann fast vollständig versammelt; da diese Titel meist nur beschreibenden Charakter haben, sind im Folgenden vorwiegend neuere Arbeiten aufgeführt – mit wenigen »klassischen« Ausnahmen (Franzway u. a., Krautkrämer-Wagner, Meuser, Raasch, Rudolph). In dem Sammelband von Rieger schließlich werden auch die autonomen Frauenprojekte einer rückblickenden Analyse unterzogen.

Batisweiler, Claudia/Lembeck, Elisabeth/Jansen, Mechthild (Hg.), *Geschlechterpolitik an Hochschulen: Perspektivenwechsel. Zwischen Frauenförderung und Gender Mainstreaming*, Opladen: Leske + Budrich 2001.

Bergmann, Christine, »Gleichstellungspolitik – weiterhin aktuell«, in: *Gewerkschaftliche Monatshefte*, 51. Jg., Heft 12/2000, S. 665-668.

Biester, Elke/Holland-Cunz, Barbara/Maleck-Lewy, Eva/Ruf, Anja/Sauer, Birgit (Hg.), *Gleichstellungspolitik – Totem und Tabus. Eine feministische Revision*, Frankfurt am Main/New York: Campus 1994.

Blattert, Barbara Maria, *Aus(sen)wirkungen staatlicher Frauenpolitik. Eine Untersuchung des Verhältnisses von Gleichstellungsstelle und Frauenprojekten in Berlin*, Frankfurt am Main/Berlin/Bern/New York/Paris/Wien: Lang 1998.

Bock-Rosenthal, Erika (Hg.), *Frauenförderung in der Praxis. Frauenbeauftragte berichten*, Frankfurt am Main/New York: Campus 1990.

Cordes, Mechthild, *Frauenpolitik. Gleichstellung oder Gesellschaftsveränderung. Ziele – Institutionen – Strategien*, Opladen: Leske + Budrich 1996.

Epstein, Margit K., *Sprache macht Geschlecht. Die Kategorien »Mann« und »Frau« in Texten zur Gleichstellungspolitik*, Frankfurt am Main/New York: Campus 2000.

Franzway, Suzanne/Court, Dianne/Connell, R. W., *Staking a Claim. Feminism, Bureaucracy and the State*, Cambridge UK: Polity Press 1989.

Fries, Ursula/Hornung, Ursula, »›Ob Männlein oder Weiblein – das spielt keine Rolle‹. Frauenförderung, Gleichstellungsideologie und Politik im Mittelstand«, in: *WSI-Mitteilungen*, 50. Jg., Heft 1/1997, S. 31-37.

Henninger, Annette, *Frauenförderung in der Arbeitsmarktpolitik. Feministische Rückzugsgefechte oder Zukunftskonzept?*, Opladen: Leske + Budrich 2000.

Hornung, Ursula, »Tarifliche und betriebliche Vereinbarungen zur Frauenförderung: Ein Weg zur beruflichen Gleichstellung der Geschlechter?«, in: *Transformationen im Geschlechterverhältnis*, hg. v. Brigitte Aulenbacher/Monika Goldmann, Frankfurt am Main/New York: Campus 1993, S. 131-168.

Jung, Dörthe/Küpper, Gunhild, *Gender Mainstreaming und betriebliche Veränderungsprozesse*, Bielefeld: Kleine 2001.

Krautkrämer-Wagner, Uta, *Die Verstaatlichung der Frauenfrage. Gleichstellungsinstitutionen der Bundesländer – Möglichkeiten und Grenzen staatlicher Frauenpolitik*, Bielefeld: Kleine 1989.

Lehnert, Nicole, *»... und jetzt wollen sie uns wieder in die Frauenecke stellen!«: die Bedeutung der Kategorie Geschlecht in den Vorstellungen von Frauenförderung*, Bielefeld: Kleine 1999.

Meuser, Michael, *Gleichstellung auf dem Prüfstand. Frauenförderung in der Verwaltungspraxis*, Pfaffenweiler: Centaurus 1989.

Raasch, Sibylle, *Frauenquoten und Männerrechte*, Baden-Baden: Nomos 1991.

Richelmann, Doris, *Gleichstellungsstellen, Frauenförderung, Quotierung. Entwicklung und Diskurs aktueller frauenpolitischer Ansätze. Ein Literaturbericht mit Auswahlbibliographie*, Bielefeld: Kleine 1991.

Rieger, Renate (Hg.), *Der Widerspenstigen Lähmung? Frauenprojekte zwischen Autonomie und Anpassung*, Frankfurt am Main/New York: Campus 1993.

Riegraf, Birgit, *Geschlecht und Mikropolitik. Das Beispiel betrieblicher Gleichstellung*, Opladen: Leske + Budrich 1996.

Rössler, Beate, *Quotierung und Gerechtigkeit. Eine moralphilosophische Kontroverse*, Frankfurt am Main/New York: Campus 1993.

Rudolph, Clarissa, *Die andere Seite der Frauenbewegung. Frauengleichstellungsstellen in Deutschland*, Pfaffenweiler: Centaurus 1993.

Stetson, Dorothy McBride/Mazur, Amy G. (Hg.), *Comparative State Feminism*, Thousand Oaks/London/New Delhi: Sage 1995.

Wahl, Angelika von, *Gleichstellungsregime. Berufliche Gleichstellung von Frauen in den USA und in der Bundesrepublik Deutschland*, Opladen: Leske + Budrich 1999.

Wrangel, Ute von (Hg.), *So arbeiten Frauenbüros. Ein Reader*, Bielefeld: Kleine 1996.

Wrangell, Ute von/Wurms, Renate/Wichmann, Maren/Bittner, Ulrike/Lemke, Liselotte/Lück, Rosemarie (Hg.), *Frauenbeauftragte. Zu Ethos, Theorie und Praxis eines jungen Berufes*, Königstein/Taunus: Helmer 1998.

## 8. Globalisierung

Die im Mainstream mittlerweile kaum mehr zu überblickende Anzahl von Arbeiten, die sich mit allen Aspekten der Globalisierung befassen (und für die hier exemplarisch die Analysen von Altvater/Mahnkopf und Beisheim u. a. angeführt werden), hat auch in der feministischen Forschung eine, wenn auch nicht ganz so »überwältigende« Entsprechung. Kaum ein aktueller Text kommt heute ohne Überlegungen zur Globalisierung aus; die ausgewählten Arbeiten befassen sich jedoch ausschließlich oder überwiegend mit dem Thema. Diejenige Textsammlung, die den breitesten Überblick über die deutschsprachige wissenschaftliche Debatte bietet, ist der von Kreisky/Sauer herausgegebene Band, die meist gelesene Monographie dürfte das essayistisch geschriebene Buch von Wichterich sein. Die Heterogenität des wissenschaftlichen »Gegenstands« Globalisierung spiegelt sich in der Heterogenität der wissenschaftlichen Literatur wider: Fragen internationaler Gerechtigkeit (z. B. Braun/Jung, Nussbaum), Strukturen globaler politischer Entscheidungswege (z. B. Brand u. a., Young) oder die frauenpolitischen Erfahrungen auf der internationalen politischen Bühne (z. B. Klingebiel/Randeria, Holland-Cunz/Ruppert, Ruppert) werden derzeit alle parallel bearbeitet. Für LeserInnen, die sich in das Thema »Globalisierung und Geschlechterverhältnisse« einarbeiten möchten, liegt mit dem informativen Buch von Wichterich eine gute Einführung vor. Auch das Heft der Zeitschrift *beiträge zur feministischen theorie und praxis* kann diesen Zweck erfüllen. Sehr lesenswert ist ebenfalls die Arbeit von Klein. »Fortgeschrittenen« seien die Aufsätze von Jessop und Lenz empfohlen.

Altvater, Elmar/Mahnkopf, Birgit, *Grenzen der Globalisierung. Ökonomie, Ökologie und Politik in der Weltgesellschaft*, Münster: Westfälisches Dampfboot 1996.

Appelt, Erna, *Geschlecht Staatsbürgerschaft Nation. Politische Konstruktionen des Geschlechterverhältnisses in Europa*, Frankfurt am Main/New York: Campus 1999.

Beisheim, Marianne/Dreher, Sabine/Walter, Gregor/Zangl, Bernhard/Zürn, Michael, *Im Zeitalter der Globalisierung? Thesen und Daten zur gesellschaftlichen und politischen Denationalisierung*, Baden-Baden: Nomos 1999.

*beiträge zur feministischen theorie und praxis. Global lokal postsozial*, 21. Jg., Heft 47-48/1998.

Benhabib, Seyla, *Kulturelle Vielfalt und demokratische Gleichheit. Politische Partizipation im Zeitalter der Globalisierung. Horkheimer Vorlesungen*, Frankfurt am Main: Fischer 1999.

Bongert, Elisabeth, »Transnationale Demokratie aus feministischer Sicht«, in: *Transnationale Demokratie. Impulse für ein demokratisch verfasstes Europa*, hg. v. Roland Erne/Andreas Gross/Bruno Kaufmann/Heinz Kleger, Zürich: Realotopia 1995, S. 60-92.

Brand, Ulrich/Brunnengräber, Achim/Schrader, Lutz/Stock, Christian/Wahl, Peter, *Global Governance. Alternative zur neoliberalen Globalisierung?*, Eine Studie von Heinrich-Böll-Stiftung und WEED, Münster: Westfälisches Dampfboot 2000.

Braun, Helga/Jung, Dörthe (Hg.), *Globale Gerechtigkeit? Feministische Debatte zur Krise des Sozialstaats*, Hamburg: Konkret 1997.

Holland-Cunz, Barbara/Ruppert, Uta (Hg.), *Frauenpolitische Chancen globaler Politik. Verhandlungserfahrungen im internationalen Kontext*, Opladen: Leske + Budrich 2000.

Jessop, Bob, »Nationalstaat, Globalisierung, Gender«, in: *Geschlechterverhältnisse im Kontext politischer Transformation*. PVS-Sonderheft 28/1997, hg. v. Eva Kreisky/Birgit Sauer, Opladen/Wiesbaden: Westdeutscher Verlag 1998, S. 262-292.

Klein, Naomi: *No Logo! Der Kampf der Global Players um Marktmacht. Ein Spiel mit vielen Verlierern und wenigen Gewinnern*, Riemann (Bertelsmann): o. O. 2001, 2. Aufl.

Klingebiel, Ruth/Randeria, Shalini (Hg.), *Globalisierung aus Frauensicht. Bilanzen und Visionen*, Bonn: Dietz Nachf. 1998.

Kreisky, Eva/Sauer, Birgit (Hg.), *Geschlechterverhältnisse im Kontext politischer Transformation*. PVS-Sonderheft 28/1997, Opladen/Wiesbaden: Westdeutscher Verlag 1998, S. 137-151.

Lenz, Ilse, »Grenzziehungen und Öffnungen. Zum Verhältnis von Geschlecht und Ethnizität zu Zeiten der Globalisierung«, in: *Wechselnde Blicke. Frauenforschung in internationaler Perspektive*, hg. v. Ilse Lenz/Andrea Germer/Brigitte Hasenjürgen, Opladen: Leske + Budrich 1996, S. 200-229.

Lenz, Ilse/Nickel, Hildegard Maria/Riegraf Birgit (Hg.), *Geschlecht – Arbeit – Zukunft*, Münster: Westfälisches Dampfboot 2000.

McCordruck, Pamela/Ramsey, Nancy, *Die Zukunft der Frauen. Szenarien für das 21. Jahrhundert*, Frankfurt am Main: Fischer 1998.

Nussbaum, Martha C., »Menschliches Tun und soziale Gerechtigkeit. Zur Verteidigung des aristotelischen Essentialismus«, in: *Gemeinschaft und Gerechtigkeit*, hg. v. Micha Brumlik/Hauke Brunkhorst, Frankfurt am Main: Fischer 1993, S. 323-361.

Nussbaum, Martha C., *Gerechtigkeit oder Das gute Leben*, hg. v. Herlinde Pauer-Studer, Frankfurt am Main: Suhrkamp 1999.

Ruf, Anja, *Weltwärts Schwestern! Von der Weltfrauenkonferenz in die globale Zukunft*, Bonn: Dietz 1996.

Ruppert, Uta (Hg.), *Lokal bewegen – global verhandeln. Internationale Politik und Geschlecht*, Frankfurt am Main/New York: Campus 1998.

Wichterich, Christa, *Die globalisierte Frau. Berichte aus der Zukunft der Ungleichheit*, Reinbek bei Hamburg: Rowohlt 1998.

Young, Iris Marion, »Selbstbestimmung und globale Demokratie. Zur Kritik des liberalen Nationalismus«, in: *Deutsche Zeitschrift für Philosophie*, 48. Jg., Heft 3/1998, S. 431-457.

## 9. Stadt – Raum

Wenn heute Stadt und/oder Raum zur Sprache kommen, werden die lokalen Räume meist im Kontext der Globalisierungsdiskussion betrachtet (Stichwort: Glokalisierung). Tatsächlich ist die feministische Stadtsoziologie und Raumplanung jedoch eine Teildisziplin, die älter ist als etwa die aktuellen Diskurse um »global cities«. Die Bezüge des Fachgebiets sind zahlreich: zur Arbeitsforschung (Hausarbeit, Wohnen; z. B. Terlinden), zur Architektur (z. B. Agrest u. a.), zur Verkehrsplanung (geschlechtsspezifische Verkehrspolitik; z. B. Bauhardt), zur politischen Theorie (Öffentlichkeit, Privatheit; z. B. Sonderheft *Frei. Räume*) und zur klassischen Stadt- und Regionalforschung. Seit Mitte der achtziger Jahre publizieren feministische Stadt- und Raumforscherinnen regelmäßig im stetig wachsenden Forschungsfeld; dies ist insbesondere in den Bänden der Zeitschrift *Frei. Räume* (Heft 1/1983 bis Band 10/1998) gut nachvollziehbar. Der wichtigste ältere Sammelband, der einen Überblick über das gesamte Feld präsentiert, ist die Edition von Dörhöfer von 1990; lesenswerten Überblickscharakter haben auch die Sammelbände Dörhöfer/Terlinden (1987, 1998), Bauhardt/Becker und Garber/Turner. Die neuesten Publikationen zum Thema Stadt/Raum sind breit angelegte allgemeine Untersuchungen (Löw (2001), Heeg, Sturm).

Agrest, Diana/Conway, Patricia/Weisman, Leslie Kanes (Hg.), *The Sex of Architecture*, New York: Abrams 1996.

Alisch, Monika, *Frauen und Gentrification. Der Einfluß von Frauen auf die Konkurrenz um den innerstädtischen Wohnraum*, Wiesbaden: Deutscher Universitäts-Verlag 1993.

Andres-Müller, Heide/Heipcke, Corinna/Wagner, Leonie/Wilde-Stockmeyer, Marlis (Hg.), *Ortsveränderungen. Perspektiven weiblicher Partizipation und Raumaneignung*, Königstein/Taunus: Helmer 1999.

Bauhardt, Christine, *Stadtentwicklung und Verkehrspolitik. Eine Analyse aus feministischer Sicht*, Basel/Boston/Berlin: Birkhäuser 1995.

Bauhardt, Christine/Becker, Ruth (Hg.), *Durch die Wand! Feministische Konzepte zur Raumentwicklung*, Pfaffenweiler: Centaurus 1997.

*beiträge zur feministischen theorie und praxis. Frauen, Räume, Architektur, Umwelt*, 3. Jg., Heft 4/1980.

Breckner, Ingrid, *Wohnen zwischen Macht und Ohnmacht*, München: Anstiftung Gemeinnützige Forschungsgesellschaft 1993.

Dörhöfer, Kerstin (Hg.), *Stadt – Land – Frau. Soziologische Analysen, feministische Planungsansätze*. Freiburg (Breisgau): Kore 1990.
Dörhöfer, Kerstin/Terlinden, Ulla (Hg.), *Verbaute Räume. Auswirkungen von Architektur und Stadtplanung auf das Leben von Frauen*. Köln: Pahl-Rugenstein 1987, 2. erw. Aufl.
Dörhöfer, Kerstin/Terlinden, Ulla, *Verortungen. Geschlechterverhältnisse und Raumstrukturen*, Basel/Boston/Berlin: Birkhäuser 1998.
*Frei. Räume. Streitschrift der feministischen Organisation von Planerinnen und Architektinnen/FOPA e. V. Sonderheft 1992/93, Raum greifen und Platz nehmen. Dokumentation der 1. Europäischen Planerinnentagung*, Zürich/Dortmund: Edition Eberbach im eFeF-Verlag 1993.
*Frei. Räume. Streitschrift der feministischen Organisation von Planerinnen und Architektinnen/FOPA e. V. Entschleunigung. Die Abkehr von einem Lei(d)tbild*, Band 7, Bielefeld: Kleine 1994.
*Frei. Räume. Streitschrift der feministischen Organisation von Planerinnen und Architektinnen/FOPA e. V. Zwischen Abgrenzung und Annäherung. Planerinnen und Planungspraxis in den neuen Bundesländern*, Band 8, Bielefeld: Kleine 1995.
*Frei. Räume. Streitschrift der feministischen Organisation von Planerinnen und Architektinnen/FOPA e. V. Ortswechsel. Blickwechsel. Frauenräume in der Migration*, Band 9, Bielefeld: Kleine 1996.
*Frei. Räume. Streitschrift der feministischen Organisation von Planerinnen und Architektinnen/FOPA e. V. Neue Wege – Neue Ziele. Positionen feministischer Planung*, Band 10, Bielefeld: Kleine 1998.
Garber, Judith A./Turner, Robyne S. (Hg.), *Gender in Urban Research*, Thousand Oaks, California/London/New Delhi: Sage 1995.
Heeg, Susanne, *Politische Regulation des Raums. Metropolen – Regionen – Nationalstaat*, Berlin: Edition Sigma 2001.
Karhoff, Brigitte/Ring, Rosemarie/Steinmaier, Helga, *Frauen verändern ihre Stadt. Selbstorganisierte Projekte der sozialen und ökologischen Stadterneuerung. Vom Frauenstadthaus bis zur Umplanung einer Großsiedlung*, hg. v. FOPA e. V., Dortmund: Edition Eberbach im eFeF-Verlag 1993.
Löw, Martina, R*aum greifen. Alleinwohnende Frauen zwischen Arbeit, sozialen Beziehungen und der Kultur des Selbst*, Bielefeld: Kleine 1994.
Löw, Martina, *Raumsoziologie*, Frankfurt am Main: Suhrkamp 2001.
Rau, Petra, *Der Alltag als Maßstab für Infrastrukturplanung. Strukturelle Gewalt durch Planung, eine vorläufig letzte Zustandsbeschreibung*, Berlin: Technische Universität, Verkehrswesenseminar 1991.
Rodenstein, Marianne, *Wege zur nicht-sexistischen Stadt. Architektinnen und Planerinnen in den USA*, Freiburg (Breisgau): Kore 1994.
Spitthöfer, Maria, *Frauen in städtischen Freiräumen*, Köln: Pahl-Rugenstein 1989.

Sturm, Gabriele, *Wege zum Raum. Methodologische Annäherung an ein Basiskonzept raumbezogener Wissenschaften*, Opladen: Leske + Budrich 2000.

Terlinden, Ulla, *Gebrauchswirtschaft und Raumstruktur. Ein feministischer Ansatz in der soziologischen Stadtforschung*, Stuttgart: Silberburg 1990.

## 10. Arbeit und Ungleichheit

V. a. in der bundesdeutschen Frauenforschung haben Analysen in diesem Themenfeld bereits seit den siebziger Jahren Tradition; deshalb sind in der folgenden Liste – ohne allzu riskante inhaltliche Einbußen – ausschließlich deutschsprachige Arbeiten verzeichnet. Die Texte von Becker-Schmidt, Beck-Gernsheim, Eckart u. a., Gerhard und Ostner repräsentieren die erste Generation einschlägiger Analysen, die Arbeiten von Beer und Wetterer stehen gleichsam für die strukturanalytisch argumentierende Textgeneration, während Behning, Cyba, Frerichs/Steinrügge, Geissler u. a., Gottschall, Heintz u. a., Lenz u. a., Pfau-Effinger, Schäfgen und Stolz-Willig/Veil das breite Spektrum aktueller Untersuchungsfragen dokumentieren. Die thematische Orientierung hat sich im Laufe von über 20 Jahren von eher deskriptiven Forschungsarbeiten zur Frauenarbeit (insbesondere zur Relation von Haus- und Erwerbsarbeit) zu stärker grundlegenden Analysen struktureller Ungleichheit verschoben. Das Themenspektrum hat sich zudem deutlich ausdifferenziert; feministische Wissenschaftlerinnen haben im Feld »Arbeit und Ungleichheit« eine hohe professionelle Spezialisierung erlangt. Die Untersuchungsfragen reichen heute von der reflexiven Aufarbeitung der Debatten bis zu Fragen europäischer Kultur. Eckarts Arbeiten, die über einen Zeitraum von 20 Jahren reichen, geben mittelbar Aufschluss über wichtige Entwicklungslinien. LeserInnen, die einen Einblick in die widersprüchliche Situation junger Frauen suchen, sollten sich für die lesenswerte Textsammlung von Oechsle/Geissler entscheiden; LeserInnen, die sich für historische Thematisierungsweisen zur Frauenarbeit interessieren, finden in der Quellensammlung von Brinker-Gabler entsprechende Materialien.

Becker-Schmidt-Regina, *Eines ist zuwenig – beides ist zuviel: Erfahrungen von Arbeiterfrauen zwischen Familie und Fabrik*, Bonn: Verl. Neue Gesellschaft 1985, 2. Aufl.

Beck-Gernsheim, Elisabeth, *Der geschlechtsspezifische Arbeitsmarkt. Zur Ideologie und Realität von Frauenberufen*, Frankfurt am Main: Campus 1981.

Beer, Ursula, *Theorien geschlechtlicher Arbeitsteilung*, Frankfurt am Main/New York: Campus 1984.

Beer, Ursula, *Geschlecht, Struktur, Geschichte. Soziale Konstituierung des Geschlechterverhältnisses*, Frankfurt am Main/New York: Campus 1990.

Behning, Ute (Hg.), *Das Private ist ökonomisch: Widersprüche der Ökonomisierung privater Familien- und Haushalts-Dienstleistungen*, Berlin: sigma 1997.

Brinker-Gabler, Gisela (Hg.), *Frauenarbeit und Beruf*. Mit Beiträgen von Lily Braun, Hedwig Dohm u. a., Frankfurt am Main: Fischer 1979.

Cyba, Eva, *Geschlecht und soziale Ungleichheit. Konstellationen der Frauenbenachteiligung*, Opladen: Leske + Budrich 2000.

Eckart, Christel, *Geschlechterverhältnis und Reproduktion*, Offenbach am Main: Verlag 2000 1987.

Eckart, Christel, *Der Preis der Zeit: eine Untersuchung der Interessen von Frauen an Teilzeitarbeit*, Frankfurt am Main/New York: Campus 1990.

Eckart, Christel (Hg.), *Fürsorge, Anerkennung, Arbeit*, *Feministische Studien*, 18. Jg., Extra, Weinheim: Deutscher Studienverlag 2000.

Eckart, Christel/Jaerich, Ursula G./Kramer, Helgard, *Frauenarbeit in Familie und Fabrik: eine Untersuchung von Bedingungen und Barrieren der Interessenwahrnehmung von Industriearbeiterinnen*, Frankfurt am Main/New York: Campus 1979.

Frerichs, Petra/Steinrücke, Margareta, »Klasse und Geschlecht. Anerkennungschancen von Frauen im System gesellschaftlicher Arbeitsteilung«, in: *Aus Politik und Zeitgeschichte*, Heft 36-37/1995, S. 13-22.

Frerichs, Petra/Steinrücke, Margareta, *Klasse und Geschlecht 1. Arbeit – Macht – Anerkennung – Interessen*, Opladen: Leske + Budrich 1997.

Geissler, Birgit/Maier, Friederike/Pfau-Effinger, Birgit (Hg.), *FrauenArbeitsMarkt. Der Beitrag der Frauenforschung zur sozio-ökonomischen Theorieentwicklung*, Berlin: sigma 1998.

Gerhard, Ute, *Verhältnisse und Verhinderungen. Frauenarbeit, Familie und Rechte der Frauen im 19. Jahrhundert. Mit Dokumenten*, Frankfurt am Main: Suhrkamp 1978.

Gottschall, Karin, *Soziale Ungleichheit und Geschlecht. Kontinuitäten und Brüche, Sackgassen und Erkenntnispotentiale im deutschen soziologischen Diskurs*, Opladen: Leske + Budrich 2000.

Gräbe, Sylvia (Hg.), *Private Haushalte und neue Arbeitsmodelle. Arbeitsmarkt und Sozialpolitik im Kontext veränderter Lebensformen*, Frankfurt am Main/New York: Campus 1995.

Hausen, Karin/Krell, Gertraude (Hg.), *Frauenerwerbsarbeit. Forschungen zu Geschichte und Gegenwart*, München/Mering: Rainer Hampp 1993.

Heintz, Bettina/Nadai, Eva/Fischer, Regula/Ummel Hannes, *Ungleich unter Gleichen. Studien zur geschlechtsspezifischen Segregation des Arbeitsmarktes*, Frankfurt am Main/New York: Campus 1997.

Lenz, Ilse/Nickel, Hildegard Maria/Riegraf, Birgit (Hg.), *Geschlecht – Arbeit – Zukunft*, Münster: Westfälisches Dampfboot 2000.

Maier, Friederike, »Entwicklung der Frauenerwerbstätigkeit in der Europäischen Union«, in: *Aus Politik und Zeitgeschichte*, Heft 52/1997, S. 15-27.

Oechsle, Mechtild/Geissler, Birgit (Hg.), *Die ungleiche Gleichheit. Junge Frauen und der Wandel im Geschlechterverhältnis*, Opladen: Leske + Budrich 1998.

Ostner, Ilona, *Beruf und Hausarbeit. Die Arbeit der Frau in unserer Gesellschaft*, Frankfurt am Main/New York: Campus 1978.

Pfau-Effinger, Birgit, *Kultur und Frauenerwerbstätigkeit in Europa. Theorie und Empirie des internationalen Vergleichs*, Opladen: Leske + Budrich 2000.

Schäfgen, Katrin, *Die Verdopplung der Ungleichheit. Sozialstruktur und Geschlechterverhältnisse in der Bundesrepublik und in der DDR*, Opladen: Leske + Budrich 2000.

Stolz-Willig, Brigitte/Veil, Mechtild (Hg.), *Es rettet uns kein höh'res Wesen. Feministische Perspektiven der Arbeitsgesellschaft*, Hamburg: VSA 1999.

Wetterer, Angelika (Hg.), *Profession und Geschlecht. Über die Marginalität von Frauen in hochqualifizierten Berufen*, Frankfurt am Main/New York: Campus 1992.

Wetterer, Angelika (Hg.), *Die soziale Konstruktion von Geschlecht in Professionalisierungsprozessen*, Frankfurt am Main/New York: Campus 1995.

Willms-Herget, Angelika, *Frauenarbeit. Zur Integration der Frauen in den Arbeitsmarkt*, Frankfurt am Main/New York: Campus 1985.

Wolf-Graaf, Anke, *Die verborgene Geschichte der Frauenarbeit. Eine Bildchronik*. Weinheim/Basel: Beltz 1983.

## 11. Gender, Race, and Class

Obgleich schon Millett (vgl. unter 2. und 4.) Ende der sechziger Jahre das Verhältnis unterschiedlicher Formen von Herrschaft zueinander anspricht, ist die Debatte zur systematischen Relation von Sexismus (»gender«), Rassismus (»race«) und Klassenherrschaft (»class«) erst neueren Datums. Sie wurde durch die Kritik

Schwarzer Feministinnen am weißen Mittelschicht-Feminismus ausgelöst: sowohl am alltäglichen Rassismus der Protagonistinnen als auch an der Dominanz des Antisexismus in Theorie und Praxis. Klassische Texte dazu sind v. a. die Arbeiten von Lorde und hooks (vgl. beide auch unter 2.); lohnenswert sind weiterhin die neueren, leider nicht übersetzten Bücher von Albrecht/Brewer, Anthias u. a., Chow u. a., Collins und James/Busia. Im deutschsprachigen Raum wurden Rassismuskritik und antirassistische feministische Politiken v. a. durch die Hefte der Zeitschrift *beiträge zur feministischen theorie und praxis* thematisiert, zugänglich gemacht und verbreitet. Viel diskutierte Texte bzw. Textsammlungen sind die Arbeiten von van den Broek, Eichhorn, Hügel u. a., Kraft/Ashraf-Khan, Uremovic/Oerter und besonders die beiden angeführten Titel von Kalpaka/Räthzel. An ihrem empfehlenswerten Aufsatz von 1991 ist hervorzuheben, dass die schwierige Relation von Antisexismus und Antirassismus selbstkritisch thematisiert wird. Vergleichbar wichtig ist auch die Textsammlung von Rommelspacher. Der Titel ihres Buches ist als analytischer Begriff in die Diskussion eingegangen; dies signalisiert die Bedeutung, die Rommelspacher hierzulande für die Analyse von Sexismus/Rassismus hat. Neben den Arbeiten der Klassikerinnen bieten Rommelspachers Texte einen guten Einstieg in dieses Themenfeld.


Albrecht, Lisa/Brewer, Rose M. (Hg.), *Bridges of Power. Women's Multicultural Alliances*, Philadelphia/Gabriola Island: New Society 1990.

Anthias, Floya/Yuval-Davis, Nira/Cain, Harriet, *Racialized Boundaries. Race, Nation, Gender, Colour and Class and the Anti-Racist Struggle*, London/New York: Routledge 1993.

*beiträge zur feministischen theorie und praxis. Rassismus – Antisemitismus – Fremdenhaß – geteilter Feminismus*, 13. Jg., Heft 27/1990.

*beiträge zur feministischen theorie und praxis. Ent-fremdung. Migration und Dominanzgesellschaft*, 19. Jg., Heft 42/1996.

Broek, Lida van den, *Am Ende der Weißheit. Vorurteile überwinden. Ein Handbuch*, Berlin: Orlanda 1988.

Chow, Esther Ngan-ling/Wilkinson, Doris/Baca Zinn, Maxine (Hg.), *Race, Class & Gender. Common Bonds, Different Voices*, Thousand Oaks, California/London/Neu Delhi: Sage 1996.

Collins, Patricia Hill, *Black Feminist Thought. Knowledge, Consciousness and the Politics of Empowerment*, London/New York: Routledge 1991.

Davis, Angela, *Women, Race and Class*, New York: Random House 1981.

Eichhorn, Cornelia, »›Frauen sind die Neger aller Völker‹. Überlegungen zu Feminismus, Sexismus und Rassismus«, in: *diskus*, Heft 2/1992, S. 36-39.
hooks, bell, »Schwesterlichkeit: Politische Solidarität unter Frauen«, in: *beiträge zur feministischen theorie und praxis*, 13. Jg., Heft 27/1990, S. 77-92.
hooks, bell, »Feminismus – eine transformative Politik«, in: *Selbst Bewußt. Frauen in den USA*, hg. v. Nancy Kaiser, Leipzig: Reclam 1994, S. 323-337.
hooks, bell, *Black Looks. Popkultur – Medien – Rassismus*, Berlin: Orlanda 1994.
hooks, bell, *Sehnsucht und Widerstand. Kultur, Ethnie, Geschlecht*, Berlin: Orlanda 1996.
Hügel, Ika/Lange, Chris/Ayim, May/Bubeck, Ilona/Aktas, Gülsen/Schultz, Dagmar (Hg.), *Entfernte Verbindungen. Rassismus, Antisemitismus, Klassenunterdrückung*, Berlin: Orlanda 1993.
James, Stanlie M./Busia, Abena P. A. (Hg.), *Theorizing Black Feminism. The Visionary Pragmatics of Black Women*, London/New York: Routledge 1993.
Kalpaka, Annita/Räthzel, Nora (Hg.), *Die Schwierigkeit, nicht rassistisch zu sein*, Köln: Dreisam 1994.
Kalpaka, Annita/Räthzel, Nora, »Im Netz der Herrschaft. Frauen – Männergewalt – Rassismus«, in: *Feministische Studien*, 9. Jg., Heft 2/1991, S. 21-40.
Kraft, Marion/Ashraf-Khan, Rukhsana Shamim (Hg.), *Schwarze Frauen der Welt. Europa und Migration*, Berlin: Orlanda 1994.
Lorde, Audre, *Sister Outsider. Essays and Speeches*, Trumansbury: Crossing Press 1984.
Rommelspacher, Birgit, *Dominanzkultur. Texte zu Fremdheit und Macht*, Berlin: Orlanda 1995.
Tillner, Christiane (Hg.), *Frauen – Rechtsextremismus Rassismus Gewalt. Feministische Beiträge*, Münster: agenda 1994.
Uremovic, Olga/Oerter, Gundula (Hg.), *Frauen zwischen Grenzen. Rassismus und Nationalismus in der feministischen Diskussion*, Frankfurt am Main/New York: Campus 1994.

## 12. Sex and Gender

Auch die Sex-Gender-Debatte gehört zu den jüngeren Themen feministischer Theorie. Die Kontroversen um das Verhältnis von biologischem Geschlecht (»sex«) und sozialem Geschlecht (»gender«) wurden v. a. durch die postmodernen Arbeiten von Butler ausgelöst und international theoretisch bedeutsam. Zahlreiche

Diskussionen im Anschluss an und im Umkreis von Butlers Denkweise sind nachzulesen; hier wären v. a. Benhabib u. a., das Heft der Zeitschrift *Feministische Studien*, Nicholson und Wobbe/Lindemann zu nennen. Im Kontext der Auseinandersetzungen stehen auch die Texte bzw. Textsammlungen von Bublitz, Flax, Gildemeister und Gildemeister/Wetterer, Haraway, Institut für Sozialforschung, Knapp und Maihofer. Eine stark beachtete historische Analyse hat Honegger vorgelegt. Ergänzt wird das Bild des Themenfeldes durch neue Arbeiten der so genannten Männerforschung: Connell und Bosse/King sind beispielhaft in die folgende Liste aufgenommen. Dass das soziale Geschlecht gleichsam gesellschaftlich hergestellt wird, wussten allerdings, wenngleich diffuser, auch schon Feministinnen vor Butler, so beispielsweise Hagemann-White und Scheu (beide gehören zu den ersten Autorinnen der bundesdeutschen Neuen Frauenbewegung). Zur Situation junger Frauen sei hier noch einmal auf den Sammelband von Oechsle/Geissler und zudem auf Flaake/King verwiesen; das Selbstverständnis junger Frauen heute, v. a. ihre soziale Geschlechtsidentität betreffend, wird zunehmend als relevante Frage betrachtet. Butlers anspruchsvoller Text von 1991 kann, obgleich zentral, wegen des Textniveaus nicht als Einstieg empfohlen werden; geeigneter ist die Textsammlung von Benhabib u. a.

Bauhardt, Christine/Wahl, Angelika von (Hg.), *Gender and Politics. »Geschlecht« in der feministischen Politikwissenschaft*, Opladen: Leske + Budrich 1999.

Beck, Ulrich/Beck-Gernsheim, Elisabeth, *Das ganz normale Chaos der Liebe*, Frankfurt am Main: Suhrkamp 1990.

Becker-Schmidt, Regina/Knapp, Gudrun-Axeli, *Geschlechtertrennung – Geschlechterdifferenz: Suchbewegungen sozialen Lernens*, Bonn: Neue Gesellschaft 1987.

Benhabib, Seyla/Butler, Judith/Cornell, Drucilla/Fraser, Nancy, *Der Streit um Differenz. Feminismus und Postmoderne in der Gegenwart*, Frankfurt am Main: Fischer 1993.

Bosse, Hans/King, Vera (Hg.), *Männlichkeitsentwürfe. Wandlungen und Widerstände im Geschlechterverhältnis*, Frankfurt am Main/New York: Campus 2000.

Bublitz, Hannelore (Hg.), *Das Geschlecht der Moderne – Zur Genealogie und Archäologie der Geschlechterdifferenz*, Frankfurt am Main/New York: Campus 1998.

Butler, Judith, »Gender Trouble, Feminist Theory, and Psychoanalytic Discourse«, in: *Feminism/Postmodernism*, hg. v. Linda J. Nicholson, New York/London: Routledge 1990, S. 324-340.

Butler, Judith, *Das Unbehagen der Geschlechter*, Frankfurt am Main: Suhrkamp 1991.

Butler, Judith, *Körper von Gewicht. Die diskursiven Grenzen des Geschlechts*, Frankfurt am Main: Suhrkamp 1997.

Connell, Robert W., *Der gemachte Mann. Konstruktion und Krise von Männlichkeiten*, Opladen: Leske + Budrich 1999.

Dölling, Irene/Krais, Beate (Hg.), *Ein alltägliches Spiel. Geschlechterkonstruktion in der sozialen Praxis*, Frankfurt am Main: Suhrkamp 1997.

*Feministische Studien. Kritik der Kategorie »Geschlecht«*, 11. Jg., Heft 2/1993.

Flaake, Karin/King, Vera (Hg.), *Weibliche Adoleszenz. Zur Sozialisation junger Frauen*, Frankfurt am Main/New York: Campus 1992.

Flax, Jane, »Postmoderne und Geschlechter-Beziehungen in der feministischen Theorie«, in: *Lust an der Erkenntnis: Der Mensch als soziales Wesen. Sozialpsychologisches Denken im 20. Jahrhundert. Ein Lesebuch*, hg. v. Heiner Keupp, München: Piper 1995.

Gildemeister, Regine, »Die soziale Konstruktion von Geschlechtlichkeit«, in: *Feministische Vernunftkritik. Ansätze und Traditionen*, hg. v. Ilona Ostner/Klaus Lichtblau, Frankfurt am Main/New York: Campus 1992, S. 220-234.

Gildemeister, Regine/Wetterer, Angelika, »Wie Geschlechter gemacht werden. Die soziale Konstruktion der Zweigeschlechtlichkeit und ihre Reifizierung in der Frauenforschung«, in: *TraditionenBrüche. Entwicklungen feministischer Theorie*, hg. v. Gudrun-Axeli Knapp/Angelika Wetterer, Freiburg (Breisgau): Kore 1992, S. 201-254.

Hagemann-White, Carol, »Wir werden nicht zweigeschlechtlich geboren...«, in: *FrauenMännerBilder. Männer und Männlichkeit in der feministischen Diskussion*, hg. v. Carol Hagemann-White/Maria S. Rerrich, Bielefeld: AJZ 1988, S. 224-235.

Hagemann-White, Carol, *Sozialisation: männlich – weiblich?*, Opladen: Leske + Budrich 1984.

Haraway, Donna, »Geschlecht, Gender, Genre. Sexualpolitik eines Wortes«, in: *Viele Orte. Überall? Feminismus in Bewegung. Festschrift für Frigga Haug*, hg. v. Kornelia Hauser, Berlin/Hamburg: Argument 1987, S. 22-41.

Honegger, Claudia, *Die Ordnung der Geschlechter. Die Wissenschaften vom Menschen und das Weib 1750-1850*, Frankfurt am Main/New York: Campus 1991.

Institut für Sozialforschung Frankfurt (Hg.), *Geschlechterverhältnisse und Politik*, Frankfurt am Main: Suhrkamp 1994.

Knapp, Gudrun-Axeli (Hg.), *Kurskorrekturen. Feminismus zwischen Kritischer Theorie und Postmoderne*, Frankfurt am Main/New York: Campus 1998.
Maihofer, Andrea, *Geschlecht als Existenzweise: Macht, Moral, Recht und Geschlechterdifferenz*, Frankfurt am Main: Helmer 1995.
Nicholson, Linda J. (Hg.), *Feminism/Postmodernism*, New York/London: Routledge 1990.
Oechsle, Mechtild/Geissler, Birgit (Hg.), *Die ungleiche Gleichheit. Junge Frauen und der Wandel im Geschlechterverhältnis*, Opladen: Leske + Budrich 1998.
Scheu, Ursula, *Wir werden nicht als Mädchen geboren – wir werden dazu gemacht. Zur frühkindlichen Erziehung in unserer Gesellschaft*, Frankfurt am Main: Fischer 1977.
Wobbe, Theresa/Lindemann, Gesa (Hg.), *Denkachsen. Zur theoretischen und institutionellen Rede vom Geschlecht*, Frankfurt am Main: Suhrkamp 1994.

## 13. Lesenswerte politische Literatur

Nicht nur in Theorie, Gesellschaftskritik und praktischer Politik, sondern auch in Prosa und Lyrik ist die Neue Frauenbewegung eine produktive soziale Bewegung. Aus der Fülle politischer Literatur, die seit dem Ende der sechziger Jahre erschienen ist, werden nur einige wenige ausgewählte Texte angeführt, Texte, die sich v. a. mit Fragen der Zukunft von Frauen und Frauenpolitik befassen. Die utopischen Romane von Le Guin und Piercy repräsentieren die eher optimistischen Zukunftshoffnungen von Feministinnen in den siebziger Jahren; die Dystopien, d. h. die negativen Prognosen von Atwood und Fairbairns, stehen für die skeptischen Zukunftserwartungen. Gilmans viel gelesener Roman ist eine Utopie aus der Alten Frauenbewegung, die illustrieren kann, wie groß die Unterschiede zwischen den alten und den neuen feministischen Visionen sind. Der schöne zweisprachige Gedichtband von Lorde schließlich wird exemplarisch für die feministische Lyrik angeführt, zu deren Protagonistinnen die 1992 gestorbene Theoretikerin gehört.

Atwood, Margaret, *Der Report der Magd*, Frankfurt am Main: Fischer 1989.
Fairbairns, Zoe, *Der Frauenturm. Eine Apokalypse*, Berlin: Rotbuch 1981.

Gilman, Charlotte Perkins, *Herland*, Reinbek bei Hamburg: Rowohlt 1980.
Le Guin, Ursula K., *Planet der Habenichtse*, München: Heyne 1989.
Lorde, Audre, *Die Quelle unserer Macht. Gedichte*, Zweisprachige Ausgabe, Berlin: Orlanda 1994.
Piercy, Marge, *Die Frau am Abgrund der Zeit*, Hamburg: Argument 1996.

**Neue Sozialwissenschaftliche Bibliothek**
**Herausgegeben von Josef Esser**

Die rasanten Veränderungen unter dem Vorzeichen der Globalisierung hinterlassen bei vielen Menschen das Gefühl, sie lebten in unübersichtlichen Zeiten. Deshalb sind heute die Sozialwissenschaften besonders herausgefordert. Es besteht ein Bedarf an Aufklärung über die gesellschaftlichen Vorgänge in der unmittelbaren Umgebung wie auf der anderen Seite des Globus. Gleichzeitig müssen sich die Sozialwissenschaften fragen, wie sie ihre Theorien und Methoden ändern müssen, um Analyse, Interpretation und Erklärung bereitstellen zu können. Auf beide Momente – die Notwendigkeit gesellschaftlicher Analyse und die unabdingbare Veränderung der Untersuchungsverfahren – reagiert die *Neue Sozialwissenschaftliche Bibliothek*. Ziel dieses gesellschaftspolitisch wie wissenschaftlich anregenden Projekts ist es, erstens, eine neue Übersichtlichkeit zu erreichen, indem die sozialwissenschaftlichen Erkenntnisse über Wirtschaft, Gesellschaft, Politik und Kultur solide und kritisch-reflexiv geordnet, aufgearbeitet und verständlich dargeboten werden; zweitens, die Frage zu beantworten, inwieweit bisher für gesichert gehaltene Erkenntnisse reinterpretiert, verworfen oder von neuen Erklärungsmodellen abgelöst werden sollten, und drittens eine für alle benutz- und lesbare »Enzyklopädie« zu bieten.

**Weitere geplante Titel:**

Hartmut Häußermann/Walter Siebel: Stadt, Metropole, Region
Ronald Czada: Entgrenzte Wirtschaft und sozialer Staat
Hans-Peter Müller: Klassen, Geschlecht, Lebensstile
Claus Offe: Die vielen Gesichter der Macht
Ursula Apitzsch: Die rätselhafte Ethnizität
Fritz Sack: Kontrolle in der Sicherheitsgemeinschaft
Karin Knorr Cetina: Wissensgesellschaft
Ulrich Menzel: Hegemonie in der Weltgesellschaft
Georg Simonis: Entwicklung der Unterentwicklung
Wilhelm Heitmeyer: Individuum und Gesellschaft
Josef Esser: Die Moderne im Kapitalismus
Wolfgang Fach: Die Suche nach dem Politischen

## Gender Studies
## in der edition suhrkamp

**Farideh Akashe-Boehme (Hg.).** Reflexionen vor dem Spiegel. es 1724. 219 Seiten

**Herculine Barbin/Michel Foucault.** Über Hermaphrodismus. Herausgegeben von Wolfgang Schäffner und Joseph Vogl. es 1733. 247 Seiten

**Seyla Benhabib.** Selbst und Kontext. Geschlecht, Gemeinschaft und Postmoderne in der zeitgenössischen Ethik. Vom Unterschied der Geschlechter. es 1725. 300 Seiten

**Judith Butler.** Das Unbehagen der Geschlechter. Übersetzt von Katharina Menke. Vom Unterschied der Geschlechter. es 1722. 237 Seiten

**Judith Butler.** Körper von Gewicht. Die diskursiven Grenzen des Geschlechts. Übersetzt von Karin Wördemann. es 1737. 386 Seiten

**Caroline Walker Bynum.** Fragmentierung und Erlösung. Geschlecht und Körper im Glauben des Mittelalters. Mit zahlreichen Abbildungen. Übersetzt von Brigitte Große. es 1731. 302 Seiten

**Drucilla Cornell.** Die Versuchung der Pornographie. Übersetzt von Vincent Vogelvelt. Mit einem Vorwort von Barbara Vinken. es 1738. 143 Seiten

**Irene Dölling/Beate Krais (Hg.).** Ein alltägliches Spiel. Geschlechterkonstruktion in der sozialen Praxis. es 1732. 332 Seiten

NF 312/1/8.00

**Nancy Fraser.** Widerspenstige Praktiken. Macht, Diskurs, Geschlecht. es 1726. 290 Seiten

**Geschlechterverhältnisse und Politik.** Herausgegeben vom Institut für Sozialforschung, Frankfurt. Redaktion Katharina Pühl. es 1730. 308 Seiten

**Barbara Hahn.** Unter falschem Namen. Von der schwierigen Autorschaft der Frauen. es 1723. 147 Seiten

**Helga Kotthoff/Susanne Günthner (Hg.).** Von fremden Stimmen. Weibliches und männliches Sprechen im Kulturvergleich. Vom Unterschied der Geschlechter. es 1721. 369 Seiten

**Teresa de Lauretis.** Die andere Szene. Psychoanalyse und lesbische Sexualität. Übersetzt von Karin Wördemann. es 1742. 292 Seiten

**Martha C. Nussbaum.** Gerechtigkeit oder Das gute Leben. Herausgegeben von Herlinde Pauer-Studer. Übersetzt von Ilse Utz. es 1739. 316 Seiten

**Barbara Orland/Elvira Scheich (Hg.).** Das Geschlecht der Natur. Feministische Beiträge zur Geschichte und Theorie der Naturwissenschaften. Die Texte aus dem Amerikanischen wurden von Xenia Rajewski übersetzt. es 1727. 290 Seiten

**Karin Wieland.** Worte und Blut. Wandlungen des männlichen Selbst im Übergang zur Neuzeit. es 1740. 367 Seiten

**Theresa Wobbe/Gesa Lindemann (Hg.).** Denkachsen. Zur theoretischen und institutionellen Rede vom Geschlecht. es 1729. 327 Seiten

NF 312/2/8.00

**Marie Luise Kaschnitz.** Gedichte. Ausgewählt von Peter Huchel. BS 436. 160 Seiten

**Barbara Köhler.** Blue Box. Gedichte. Leinen. 64 Seiten

**Gertrud Kolmar.** Welten. Gedichte. Mit einem Nachwort von Gerlind Reinshagen. BS 1309. 65 Seiten

**Else Lasker-Schüler.** Gedichte 1902-1943. Herausgegeben von Friedhelm Kemp. st 2790. 448 Seiten. Leinen. 440 Seiten

**Friederike Mayröcker.** Benachbarte Metalle. Ausgewählte Gedichte. Anordnung und Nachwort von Thomas Kling. BS 1304. 162 Seiten

**Sylvia Plath.** Ariel. Gedichte. Englisch und deutsch. Übersetzt von Erich Fried. BS 380. 192 Seiten

**Nelly Sachs.** Gedichte. Herausgegeben und mit einem Nachwort versehen von Hilde Domin. BS 549. 138 Seiten

**Wisława Szymborska**
- Auf Wiedersehen. Bis morgen. Gedichte. Ausgewählt und übersetzt von Karl Dedecius. st 2858 und Leinen. 75 Seiten.
- Die Gedichte. Übersetzt und mit einem Nachwort von Karl Dedecius. 260 Seiten. Leinen

NF 278/2/10.00

## »Ferne Frauen«

**Tschingis Aitmatow**
Dshamilja
st 3406. 124 Seiten

Während ihr Mann im Krieg ist, verliebt sich Dshamilja in Danijar. In Kirgisien, einem Land, wo Männer und Frauen eng an die patriarchalischen Traditionen der Nomaden gebunden sind, entwickelt sich das Drama dieses ungleichen Paares, die »schönste Liebesgeschichte der Welt« (Louis Aragon).

**Marguerite Duras**
Der Liebhaber
Roman
st 3407. 194 Seiten

Die erste Liebe eines jungen europäischen Mädchens: zu einem doppelt so alten chinesischen Mann: »Eine heikle, zwischen Liebe und Prostitution schwankende Geschichte ohne Scham, ohne Stolz und ohne eine Spur von Koketterie ... Mag jeder dieses Buch auf seine Weise verstehen. Mir scheint, daß Marguerite Duras sagen wollte: Die Liebe, sie ist doch kein leerer Wahn.« (Marcel Reich-Ranicki)

**Angeles Mastretta**
Mexikanischer Tango
st 3408. 328 Seiten

Catalina, ein Mädchen noch, läßt sich auf einen Mann ein, der weit älter und politisch mächtig ist, seine eigene Le-

NF 286/1/8.02

bensweise und seine eigene Weltsicht hat. Sie heiratet, paßt sich an. Aber sie lernt auch, mit ihren Augen zu sehen, nicht nur mit denen des Mannes. Und sie entdeckt ihre Stärken. Ein lateinamerikanischer Emanzipationsroman voller Liebe und Leidenschaft.

**Yukio Mishima**
Liebesdurst
Roman
st 3409. 240 Seiten

Etsuko wird nach dem Tod ihres Mannes in den Haushalt des Schwiegervaters aufgenommen und lebt dort als dessen Geliebte. Sie aber fühlt sich angezogen von dem Gärtnerburschen, doch der nimmt ihre Leidenschaft nicht wahr. Sie steigert sich in einen Wahn aus Liebesphantasien und Rachegedanken.

**Janet Frame**
Wenn Eulen schrein
Roman
st 3410. 234 Seiten

Am anderen Ende der Welt, in Neuseeland, lebt eine ganz normale Familie. Mum, Dad, Toby und seine Schwestern Francie, Daphne und Chick. Ganz normal? Toby leidet an »Anfällen«, Francie kommt bei einem Feuer ums Leben, und Daphne landet im Irrenhaus. »Ich sterbe morgen, wenn der Schnee kreuz und quer fällt, um den Riß durch meine Welt, an den man glaubt, zu stopfen«, sagt sie am Tag vor ihrer bevorstehenden Hirnoperation. Aber sie wird überleben.

NF 286/2/8.02

**Amos Oz**
Mein Michael
Roman
st 3411. 254 Seiten

Hannah Gonen, 30 Jahre alt, trennt sich nach zehn Jahren Ehe von ihrem Mann, dem Geologen Michael Gonen. Als Studentin hat sie ihn kennengelernt, sich in ihn verliebt. Sie hat ihr Studium aufgegeben, Mann und Kind ernährt, den Widerstand von Michaels Verwandtschaft ertragen – und seine Lieblosigkeit. Jetzt resümiert sie, vergegenwärtigt sich die Stationen ihrer Ehe. Amos Oz' Roman erzählt nicht nur von Hannah Gonen und einer Ehe, die nicht gutgehen konnte, sein Buch ist auch ein Stück israelische Geschichte.

**Nadine Gordimer**
Niemand, der mit mir geht
Roman
st 3412. 362 Seiten

»Die Zukunft«, sagt die weiße Juristin und aktive Gegnerin der Apartheid Vera Stark zu ihrem Mann Ben, »besteht darin, die Vergangenheit rückgängig zu machen.« Sie meint es politisch und weiß, es gilt auch für ihr Leben. Sie zieht die Konsequenzen, trennt sich von ihrem Mann, verkauft das ihr durch die Scheidung zugefallene Haus und geht den dornigen Weg der Politik allein weiter.

NF 286/3/8.02

**Isabel Allende**
Fortunas Tochter
Roman
st 3413. 486 Seiten

Eliza Sommers, eine lebenshungrige junge Frau, geht einen abenteuerlichen Weg. Als chilenisches Findelkind in der Obhut einer englischen Familie in Valparaíso aufgewachsen, bricht sie, kaum 17jährig, aus dieser wohlbehüteten Welt aus und stürzt sich auf der Suche nach ihrem Geliebten in die Wirren des kalifornischen Goldrauschs.

**Ferne Frauen**
Ein Lesebuch
Herausgegeben von Susanne Gretter
st 3414. 278 Seiten

Andere Länder, andere Sitten? Wie leben Frauen in Ägypten, Argentinien, Brasilien, Jamaika, Japan, Kuba, Mexiko oder Südafrika? Haben Sie andere Lebensentwürfe, schlagen sie andere Wege der Selbstbehauptung ein? Die Texte von u.a. Isabel Allende, Laïla Baalabaki, Laura Esquivel, Jamaica Kincaid, Taeko Kono, Zoé Valdés entführen in ferne Länder und andere Kulturen und zeigen fremde Facetten eines Frauenlebens.

NF 286/4/8.02